KB139733

아마존 웹 서비스 부하 테스트 입문

AMAZON WEB SERVICE FUKA SHIKEN NYUMON

by Taruhachi Nakagawa, Ken Morishita

Copyright ⓒ 2017 Taruhachi Nakagawa, Ken Morishita

All rights reserved.
Original Japanese edition published by Gijyutsu-Hyoron Co., Ltd., Tokyo
This Korean language edition is published by arrangement with Gijyutsu-Hyoron Co., Ltd.,
Tokyo in care of Tuttle-Mori Agency, Inc., Tokyo through Danny Hong Agency, Seoul.

아마존 웹 서비스 부하 테스트 입문

1쇄 발행 2018년 9월 27일
2쇄 발행 2021년 6월 10일

지은이 나카가와 타루하치, 모리시타 켄
옮긴이 박상욱
펴낸이 장성두
펴낸곳 주식회사 제이펍

출판신고 2009년 11월 10일 제406-2009-000087호
주소 경기도 파주시 회동길 159 3층 3-B호 / **전화** 070-8201-9010 / **팩스** 02-6280-0405
홈페이지 www.jpub.kr / **원고투고** submit@jpub.kr / **독자문의** help@jpub.kr / **교재문의** textbook@jpub.kr

편집부 김정준, 이민숙, 최병찬, 이주원 / **소통기획부** 송찬수, 강민철 / **소통지원부** 민지환, 김유미, 김수연
교정·교열 이종무 / **내지디자인** 한지혜 / **표지디자인** 미디어픽스
용지 신승지류유통 / **인쇄** 해외정판사 / **제본** 장항피앤비

ISBN 979-11-88621-38-5 (93000)
값 32,000원

제이펍은 독자 여러분의 아이디어와 원고 투고를 기다리고 있습니다. 책으로 펴내고자 하는 아이디어나 원고가 있는
분께서는 책의 간단한 개요와 차례, 구성과 저(역)자 약력 등을 메일(submit@jpub.kr)로 보내 주세요.

아마존 웹 서비스
부하 테스트 입문

나카가와 타루하치, 모리시타 켄 지음 / 박상욱 옮김

Jpub
제이펍

차례

머리말 ·· xii

옮긴이 머리말 ······························· xiv

이 책에 대하여 ······························ xvi

감사의 말 ·· xxi

베타리더 후기 ································· xxiii

CHAPTER 1 **부하 테스트의 문제와 웹 시스템의 실패 사례** 1

1.1 잘못된 부하 테스트 ··· 2

   1.1.1 사례에서의 등장 인물과 상황 ································· 3

   1.1.2 잘못된 개발 일정 ··· 4

   1.1.3 잘못된 테스트 전제 조건 ······································ 7

   1.1.4 잘못된 테스트 준비 ··· 9

   1.1.5 잘못된 테스트 실행 ··· 11

   1.1.6 잘못된 테스트 보고서 ·· 12

1.2 웹 시스템 실패 사례 ·· 15

   1.2.1 이벤트 시스템 실패 사례 ····································· 15

   1.2.2 쇼핑몰 사이트 실패 사례 ····································· 16

   1.2.3 도서관 검색 시스템 실패 사례 ····························· 17

CHAPTER 2 **웹 시스템 설계 방법** 19

2.1 웹 시스템 가용성 ··· 20

   2.1.1 가용성이란? ··· 20

   2.1.2 여러 하위 시스템이 연결된 환경에서의 가용성 ········ 21

2.2 높은 가용성을 가진 시스템 설계 방법 ····························· 22

   2.2.1 시스템 이중화 ·· 23

   2.2.2 시스템 확장 ··· 25

2.3 웹 시스템 설계 역사 ·· 29

   2.3.1 온프레미스에서의 시스템 구축 1(저가용성/낮은 확장성) ··· 29

   2.3.2 온프레미스에서의 시스템 구축 2(중가용성/중간적 확장성) ··· 32

   2.3.3 클라우드에서의 시스템 구축(고가용성/높은 확장성) ··· 35

2.4 요약 ··· 46

CHAPTER 3	부하 테스트 기본 지식	47

3.1 부하 테스트 목적 ·· 48

3.1.1 온프레미스에서의 부하 테스트 목적 ················· 48

3.1.2 클라우드에서의 부하 테스트 목적 ··················· 51

3.2 부하 테스트에서의 시스템 성능 지표 ····················· 53

3.2.1 Throughput ·· 54

3.2.2 Latency ·· 55

3.2.3 여러 하위 시스템으로 구성된 환경에서의 Throughput과 Latency ··· 55

3.3 시스템 성능 개선 기본 지식 ·································· 56

3.3.1 Throughput 개선 ·· 56

3.3.2 Latency 개선 ·· 58

3.4 좋은 부하 테스트에 대한 지표 ······························ 59

3.4.1 좋은 부하 테스트를 나타내는 지표 ·················· 59

3.4.2 나쁜 부하 테스트를 나타내는 지표 ·················· 60

3.5 요약 ··· 62

CHAPTER 4	부하 테스트 도구	63

4.1 부하 테스트에서 사용하는 3가지 도구 ···················· 64

4.2 부하 테스트 도구 선택 기준 ································· 65

4.2.1 부하 테스트 도구란? ··································· 65

4.2.2 부하 테스트 도구상의 부하와 실 운영환경의 차이 ··· 69

4.2.3 부하 테스트 도구 선택 기준 ·························· 73

4.2.4 대상 시스템에 맞는 부하 테스트 도구 사용 ········ 74

4.3 Apache Bench 사용 방법 ···································· 78

4.3.1 특징 ··· 78

4.3.2 설치 방법 ··· 78

4.3.3 주요 옵션 ··· 79

4.3.4 실행 결과 예제 ··· 80

4.4 Apache JMeter 사용 방법 ·································· 81

4.4.1 특징 ··· 81

4.4.2 JMeter를 이용한 시스템 구성 예제 ················· 82

4.4.3 설치 방법 ··· 86

4.4.4 JMeter 실행 결과 예제 ······························· 88

4.5 Locust 사용 방법 ·· 90

4.5.1 특징 ··· 90

4.5.2 설치 방법 ··· 91

4.5.3 시나리오 작성 ·· 91

4.5.4 Locust 기동 ··· 92

4.5.5 실행 예제 94
4.6 Tsung 사용 방법 94
4.6.1 특징 95
4.6.2 설치 방법 95
4.6.3 시나리오 작성 및 테스트 실행 97
4.6.4 실행 결과 예제 98
4.7 모니터링 도구와 프로파일링 도구 99
4.8 top 명령어와 netstat 명령어 101
4.8.1 top 명령어 101
4.8.2 netstat 명령어 103
4.9 CloudWatch 활용 106
4.9.1 CloudWatch 그래프의 주의점 108
4.10 Xhprof 사용 방법 112
4.10.1 설치 방법 112
4.10.2 Xhprof 실행 예제 113
4.11 New Relic 도입 방법 117
4.11.1 New Relic 도입 117
4.11.2 New Relic 기능 소개 120

CHAPTER 5 **부하 테스트 계획** 123

5.1 부하 테스트 대상 시스템 125
5.2 부하 테스트 계획 준비 126
5.2.1 일정 결정 126
5.2.2 부하 테스트 목적 설정 127
5.2.3 전제 조건 정리 128
5.2.4 목푯값 결정 129
5.2.5 사용할 부하 테스트 도구 결정 136
5.2.6 부하 테스트 환경 결정 136
5.2.7 부하 테스트 시나리오 결정 138
5.3 요약 143

CHAPTER 6 **부하 테스트 준비** 145

6.1 부하 테스트 대상 환경 구축 147
6.1.1 테스트 대상 환경 구축 147
6.1.2 부하 테스트 전용 엔드포인트 추가 147
6.2 부하 테스트 도구 준비 148
6.2.1 부하 테스트 도구 구축과 설치 148

	6.2.2	시나리오 작성	148
	6.2.3	시나리오 작성 시 주의점	148
6.3	**관련 시스템 부서와의 조율**		**149**
	6.3.1	유관 부서 시스템 조정	149
6.4	**클라우드 사업자 제한 사항과 해제 요청**		**150**
6.5	**요약**		**151**

CHAPTER 7 **부하 테스트 실행 1(테스트 실행과 병목 현상 확인)**   **153**

7.1	**부하 테스트 실행 단계란?**		**154**
	7.1.1	한 번에 전체 부하 테스트를 실행한 경우	154
	7.1.2	단계에 따른 부하 테스트	159
7.2	**단계 1: 도구와 환경 검증**		**161**
	7.2.1	대상 시스템	161
	7.2.2	Plan	162
	7.2.3	Do	163
	7.2.4	Check	163
	7.2.5	Action	164
7.3	**단계 2: 웹 프레임워크 검증**		**165**
	7.3.1	대상 시스템	165
	7.3.2	Plan	166
	7.3.3	Do	166
	7.3.4	Check	166
	7.3.5	Action	167
7.4	**단계 3: 조회 성능 검증**		**167**
	7.4.1	대상 시스템	167
	7.4.2	Plan	168
	7.4.3	Do	169
	7.4.4	Check	169
	7.4.5	Action	169
7.5	**단계 4: 갱신 성능 검증**		**170**
	7.5.1	대상 시스템	170
	7.5.2	Plan	171
	7.5.3	Do	171
	7.5.4	Check	171
	7.5.5	Action	172
7.6	**단계 5: 외부 서비스 연동 성능 검증**		**173**
	7.6.1	대상 시스템	173
	7.6.2	Plan	174
	7.6.3	Do	174
	7.6.4	Check	174

7.6.5 Action ··· 174

7.7 단계 6: 시나리오 테스트 ··· 175

7.7.1 Throughput 평가에 대해 ··· 175

7.7.2 대상 시스템 ··· 176

7.7.3 Plan ··· 177

7.7.4 Do ··· 177

7.7.5 Check ··· 177

7.7.6 Action ··· 178

7.8 단계 7: 스케일 아웃 테스트 준비 ··· 179

7.8.1 대상 시스템 ··· 179

7.8.2 Plan ··· 180

7.8.3 Do ··· 180

7.8.4 Check ··· 180

7.8.5 Action ··· 180

7.9 단계 8: 스케일 업/아웃 테스트(단계 1~6 회귀 테스트) ··· 181

7.9.1 대상 시스템 ··· 181

7.9.2 스케일 업/스케일 아웃 예제 ··· 183

7.9.3 Plan ··· 186

7.9.4 Do ··· 187

7.9.5 Check ··· 187

7.9.6 Action ··· 187

7.10 단계 9: 성능 한계 테스트(단계 1~6 회귀 테스트) ··· 189

7.10.1 대상 시스템 ··· 189

7.10.2 Plan ··· 190

7.10.3 Do ··· 190

7.10.4 Check ··· 191

7.10.5 Action ··· 191

CHAPTER **8** **부하 테스트 실행 2(원인 분석과 시스템 개선 작업)** 193

8.1 시스템 병목 확인 ··· 194

8.2 부하 테스트 도구 병목 원인과 대책 ··· 195

8.2.1 서버 및 테스트 도구 설정 문제 ··· 196

8.2.2 테스트 시나리오 문제 ··· 200

8.2.3 부하 테스트 서버 성능 부족 ··· 200

8.2.4 부하 테스트 서버 네트워크 문제 ··· 201

8.2.5 참고표 ··· 202

8.3 웹 서버 병목 원인과 대책 ··· 203

8.3.1 운영체제와 미들웨어 설정 문제 ··· 203

8.3.2 웹 프레임워크 문제 ··· 205

8.3.3	애플리케이션 문제	208
8.3.4	서버 리소스 성능 부족	209
8.3.5	참고표	210
8.4	**캐시 서버 병목 원인과 대책**	**214**
8.4.1	캐시 사용 방법 문제	215
8.4.2	서버 리소스 부족	215
8.4.3	참고표	215
8.5	**DB 서버 병목 원인과 대책**	**218**
8.5.1	DB 설계 문제	218
8.5.2	DB 사용 애플리케이션 문제	220
8.5.3	서버 리소스 부족	222
8.5.4	참고표	224
8.6	**외부 서비스 병목 원인과 대책**	**231**
8.6.1	외부 시스템과 연동 방법 문제	231
8.6.2	외부 시스템 성능 문제	233
8.6.3	참고표	234

CHAPTER 9 **부하 테스트 보고서 작성** **239**

9.1	**부하 테스트 최종 확인**	**240**
9.2	**목푯값에 맞춘 적정한 구성 선정**	**241**
9.2.1	시스템 여유 리소스 확보 방안	242
9.3	**부하 테스트 보고서 작성**	**242**
9.3.1	보고서 필요 항목	242
9.3.2	부하 테스트 보고서에 시스템 모니터링 데이터를 넣으면 생기는 문제	243
9.4	**요약**	**244**

CHAPTER 10 **부하 테스트에 대한 실제 사례** **245**

10.1	**이 장에서 테스트하는 시스템**	**246**
10.1.1	애플리케이션 기능 요건	246
10.1.2	시스템 요건	247
10.1.3	시스템 설계	247
10.1.4	부하 테스트 전제 조건	254
10.2	**JMeter+Xhprof로 PHP 애플리케이션 부하 테스트 사례**	**257**
10.2.1	부하 테스트 계획 수립	257
10.2.2	테스트 실행 1: 도구와 웹 프레임워크 검증(테스트 시작)	261
10.2.3	테스트 실행 2: 시나리오 테스트(테스트 실행)	279
10.2.4	테스트 실행 3: 스케일 업/아웃 테스트(확장에 대한 한계)	293

      10.2.5 테스트 실행 4: 성능 한계 테스트(성능 한계 개선) ············· 313

      10.2.6 적정한 구성 선정과 테스트 보고서 ·············· 320

  10.3 Locust+New Relic으로 Node.js 애플리케이션 부하 테스트 사례 ········· 329

      10.3.1 1일 차 전반: 도구와 환경 검증 ·············· 332

      10.3.2 1일 차 후반: 애플리케이션 시스템 전체 검증 ·············· 339

      10.3.3 2일 차 전반: 애플리케이션 시스템 전체 검증(1일 차에 이어 계속) ··· 351

      10.3.4 2일 차 전반: 확장성 검증(2배 확장) ·············· 355

      10.3.5 2일 차 후반: 확장성 검증 – 웹 서버 확장 시 발생하는 병목 현상은? ··· 362

      10.3.6 3일 차: 최소 구성에 대한 검증 ·············· 375

CHAPTER 11 **부록 I(용어 설명 외)**   **393**

  11.1 용어 설명 ·············· 394

      11.1.1 일반 용어 ·············· 394

      11.1.2 AWS 용어, 아이콘 설명 ·············· 396

  11.2 JMeter 시나리오 설명 ·············· 401

      11.2.1 Thread Group 생성 ·············· 402

      11.2.2 Simple Controller를 사용한 그룹화 ·············· 403

      11.2.3 Dummy user_id 생성 ·············· 404

      11.2.4 사용자 정의 변수 사용 ·············· 405

      11.2.5 HTTP Request 실행 ·············· 406

      11.2.6 HTTP 응답으로부터 user_id 수집 ·············· 407

      11.2.7 시나리오 일부를 O% 확률로 실행 ·············· 410

      11.2.8 시나리오 일부를 O회 반복 ·············· 411

      11.2.9 통계 보고서 표시 ·············· 412

  11.3 Locust 시나리오 설명 ·············· 413

      11.3.1 Locust 기본 ·············· 413

      11.3.2 10장에서의 시나리오 ·············· 417

  11.4 부하 테스트의 문제 설명 ·············· 423

CHAPTER 12 **부록 II(AWS 로드 테스팅)**   **431**

찾아보기 ·············· 454

머리말

쇼핑몰 사이트, 기업 이벤트 사이트, 뉴스 사이트, 블로그, SNS, 소셜 게임과 같은 각종 웹 시스템은 이제 우리 생활과 떼려야 뗄 수 없는 관계가 되었다. 그리고 웹 서비스는 24시간 365일 항상 작동하는 것(가용성이 높은 시스템)이 당연해지고 있다.

일반적으로 실제 그 서비스들이 항상 사용 가능한 상태라고 생각하지만, 아쉽게도 그렇지는 않다. 예상된 접속자 수에도 서비스를 계속할 수 없는 웹 시스템은 지금도 존재한다. 이런 상황은 개인이 구축하거나 운용하고 있는 서비스뿐만 아니라 대기업이나 공공기관 시스템에서도 많이 볼 수 있다.

웹 서비스를 구축하고 제공하는 입장에서는 가능하면 24시간 365일 서비스가 가능한 시스템을 제공하고 싶지만, 그런 시스템을 위해 비용을 많이 들이면 사업상 문제가 발생할 수 있다. 비즈니스 연속성을 위해서 시스템은 사용자의 요청에 따라서 그때그때 최적의 리소스를 선택하고 사용할 수 있어야 한다. 이런 시스템을 '확장 가능한 시스템'이라 하며 최근 웹 서비스가 가져야 할 중요한 요건 중 하나로 주목받고 있다. 이와 같은 확장 가능한 시스템을 구축하고 제공하는 일은 시스템을 만드는 사람들의 의무라고 해도 과언이 아니다.

온프레미스(On-premise)에서는 이런 시스템 구축이 어려웠지만, 지금은 여러 클라우드(cloud) 사업자가 제공하는 여러 가지 서비스를 잘 활용한다면 조건에 맞춰 가용성과 처리 능력을 선택하고 구축할 수 있게 되었다. 그러나 이러한 클라우드 서비스를 활용하여 시스템을 구축해도 사용자 요청에 따라 안정적으로 응답하는 것은 정말 어려운 일이다. 이런 점만 보자면 클라우드 도입 전과 별반 다를 게 없다. 또 내부에서 관리하는 온프레미스 서버와는 달리 클라우드에 구축된 시스템을 이용할 경우 시스템이나 서비스 대부분이 관리자가 손댈 수 없는 부분이 있어 성능 개선을 위해 구체적으로 어떻게, 어떤 작업을 해야 할지 알 수 없는 경우가 발생한다.

이 책은 확장성을 가지며 가용성이 높은 시스템을 만들어야 하는 시스템 담당자를 위해 필요한 내용을 '클라우드를 이용한 설계'와 '부하 테스트' 그리고 그에 필요한 사전 지식, 구체적인 방법, 사례 등을 통해 설명하고 있다. 또 효과적인 실제 부하 테스트를 위해 '직관적이지 않은 조건'을 설정해야 하는 부분이 많이 있다. 즉 부하 테스트 결과 보고서를 읽는 사람에게도 그런 조건들을 설정한 이유를 설명해야 한다. 이 책을 통해 엔지니어가 그런 상황에서 자신 있게 설명할 수 있도록 도움이 되면 좋겠다.

나카가와 타루하치

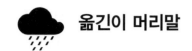

옮긴이 머리말

실무에서 많은 프로젝트를 진행하면서 부하 테스트를 중요하게 생각하지만, 일정 등의 이유로 생략되는 상황을 많이 보았다. 애플리케이션을 만드는 것도 중요하지만, 서비스를 공개하기 전 가장 중요한 작업이 부하 테스트라고 생각한다. 특히 요즘같이 높은 가용성과 성능을 요구하는 웹 서비스에서는 부하 테스트가 필수적이라고 봐야 한다. 또한, 지금까지 엔지니어가 EC2 인스턴스(아마존 웹 서비스에서 사용 가능한 서버) 등의 인프라를 늘리는 방식으로 서비스 부하에 대응했다면 큰 비용이 발생하며, 비즈니스에도 많은 영향을 끼쳤으리라 생각한다. 적절한 부하 테스트를 할 수 있다면 우리의 서비스에 맞는 인프라 구조와 규모를 산정해 운용하면 비용을 절감할 수 있다.

이 책에서는 부하 테스트가 왜 중요한지를 알아보고 부하 테스트의 목적과 부하 테스트를 어떻게 할 것인지, 시나리오는 어떻게 할 것인지, 부하를 어떻게 주어야 할지, 보고서 작성에 대한 가이드 등 부하 테스트의 시작부터 끝까지 설명하고자 한다.

이론에서 끝나지 않고 실무에 필요한 ApacheBench(ab), Apache JMeter, Locust(파이썬으로 시나리오 작성이 가능한 부하 테스트 도구), Tsung(Erlang으로 만들어진 도구) 등의 부하 테스트 도구를 다루는 방법을 소개하고 XHProf, NewRelic, CloudWatch의 사용 방법과 MySQL, Aurora, memeche에 관한 내용도 수록했다. 그리고 외부 API 접근에 대한 고려사항 등도 다루고 있어 실무에서 바로 사용 가능한 부하 테스트 입문서라고 할 수 있다.

이 책은 아마존 웹 서비스를 시작하는 엔지니어나 부하 테스트를 하려는 개발자뿐 아니라 부하 테스트를 한 번이라도 해본 적 없는 분들에게도 많은 도움이 될 것으로 생각한다. 이 책을 통해 부하 테스트의 개념을 잡고 무사히 마칠 수 있길 기원한다.

그리고 여덟 번째 출간을 위해 수고해 주신 많은 분에게 감사의 마음을 전하고 싶다. 우선 매번 부족한 필자에게 번역 기회를 주시고 비록 일정을 맞추지 못했지만 너그럽게 이해해 주셨던 제이펍 출판사의 장성두 실장님, 이종무 팀장님께 감사의 말씀을 전한다. 항상 바쁜 아빠를 위해 응원을 해준 첫째 지민이와 둘째 지유, 그리고 와이프에게도 이 자리를 빌려 사랑한다는 말을 남긴다. 마지막으로 번역 작업에 고통을 같이해준 'Pivotal Lab' 정윤진 수석님과 부록에 좋은 내용을 써준 AWS Korea 김필중 SA 님을 포함하여 모든 분에게 정말 감사드린다.

박상욱

이 책에 대하여

이 책은 많은 부하 테스트 도구와 모니터링 도구 중 일부를 소개하고 있지만, 무엇보다 도구만으로 해결할 수 없는 부하 테스트 문제에 초점을 맞춰 설명하고 있다. 부하를 주는 도구들은 정말 많으며 계속 새로운 도구들이 나오고 있다. 그러나 이런 도구를 사용한다고 해도 부하 테스트 문제를 전부 해결할 수 있는 것은 아니다. 프로젝트 관리에서 운영체제 레벨까지 넓은 범위에 걸쳐 문제가 존재하기 때문이다.

이 책은 웹 시스템의 서버 쪽 부하 테스트에서 발생하는 문제를 해결하기 위한 모범 사례에 대해 정리하여 설명하고 있다. 또 클라우드 위에 시스템을 구축한다는 전제 조건을 가지고 있지만,[1] 온프레미스 환경이 일반적이었던 시대의 운용 개발 경험을 기반으로 클라우드뿐만 아니라 온프레미스, 온프레미스와 클라우드 구성의 하이브리드 시스템 개발, 운용에도 적용할 수 있는 내용을 담고 있다.

부하 테스트와 PDCA 사이클

PDCA 사이클이라는 것은 Plan(계획)-Do(실행)-Check(평가)-Action(개선)을 반복하는 것을 말한다. 지속적으로 개선해 나가는 방법으로 목표를 달성하고자 하는 개념이다. 많은 업무 활동과 애자일(Agile) 개발과 부하 테스트도 한 번에 끝나는 것이 아니라 PDCA 사이클을 반복하며 진행한다.

부하 테스트에서의 PDCA로 가장 처음 떠올리게 되는 것은 테스트 전체의 큰 PDCA라고 할 수 있다.

---

1   이 책에서는 클라우드 서비스로 아마존 웹 서비스(AWS)를 이용하는 것을 전제로 하여 AWS 용어를 사용하고 있다. 주요 용어는 11.1 '용어 설명'을 참고하길 바란다.

Plan: 부하 테스트 계획 수립

Do: 부하 테스트 준비와 실행

Check: 계획한 목푯값과 전제 조건을 만족했는지, 의미 있는 숫자가 나왔는지
　　　　확인

Action: 부하 테스트 보고서 작성과 시스템 개선, 목푯값과 전제 조건을 검토한
　　　　다음 PDCA와 연결

일반적으로 시스템에는 '테스트'라는 테스트 항목 문서가 있고 그 순서대로 진행하여 모든 항목에 적합한지를 확인한다. 만약 적합하지 않은 항목이 있다면 시스템을 수정하는 것이 일반적이다. 부하 테스트도 기본적으로는 같은 방법으로 진행하지만, 때에 따라서 조건과 설계를 수정하거나 새로운 테스트 항목을 추가하는 등 결과에 따라 비교적 많이 변경한다. 그래서 PDCA를 한 번에 전체적으로 진행하는 것은 많은 작업이 발생하므로 시간과 리소스 낭비가 많아지고 위험성이 높아질 것이다.

이 책은 위와 같은 PDCA 중에 Do에 해당하는 '부하 테스트 준비와 실행'에 대해 세분화된 확인 항목들을 준비하고 각각의 항목들을 확인하기 위한 세분화한 PDCA를 반복함으로써 부하 테스트를 보다 효율적으로 실행하는 것을 목표로 한다.

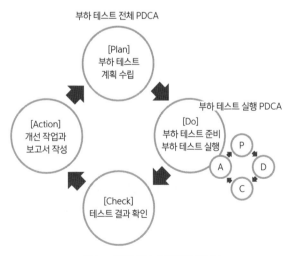

그림 0-1 부하 테스트에서의 PDCA

부하 테스트는 단순하게 사양에 따라 테스트 항목의 합격 여부만을 확인하는 것이 아니라 테스트를 진행하는 과정에서 시스템과 대화하면서 상태에 따라 개선 방법을 찾아가는 개발 과정의 일부다. 이렇게 사전 예측이 어려운 환경에서는 일정한 성능 요구 사항을 충족시키는 것이 부하 테스트이며, 작은 PDCA를 만들어 시스템을 개선해 나갈 때 부하 테스트는 의미 있다.

대상 독자

이 책은 웹 시스템 기획, 구축, 운용 등과 관련된 담당자들을 대상으로 하고 있고 실제 부하 테스트를 실행하는 분이 아니더라도 일반적인 웹 시스템에서의 부하에 대해 실제 환경에서 활용할 수 있는 내용을 공부한다.

- 안정적인 웹 시스템을 운용해야 하는 분
- 현재 웹 시스템 부하로 인해 고민하는 분
- 부하 테스트를 처음 시작하려고 하는 분(부하 테스트 초보자)
- 부하 테스트를 과거에 몇 번이고 해봤지만, 결과에 자신이 없는 분
- 시스템 설계에서 구축까지 한 번 더 공부하고 싶은 분

초보자나 입문자 이외에 엔지니어가 아닌 분들도 이해하게끔 쉽게 설명했다. 또한, 엔지니어들에게도 어려웠던 부하 테스트 문제를 다루었고 결론적으로 부하 테스트와 관련된 모든 분에게 도움을 줄 수 있는 내용으로 구성했다.

각 장의 개요

▬ 1장 부하 테스트의 문제와 웹 시스템의 실패 사례

이 장에서는 일반적인 개발 환경에서 잘못된 부하 테스트 사례를 소개한다. 또 그 잘못된 부하 테스트 결과로 인한 실패 사례를 소개한다.

■ 2장 웹 시스템 설계 방법

높은 가용성과 확장성을 가진 시스템 구축을 위한 설계 방법과 온프레미스 환경에서의 설계 방법, 클라우드 환경에서의 설계 방법을 소개한다.

■ 3장 부하 테스트 기본 지식

부하 테스트를 하기 위한 기본 지식과 기본 개념을 설명한다.

■ 4장 부하 테스트 도구

부하 테스트를 하는 데 필요한 부하 테스트 도구, 프로파일링 도구, 모니터링 도구에 대한 공통 개념과 선택 기준, 사용 방법 등을 설명한다. 또한, 부하 테스트 도구를 사용한 부하와 실제 사용자 요청에 따른 부하와의 차이점을 설명하고, 부하 테스트 도구를 사용하면 발생하지만 실제 환경에서는 발생하지 않는 여러 문제를 소개한다.

■ 5장 부하 테스트 계획

부하 테스트 계획 수립 방법과 시스템의 목푯값을 설정하는 방법을 소개한다.

■ 6장 부하 테스트 준비

부하 테스트를 하기 위한 사전 준비를 설명한다. 또 준비되지 않은 부하 테스트에서 발생할 수 있는 내용을 설명한다.

■ 7장 부하 테스트 실행 1(테스트 실행과 병목 현상 확인)

실제 부하 테스트의 실행 부분을 단계에 따라 나눈 PDCA 사이클을 파악하고 실제 어떤 순서로 그 사이클을 반복하는 것이 효과적이고 작업을 줄일 수 있는지에 대해 설명한다.

■ 8장 부하 테스트 실행 2(원인 분석과 시스템 개선 작업)

부하 테스트에서 확인된 병목 현상별로 원인을 분석한다. 그리고 병목 현상을 어떤 방법으로 어떻게 해결할 것인지에 대해 설명한다.

🟦 9장 부하 테스트 보고서 작성

부하 테스트 완료 후에 하는 시스템 구성에 대한 결정과 보고서 작성 방법을 소개한다.

🟦 10장 부하 테스트에 대한 실제 사례

실제 AWS 상에 구축된 애플리케이션에 대해 PDCA 사이클로 부하 테스트를 하고 부하 테스트 보고서 정리를 다음 두 가지 사례를 통해 소개한다.

- PHP + JMeter + Xhprof
- Node.js + Locust + New Relic

🟦 11장 부록 Ⅰ

용어 설명

이 책 내용 중에서 사전 설명 없이 사용된 AWS 아이콘과 본문의 용어를 설명한다.

JMeter 시나리오 설명

10장 사례에서 사용한 JMeter 시나리오를 만드는 방법과 그 내용을 설명한다.

Locust 시나리오 설명

10장 사례에서 사용한 Locust 시나리오를 설명한다.

부하 테스트의 문제 설명

1장 내용 중 어디에 어떤 문제가 있는지를 설명한다.

🟦 12장 부록 Ⅱ

특별기고로 김필중 솔루션즈 아키텍트가 아마존 웹 테스트 로드 테스팅에 관해 설명한다.

감사의 말

이 책을 쓰게 된 계기는 이전 직장 상사인 스피커 주식회사의 코우다 이사오 님의 추천으로 2015년 2월 레버레지즈 주식회사에서 열린 세미나에서 부하 테스트 세션을 하게 되면서부터이다.

사람들 앞에서 세미나를 한 것은 처음이라 분위기는 썩 좋진 않았지만, 슬라이드셰어에 세션 슬라이드를 공개했는데 이를 일본 오라클 주식회사의 오쿠노 미키야 님이 언급하면서 많은 엔지니어로부터 좋은 반응을 얻었다. 그 후 오쿠노 님의 추천으로 기술평론사의 이케모토 코헤이 님으로부터 《Software Design》 잡지 특집으로 '부하 테스트 실전 입문' 기사를 연재(총 4회)하고 책을 집필해 보자는 권유를 받았다.

이후 엔지니어 기술 측면에서 부족한 부분을 보완하기 위해 회사 동료인 모리시타 님에게 공동 집필을 의뢰하게 되었고 그가 흔쾌히 승낙해서 많은 내용이 보완되며 한 권의 책으로 완성되었다.

필자의 첫 세미나 무대를 만들어 주신 레버레지즈 주식회사, 항상 "할 수 있어!"라고 응원해준 코우다 이사오 님, 인터넷상에 묻힐 뻔했던 저의 슬라이드를 빛 볼 수 있도록 추천해주신 오쿠노 미키야 님, 잡지에 연재할 수 있도록 기회를 주신 이케모토 코헤이 님, 공동 집필해준 모리시타 님, 책의 집필을 엔지니어에게 필요한 업무로 봐주시고 많이 도와주신 유메미 주식회사와 책 전체 교정과 검토에 많은 도움을 주신 유메미 관계자 여러분, 그리고 세미나, 인터넷, 잡지, 책 등으로 기술에 대한 노하우를 공유하는 엔지니어 분과 관련된 모든 분에게 감사의 말을 전하고 싶다.

나카가와 타루하치

이 책을 출판하기까지 도와준 모든 분에게 감사의 말을 전한다.

특히 집필의 기회를 주신 스피커 주식회사의 코우다 이사오 님, 기술 평론사의 이케모토 코헤이 님에게 진심으로 감사의 말씀을 전한다.

또 집필을 권유해준 공동 집필자 나카가와 타루하치 님에게 진심으로 감사한다. 이 책이 나오기까지 많은 실패와 성공을 경험하게 해준 주식회사 유메미와 책의 내용을 교정하고 많은 의견을 준 관계자 여러분에게도 정말 감사드린다. 마지막으로 항상 응원을 해주는 아내와 아이들, 그리고 주위의 모든 분에게 다시 한 번 감사의 말을 전하고 싶다.

모리시타 켄

베타리더 후기

🦋 김상열 (삼성SDS)

테스트의 목적과 놓치지 말아야 할 주요 포인트를 정리할 수 있어서 도움이 되었습니다. 그대로 따라 해도 될 만큼 실제 사례가 구체적으로 잘 제시되어 있고, 시스템의 문제들을 어떻게 해결할지 설명도 잘 되어 있습니다. 실제 시스템을 설계하거나, 운영하면서 부하 증가에 따라 발생하는 문제들을 파악하고 해결하는 데도 유용합니다. 고가용성과 높은 확장성의 시스템을 개발하며 안정적으로 운영하길 원하는 분들에게 추천합니다.

🦋 이호경 (KT DS)

최근 클라우드의 중요성이 커지고 있습니다. 이 책은 AWS에서 성능 테스트를 어떻게 해야 할지를 단계별로 잘 알려주고 있습니다. AWS뿐만 아니라, 애플리케이션의 성능을 어떻게 측정해야 하는지 알고 싶은 모든 분에게 추천하고 싶습니다.

🦋 정욱재 (서울시립대학교)

AWS를 자주 사용하는 분 중 부하 테스트를 인식하지 못하는 분들이 읽기에 적합한 책입니다. 예제 코드와 함께 부하 테스트를 순서에 따라 진행하면서 상세하게 병목 구간을 찾아 나갑니다. 하나하나 상황별로 설명을 해주는 책이라 매우 재미있게 읽었습니다. 하지만 AWS와 직접 연관된 책인 만큼 AWS에 관한 약간의 배경 지식이 필요합니다.

🐟 온수영(NSHC)

좋았던 점은 실패 사례와 실제 테스트 도구가 서술되어 있어 현장감과 공감도가 높았습니다. 테스트 이후 보고서 및 실제 사례도 서술되어 있어 실무적 활용도도 높다고 생각합니다. 반면, 아쉬운 점은 AWS 자체의 특성이나 클라우드를 사용함으로써 부하, 성능 이슈를 극복한 사례가 더 많이 수록된다면 좋을 것 같습니다.

🐟 한홍근

이 책은 부하 테스트 담당자의 입장에서 이야기를 풀어내고 있습니다. 잘못된 방법으로 시작하지만, 하나씩 문제를 수정해가면서 올바른 방법으로 나아가는 과정을 생생하게 담고 있습니다. 실제로 서비스를 운영하며 발생할 수 있는 문제를 예방하도록 도움을 주는 책입니다.

제이펍은 책에 대한 애정과 기술에 대한 열정이 뜨거운 베타리더의 도움으로
출간되는 모든 IT 전문서에 사전 검증을 시행하고 있습니다.

1

부하 테스트의 문제와
웹 시스템의 실패 사례

부하 테스트의 문제와
웹 시스템의 실패 사례

1.1 잘못된 부하 테스트

여기에서는 실제 개발 현장에서의 잘못된 부하 테스트 사례를 소개한다. 비즈니스 입장에선 문제없을지라도 엔지니어링 입장에서는 문제 있다고 평가된다. 특히 부하 테스트 내용에서 어떤 부분이 어떻게 잘못되어 있는지 **강조 표시**한 내용은 꼭 읽어 보길 바란다.

필자가 **부하 테스트 문제에 대해 말하고 싶은 내용은 11.4 '부하 테스트의 문제 설명'에서 소개한다**(※의 번호별로 설명한다). 또 부하 테스트 용어나 AWS 용어에 대해서는 이 장에서 설명하고 있지 않지만, 다음 장부터 순차적으로 설명한다.

1.1.1 사례에서의 등장 인물과 상황

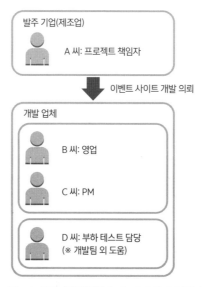

그림 1-1 등장 인물(이하 A, B, C, D로 표기한다)

웹 시스템 개발 회사의 영업 담당 B는 어떤 개발 프로젝트 기간 견적을 고객사에 제출하게 되었다(그림 1-1). 발주사인 고객은 대기업 제조회사이고 담당자는 A다. A는 이 프로젝트의 총 책임을 맡게 되었다. 하지만 A는 웹 개발에 많은 지식은 없어 보인다.

지금까지 A에게 들은 요청사항은 다음과 같다.

🔲 요청사항

- 이벤트에서 사용할 시스템을 개발하기 원한다.
- 일정은 확정된 상태이며 3개월 후에 오픈해야 한다.
- 상세한 요구사항은 정의되지 않았으며, 지금부터 정의가 필요하다.
- 인프라 구축과 시스템 구성이 필요하다.
- 이벤트 응모에 대해서는 가동 중인 기존 시스템과 연결이 필요하다.

이 내용에 대해 개발 업체에서는 클라우드(Cloud)를 이용한 시스템 구축(그림 1-2)을
제안하기로 했다.

제안 시스템

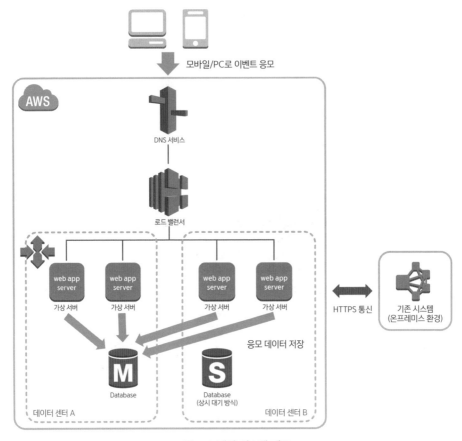

그림 1-2 제안 시스템 개요

1.1.2 잘못된 개발 일정

먼저 시스템과 개발 일정에 대해 제안하게 되었다.

■ 개발자 미팅

A: 개발 일정은 어떻게 되나요?

B: 상세 요구사항 정의가 필요하지만, 개발 기간으로 보면 요건 정의와 설계에 1개월, 개발에 1개월, 그 후 서비스 환경 구축과 통합 테스트에 2주, 인수 테스트 2주를 포함하여 총 3개월로 보면 되겠죠.

A: 우리 회사의 기회 손실이 발생하면 안 됩니다. 사용자들의 응모가 집중되어 시스템이 다운되는 일은 없겠죠?

B: 이번 일정을 보면 **부하 테스트는 실시할 수 없을 것 같습니다. (※ 1)**

A: 이벤트이기 때문에 일정은 변경할 수 없어요. 부하 테스트를 안 하면 안 되나요?

A: 네. **부하 테스트를 하지 않아도 됩니다. (※ 2)** 부하 테스트를 하지 않아도 **클라우드를 사용하게 되면 실제 부하를 보면서 리소스를 조정할 수 있어 문제는 없을 것 같습니다. (※ 3)**

A: 바로 리소스를 추가하면 어느 정도 시간이 걸릴까요?

B: 대부분의 리소스를 온라인상에서 서비스를 정지하지 않고 리소스를 추가할 수 있고 일부 꼭 서비스를 정지해야 하는 리소스의 경우 **초기부터 가장 높은 리소스를 설정하면 됩니다. (※ 4)**

A: 그럼 안심이네요. 좋습니다. 부탁합니다.

처음부터 좋지 않은 느낌의 회의가 진행되고 있다.

■ 여기까지 결정된 사항

- 시스템을 클라우드로 구축한다.
- 부하 테스트는 하지 않는다.
- 개발 일정은 다음과 같다.

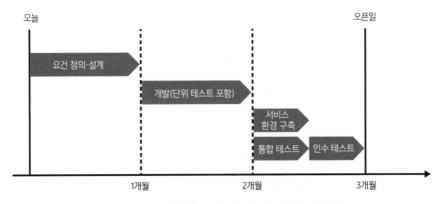

※ 부하 테스트는 시간 문제가 있고 다른 부분에서 성능 확보가 가능하다고
판단해서 하지 않는 것으로 한다.

그림 1-3 초기 개발 일정

🔵 개발 회사 사내 미팅

회사로 돌아온 B는 이번 프로젝트의 담당인 C와 오늘 있었던 미팅에 대해 피드백을
한다.

B: 이러이러한 이유로 이 일정으로 결정되었으니 개발을 부탁합니다.

C: 개발 내용만 봐도 일정이 촉박합니다. 그런데 부하 테스트는 어떤 환경에서
하나요?

B: **고객사 결정으로 부하 테스트는 하지 않습니다. 문제없겠죠. (※ 5)**

C: 아니요. 문제 있습니다. 시스템이 다운되도 되나요?

B: 그렇게 되면 안 됩니다. **클라우드를 사용한다면 시스템이 다운되지 않도록 할 수
있죠. (※ 6)**

C: 다운되지 않도록 만들어졌는지를 확인하는 것이 부하 테스트입니다. 그리고
이 프로젝트는 기술적으로 처음 해보는 상황이라 부하 테스트를 해야 합니다.

B: 이런 이야기를 해도 일정은 변경할 수 없어요.

C: **그럼 오픈하기 전 인수 테스트 때 하도록 (※ 7)** 하겠습니다.

B: 음… 부하 테스트를 하지 않는 것으로 협의되었지만, 내일 미팅 때 부탁해 보
겠습니다.

C: 이벤트의 규모나 예상되는 부하를 알 수 있나요?

B: 그 내용도 내일 같이 확인하도록 하겠습니다.

C: 혹시 가능하면 저도 같이 참석하겠습니다. 일정표는 제가 수정해 두겠습니다.

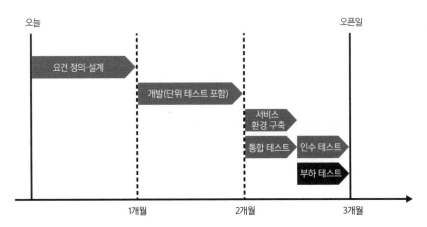

※ 오픈 전 인수 테스트와 병행하도록 하여 부하 테스트 기간을 확보한다.

그림 1-4 부하 테스트를 추가한 개발 일정

1.1.3 잘못된 테스트 전제 조건

이번 시스템 개발에서 부하 테스트가 필요하다고 말한 B는 A와 협상하게 되었다. 이번에는 C도 같이 참석했다.

■ 발주자 미팅

B: 어제 부하 테스트가 필요없다고 말씀드렸지만, **만약을 대비해 (※ 8)** 인수 테스트와 함께 부하 테스트를 할 수 있게 해주십시오.

A: 일정에 영향은 없겠죠?

B: 네. 영향은 없습니다. 그리고 부하 테스트는 **인수 테스트 환경과 같은 서비스 환경에서 할 예정입니다. (※ 9)**

A: 그럼 인수 테스트에도 영향을 줄 수 있다는 이야기네요. 알겠습니다. 전달해 두도록 하죠.

B: 감사합니다. 부하 테스트 전제 조건이 정확하지 않아도 좋으니 예상 사용자 수나 규모를 알 수 있을까요?

A: 지금은 알 수 없지만, **사용자가 많이 접속할 수 있도록 만들어 주세요. (※ 10)**

C: 아니요. 사용자 수 기준에 따라 설계가 변경되어야 합니다. 개발에 참고할 수 있도록 이전 이벤트에서의 참가자 수 등을 알 수 있을까요?

A: 그때는 100만 명이 응모했습니다. 그럼 그때의 2배인 200만 명으로 잡으시죠.

C: 200만 명이 응모할 수 있는 시스템으로 설계하도록 하겠습니다.

A: 그리고 이 이벤트에 동시 참가 가능한 인원수는 몇 명인가요?

C: **웹 서버의 MaxClients를 256으로 설정하기 때문에 최대 인원수는 256명입니다. (※ 11)**

A: 그 정도인가요?

C: 아니요. 죄송합니다. 웹 서버는 여러 대 사용하므로, **예를 들어 10대를 사용하면 10배인 2,560명이 동시에 응모할 수 있습니다. (※ 11)**

A: 그렇다면 문제는 없을 것 같네요.

B: 가동 중인 기존 시스템과 연결한 상태에서 부하 테스트를 해야 합니다. 문제는 없을까요?

A: 그건 안 됩니다. 혹시 **개발 환경과 연결 (※ 12)**해서 할 수 없을까요?

C: **그렇게 하도록 하겠습니다. (※ 12)**

◼ 여기까지 결정된 사항

- 부하 테스트는 오픈 직전에 실행한다.
- 부하 테스트와 인수 테스트는 같은 환경에서 같은 기간 내에 수행한다.
- 사용자 수와 규모 예상은 대략적으로 산정했다.
- 피크 시에 시간당 사용자 수는 산정되어 있지 않았다.
- 부하 테스트 시 이용할 외부 서비스는 개발 환경을 사용한다.
- 위의 외부 서비스 개발 환경의 시스템 사양은 알 수 없다.

1.1.4 잘못된 테스트 준비

불안한 프로젝트의 시작이었지만, 기적적으로 요건 정의와 설계, 개발은 순조롭게 진행되었다. 서비스 환경 구축과 같이 부하 테스트 계획 수립, 부하 테스트 준비를 했다.

부하 테스트 전날 이번 프로젝트 개발팀과 다른 팀의 D에게 부하 테스트를 부탁하게 되었다.

C: 자 그럼 D 씨, 부하 테스트 준비를 부탁합니다. **부하 테스트는 내일부터 할 예정입니다. (※ 13)**

D: 내일부터요? 부하 테스트를 하려면 준비를 해야 합니다. 부하 테스트 도구를 위한 서버 등을 준비해야 합니다.

C: 이번에 서버 준비를 하지 않았나요?

D: 그럼 **이번에는 저의 작업용 PC를 사용하시죠. 사양이 좋은 PC라 테스트하는 데 문제는 없을 겁니다. (※ 14)**

C: 그럼 부탁드립니다.

D: 부하 테스트 도구는 어떤 것이 좋을까요?

C: 대충 정해도 됩니다. **어떤 도구를 사용해도 똑같지 않나요? (※ 15)**

D: 그럼 **Apache Bench (※ 15)**를 사용하죠. 적당한 더미 데이터도 준비해 두겠습니다. 부하 테스트용 환경은 어떻게 됩니까?

C: 서비스 환경에 **오토 스케일링을 설정해둔 시스템이 가동 중이니 그 환경을 사용하세요. (※ 16)**

D: 데이터베이스 서버는요?

C: 이미 **서비스 환경에서 사용할 서버가 설정되어 있으니(※ 17)** 그 서버를 사용하세요. 또 다른 **인프라와 같이 사용하고 있으니 서비스가 다운되지 않도록 주의하면서 부하 테스트해 주세요. (※ 18)**

D: 알겠습니다.

C: **이번에 개발팀은 부하 테스트에 참여할 수 없습니다. 문제없겠죠? (※ 19)**

D: **부하 테스트는 시스템 외부에서 하는 테스트라 괜찮습니다. (※ 19)** 그럼 진행하도록 하죠.

■ 여기까지 결정된 사항

- 부하 테스트 담당은 개발팀과 다른 담당자가 진행한다.
- 부하 테스트 준비 기간은 1일로 한다.
- 부하 테스트 서버는 작업자의 PC를 사용한다.
- 부하 테스트 도구는 Apache Bench를 사용한다.
- 환경은 서비스로 이용할 구축이 완료된 환경을 그대로 사용한다.
- 가동 중인 인프라와 연계된 부분이 있다.
- 개발팀은 부하 테스트에 참여하지 않는다.
- 사용자가 서비스를 이용하는 로직에 대한 시나리오는 알 수 없다.

■ 부하 테스트 시나리오 작성

기한이 얼마 없는 상태에서 의뢰를 받아 서둘러 준비를 시작한 D지만, 결국 Apache Bench를 이용해서 부하 테스트 시나리오를 만들 수 없게 되었고 이번 부하 테스트에서는 사용할 수 없음을 알게 되었다. 다행히도 JMeter 사용 경험이 있어 JMeter를 사용하여 부하 테스트 시나리오를 작성하고 있다.

> D: 응모를 받기 위해서 이런 저런 시나리오로 하지 않는다면 응모를 받을 수 없을 것 같습니다. 사용자를 동적으로 생성하지 않는다면 힘들 것 같아요.
> 아닙니다. **테스트 전에 더미 사용자를 1명 추가해 두고 그 사용자로 응모하도록 하죠. (※ 20)**
> 에러도 동적으로 확인할 수 있도록 **JMeter의 결과 분석 매트릭을 전부 활성화하고(※ 21)** 모니터링이 가능하도록 해둡시다.
> 시간도 없으니 **테스트 한 번만 통과하면 테스트를 끝낼 수 있도록 (※ 22)** 완벽한 시나리오로 만들어 두죠. 일단 **Thread 수 1, Loop 수 1로 가볍게 한 번만 돌리고…. OK! 준비 끝. (※ 23)**

■ 여기까지 결정된 사항

- 사용자 등록 시나리오는 테스트하지 않는다.

- 응모는 같은 사용자로 테스트한다.
- JMeter 모니터링용 리스너를 추가한 상태에서 테스트한다.
- 테스트는 한 번에 끝낼 예정이다.
- 시나리오를 여러 번 실행하거나 복수의 Thread 수로 시나리오 확인을 하지 않는다.

1.1.5 잘못된 테스트 실행

드디어 고객과의 협의를 끝내고 부하 테스트를 하게 되었다. 테스트는 D 혼자 하게 되었다(그림 1-5).

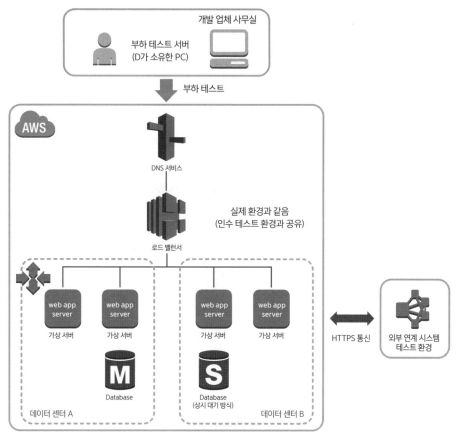

그림 1-5 부하 테스트 실행

D: 부하를 많이 주면 안 된다고 했으니 **10 Thread로 10번 정도로 테스트를 해보죠. 이 테스트로 서버에는 100회의 HTTP 요청이 들어갑니다. (※ 24) CloudWatch에서 보면 부하는 아직 여유 있어 보입니다. (※ 25)**

조금씩 Thread 수를 늘려서 Throughput(처리량) 합계가 더 이상 증가하지 않는 상태를 이 시스템의 한계라고 하죠. 50 Thread일 때 Throughput의 합계가 100rps로 50 Thread 이상으로 늘려도 Throughput은 더 이상 증가하지 않으므로 **이 시스템의 동시 접속 가능한 수는 50명 (※ 26)으로 1초간 100 응모까지 받게 되면 (※ 27) 1일에 864만 명의 응모를 받을 수 있다 (※ 28)**는 값이 나오니 문제는 없을 것 같네요.

부하 테스트 도구에서 보면 이 때의 Latency(지연 속도)는 평균 400ms입니다. (※ 29) 조금 느리지만 **웹 서버 대수를 2배로 늘리면 Latency도 반으로 줄고 200ms가 될 것입니다. (※ 30)**

이 때 서버의 리소스 사용 상태를 보면 어떤 리소스도 **특별히 큰 부하를 발생시키고 있지 않아서 문제는 없습니다. (※ 31)**

웹 서버는 전혀 스케일 아웃이 발생하지 않습니다. 오토 스케일링 최저 대수 상태로 리소스 여유가 있었던 것으로 보입니다. **서버 대수는 최소 대수 설정을 변경하여 대응하도록 하죠. (※ 32)**

결과 값이 확인되었으니 **보고서를 작성하고 테스트를 끝냅시다. (※ 33)**

1.1.6 잘못된 테스트 보고서

D는 부하 테스트 결과 보고서를 다음과 같이 정리했다.

제목

OO사 이벤트 시스템 부하 테스트 보고서

결론

- 본 시스템으로 목표 사용자 응모 수를 수용할 수 있는 것으로 확인함

전제 조건

- 실제 서비스에서 사용할 환경을 사용함
- 부하 테스트 시에 외부 시스템과 연결된 상태에서 테스트함

테스트 목적

- 본 시스템으로 동시에 사용 가능한 사용자 수를 예측함
- 본 시스템에서 시간당 응모 가능한 수를 예측함

테스트 내용

- JMeter로 사용자가 사이트에 접속하여 응모를 완료하기까지 일련의 시나리오를 작성하고 그 시나리오를 해당 시스템에서 실행한다.

부하 테스트 결과

- 본 시스템을 동시에 사용 가능한 사용자 수는 50명
- 본 시스템에서는 초당 100 응모를 받을 수 있다.
- 본 시스템에서는 1일에 864만 응모를 받을 수 있다.
- 본 시스템의 응답 시간은 평균 400ms이다.
- 본 시스템은 사용자의 응모가 집중되는 상황에도 각 리소스가 과부하 상태가 되지 않는 것을 확인했다.

시스템 개선 제안

- 본 시스템에서 응모 받을 수 있는 수를 늘리려면 오토 스케일링의 최저 대수를 늘려야 한다.
- 본 시스템에서 응답 시간을 200ms로 내리려면 오토 스케일링 최저 대수를 2배로 늘려야 한다.

(보고서 완성 후에…)

D: 마지막으로 테스트 기간 중 리소스 사용 현황 캡처 화면을 부록으로 넣고 끝내시죠. B 씨, 어떠세요?

B: 그럼 테스트 결과는 문제없는 거군요. 리소스 사용 상태도 특별히 문제없고요. 그럼 고객사에 제출하도록 하겠습니다.

◼ 두 가지 잘못된 점

이 보고서에서는 잘못된 점을 강조 표시하지 않았지만, 아쉽게도 모든 내용이 잘못되어 있다. 이 보고서는 일반적인 오류와 착각을 기준으로 작성된 보고서의 사례라고 볼 수 있다. 실제 이 내용만 보면 잘못된 부분을 확인하기 어렵게 되어 있다.

이 보고서의 잘못된 점은 다음과 같이 크게 두 가지로 구분할 수 있다.

- 구조적 문제: 프로젝트 진행 시 부하 테스트에 대한 인식 부족
- 경험의 부재: 담당자의 지식 및 이해 부족

부하 테스트에 대한 프로젝트 진행의 문제

부하 테스트 프로젝트 진행에 대해서는 지식이 있다고 해도 실제 일정이나 환경, 예산 등의 비즈니스적인 이유로 문제가 발생하는 경우가 대부분이다. 프로젝트를 진행하면서 정답이 있는 것은 아니지만, 일단 정확한 지식을 가지고 피할 수 있는 문제에 대해서는 최대한 피하는 것이 중요하다.

또 비즈니스상 불가피한 이유가 있다 하더라도 발생할 수 있는 문제에 대해 실제 어떤 문제가 발생할지를 사전에 파악하고 설명할 수 있는 것이 중요하다.

지식 및 이해 부족에서 오는 문제

담당자의 지식 및 이해 부족에서 오는 문제는 다음과 같은 세 가지로 분류할 수 있다.

- 클라우드나 웹 시스템에 대한 지식 부족
- 시스템 평가 관련 지표에 대한 지식 부족
- 부하 테스트 진행에 대한 지식 부족

이 모든 내용은 피할 수 있는 문제로 꼭 피해야만 한다.

1.2 웹 시스템 실패 사례

현재 세상에는 대규모 웹 시스템이 운용되고 있지만, 그 뒤에는 부하 대책에 실패한 시스템이 많이 존재한다. 겉으로는 안정적으로 운용되고 있는 것처럼 보이지만, 사용자 수가 없어서 문제없는 것이지 실제 예상했던 많은 사용자가 요청하게 되면 버티지 못하는 웹 시스템도 있을 것이다.

이런 사례 중에서 웹 시스템 성능 부족으로 발생했던 장애 사례 3가지를 소개한다. 모든 사례에서 서비스 제공자, 사용자, 그리고 시스템 개발자 등 모든 관계자에게 좋지 않은 영향을 미쳤다. 그러나 이 사례 중에서는 적절한 시스템 설계와 부하 테스트를 했다면 이러한 결과를 피할 수 있는 것도 있었으므로 개발 업체에도 어느 정도 책임이 있다고 할 수 있다.

- 이벤트 시스템 실패 사례
- 쇼핑몰 사이트 실패 사례
- 도서관 검색 시스템 실패 사례

1.2.1 이벤트 시스템 실패 사례

🟦 배경

제조 판매를 하는 어떤 업체에서 이벤트 기간 상품을 구입한 손님만 참가할 수 있는 할인 쿠폰 추첨 이벤트를 하기로 했다.

시스템은 클라우드에 구축되어 확장이 자유롭고 부하 테스트도 개발 업체에서 수행한 상태이다. DB는 시스템을 멈추지 않고 스케일 업이 불가능하여 예상 이상의 부하에 대비하기 위해 처음부터 최상위 인스턴스 타입을 사용하기로 했다.

사전에 각종 매체에 대대적인 이벤트 홍보를 하고 이벤트 오픈과 동시에 기업 홈페이지와 쇼핑몰 사이트에 배너를 올리고 이벤트 사이트를 오픈했다.

■ 장애 내용과 그에 따른 영향

오픈 직후에는 문제없이 이벤트 사이트를 사용할 수 있었지만, 점점 응답속도가 떨어졌고 추첨할 때 타임 아웃이 발생했다. 마침내 메인 페이지도 접속이 불가능하게 되었다. 매장과 문의 채널에도 문제가 발생했다.

기업 홈페이지와 쇼핑몰 사이트 등에 올린 배너를 차단하여 사용자 유입을 막으면 시스템을 사용할 수 있었지만, 다시 배너를 올리면 이벤트 사이트가 다운되는 현상이 계속 발생했다. 부하가 클 때는 웹 서버가 스케일 아웃되도록 되어 있었지만, 실제 스케일 아웃이 되어도 문제가 개선되지 않았다. 또 DB 서버도 이미 최상위 인스턴스를 사용하고 있어 더 이상 스케일 업을 할 수 없는 상태였다.

그 이후 시스템 발주자 쪽의 IT 부서에서 부하 테스트 환경을 만들어 부하 테스트를 실행한 결과 개발 업체의 부하 테스트는 의미가 없었고 처음부터 예상한 부하에는 견딜 수 없는 시스템임을 확인했다. 그래서 급하게 DB 쿼리 튜닝과 프로그램 수정을 반복했지만, 결과적으로 이벤트할 수 있는 충분한 성능을 낼 수 없었고 예정된 이벤트는 종료할 수밖에 없었다.

1.2.2 쇼핑몰 사이트 실패 사례

■ 배경

어떤 업체의 쇼핑몰 사이트를 전면 개편하기로 했다. 이번 개편을 통해 사이트의 다국어 지원과 리뷰 기능, 재고 조회 기능, 배송 시간 지정 기능 등을 추가할 예정이었다.

■ 장애 내용과 그에 따른 영향

개편에 따른 URL이 변경되었고 사이트 개편에 따른 점검 직후부터 일부 프로그램에서 에러가 발생했다. 그로 인해 서버가 과부하 상태가 되었고 사이트에 접속할 수 없거나, 내용을 표시할 수 없는 문제가 발생하였다.

개편 전의 사이트로 시스템을 변경하지 않고 5일간 장애 상태를 유지했다. 그 사이

공식 쇼핑몰 사이트는 이용할 수 없게 되었고 대응책으로 라쿠텐, yahoo 쇼핑몰에 입점한 사이트로 유도할 수밖에 없었다.

장애 발생일로부터 6일째, 프로그램 개선과 CPU 등의 서버 리소스를 증설하여 쇼핑몰을 다시 오픈했지만, 한동안은 접속이 불안한 상황이 계속되었다.

1.2.3 도서관 검색 시스템 실패 사례

▓ 배경

어떤 지방자치단체 도서관 검색 시스템에는 '1시간에 400건 이상의 검색이 있으면 장애가 발생한다.'는 버그가 있었다. 개발 업체는 그 사실을 알고 있었지만, 이전 버전부터 있었던 버그라 도서관 측에 통지하지 않았다.

수동으로 사이트에 접속할 경우 검색 시스템을 제대로 사용할 수 없는 경우가 많고 검색 결과 데이터를 수집하기 어려운 상황으로 같은 시의 주민인 A는 해당 페이지를 프로그램으로 테스트하였다.

A는 검색 결과 데이터 요청이 도서관 시스템에 영향을 미칠 것을 고려하여 1초에 1 요청이 프로그램에서 전송되게 하고 9시간에 걸쳐 천천히 데이터를 수집하는 크롤링을 실행하였다(합계 약 33,000 요청).

▓ 장애 내용과 그에 따른 영향

일반적인 상황에서는 1초에 1회라는 요청은 웹 서비스에서 정상적인 요청 범위이며 문제가 발생하지 않는다. 그러나 검색 시스템에 버그가 있었기 때문에 도서관 검색 서비스를 사용할 수 없는 장애가 발생하였다.

해당 도서관 사이트가 정상적으로 표시되지 않는 상황을 확인하던 도서관 측은 로그 분석을 통해 같은 사용자가 33,000회 요청한 것을 확인하였다. 그리고 이 상황을 A에 의한 도서관 사이트 공격으로 판단하고 업무 방해로 고소하였다.

A는 결백을 주장하였고 결국 기소 유예 처분을 받았다. 그러나 사이버 범죄자로 실

명이 보도되고 20일의 구금과 심문에 응해야만 했다.

그로부터 약 1년 후 도서관 측에서는 'A에게는 죄가 없었다.'라는 성명을 발표했다.

CHAPTER

2

웹 시스템 설계 방법

웹 시스템 설계 방법

웹 시스템에서만 사용되는 것은 아니지만, 시스템이나 서비스를 제공하면서 **가용성**[1] 이라는 단어를 가장 중요한 키워드로 꼽을 수 있다.

극단적으로 말하자면 부하 테스트는 이 가용성을 확보하기 위한 수단 중 하나이다.

이 장에서는 부하 테스트에 대한 구체적인 기초 지식을 배우는 데 필요한 사전 지식으로 웹 시스템에 필요한 비기능적인 조건으로의 가용성과 가용성을 실현하기 위한 설계 방법을 소개한다.

2.1 웹 시스템 가용성

2.1.1 가용성이란?

가용성이란 시스템이 서비스를 정상적으로 제공할 수 있는 상태를 말한다. 항상 서비스를 사용할 수 있는 시스템을 가용성이 높은 시스템이라고 말하며 반대로 서비스가 다운되는 시간이 긴 시스템을 가용성이 낮은 시스템이라고 한다. 가용성을 Availability라고 부르기도 한다.

---

1 비슷한 단어로 **내구성**이 있다. 이 단어는 다른 의미를 가지고 있다. 자세한 내용은 칼럼 '내구성이란?'을 참고하길 바란다.

서비스 다운 시간을 추적하면, 다음과 같은 원인으로 인해 서비스를 이용할 수 없는 시간이 발생한다.

- 광역 네트워크 장애
- 광역 전원 장애
- 하드웨어 장애
  - 네트워크 기기 장애
  - 서버 물리 장애(전원, CPU, 메모리, 디스크, 메인보드 등…)
- 소프트웨어 장애
  - 보안에 문제가 있어 시스템을 이용할 수 없는 경우
  - 그 이외의 소프트웨어의 버그
- 점검 기간
  - 하드웨어 교체
  - 소프트웨어 업데이트
  - 미들웨어 업데이트
- 고부하에 따른 요청 타임아웃

가용성의 높고 낮음은 가동률의 퍼센티지(%)로 표시된다. 가용성 99.99%라는 경우 99.99% 시간을 정상적으로 이용 가능한 시스템을 말한다. 이를 바꿔 말하면 1년에 53분 정도는 서비스가 다운된다고 말할 수 있다.

2.1.2 여러 하위 시스템이 연결된 환경에서의 가용성

마이크로서비스와 같이 여러 서비스가 연계되어 동작하는 경우 연계 서비스가 다운 되어 있을 때 서비스를 제공할 수 없다면 이것 또한 가용성이 떨어지는 서비스 다운 시간에 포함된다.

시스템 A의 가용성이 a%, 시스템 B의 가용성이 b%이고 이 시스템들이 독립적으로 존재하고 서로 연결되어 있을 때 총 가용성은 다음과 같다.

a% × b%

예를 들어 서로 독립적으로 99.99%의 가용성을 가지고 5대의 시스템을 연동한 경우에는 99.95% 정도, 연간 다운 타임은 4시간 23분 정도가 된다. 만약 이 5대 중 1대가 가용성이 95%인 경우 연간 다운 타임은 18일 이상이 된다.

가용성이 낮은 시스템이 포함되어 있다면 시스템 전체의 신뢰성은 크게 떨어진다.

칼럼 **내구성이란?**

'가용성'과 비슷한 단어로 '내구성'이라는 단어가 있다. '내구성이 있는 시스템'이라고 하면 대부분 가용성이 높은 시스템을 말하지만, 내구성이라는 단어는 가용성과는 다른 의미를 가진다. 내구성 99.9999%라는 값으로 표현하지만, 이 값은 이용 가능한 시간을 가리키는 것이 아니라 데이터의 손실이 발생하지 않는다는 것을 말한다.

예를 들어 어떤 HDD의 1년간의 내구성이 99.9999%라고 하면 데이터를 저장한 경우 1년 후에 데이터 손실 없이 저장한 데이터를 사용할 수 있는 확률이 99.9999%라는 것을 의미한다. 그 중간에 HDD를 사용할 수 없는 기간과는 관계없다. 일반적으로 저장한 데이터는 손실이 발생하지 않는 것이 당연하다고 인식되지만, HDD와 기록 매체는 그보다 높은 확률로 장애가 발생하고 모든 데이터를 읽을 수 없게 되는 상황이 발생한다.

2.2 높은 가용성을 가진 시스템 설계 방법

가용성을 높이기 위해서는 위에서 설명한 서비스 사용 불가능 시간을 최대한 발생시키지 않게 하고 발생하더라도 서비스 사용 불가능 시간을 짧게 만들어야 한다. 이러한 다운 타임을 줄이는 데 필요한 것이 다음의 2가지이다.

- 시스템을 이중화한다.
- 시스템을 확장한다.

이에 대해 자세하게 설명한다.

2.2.1 시스템 이중화

시스템 이중화란 **단일 장애점**(SPOF: Single Point Of Failure)을 없애는 방법이다. 단일 장애점이란 그 지점에 장애가 발생하면 서비스를 제공할 수 없는 지점이다.

결국, 시스템 이중화라는 것은 시스템의 일부분을 사용할 수 없게 되어도 다른 시스템을 이용하여 서비스를 계속 제공하는 것을 의미한다. 예를 들어 도시를 연결하는 도로가 하나가 아닌 두 개가 있다면 둘 중 하나의 도로에서 사고가 발생하더라도 다른 도로를 이용하여 수송할 수 있다. 또한, 두 개의 도로가 존재함으로써 도로 공사 중에도 정상적으로 수송을 할 수 있다. 이처럼 시스템 설계에서도 단일 장애점을 없애는 것은 아주 중요한 일이다.

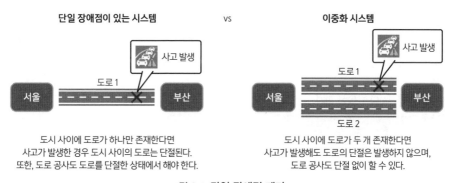

그림 2-1 단일 장애점 제거

여기서 가장 중요한 것은 대체 시스템이 독립된 **별도의 시스템**이어야 한다는 것이다. 예를 들어 데이터 이중화를 위해 백업 데이터를 원본 서버에 저장했다고 가정하자. 백업한 데이터는 같은 시스템에 저장되어 있어 서버에 장애가 발생하면 원본 데이터도 백업 데이터도 사용할 수 없게 된다.

이중화된 시스템은 네트워크 지연(Latency)과 데이터 전송 능력(Throughput)이 허락되는 범위 내에서 지리적, 물리적으로 떨어진 장소에 설치해야 한다. 이렇게 함으로써 천재지변으로 발생하는 정전이나 네트워크 장애를 대비할 수 있다. AWS의 경우 Multi-AZ라는 형태로 데이터 센터 레벨의 독립적인 시스템을 사용하는 경우가 많다.

웹 서비스 구축에는 많이 사용되지 않지만, 중요 시스템의 경우 백업 시스템 구성을 하드웨어와 애플리케이션 등 모든 시스템을 별도로 구성하는 경우도 있다.

■ 리던던시

같은 장비를 병렬로 배열한 대수를 리던던시(Redundancy)라고 한다. 최악의 경우 한 대라도 서비스를 계속 제공할 수 있다면 서비스가 다운될 확률은 다음과 같은 식으로 표시된다.

$$1 - (\text{단일 장비의 이용 불가율})^{\text{리던던시}}[2]$$

■ 리던던시를 높임으로써 가용성이 향상되는 사례

단독 장비의 가용성이 99%인 시스템을 생각해보자. 이 장비의 이용 불가 확률은 1%이며, 리던던시를 높일 때마다 가용성이 향상되는 것을 확인할 수 있다(표 2-1).

표 2-1 리던던시와 가용성 관계

리던던시	이용 불가율	가용성	연간 다운 타임
1	1%	99%	87.6시간
2	0.01%	99.99%	53분
3	0.0001%	99.9999%	32초

칼럼　**데이터베이스 이중화는 기본적으로 어렵다**

일반적인 데이터베이스 이중화는 기본적으로 어려운 문제를 가지고 있다.

데이터베이스 이중화를 한 경우 하드웨어뿐만 아니라 **데이터베이스** 안에 저장된 데이터도 **이중화**해야만 한다. 그래서 데이터베이스 이중화 시에는 일반적으로 다음과 같은 방법을 사용한다.

2　[역주] 리던던시/중복/용장성(Redundancy)에 대해 좀 더 자세한 설명은 아래 URL을 참고 바란다.
　　http://www.ktword.co.kr/abbr_view.php?m_temp1=1217

1. 여러 대의 데이터베이스에 같은 데이터를 저장하고 참고한다.
2. 한쪽의 데이터를 저장하고 자동으로 반대쪽 데이터를 동기화한다. 다운이 발생했을 때는 다른 한쪽의 데이터베이스를 이용한다.

1의 경우에는 쓰기, 읽기 모두 응답 속도의 저하를 막을 수 없다. 데이터가 맞지 않을 때는 어떻게 복구할지에 대한 문제도 발생한다.

2의 경우에는 다운이 발생했을 때 한쪽을 사용할 수 있게 하는 페일오버(Fail Over) 작업이 어렵진 않지만, 자동으로 데이터 동기화가 어렵다. Sync 방식은 동기화 중에 처리 지연에 따른 성능 저하가 발생할 수 있으며, Async의 경우에는 데이터베이스 간의 데이터 무결성 문제가 발생할 수 있다.

또 1, 2 어떤 경우에도 페일오버 중에는 리던던시가 떨어진 상태이면 빨리 원래의 이중화 구성으로 복구해야 한다. 이런 작업을 자동으로 구성하는 것은 어려우며, 복구하는 타이밍에는 서비스 다운이 발생하는 경우가 많다.

2.2.2 시스템 확장

사용자의 요청이 많아져 지금의 인프라로 사용자 요청을 받을 수 없는 경우가 발생해도 서비스 다운과 같은 상태다. 그래서 부하가 많을 때도 사용자에게 정상적인 서비스를 제공할 수 있게 하는 것도 가용성을 높이는 데 필요하다.

요구되는 시스템 성능에 따라 동적으로 서버 구성이 변경되고 시스템의 처리 능력을 최적화할 수 있는 시스템을 **확장 가능한 시스템**이라고 한다. 확장 가능한 시스템을 구축하는 방법은 다음의 3가지가 있으며 일반적으로 요구 사항과 규모에 따라 이런 방법과 서비스를 함께 생각할 수 있다.

- 스케일 업/스케일 다운 한다.
- 스케일 아웃/스케일 인 한다.
- 클라우드 사업자가 확장성을 보증하는 서비스를 사용한다.

■ 스케일 업/스케일 다운

시스템의 리소스 처리 능력을 올리거나 내리는 방법을 말한다.

다음 페이지의 그림 2-2와 같이 시스템 성능을 높이기 위해 병목이 되는 부분의 시스템 리소스를 보다 높은 성능으로 변경하는 것을 스케일 업, 반대로 낮은 성능으로 변경하는 것을 스케일 다운이라고 한다. AWS의 EC2 인스턴스나 RDS 인스턴스의 경우 인스턴스 타입을 변경하는 것이 이에 속한다. 데이터베이스 서버나 배치 서버 등의 시스템 리소스를 올리고 내리는 작업에 많이 사용된다.

그림 2-2 데이터베이스 서버의 스케일 업

장점

- 애플리케이션 및 미들웨어가 지원하지 않는 시스템이라도 성능을 올리고 내릴 수 있다.
- 물리 메모리 부족 등으로 스왑(swap)이 발생하는 경우에도 간단히 대응할 수 있다.
- 쉽게 네트워크 및 스토리지 성능을 올릴 수 있다.
- 뒤에서 설명하는 스케일 아웃/스케일 인이 어려운 데이터베이스 서버에서도 성능 확장이 쉽게 가능하다.
- 한 대뿐인 리소스라도 시스템 리소스가 여유가 있다면 스케일 다운을 하여 인프라 비용을 절감할 수 있다.
- 관리가 필요한 시스템 리소스 대수가 늘어나지 않아 시스템 관리 비용이 증가하지 않는다.

단점

- CPU 병목을 처리하고 있던 경우에는 상위 인스턴스 타입으로 스케일 업해도 CPU 코어 자체의 성능은 향상되지 않고 CPU 코어 수만 증가한다. 그래서 멀티 코어를 적절하게 사용하지 않는 애플리케이션은 효과를 얻을 수 없다.

- RDS에서는 성능이 비용과 비례하여 향상되지 않는 경우도 있다. 특히 이중화를 위해 Multi-AZ 옵션을 사용하는 경우에는 스케일 업을 통해 상위의 인스턴스를 사용해도 Write 성능이 향상되지 않고 결과적으로 전체 성능이 향상되지 않는 경우도 있다.
- 제공되는 성능 제한이 정해져 있어 그 이상으로 성능을 올릴 수 없는 경우가 발생한다.
- 중간 지점에 있는 성능이 제공되지 않는 경우도 있다. 예를 들어 성능과 비용이 2배→4배→8배→16배로 늘어나는 형태로 제공되어 3배나 5배 등의 성능으로 올릴 수 없다.
- 스케일 업/스케일 다운 시에는 일시적으로 다운 타임이 발생한다(가용성 떨어짐).

■ 스케일 아웃/스케일 인

시스템 성능을 올리기 위해 시스템 리소스 수를 늘리는 것을 스케일 아웃, 반대로 리소스 수를 줄이는 것을 스케일 인이라고 한다.

예를 들어 그림 2-3과 같이 AWS에서 웹 서비스를 구축할 때 AWS에서 제공하는 로드 밸런서 서비스인 Elastic Load Balancing(ELB)을 이용하여 애플리케이션 서버 대수를 동적으로 늘리고 줄이는 것이 가능하다.

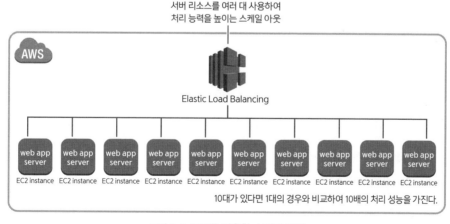

그림 2-3 ELB를 이용한 스케일 아웃

장점

- 웹 서버로 보면 웹 서버를 스테이트리스(stateless)로 구축하게 되어 그림 2-3과 같은 구성이 편리하다.
- 이중화를 통해 서비스 전체의 가용성을 높일 수 있다.
- (구성이 적절하다면) 시스템 성능의 차이는 하드웨어 대수와 비례하는 경우가 많고 스케일 업과 비교하면 비용 대비 성능이 좋아지는 경우가 많다.
- 스케일 아웃/스케일 인을 할 때 서비스 다운 타임이 발생하지 않는 경우가 많다.

단점

- 칼럼 '데이터베이스 이중화는 기본적으로 어렵다'에서 보듯 데이터베이스의 스케일 아웃/스케일 인은 설계 및 개발의 난이도가 높다.
- 추가된 하드웨어를 적절하게 사용하기 위해서는 애플리케이션과 미들웨어에서 지원해야 하는 경우가 있다.
- 대수가 늘어남에 따라 새로운 제약 사항과 문제가 일어날 수 있다.
- 관리가 필요한 시스템 리소스 대수가 늘어남에 따라 시스템 관리 비용이 증가하는 경우가 있다.

■ 클라우드 사업자가 확장성을 보증하는 서비스를 사용한다

클라우드 사업자가 제공하는 관리형 서비스 중에는 서비스 자체가 확장 기능을 제공하는 것도 있다.

AWS에서는 다음과 같은 서비스가 있다. 각 서비스를 제공하는 리소스에는 접속할 수 없으며, 서비스로 기능을 이용하는 형태이다. 장점도 많아 적극적으로 활용하고 싶은 것들이다.

- Route 53(DNS 제공 서비스)
- CloudFront(CDN 제공 서비스)
- Elastic Load Balancing(로드 밸런서 제공 서비스)
- S3(스토리지 제공 서비스)

장점

- 각 서비스는 이중화되어 있고 사용자가 점검하지 않아도 되기 때문에 가용성이 높다.
- 소프트웨어 점검을 클라우드 사업자 쪽에서 수행한다.
- 사용 형태에 따라서 종량제 서비스가 많으면 저렴해진다.

단점

- 서비스 자체의 특성이 있고 그 특성을 공부해야 한다.
- 사용 형태에 따라 비용이 높아질 수 있다.

2.3 웹 시스템 설계 역사

가용성이 높고 확장성을 가진 시스템을 실제로 어떻게 구축해 왔는지 사례를 통해 소개한다.

- 온프레미스에서의 시스템 구축 1(저가용성/낮은 확장성)
- 온프레미스에서의 시스템 구축 2(중가용성/중간적 확장성)
- 클라우드에서의 시스템 구축(고가용성/높은 확장성)

2.3.1 온프레미스에서의 시스템 구축 1(저가용성/낮은 확장성)

온프레미스는 기업이 서버와 네트워크 장비를 물리적으로 보유하고 내부에서 운용하는 형태이다.

이 형태는 임대 서버나 클라우드가 나오기 전에는 일반적이였다. 온프레미스 환경에서 서버 추가는 서버 선정, 발주, 납품의 과정을 거치기 때문에 몇 주에서 몇 개월의 시간(발주에서 납품까지의 기간)이 걸린다.

일본에서는 2000년대 i-mode나 J-SKY, EZweb 등의 서비스를 지원할 수 있는 인터넷 브라우저가 탑재된 핸드폰이 발매되어, 이것을 새로운 비즈니스 기회로 생각한 서비스 사업자가 계속하여 참가했다.[3] 필자가 지금 근무하고 있는 회사도 휴대폰용 인터넷이 활성화될 때 창업한 벤처기업으로 당시에는 필자를 포함하여 전 사원이 학생이었다.

사이트 내용

각 사업자가 제공하는 공식 사이트(각 통신사가 제공하는 웹 사이트)로 구축하고 운용했던 이벤트 응모 시스템 구성은 그림 2-4와 같았다. 지금 보면 정말 간단한 구성이다.

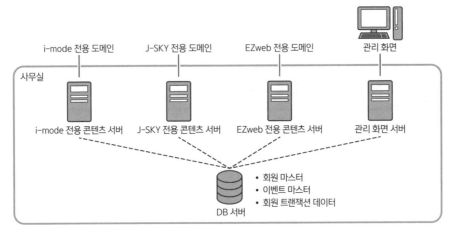

그림 2-4 휴대전화 통신사 3사용 공식 사이트(이벤트 응모 사이트) 시스템 개요

시스템 구성

- 회사 사무실에 서버 설치
- 각 서버는 가상화하지 않고 물리 서버 그대로 이용
- Apache + PHP + PostgreSQL로 구성
- 각 통신사 전용 애플리케이션 서버 1대씩 준비
- 데이터 이중화는 DB의 정기 백업만으로 구성

---

3 역주 i-mode, J-SKY, EZweb 등은 스마트폰 이전에 일본 핸드폰에서 지원하는 인터넷 서비스를 말한다.

가용성 평가

가용성을 조금이라도 높이기 위해 수동 예비 방식(cold standby) 형태의 장비를 여러 대 준비해 뒀지만, 장애 대응 방법으로는 해당 서버의 미들웨어, 애플리케이션 등을 수정하고 설치하여 물리 장비를 교체하는 형태로 대응할 수밖에 없었다. 그래서 장애 복구 시간은 최소 몇 시간이나 걸렸다.

모든 장비가 이중화되어 있지 않아 어느 한 곳에서 장애가 발생해도 서비스가 다운되어 버린다. 각 웹 서버의 전원, HDD도 이중화되어 있지 않아 물리적인 하드웨어 장애도 많이 발생했다. 또 서비스 점검을 함에 있어서도 점검 작업 동안에는 서비스를 멈춰야 했다(표 2-2).

표 2-2 휴대전화 통신사 3사 전용 사이트(응모 이벤트 사이트) 가용성 평가

장애 발생 부분	리던던시	장애 발생시 시스템 상태
상위 네트워크 기기	1	통신사 3사 모든 사이트 서비스 다운
상위 전원 장애	1	통신사 3사 모든 사이트 서비스 다운
각 통신사 전용 웹 서버	1	공식 사이트 서비스 다운
DB 서버	1	통신사 3사 모든 사이트 서비스 다운
각 웹 서버의 전원 장치	1	각 공식 사이트 서비스 다운
각 웹 서버의 HDD	1	각 공식 사이트 서비스 다운
각 웹 서버의 고부하	1	각 공식 사이트 서비스 다운
DB 서버의 고부하	1	통신사 3사 모든 사이트 서비스 다운

확장성 평가

- 스케일 아웃 성능: 없음
- 스케일 업 성능: 한정적

매우 낮은 확장성을 가지고 있으며, 각 서버에 부하가 발생하면 해당 서버를 다른 서버로 교체하여 스케일 업하는 방법밖에 없었다. 스케일 업에도 많은 시간이 소요된다고 해도 바로 서버 리소스 한계에 도달하여 사용자의 요청이 많은 시간대마다 서비스 사용이 불가능한 상황이 발생하여 가용성이 낮아지는 원인이 되었다.

종합 평가

구성이 간단하지만, 당시에는 이 구성이 일반적이었고 현재 시스템으로는 생각할 수 없을 만큼 낮은 가용성과 성능을 가지고 있었다. 이후 시대가 많이 변하면서 이와 같은 시스템 가용성과 성능으로는 사용할 수 없게 되었다.

2.3.2 온프레미스에서의 시스템 구축 2(중가용성/중간적 확장성)

시간이 지나고 여러 사이트 개발 사례를 경험하여 보다 큰 규모의 엔터프라이즈용 시스템을 구축할 수 있게 되었다. 이 프로젝트에서는 무엇보다 24시간 365일 무중단 서비스가 중요하여 당시 시스템으로 꽤 좋은 서버 리소스를 사용하였다(그림 2-5).

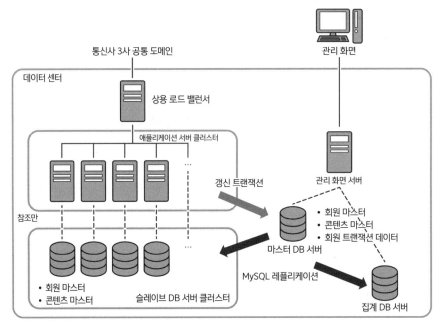

그림 2-5 휴대전화 통신사 3사용 쿠폰 사이트 시스템 개요

사이트 내용

휴대전화 통신사 3사(i-mode, Yahoo! 휴대폰, EZ web)용 쿠폰 사이트다. 사용자 거주 지역 정보와 성별, 매장 이용 현황과 같은 정보를 기반으로 사용자별로 쿠폰을 발행하고 쿠폰 사용 현황을 추적하여 분석 프로파일링할 수 있도록 한다.[4]

시스템 구성

- 데이터 센터에 서버 설치
- 각 서버는 가상화하지 않고 물리 서버를 사용
- Apache + PHP + MySQL로 구성
  - PHP 액셀레이터 설치
- 웹 서버를 로드 밸런서 아래에 배치하여 이중화 및 확장성 확보
- 데이터의 이중화는 MySQL 레플리케이션 기능과 정기 백업을 사용
- 애플리케이션 서버는 각 통신사 공통으로 DB 조작이 필요한 페이지 외에는 모두 정적 파일로 구축
  - 정적 파일의 일부 데이터와 이모티콘 변환을 Apache 모듈로 처리하여 PHP를 사용하지 않고 빠르게 응답
  - 사용자 인증 기능도 Apache 모듈로 대신 사용하여 회원 콘텐츠 부분도 빠르게 응답
- DB 참조계 부하에 대해서는 MySQL 레플리케이션 이용

가용성 평가

전체적으로 보면 관리 대상 서버가 늘어났지만, 마스터 DB 서버 이외에는 모두 이중화되어 있어 가용성을 높이고 있다. 또 마스터 DB 서버에 대해서도 전원이나 HDD 이중화가 되어 있다. 마스터 DB 서버에 장애가 발생하여도 슬레이브 DB 서버를 마스터로 승격시키도록 구성된 시스템이다.

---

4 [역주] i-mode, Yahoo! 휴대폰, EZ web은 일본 휴대폰에서 지원하는 인터넷 서비스명이다.

그리고 네트워크나 전원 장애에 대해서도 사무실에서 데이터 센터로 서버를 이동시켜 강화했으나 데이터 센터 레벨의 장애에는 아직 대응하지 못하고 있다(표 2-3).

표 2-3 휴대전화 통신사 3사 쿠폰 사이트 가용성 평가

장애 발생 부분	리던던시	장애 발생 시 시스템 상태
상위 네트워크 기기	1	통신사 3사 모든 사이트 서비스 다운
상위 전원 장애	1	통신사 3사 모든 사이트 서비스 다운
웹 서버	n	서비스 제공에 영향 없음
각 웹 서버의 과부하	n	전체 서버의 부하가 아니라면 영향 없음
마스터 DB 서버	1	통신사 3사 모든 사이트 서비스 다운(수동으로 복구 가능)
마스터 DB 서버 과부하	1	통신사 3사 모든 사이트 서비스 다운
슬레이브 DB 서버	n	서비스 제공에 영향 없음

확장성 평가

- 스케일 아웃 성능: 한정적
- 스케일 업 성능: 한정적

웹 서버와 DB 슬레이브 서버를 준비하여 스케일 아웃 성능을 제공할 수 있다. 그러나 실제 서버를 추가하기 위해서는 다음과 같은 문제를 모두 해결해야만 한다.

- 서버를 구매하기 위해서는 몇 주일에서 몇 개월의 시간이 필요하다.
- 서버 마운트를 할 수 있는 랙의 물리적 공간이 있어야 한다.
- 랙 전원 사용량에 여유가 있어야 한다.
- 네트워크 기기와의 물리적 거리가 가까워 케이블을 연결할 수 있어야 한다.

서버 리소스의 여유가 생겨 그 리소스를 확보해 두려면 데이터 센터로 이동하여 랙을 열고 해당 서버를 철거해야만 한다. 이 작업은 전원 케이블과 네트워크 케이블을 분리해야만 하며, 매우 위험한 작업이다.

또 마스터 DB 서버의 경우 스케일 업으로만 부하에 대응할 수 있으며, 처음부터 높은 사양의 서버를 준비해 뒀으며 실제 교체가 필요할 때는 현재보다 높은 사양의 서

버를 구매해야 하는 어려운 상황이었다.[5]

종합 평가

처음부터 매우 많은 리소스를 사용하여 높은 가용성을 가지고 있었다. 그러나 확장
성에 제한이 있었으므로 많아지는 사용자 요청에 대한 시스템 응답 지연은 피할 수
없었다.

온프레미스 환경에서 높은 가용성을 보장하기 위해서는 많은 비용이 발생하고 또한
그렇게 구성을 하더라도 충분한 확장성을 확보하기에는 어려움이 많았다.

2.3.3 클라우드에서의 시스템 구축(고가용성/높은 확장성)

■ 클라우드란?

클라우드란 온프레미스 시스템과 반대되는 것으로 내부에서 하드웨어를 관리하지
않고 클라우드 사업자 소유의 리소스를 시간 단위로 빌려 사용하는 시스템을 말한
다(표 2-4).

표 2-4 온프레미스/임대 서버/클라우드 비교

	온프레미스	임대 서버	클라우드
하드웨어 소유 형태	자사 소유	호스팅 사업자	클라우드 사업자※
서버 가상화	사용자 결정	사용자 결정	가상화 되어 있음
서버 리소스 추가 속도	수주~수개월	수일	수분
서버 리소스 추가 편의성	어려움	상황에 따라 다름	매우 간단
초기 비용	높음	중~고	거의 발생하지 않음
사용 비용	고정	고정의 경우가 많음	종량제가 많음
가용성 확보 용이성	확보 어려움	확보 어려움	높은 가용성 확보가 쉬움
리소스 관리 범위	랙 단위	데이터 센터 단위	복수의 데이터 센터 단위

※ 하드웨어를 소유하고 있는 경우에도 그 하드웨어를 가상화된 여러 서버로 구성하여 프라이빗 클라우드로
　 구축하여 사용 가능하다.

---

5 그 후 대규모 시스템 개선을 통하여 사용자 트랜잭션 데이터를 분리하여 여러 대의 마스터 DB 서버에 저
　 장 가능하도록 구조를 변경하였다.

장점

- 초기 비용이 싸다.
- 종량제 과금 정책을 많이 시행하고 있어 사용한 만큼 지불하면 된다.
- 서버 리소스 추가가 아주 빠르다.
- 서비스 사업자가 보안 패치를 지원하고 점검 서비스도 대부분 제공하고 있다.
- 서버를 모두 가상화하여 서버 복제 등의 작업이 간단하다.
- 여러 데이터 센터를 사용하여 데이터 센터 레벨의 장애 대응도 가능하다.

단점

- 큰 규모의 시스템은 클라우드보다 온프레미스를 사용하는 것이 더 저렴할 수 있다.
- 종량 과금 서비스가 많아 사용 전에는 비용을 산정하기 어려울 때가 있다.
- 서버가 가상화되어 있어 물리 장비와 달리 성능이 떨어질 때가 있다.
- 관리형 서비스는 클라우드 사업자 점검 일정에 맞춰야 할 때가 있다.
- 관리형 서비스는 클라우드 사업자가 제공하는 범위 내에서만 설정할 수 있어 유연한 구성이 어렵다.

클라우드는 단점도 있지만, 필자가 생각하는 최대 장점이 있다. 바로 서버 리소스 추가가 아주 빠르고 서버 리소스 추가 자동화가 가능하다는 것이다. 온프레미스에서는 몇 주에서 몇 개월이 걸렸던 작업이 클라우드에서는 단 몇 분 만에 사용 중인 서버를 복제하여 새로운 서버를 구축할 수 있다. 이러한 기능을 통해 아주 높은 확장성을 확보할 수 있다.

■ 클라우드 디자인 패턴을 사용한 고가용성/높은 확장성의 시스템 구축

클라우드를 사용하여 시스템을 구축할 때 클라우드 디자인 패턴이라는 설계 방법이 자주 사용된다. 클라우드 디자인 패턴이란 여러 클라우드 서비스를 조합하여 고가용성/높은 확장성의 시스템을 보다 저렴하고 빠르게 구축하기 위한 모범 사례를 말한다.

AWS에서 사용 가능한 대표적인 클라우드 디자인 패턴을 몇 가지 간단하게 소개한다.

- EC2 인스턴스를 이용한 동적 콘텐츠 배포
- S3를 이용한 정적 콘텐츠 배포
- 동적 콘텐츠와 정적 콘텐츠
- 서버리스 아키텍처를 이용한 동적 웹 서비스 구축
- RDS를 이용한 RDB 구축

▆ EC2 인스턴스를 이용한 동적 콘텐츠 배포

요청한 시각에 따라 내용을 변경하거나 사용자 요청에 따라 다른 응답을 줘야 하는
등 동적 콘텐츠 배포를 할 때 자주 사용되는 패턴이다(그림 2-6).

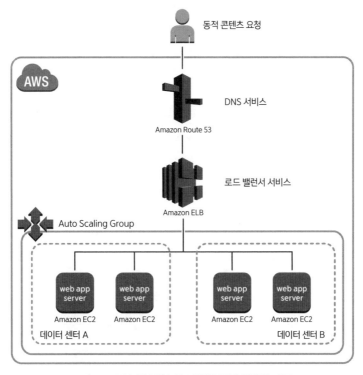

그림 2-6 EC2 인스턴스를 이용한 동적 콘텐츠 배포

EC2 인스턴스 상에 웹 서버와 애플리케이션을 구축하고(이하 애플리케이션 서버) 로드 밸런스 아래에 배치하여 스케일 아웃 되도록 구성한다. 또 Auto Scaling Group 설정을 하여 부하에 따라 자동으로 서버 대수를 변경할 수 있도록 한다.

각 EC2 인스턴스에서 사용할 OS는 사용자가 원하는 OS를 선택한다. 그리고 EC2 인스턴스 상에 구축할 애플리케이션도 특별한 제한이 없으므로 온프레미스에서 사용했던 애플리케이션으로 구성한다.

가용성 평가

Route 53과 ELB 모두 여러 데이터 센터를 사용하는 형태로 이중화되어 있다.

애플리케이션 서버도 특정 서버의 하드웨어 장애나 소프트웨어 장애 등이 발생했을 때 ELB가 장애를 확인하여 해당 서버를 서비스에서 제외하고 정상 서버로 서비스를 제공하게 한다. 각 애플리케이션 서버도 여러 데이터 센터를 사용하고 있어 특정 데이터 센터에 장애가 발생해도 정상인 데이터 센터에 구축된 애플리케이션 서버로 서비스를 제공한다.

또 Auto Scaling Group 설정에 따라 애플리케이션 서버를 최소 대수로 설정할 수 있고 위와 같은 장애가 발생했을 때 설정한 서버 대수를 유지하여 서비스를 계속 제공할 수 있도록 한다.

확장성 평가

Route 53과 ELB 모두 AWS가 확장성을 보장하는 서비스이다. 또 애플리케이션 서버 대수를 부하에 따라 조정할 수 있어 설계에 따라 구축되었다면 시스템 전체 성능은 애플리케이션 서버 대수에 비례하여 조정할 수 있다.

종합 평가

온프레미스에서는 구현할 수 없는 고가용성과 높은 확장성을 가진 시스템을 쉽게 구축하고 종량 과금제로 사용할 수 있다. 웹 애플리케이션을 구축할 때 이 패턴을 활용할 수 있고 환경에 맞게 수정할 수 있다.

그러나 일반적인 시스템에서 각 애플리케이션 서버로 다른 공유 리소스가 접근하게 되어 있고 그 접속이 병목되어 애플리케이션 서버 대수를 추가하더라도 성능 향상 효과를 볼 수 없어 이 점은 주의해야 한다.

▥ S3를 이용한 정적 콘텐츠 배포

사용자 요청에 항상 같은 콘텐츠로 응답을 보내는 정적 콘텐츠 배포의 경우 웹 서버를 구축할 필요는 없다. S3와 CloudFront를 사용하면 저렴하고 높은 성능의 서버를 구축할 수 있다(그림 2-7).

정적 콘텐츠로는 다음과 같은 것들이 있다.

- 이미지 리소스
- 동영상 리소스
- 정적 HTML 파일
- CSS
- JavaScript

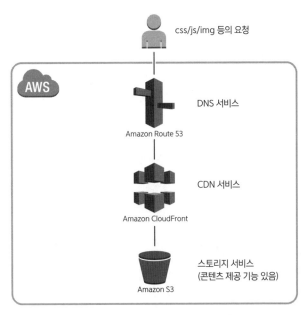

그림 2-7 S3를 이용한 정적 콘텐츠 배포

S3 자체로 콘텐츠를 HTTP(S)로 제공할 수 있는 서비스지만, 도메인명을 사용하기 위해 Route 53을 사용하고 콘텐츠 배포 성능을 위해 CloudFront를 같이 사용한다.

가용성 평가

Route 53, CloudFront, S3 모두 여러 데이터 센터를 사용하는 형태로 이중화되어 있다. 예를 들어 데이터 센터 레벨의 큰 장애가 있다고 해도 서비스에는 영향이 없는 아주 높은 가용성을 확보하고 있다. 또 CloudFront로 콘텐츠를 캐시할 수 있고 만약 S3에 문제가 있다 하더라도 캐시된 콘텐츠로 응답할 수 있다.

확장성 평가

Route 53과 CloudFront 모두 AWS가 확장성을 보장하는 서비스이다. 시스템 관리자는 모니터링이나 설정을 하지 않아도 사용자 요청에 따라 동적으로 성능을 변경하여 요청에 응답하게 된다.

종합 평가

온프레미스에서는 구현할 수 없는 고가용성과 높은 확장성을 가진 시스템을 쉽게 구축하고 종량 과금제로 사용할 수 있다.

이전에는 CloudFront로 캐시된 콘텐츠를 삭제할 때 시간이 많이 소요되어 갱신이나 생성될 콘텐츠 파일을 버전별로 관리해야 했지만, 캐시 삭제가 아주 빨라졌으므로 이러한 작업을 하지 않아도 된다.

이 구성으로 시스템을 구축하면 정적 콘텐츠 배포에 대해서는 대규모 트래픽이 아니라면 별도로 부하 테스트가 필요 없다. 그 대신 동적 콘텐츠 배포 시스템에 집중하도록 한다.

■ 동적 콘텐츠와 정적 콘텐츠

동적 콘텐츠와 정적 콘텐츠를 동시에 배포할 때는 정적 콘텐츠도 각 애플리케이션 서버로부터 배포할 수 있지만, 다음과 같은 이유로 추천하지 않는다.

- 정적 리소스를 교체했을 때 각 애플리케이션 서버에 동기화가 필요하다.
- 공유 서버에 저장된 정적 콘텐츠를 사용할 때 공유 서버가 병목 지점이 되기 쉽다.
- 정적 콘텐츠와 동적 콘텐츠는 웹 서버 입장에서 다음과 같은 특성이 다르다.
  - 콘텐츠 크기
  - 요구에 따른 응답 속도
  - 요구에 따른 처리 요청량

그래서 앞에서 소개한 2가지 패턴을 같이 사용하여 구축한다(그림 2-8).

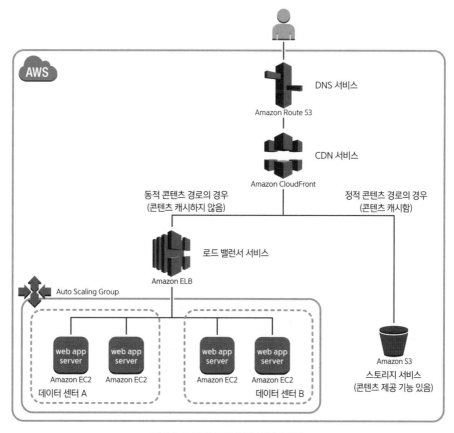

그림 2-8 동적 콘텐츠와 정적 콘텐츠

CloudFront의 멀티 오리진 기능을 활용하여 콘텐츠 경로에 따라 다른 위치에 저장된 콘텐츠를 참고할 수 있다. 이 기능으로 동적 콘텐츠와 정적 콘텐츠 모두 같은 도메인을 사용할 수 있다.

또 콘텐츠 캐시 시간을 각각 따로 설정할 수 있어 정적 콘텐츠만 CDN을 통해 캐시하도록 구성할 수 있다.

가용성 평가

동적 콘텐츠, 정적 콘텐츠 모두 데이터 센터 레벨의 대형 장애에도 서비스 제공이 가능하다.

확장성 평가

동적 콘텐츠, 정적 콘텐츠 모두 확장성을 확보하고 있다.

종합 평가

위와 같은 구성을 하지 않았을 때는 콘텐츠 크기가 큰 정적 리소스에 대한 요청이 서버의 동시 접속자 수, 네트워크에 많은 트래픽을 유발할 가능성이 있지만, 앞과 같은 구성을 한다면 이런 문제는 해결된다.

또 필자가 생각하는 가장 큰 장점은 동적 콘텐츠와 정적 콘텐츠 문제를 분리하여 생각할 수 있어 부하 테스트 시 정적 콘텐츠에 대한 요청을 제외한 시나리오를 작성하여 동적 콘텐츠 부하 테스트에 집중할 수 있다.

■ 서버리스 아키텍처를 이용한 동적 웹 서비스 구축

각 클라우드 사업자는 가상 서버를 이용하지 않아도 소스 코드만을 등록하여 서비스를 만들 수 있는 서버리스 아키텍처 서비스를 제공하고 있다.

AWS에서는 **람다(Lambda)**라는 서비스가 있으며, 그 서비스를 이용하면 사용한 CPU 실행 시간 단위(+ 요청 수)의 종량 과금제로 시스템을 구축할 수 있다. 그러나 람다만으로는 웹 서버 기능을 할 수 없으며, 웹 서버에서 접근 가능한 엔드포인트(URL)를 제공할 수 없다. 그래서 **API Gateway**라는 서비스를 사용하여 엔드포인트를 제공하고 그 뒤에 람다로 처리하는 구성으로 웹 애플리케이션을 구축한다(그림 2-9).

API Gateway를 리버스 프록시 서버, 람다를 그 뒤에서 동작하는 애플리케이션 서버라고 생각하면 이해하기 쉬울 것이다.

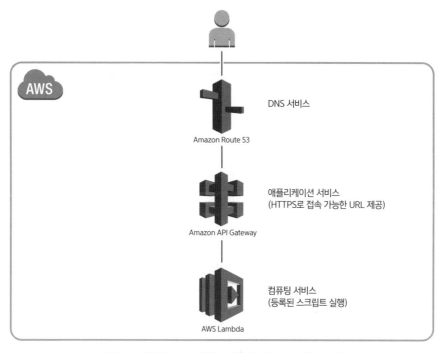

그림 2-9 서버리스 아키텍처를 이용한 동적 웹 서비스 구축

가용성 평가

Route 53, API Gateway, 람다 모두 여러 데이터 센터를 사용하는 형태로 이중화되어 있어 데이터 센터 레벨의 큰 장애가 있다 해도 서비스에는 영향이 없다.

확장성 평가

Route 53, API Gateway, 람다 서비스 모두 AWS가 확장성을 보증하는 서비스이다.

종합 평가

이 구성으로 구축하게 되면 부하나 요청이 적을 때는 저렴한 비용으로 시스템을 사용할 수 있다. 그리고 부하나 요청 수가 늘어나도 부하나 요청에 따라 자동으로 확장하는 시스템을 구축할 수 있다.

이 패턴으로 구축된 시스템은 별도 모니터링 시스템 도입이 필요 없고 CloudWatch(클라우드와치)로 모니터링하며, AWS 관리 콘솔을 이용해 로그 확인을 할 수 있는 장점이 있다. 그러나 API 수가 늘어나는 시스템에서는 관리가 복잡해져 API Gateway와 람다의 특성을 충분히 파악하고 관리해야 한다.

▪ RDS를 이용한 RDB 구축

AWS에서는 여러 관계형 데이터베이스(RDB)를 패키징한 RDS라는 서비스를 제공한다. RDS로 사용 가능한 데이터베이스 엔진은 다음과 같다.

- Amazon Aurora(MySQL, PostgreSQL 호환)
- PostgreSQL
- MySQL
- MariaDB
- Oracle
- SQL Server

RDS는 RDB 기능을 초기 설정과 점검 필요 없이 시간 단위 종량과금으로 사용할 수 있는 것이 가장 큰 매력이다(그림 2-10). 이중화를 지원하지 않는 제품도 Amazon만의 Multi-AZ 옵션을 사용하여 간단하게 이중화 구성을 할 수 있다. 또 참조계 서버가 확장이 필요할 때 리드 레플리카(ReadReplica)를 추가하여 쉽게 참조계 서버를 확장할 수 있다.[6]

---

6 데이터베이스 엔진에 따라(RDS for MySQL 등) 리드 레플리카 동기화가 비동기 방식으로 동작하여 리드 레플리카와 마스터의 데이터가 다를 수 있는 점에 주의해야 한다. 그리고 트랜잭션 처리에서 일부 참고 쿼리만은 리드 레플리카를 사용할 수 없다.

그러나 이 기능을 활용하려면 라이선스 비용이 필요하며, 제품이 수정되었거나 최신 버전이 아닌 경우도 있으니 사용 시 주의가 필요하다.

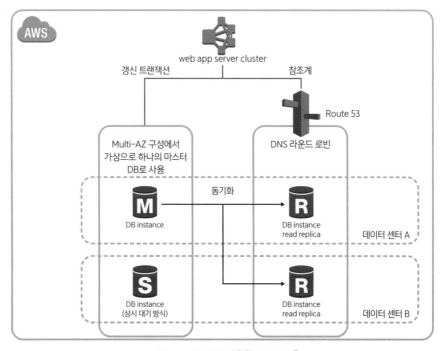

그림 2-10 RDS를 이용한 RDB 구축

가용성 평가

Multi-AZ 옵션을 사용하여 마스터 DB, 슬레이브 DB, DNS 서비스 모두 여러 데이터 센터를 사용하는 형태로 이중화 구성을 할 수 있다. 단일 노드의 장애뿐만 아니라 데이터 센터 레벨의 큰 장애가 있다고 해도 서비스에는 영향이 없다. 또한, 서비스의 점검도 거의 무정지로 이루어진다.

확장성 평가

이 구성에서는 마스터 DB 확장이 불가능하다. 그래서 인스턴스 타입 변경으로 부하에 대응해야만 한다. 인스턴스 타입 변경은 인스턴스를 정지해야만 할 수 있고 약간의 서비스 다운이 발생한다. 그러나 Multi-AZ를 사용하면 인스턴스 타입 변경이 순차적으로 이루어지고 서비스 다운 타임을 최소화할 수 있다.

참조계를 처리하는 슬레이브 DB는 데이터베이스 엔진 별로 리드 레플리카 수의 제한이 있지만, 그 범위 안에서는 쉽게 확장을 할 수 있다. Route 53의 DNS 라운드로빈 설정을 사용하면 애플리케이션 쪽 소스 코드 내부 엔드포인트 주소를 변경하지 않아도 된다.

그러나 리드 레플리카 생성에는 원본 데이터 크기에 따라 시간이 소요될 수 있는 점에 주의하길 바란다.

종합 평가

이 패턴을 이용하면 아주 쉽게 가용성과 확장성을 모두 확보할 수 있다. 특히 마스터 DB 이중화는 일반적으로 난이도가 높은 작업이지만, RDS Multi-AZ 옵션을 사용하면 쉽게 구성할 수 있다.

그러나 Multi-AZ 옵션을 사용할 경우 DB의 Read/Write는 Multi-AZ 옵션을 사용하지 않는 구성과 큰 차이가 없음을 알아두길 바란다. 이와 같이 RDS를 사용해 RDB를 구성했을 때 꼭 부하 테스트를 하도록 하자.

2.4 요약

- 부하 테스트는 가용성과 확장성이 높은 시스템을 구축하기 위한 방법이다.
- 온프레미스에서 가용성과 확장성이 높은 시스템을 구축하긴 어렵다.
- 클라우드 디자인 패턴을 활용하면 가용성과 확장성이 높은 시스템을 쉽게 구축할 수 있다.

부하 테스트 기본 지식

부하 테스트 기본 지식

이 장에서는 부하 테스트 목적과 성능 지표 등의 기본 지식에 대해 설명한다.

3.1 부하 테스트 목적

부하 테스트의 최종적인 목적은 시스템 처리 능력을 계산하여 가용성을 높이는 것이다. 그러나 온프레미스 시스템과 클라우드 시스템의 설계 방법이 다르고 부하 테스트 목적도 서로 다르다.

3.1.1 온프레미스에서의 부하 테스트 목적

온프레미스에서의 부하 테스트 목적은 다음과 같다.

1. 여러 사례를 토대로 각 시스템의 응답 성능을 예측한다.
2. 부하가 많이 발생할 때 성능을 개선한다.
3. 원하는 성능을 만드는 데 필요한 하드웨어를 미리 선정한다.

■ 1. 여러 사례를 토대로 각 시스템의 응답 성능을 예측한다

서비스를 시작한 후 발생하는 상황들에서 다음과 같은 여러 사례를 예상해볼 수 있다. 부하 테스트를 하면 각각의 사례들에 대한 시스템 전체 응답 성능을 예상할 수 있다.

(1) 서비스 시작 직후 많은 사용자가 서비스에 등록한다.
(2) 서비스를 시작한 후 많은 데이터가 저장된다.

(3) 이벤트 광고 등으로 갑자기 사용자 요청이 늘어난다.

(4) 배치 작업 등 다른 시스템으로 인한 DB 작업과 시간이 겹친다.

(5) 시스템에서 비정상적으로 응답한다.

(6) 시스템 재기동 후에 캐시가 초기화된다.

여기에서 시스템의 응답 성능을 **확인하지 않고 예상할 수 있다고** 한 이유는 실제 부하 테스트를 하더라도 사용자의 행위 패턴을 완벽하게 시뮬레이션하여 필요한 성능을 확인하는 것은 정말 어렵기 때문이다.

(1) 서비스 시작 직후 많은 사용자가 서비스에 등록한다

이 사례에서는 기존 데이터 용량은 적지만 신규 가입자 데이터가 많이 유입되어 시스템 변경이 필요하다. 특히 신규 서비스인 경우 얼마나 사용자가 들어올지 예상 불가능하고 서비스 시작 직후 신규 가입자를 받지 못한다면 비즈니스에 큰 손해를 입는다.

(2) 서비스를 시작한 후 많은 데이터가 저장된다

신규 사용자 등록 때와는 달리 DB 데이터도 증가하고 참조계 DB로 요청이 늘어난 상태다.

예를 들어 인덱스를 사용할 수 있게 튜닝된 쿼리라고 해도 DB 데이터 용량이 커지면서 인덱스가 메모리상에 올라가고 그 상태를 유지하지 못하는 상황이 발생하면 DB 검색과 갱신 성능이 급격하게 떨어질 수 있다. 서비스에 따라 갱신 트랜잭션도 대량 발생할 수 있다.

(3) 이벤트 광고 등으로 갑자기 사용자 요청이 늘어난다

단기적이지만 갑자기 사용자 요청이 증가하는 경우다. 오토 스케일링의 스케일 아웃 속도와 CPU와 스토리지 I/O의 버스트 성능 검증이 필요하다.

(4) 배치 작업 등 다른 시스템으로 인한 DB 작업과 시간이 겹친다

정기적으로 배치 작업이 있는 경우 웹 애플리케이션에도 영향을 미친다. 배치로 인한 RDB 참조계 쿼리 성능이 저하된 경우 슬레이브 DB를 추가해야 한다.

(5) 시스템에서 비정상적으로 응답한다

정상 응답과 비정상 응답을 보낼 때 시스템 내부 처리가 다를 때가 많다. 부하 테스트를 할 때 정상인 경우에는 문제없이 동작하던 시스템이라도 비정상 응답을 보낼 때는 정상적인 시스템 성능을 보장할 수 없다.

예를 들어 비정상 응답을 보낼 때 상세 로그를 수집할 수 있도록 시스템을 구축했을 경우 그 로그 수집 처리가 시스템의 병목 현상을 가져올 수 있다. 특히 HTTP 상태코드 40X와 같은 사용자 요청 내용에 따라 에러를 출력할 때 상세 로그를 수집하도록 설정된 경우 작은 설정 변경이나 토큰 타임아웃 등으로 많은 양의 로그가 쌓이고 시스템 전체 성능에 영향을 끼칠 수 있다.

(6) 시스템 재기동 후에 캐시가 초기화된다

이 사례에서는 시스템 재기동 직후 많은 요청이 들어오게 되고 많은 양의 데이터를 캐시하게 된다. 큰 문제가 발생하진 않지만, 아주 큰 용량의 데이터를 캐시해야 하는 경우나 캐시를 사용할 수 없는 상태라면 시스템 응답 성능이 급격하게 떨어지게 된다.

■ 2. 부하가 많이 발생할 때 성능을 개선한다

사용자 요청이 많아지면 요청이 적을 때 문제가 없던 시스템에서도 발생하지 않았던 여러 가지 문제가 발생한다.

예를 들어 다음과 같은 문제는 실제 많은 양의 요청을 발생시키는 부하 테스트를 하지 않으면 확인 불가능한 부분들이다.

- 응답 속도 저하
- 시스템 잠금(Lock) 경합

- 부하 발생시 애플리케이션 에러와 서버 에러
- 데이터 일관성 문제와 손실

부하를 발생시키면서 시스템을 위와 같은 상태로 만들어 애플리케이션을 개선하는 것은 온프레미스와 클라우드에서 테스트하는 중요한 목적이다.

■ 3. 원하는 성능을 만드는 데 필요한 하드웨어를 미리 선정한다

온프레미스에서 시행되는 부하 테스트는 부하 테스트를 위해 준비된 환경에서 하는 경우가 많았고 이 결과를 가지고 다른 하드웨어에서 어떤 성능을 낼 수 있는지 추측해야 했다.

하드웨어를 구매하면 시간과 비용이 들어간다. 실제 서비스 시작 시에 필요한 하드웨어를 산정하거나 앞으로 들어올 사용자 수를 예측하여 수개월 후에 필요한 시스템 성능을 계산하여 하드웨어를 구입하는 것은 아주 중요한 작업이다.

3.1.2 클라우드에서의 부하 테스트 목적

온프레미스에서 부하 테스트 목적은 다음과 같았다.

1. 여러 사례를 토대로 각 시스템의 응답 성능을 예측한다.
2. 부하가 많이 발생할 때 성능을 개선한다.
3. 원하는 성능을 만드는 데 필요한 하드웨어를 미리 선정한다.

위의 1과 2는 클라우드 환경에서도 아주 중요한 부분이다. 그러나 하드웨어 추가는 아주 빨라졌으며, 실제 사용자 요청에 따라 리소스 조정이 가능해졌다. 그래서 3의 **하드웨어 구매는 클라우드 환경에서는 큰 의미가 없어졌다.**

그럼 확장성을 확보하기 위해 클라우드 디자인 패턴에 따라 시스템을 구축한 후에 서비스를 시작하고 부하에 따라 리소스 조정만 하면 될까?

결론적으로 말하면 실제 부하가 많이 발생했을 때 시스템 구성을 변경해도 성능이 향상되지 않는 경우가 많다. 그래서 확장성이 있는지를 확인하기 위해 부하 테스트를 해야 한다.

클라우드에서 확장성을 고려하여 설계된 시스템의 부하 테스트는 위의 3가지를 포함해

4. 시스템 확장성을 가졌는지 확인한다.
5. 시스템 확장성에 대한 특성을 파악한다.

라는 중요한 목적이 있다.

클라우드 디자인 패턴과 그 패턴에 따라 시스템을 구축하는 지금이야말로 확장성을 가진 시스템인지를 확인할 수 있는 부하 테스트는 예전 온프레미스 때보다 더욱 중요한 요소이며 꼭 해야만 하는 것이다.

5의 시스템 확장성에 대한 특성은 '어떤 부분을 신경 써야 성능이 향상될까?'라고 해석할 수 있다. 클라우드 환경을 사용한 웹 시스템의 특징으로 '요청 수가 많아질 때 인프라 구성을 늘리고 요청 수가 적어지면 줄이고 싶다.'는 요구가 있다. 이 요청 사항을 충족시키기 위해서는 확장성에 대한 특징을 파악해야 한다.

구체적으로 다음과 같은 내용을 파악해 두면 좋다.

- 몇 가지 **Throughput**[1] 레벨(예를 들어 100rps, 500rps, 1,000rps, 2,000rps, 5,000rps 등)[2]을 처리하기 위한 최적의 인프라 구성
- 실제 웹 시스템은 목표치를 넘어 최대 어디까지 Throughput을 처리할 수 있는지(제한 성능)의 기준

위 두 가지 경우에서 전자는 반드시 파악해둬야 한다. 예를 들어 Throughput을 지금의 2배로 하고 싶을 때 웹 서버만 올리면 되는지, DB 서버도 같이 올려야 하는지, 반대로 Throughput을 반으로 낮추고 싶을 때 어떤 서버를 낮춰야 할지 등에 관한 내용을 알아둬야 한다. 또 시스템 구성 변경이 서비스 정지 없이 가능한지, 정지 시에 어느 정도 시간이 걸리는지에 대한 부분도 알아두는 것이 시스템 운용에 꼭 필요하다.

---

1 역주 Throughput과 Latency는 한글 표현보다는 고유한 의미로 영어 표현을 일상적으로 사용하므로 앞으로 이 책에서는 계속 영어로 표기한다.
2 Throughput과 그 단위인 rps(Request Per Second)는 다음 장에서 설명한다.

후자의 경우 성능 한계를 파악하는 것은 반드시 알아야 하는 부분은 아니지만, 향후 현재 성능 목표를 넘는 서비스를 제공해야 할 때 그대로 확장 가능할지 아키텍처 설계(시스템 재구축 포함)부터 다시 해야 하는지를 결정하는 아주 중요한 정보가 된다. 그러나 이런 한계는 일반적인 기준이며 실제 서비스에서는 테스트 때와 다른 성능을 보여 줄 수도 있다.

전자의 경우 5,000rps 정도 처리 가능한 시스템이 애플리케이션 수정에 따라 3,000rps 로 떨어지는 일은 자주 일어난다. 또 현재 아키텍처의 한계 성능을 확인하는 도중에 다른 개선 사항을 발견하거나 예상했던 것보다 한계가 빨리 올 수도 있다는 것을 확인할 수 있다. 시스템의 성능이 높아 한계 성능까지 부하를 주지 못하거나 꼭 한계를 알 필요는 없는 상황이라도 테스트를 통해 수치를 확인해 두는 것이 많이 도움이 된다.

이런 확장성의 특성을 알기 위해서 하나하나 실제 시스템을 변경하여 부하를 주고 요구 사항에 맞는지를 확인한다. 그리고 요구 사항에 맞는 구성에서 서비스 품질이나 비용을 고려하여 적절한 구성으로 만들면 된다. 이런 변경 작업들은 클라우드이기 때문에 쉽게 할 수 있다.

3.2 부하 테스트에서의 시스템 성능 지표

일반적으로 시스템 성능이라고 하면 'OO 도입으로 WordPress가 10배 빨라졌다!'라는 식으로 많이 표현한다. 그러나 이 10배라는 속도가 실제 무엇을 의미하는지는 주의가 필요하다.

일반적으로 큰 범위에서는 '시스템 속도'라고 많이 말하지만, Throughput과 Latency 라는 2가지 성능 지표에 대한 속도를 말하는 것이다. 이 두 가지 지표는 분명 다른 의미에서의 속도를 이야기한다. 부하 테스트에서는 이 두 가지 성능 지표를 이용한다. Throughput과 Latency를 도로의 성능 지표라고 생각하면 그림 3-1과 같은 그림이 된다. 웹 시스템에서도 기본적으로 같은 개념이라고 보면 된다.

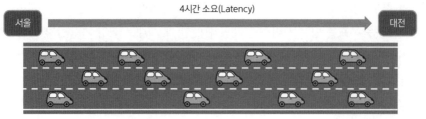

Latency: 목적지까지의 소요 시간
Throughput: 시간당 목적지에 도착하는 자동차의 대수

그림 3-1 도로 성능 지표 예제

3.2.1 Throughput

Throughput은 시간당 처리량을 말한다. 웹 시스템에서 '1초에 처리하는 HTTP 요청 수'를 기준으로 많이 하고 있으며, 그것을 RPS(Request Per Second)라고 한다.

'OO 도입으로 WordPress가 10배 빨라졌다!'가 Throughput을 말하는 것이라면 해당 시스템에서 1초당 표시할 수 있는 페이지 수가 10배가 되었다는 것을 의미한다.

또 중요한 Throughput으로 '네트워크로 전송되는 데이터 전송 속도'가 있다. 이 Throughput을 네트워크 대역, 최대 Throughput을 네트워크 대역폭이라고 한다. 특히 높은 화질의 이미지가 많은 웹 사이트나 동영상 서비스를 할 때 rps보다 네트워크 대역폭이 더 중요할 때가 있다.

위에서 설명한 것과 같이 데이터 양이 많은 정적 이미지나 동영상을 별도의 네트워크로 서비스할 수 있게 설계하면 네트워크 대역 문제에 대해 관리가 쉬워진다. 이 책에서는 더 이상 설계에 관해 설명하지 않는다.

앞으로 Throughput이라고 말하는 것은 전자의 Throughput(rps)이라고 생각하길 바란다.

3.2.2 Latency

Latency는 처리 시간을 말한다. 'OO 도입으로 WordPress가 10배 빨라졌다!'가 Latency를 의미하는 경우 해당 시스템의 (평균) 응답 시간이 1초에서 0.1초로 단축되었다는 것을 말한다.

또 Latency는 보는 입장에 따라 바뀔 수 있어 어떤 입장에서 보는지를 주의해야 한다. 예를 들어 웹 시스템의 Latency는 '사용자가 본 처리 시간'과 '시스템에서 본 처리 시간' 이렇게 적어도 2가지 종류가 있다.

전자는 '사용자 요청을 보내고 응답을 받을 때까지의 시간'이고 후자는 '웹 시스템이 요청을 받고 응답을 줄 때까지의 시간'이다.

전자는 후자의 시간에 '네트워크를 통한 데이터 왕복 시간'이 포함된다. 또 브라우저를 통해 시스템을 사용 중이라면 브라우저가 데이터를 받고 화면에 표시하기까지를 Latency라고도 한다.

일반적인 시스템 Latency는 사용자 입장에서의 처리 시간을 말하지만, 웹 시스템에서 제어가 가능한 것은 시스템의 처리 시간이다. 이 책에서 앞으로 Latency라고 말하는 것은 후자의 Latency를 의미한다.

3.2.3 여러 하위 시스템으로 구성된 환경에서의 Throughput과 Latency

부하 테스트를 시행하는 대상 시스템은 일반적으로 여러 하위 시스템으로 분리하여 생각할 수 있다. 각 하위 시스템 성능에 따라 전체 성능에 영향을 미치게 된다.

시스템 전체 Throughput은 각 하위 시스템 Throughput 중 최솟값이 되고 Latency는 각 하위 시스템의 Latency 합계 값이다.

위에서 설명한 것과 같이 도로의 성능 지표로 보면 그림 3-2과 같다.

서울-부산 간 소요 시간(Latency)은 각 구간의 소요 시간 합계인 12시간,
시간당 도착 대수(Throughput)는 각 구간의 도착 대수 중 최솟값인 500대/시간

그림 3-2 여러 구간에서의 도로 성능 지표 값

3.3 시스템 성능 개선 기본 지식

시스템 성능 지표를 Throughput과 Latency라고 했을 경우 시스템 성능 개선은 시스템 전체 Throughput을 올려 Latency를 낮출 수밖에 없다.

충분한 시스템 Throughput과 Latency를 확보하지 못한 경우 일반적으로 아래와 같은 개선 방법을 사용할 수 있다.

3.3.1 Throughput 개선

웹 시스템은 각 하위 시스템이 순차적으로 작업을 처리해 가는 시스템이다. 이 작업 중 Throughput이 가장 낮은 하위 시스템에 의해 전체 Throughput에 영향을 주게 된다. 이 'Throughput이 가장 낮은 하위 시스템'을 병목 구간이라고 부른다. 즉 병목을 찾아 개선해서 최대 Throughput을 올릴 수 있다. 그리고 하나의 병목을 개선하면 다른 한쪽의 병목을 발견할 수 있다. 이처럼 '병목은 이동한다'고 판단할 수 있다.

병목을 발견하는 작업은 예측된 각 하위 시스템 지표를 보면서 하겠지만, 숙련된 경험자도 쉽게 찾을 수 없는 어려운 작업이다. 이 부분이 병목 구간이라고 생각하고 그 구간을 개선하지만, Throughput에 영향을 주지 않을 경우 병목 확인이 잘못되었으며 다른 부분을 확인해야만 한다. 이런 과정을 반복하면서 조금씩 Throughput을 개선해 나가는 것이다.

■ Throughput 개선 사례

조금 전과 같이 시스템 성능 지표로 서울-부산 간의 고속도로를 생각해보자.

그림 3-3에서 이 도로의 병목 구간은 정체를 발생시키는 고속도로 3이라는 것을 알 수 있다.

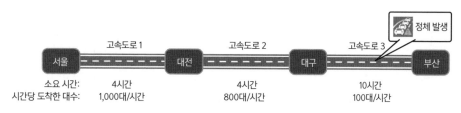

소요 시간:　　4시간　　　　　　4시간　　　　　　10시간
시간당 도착한 대수: 1,000대/시간　　800대/시간　　　100대/시간

그림 3-3 정체가 발생한 시스템

이때 서울-부산 사이의 Throughput은 병목 구간인 고속도로 3의 Throughput과 일치하고, 100대/시간이 된다.

이 병목 구간은 고속도로 3의 확장 공사를 하면 해결된다. 그림 3-4는 고속도로 3에 확장 공사를 하여 정체를 해결하고 Throughput을 높인 예이다.

소요 시간:　　4시간　　　　　　4시간　　　　　　5시간
시간당 도착한 대수: 1,000대/시간　　800대/시간　　2,000대/시간

그림 3-4 병목 구간(고속도로 3) 확장 공사 실시

고속도로 3의 Throughput은 100대/시간에서 2,000대/시간으로 개선하여 병목 구간이 없어졌다. 개선 후 서울-부산 간의 병목은 고속도로 2로 이동했고 Throughput은 고속도로 2의 Throughput인 800대/시간이 되었다.

그럼 병목이 아닌 구간을 개선한다면 어떻게 될까? 그림 3-5는 그 예이며 고속도로 3이 병목 구간이었지만, 고속도로 2에 확장 공사를 한 예이다.

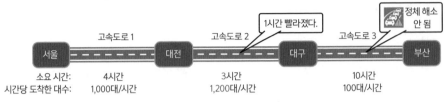
그림 3-5 병목 구간 이외(고속도로 2) 도로에 확장 공사 실시

이때 전체 Throughput은 공사 전과 같은 100대/시간 그대로이며, 아무것도 개선되지 않았다. 이 상황에서 최악의 경우 고속도로 3에 더 많은 자동차가 들어오게 되고 그로 인해 정체 구간이 늘어나고 결론적으로 Throughput이 감소하는 것을 볼 수 있다. 이 현상은 도로에서뿐만 아니라 웹 시스템에서도 충분히 발생할 수 있다.

이처럼 Throughput 개선에는 먼저 병목 구간을 정확히 파악하는 것이 아주 중요하다.

3.3.2 Latency 개선

Latency는 '대기 시간을 포함한 각 하위 시스템 처리 시간의 총합'이다. Latency를 개선하기 위해서는 '긴 처리 시간이 필요한 처리'에서 순차적으로 개선 사항이 없는지 확인해 나가는 방법을 사용하는 것이 좋다. 각 처리 시간이 적정한 범위 내에 있다면 더 이상 개선하는 것은 어렵다.

처리 시간 개선에서 그 개선 대상은 개발된 애플리케이션이 될 것이다. 만약 생각보다 많은 시간이 걸린다면 비효율적인 알고리즘이나 필요 없는 I/O, 데이터베이스 사용 중이라면 인덱스 부족 등의 현상이 없는지 확인해봐야 한다. 처리 시간은 애플리케이션 내부라면 프로파일러라는 도구를 사용하면 비교적 쉽게 파악할 수 있다. 이 외에도 필요에 따라서 처리 시간을 계산하고 원인이 되는 부분을 찾아가며 개선해 나간다.

여기서 중요한 것은 Latency는 '대기 시간도 포함된 시간'이라는 것이다. Throughput 한계에 도달하면 대기 시간이 길어지고 Latency도 길어진다. 예를 들어 처리 시간이 큰 하위 시스템이 원인인 것처럼 보이지만, 그 위에 있는 시스템의 Throughput이 원인인 경우도 많다. Throughput과 Latency는 긴밀한 관계에 있으며, Throughput이 개선되면 Latency도 개선되는 경우가(결국, 대기 시간이 길었다는 경우) 많다.

📇 Latency 개선 사례

Latency에 대해서도 Throughput 설명에서 사용한 고속도로 사례를 그대로 사용할 수 있다. 고속도로 3이 병목 구간이었던 그림 3-3에서 서울-부산 간 전체 Latency는 18시간이었다. 시스템 병목인 고속도로 3을 확장한 그림 3-4에서는 전체 Latency가 13시간으로 개선되었다.

그러나 시스템 병목 구간이 아닌 고속도로 2를 확장한 그림 3-5에서 전체 Latency는 어떠했는가? 위의 Throughput 사례에서는 개선 효과가 없었지만, Latency는 17시간 으로 개선되었다.

이와 같이 Throughput 개선과는 달리 일부 구간의 Latency 개선은 전체 Latency 개 선과 연결된다. Throughput 입장에서는 병목 구간이 있는지와는 상관없이 가장 시 간이 오래 걸린 구간을 개선하는 것이 전체 Latency를 크게 개선하는 방법이다.

3.4 좋은 부하 테스트에 대한 지표

부하 테스트를 하는 데 있어 염두에 둬야 하는 것으로 '좋은 부하 테스트 지표'와 '나 쁜 부하 테스트 지표'라는 것이 있다. 테스트 시에 항상 이 내용을 의식하면 두 번 작업을 줄이고 결과적으로 의미 있는 부하 테스트를 할 수 있다.

3.4.1 좋은 부하 테스트를 나타내는 지표

좋은 부하 테스트란 다음과 같이 진행하는 테스트이다. 이런 상태로 진행된다면 부 하 테스트가 잘 되고 있다고 생각하면 된다.

- 테스트 대상 시스템은 부하가 집중되고 있는 상태
- 병목 지점을 확인한 상태

■ 테스트 대상 시스템은 부하가 집중되고 있는 상태

부하 테스트는 말 그대로 테스트 대상 시스템에 부하를 준 상태에서 실행하는 테스트이다. 여러 하위 시스템으로 구성된 테스트일 때 각각의 하위 시스템에 개별적으로 부하를 주고 조사해야 한다.

부하 테스트 중 특정 하드웨어 리소스가 과부하 상태가 되는 것은 나쁜 것이 아니라 좋은 부하 테스트가 진행 중임을 의미한다.

■ 병목 지점을 확인한 상태

시스템에 많은 요청을 보낸 부하 테스트인 경우 일반적으로 시스템 어느 한 부분이 과부하 상태가 되어 이 부분이 전체 Throughput을 결정하게 된다.

부하 테스트 실행 중에는 항상 이 테스트에서 병목 구간이 어디인지를 의식하고 확인해야 한다. 또 병목 구간을 찾기 쉽게 테스트 방법을 준비하면 보다 효율적으로 테스트할 수 있다.

3.4.2 나쁜 부하 테스트를 나타내는 지표

반대로 나쁜 부하 테스트를 실행한 경우를 생각해보자.

■ 테스트 대상 시스템에 부하가 집중되지 않는 상태

부하 테스트 대상 시스템 이외 부분에 부하가 집중되고 실제 부하가 필요한 시스템에는 부하가 가지 않는 상태이다.

■ 병목 지점을 확인하지 못하는 상태

부하 테스트 중에 대상 시스템의 병목 구간이 어디인지 확인이 안 되는 상태이다. 실제 병목 구간을 확인하는 것은 어려운 일이지만, 그것이 부하 테스트의 본질이라고 할 수 있다.

예를 들면 다음과 같다.

- 서비스 환경과 같은 시스템 구성을 똑같이 재현함으로써 부하 테스트 대상 시스템에 충분한 부하를 주지 못하는 상태를 들 수 있다.

서비스 환경과 가까운 데이터를 수집하기 위해서는 부하 테스트 환경과 서비스 환경은 동일해야 한다고 생각할 수 있다. 그러나 이와 같은 환경에서 테스트를 실행하면 부하를 주는 대상이 외부 API 리소스나 네트워크에 연결되어 있을 때 구축한 시스템 내부의 부하 테스트도 할 수 없으며, 그 부분 성능 예측도 불가능해진다.

이와 같은 테스트에서는 방금 설명한 좋은 부하 테스트 지표에서의 **대상 시스템에 부하가 집중되는 상태**를 만들 수 없다.

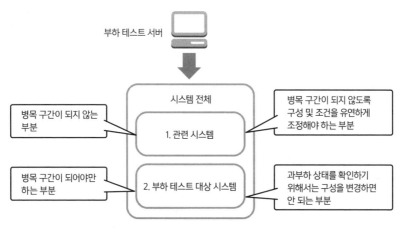

그림 3-6 부하를 발생시켜야 하는 대상과 연결된 시스템을 분리하여 생각한다

좋은 부하 테스트를 하기 위해서 부하를 줘야 하는 부분을 확인하고 그 부분에 부하를 집중시켜야 하며, 반대로 테스트 **대상 시스템에 부하를 주기 위해서 서비스 환경과는 별도의 환경을 구축하는 방법**도 생각해볼 수 있다.

마지막으로 부하 테스트 대상 시스템은 최대한 많은 부분을 확인해야 하고 그림 3-6의 '1. 관련 시스템'과 '2. 부하 테스트 대상 시스템'은 부하 테스트 단계별로 동적으로 변경하면서 진행한다. 그래서 일반적으로 부하 테스트는 한 번의 테스트로 끝나지 않는다. 조건을 바꿔 나가면서 PDCA 사이클을 돌리는 것이 부하 테스트에 있어서 아주 중요하다. 이 사이클에 대한 내용은 5장에서 설명한다.

3.5 요약

- 클라우드에서 부하 테스트의 목적은 다음 5가지이다.
  1. 여러 사례를 토대로 각 시스템의 응답 성능을 예측한다.
  2. 부하가 많이 발생하면 성능을 개선한다.
  3. 원하는 성능을 완성하는 데 필요한 하드웨어를 미리 선정한다.
  4. 시스템 확장성을 가졌는지 확인한다.
  5. 시스템 확장성에 대한 특성을 파악한다.
- 클라우드에서 부하 테스트는 위의 '4. 시스템 확장성을 가졌는지 확인한다.'가 가장 중요하다.
- 또한, 부하 테스트에서는 다음의 상태를 만드는 것이 중요하다.
  - 테스트 대상 시스템에 부하가 집중된 상태
  - 병목 지점이 확인 가능한 상태

CHAPTER

4

부하 테스트 도구

CHAPTER
4

부하 테스트 도구

4.1 부하 테스트에서 사용하는 3가지 도구

부하 테스트는 부하 테스트 도구, 모니터링 도구, 프로파일링 도구 이 3가지를 사용한다. 이 도구들은 다음과 같은 역할을 한다.

- 부하 테스트 도구: 시스템에 부하를 주는 도구
- 모니터링 도구: 시스템 리소스 사용률을 가시화해주는 도구
- 프로파일링 도구: 미들웨어나 애플리케이션 내부 동작을 분석하고 가시화해주는 도구

이 3가지는 테스트 도구로 시스템에 부하를 주고 모니터링 도구와 프로파일링 도구를 사용하여 대상 시스템을 분석 및 평가한다(그림 4-1).

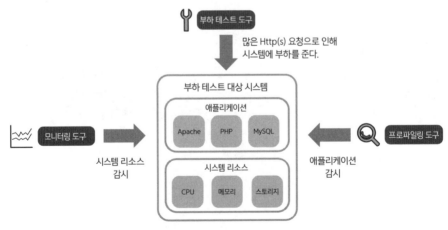

그림 4-1 부하 테스트에서 사용하는 3가지 도구

4.2 부하 테스트 도구 선택 기준

4.2.1 부하 테스트 도구란?

부하 테스트 도구는 웹 시스템뿐만 아니라 특정 시스템을 사용하는 입장에서 시뮬레이션하여 대상 시스템의 상태를 고부하로 만들어준다. 부하 테스트 도구를 사용하여 시스템에 많은 요청을 일으키고 DoS 공격이나 DDoS 공격이 들어온 것과 같은 상태를 만든다. 부하 테스트 도구를 가동한 서버를 **부하 테스트 서버**라고 한다.

부하 테스트 도구를 사용하여 웹 애플리케이션에 HTTP(S) 요청을 발생시키는 것을 부하 테스트라고 한다. 부하 테스트 도구 중에는 JDBC 드라이버를 사용하여 직접 DB 부하 테스트하는 것도 있다.

■ 부하 테스트 도구에 필요한 조건

웹 시스템에 적절한 부하를 주기 위해 부하 테스트 도구에 필요한 조건(또는 기능)은 다음 4가지이다.

조건 1 요청을 정확하게 시뮬레이션한다.
조건 2 부하 정도를 조정 가능해야 한다.
조건 3 대상 시스템에 충분한 부하를 발생시켜야 한다.
조건 4 부하 테스트 도구·설치·장소 및 가동 장소를 선택할 수 있어야 한다.

조건 1 요청을 정확하게 시뮬레이션한다

Apache Bench를 사용하면 시나리오 기반의 테스트를 할 수 없다. 정확한 요청 패턴을 시뮬레이션할 수 없는 도구도 있다. 시나리오가 필요한 부하 테스트는 이러한 도구를 사용할 수 없다.

조건 2 부하 정도를 조정 가능해야 한다

클라이언트 동시 접속자 수[1], 요청 간격, 최대 Throughput 등을 조정하여 공격 강도를 조절해야 한다. 이런 설정은 대부분의 테스트 도구에서 가능하다.

조건 3 대상 시스템에 충분한 부하를 발생시켜야 한다

사용하는 테스트 도구에 따라 어디까지 효율적으로 부하를 줄 수 있는지 결정된다. 대상 시스템의 성능 지표에 따라 사용할 수 있는 테스트 도구는 달라진다.

조건 4 부하 테스트 도구·설치·장소 및 가동 장소를 선택할 수 있어야 한다

부하 테스트 도구에 따라 기동할 수 있는 서버에 제약이 있을 수 있어 부하 테스트 서버를 설치하는 장소 제약이 있을 수 있다.

또 SaaS 서비스로 원격에 설치된 서버에서 부하를 주는 도구도 있다. 그러나 원격에서 부하를 주는 형태는 대상 시스템에만 부하를 주는 것이 어려워서 효율적인 부하 테스트를 하기엔 맞지 않다.

■ 부하 테스트 도구 공통 개념

테스트 도구별로 부르는 방법이 다르지만, 대부분 부하 테스트 도구는 표 4-1과 같은 개념이다. 각 도구의 용어를 이해하면 도구가 바뀌더라도 같게 테스트할 수 있다.

표 4-1 부하 테스트 용어 설명

용어	설명
클라이언트	HTTP 요청을 동시에 1개만 줄 수 있는 요청 생성기
클라이언트 동시 가동 수	테스트 시작 후에 테스트 도구에서 사용할 수 있는 클라이언트 수
Ramp-up 기간	테스트 시작 후 모든 클라이언트를 기동하기까지의 준비 기간
시나리오	클라이언트별로 설정된 HTTP 요청 생성 패턴
시나리오 실행 횟수	클라이언트가 시나리오에 따라 요청을 보내는 횟수

---

1 웹 시스템 구축에서 '동시 ○○수'라는 말이 자주 나오게 된다. 이 말은 사용하는 사람에 따라 의미가 달라질 수 있으므로 주의가 필요하다. 자세한 내용은 칼럼 '동시 ○○ 수를 구분'을 읽기 바란다.

표 4-1 부하 테스트 용어 설명(계속)

용어	설명
Throughput	시스템이 시간당 처리할 수 있는 요청 수
Latency	테스트 도구가 요청을 보내고 응답을 받을 때까지의 시간

■ 클라이언트가 실제 부하 테스트를 하는 이미지

테스트 도구에서 요청이 들어오는 흐름도가 그림 4-2다.

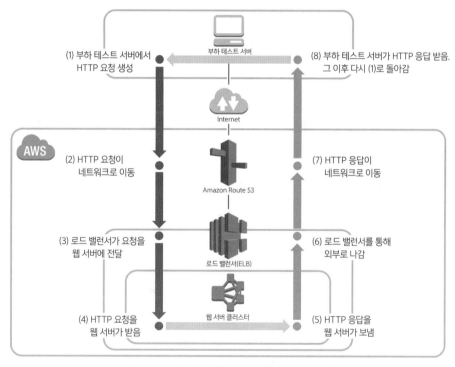

그림 4-2 클라이언트별 HTTP 요청 라이프 사이클

   (1) 부하 테스트 서버에서 HTTP 요청 생성

   (2) HTTP 요청이 네트워크로 이동

   (3) 로드 밸런서가 요청을 웹 서버에 전달

   (4) HTTP 요청을 웹 서버가 받음

(5) HTTP 응답을 웹 서버가 보냄

(6) 로드 밸런서를 통해 외부로 나감

(7) HTTP 응답이 네트워크로 이동

(8) 부하 테스트 서버가 HTTP 응답 받음. 그 이후 다시 (1)로 돌아감

여기서 다음 3가지를 주의해야 한다.

- 부하 테스트 도구에서 보이는 Latency는 부하 테스트 대상 시스템의 Latency와는 다르다.
- 부하 테스트 도구의 클라이언트 동시 기동 수와 시스템에서 처리되는 동시 처리 수는 다르다.
- 부하 테스트 도구의 클라이언트는 앞의 요청이 완료되지 않으면 다음 요청을 생성하지 않는다.

부하 테스트 도구에서 보이는 Latency는 부하 테스트 대상 시스템의 Latency와는 다르다

부하 테스트 도구에서 보이는 Latency는 네트워크로 전송되는 동안 발생하는 Latency나 SSL 디코드에 대한 Latency도 포함된 값이다. 그래서 부하 테스트 대상 시스템이 빨리 응답을 해도 이 값이 반영되었는지 모른다. 각 시스템의 실제 Latency는 서버 로그를 보거나 로드 밸런서에서 보인 Latency를 확인해야만 한다.

부하 테스트 도구의 클라이언트 동시 기동 수와 시스템에서 처리되는 동시 처리 수는 다르다

부하 테스트 도구에서 생성된 요청 대부분은 네트워크나 서버에 있으며 실제 부하를 줘야 하는 대상 시스템에서 처리 중인 요청은 전체 요청 중 일부분일 뿐이다. 특히 네트워크 Latency가 클 때는 부하 테스트 도구에서 설정한 클라이언트의 동시 가동 수와 비교하여 실제 시스템에서 처리 중인 요청 비율은 낮다. 이런 상황에서 충분한 부하를 주기 위해 부하 테스트 서버에서는 클라이언트 동시 기동 수를 높여야 하며, 그 설정 작업은 부하 테스트 서버에 부하를 줄 수 있고 부하 테스트 결과를

불안정하게 하는 원인이 된다.

부하 테스트 도구의 클라이언트는 앞의 요청이 완료되지 않으면 다음 요청을 생성하지 않는다

서버나 네트워크 어딘가에서 일부 요청에 대한 응답을 처리하지 못하게 되면 전체 Throughput에 많은 영향을 준다. 그러나 이 현상은 부하 테스트 특유의 현상이며, 실제 사용자가 접속했을 때의 현상과는 다르다. 자세한 내용은 4.2.2 '부하 테스트 도구상의 부하와 실 운영환경의 차이'에서 설명한다.

이 현상은 탁구 랠리를 상상해보면 이해하기 쉬울 것이다(칼럼 '부하 테스트는 탁구의 랠리와 같다' 참고).

4.2.2 부하 테스트 도구상의 부하와 실 운영환경의 차이

앞에서 설명한 3가지 주의 사항을 포함하여 부하 테스트 도구의 문제와 부하 테스트 환경의 구성 차이에서 오는 테스트 도구에서의 요청 생성 패턴과 실제 사용자 접속에 따른 요청 생성 패턴은 다르다.

테스트 도구를 사용하기 위해 이런 접속 패턴의 차이와 부하 테스트 도구 사용 시의 특유의 문제는 무엇인지, 어떤 문제가 실제 사용자 접속으로 인해 발생할 수 있을지를 미리 알아야 한다.

■ 요청을 생성하는 서버 대수, 네트워크의 차이

부하 테스트 환경에서 부하 테스트 서버는 1~N대라는 범위지만, 서비스 환경에서는 요청을 한 수만큼 사용자가 존재한다. 그래서 SSL을 사용한 사이트의 부하 테스트 환경에서는 SSL 접속과 계산 처리 부하가 부하 테스트 서버에 집중되지만, 서비스 환경에서는 한 대의 서버에 집중되는 문제가 없어 큰 문제는 되지 않는다는 차이가 있다(그림 4-3).

또 SSL 접속을 하지 않을 경우도 HTTP 요청 때마다 통신을 끊고 다시 접속하게 되면 부하 테스트 서버에 과부하가 발생한다. 시스템에 효율적으로 부하를 주기 위해 Keep-Alive 설정에 대한 테스트도 필요하다.

네트워크도 마찬가지로 부하 테스트 환경에서는 집중이 되지만, 실제 서비스 환경에서는 분산된다. 그래서 테스트 서버의 사양이 아무리 높아도 네트워크 대역이 충분하지 않으면 부하 테스트를 실행할 수 없다.

또 환경에 따라 같은 IP에서 연속적인 접속을 차단하는 구성도 있으므로 테스트 시 주의가 필요하다.

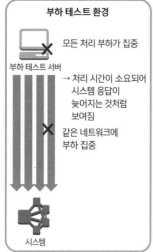
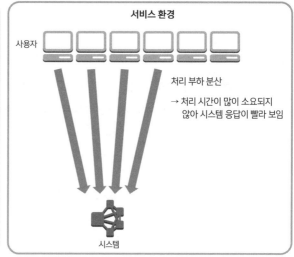

그림 4-3 부하 테스트 환경과 서비스 환경의 차이_1

📖 요청을 보내는 서버와 엔드포인트의 차이

엔드포인트가 되는 서버가 부하 테스트 환경에서는 부하 테스트 서버별로 일정 시간 동안 DNS 정보를 캐시할 때가 있다(그림 4-4). 그래서 부하를 받는 서버가 스케일 아웃 되더라도 성능을 내지 못할 때가 많다. 그러나 서비스 환경에서는 요청을 보내는 사용자가 하나의 서버가 아닌 여러 곳으로 분산되어 있어 이러한 문제가 발생하지 않는다.

이런 문제를 해결하기 위해 테스트 대상 시스템의 가까운 지점에서 부하를 주어 네트워크 영향을 최소화시킬 필요가 있고 또 각 엔드포인트에 같은 양의 요청이 있는지를 항상 확인해야 한다.

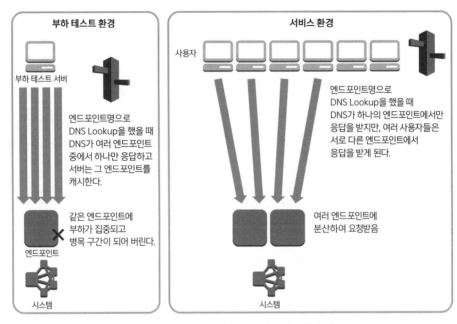

그림 4-4 부하 테스트 환경과 서비스 환경의 차이_2

■ 동시 요청 수의 차이

부하 테스트 환경에서는 먼저 보내진 요청 결과가 부하 테스트 서버에 돌아올 때까지 기다리고 다음 요청을 보내게 된다. 이와 같은 동작으로 시스템의 응답이 아무리 늦어도 지정한 클라이언트 수의 요청밖에 동시에 발생하지 않는다(그림 4-5).

그러나 서비스 환경에서는 특정 사용자 응답이 늦어져 그 요청에 대한 결과를 기다리는 중에도 새로운 사용자가 새로운 요청을 계속 보내게 된다.[2] 그래서 시스템 응답 시간이 늦더라도 처리해야 할 동시 요청 수는 점점 증가하게 된다.

---

2 이 장의 칼럼 '부하 테스트는 탁구의 랠리와 같다'를 참고하면 이해가 쉬울 것이다.

동시 요청 수가 늘어난다는 것은 해당 서버에 메모리 리소스 사용과 외부 서버와의 접속 수 등에 영향을 주기 때문에 주의해야 한다.

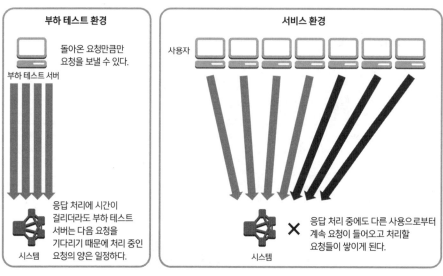

그림 4-5 부하 테스트 환경과 서비스 환경의 차이_3

📀 일부 느린 처리가 전체 Throughput에 미치는 영향의 차이

부하 테스트 환경에서 시스템 리소스 사용량이 적음에도 실행 시간이 길어지는 요청[3]이 조금이라도 섞여 있다면 다음 요청을 보낼 수 없게 되고 결과적으로 전체 Throughput이 저하되는 경우가 있다. 그러나 서비스 환경에서는 실행 시간이 긴 요청이 전체 처리에 있어 병목이 발생하지 않으며, 부하 테스트 결과와 실제 환경에서 확인되는 결과와는 많이 다를 때도 있다(그림 4-6).

이런 경우 시간이 소요되는 요청은 별도 스레드로 테스트를 하거나 시나리오에서 일단 빼고 테스트를 진행하는 등 전체 조정이 필요하다.

---

3   외부 시스템과 연계되는 부분에서 자주 발생한다.

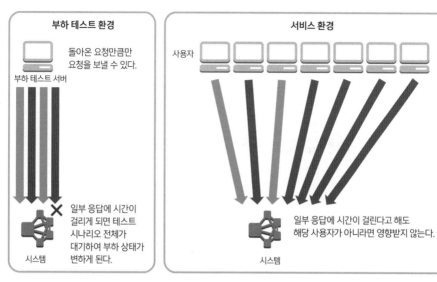

부하 테스트 환경

돌아온 요청만큼만
요청을 보낼 수 있다.

부하 테스트 서버

일부 응답에 시간이
걸리게 되면 테스트
시나리오 전체가
대기하여 부하 상태가
변하게 된다.

시스템

서비스 환경

사용자

일부 응답에 시간이 걸린다고 해도
해당 사용자가 아니라면 영향받지 않는다.

시스템

그림 4-6 부하 테스트 환경과 서비스 환경의 차이_4

4.2.3 부하 테스트 도구 선택 기준

구체적으로 부하 테스트 도구를 몇 가지 소개한다.[4] 다음에 소개되는 도구는 필자
가 부하 테스트를 할 때 환경에 따라 구분했지만, 지금까지 설명한 기본 개념은 다르
지 않으며, 모두 같다고 보면 된다.

- Apache Bench
- Apache JMeter
- Locust
- Tsung

부하 테스트 도구는 각각 특징을 가지고 있다. 부하 테스트 대상이 되는 시스템에
맞춰 적절한 도구를 선정해야 한다.

---

4 온라인으로 URL을 입력해서 부하 테스트를 하는 서비스도 있지만, 네트워크 적으로 가까운 거리에서 테
   스트할 수 없어서 필요한 부하 테스트를 실행하기 어렵다. 온라인 도구는 보조적인 도구로 생각하길 바
   란다.

또 같은 URL에 부하 테스트를 하지만, 사용한 테스트 도구에 따라 결과가 달라질 때도 있다. 이런 경우 대상 시스템에 더 많은 부하를 주고 결과적으로 Throughput 이 나오는 테스트가 더 좋은 테스트라고 할 수 있다. 처음에 사용한 테스트 도구가 생각처럼 부하를 주지 못한다면 다른 도구와 결과를 비교해볼 필요가 있다.

4.2.4 대상 시스템에 맞는 부하 테스트 도구 사용

부하 테스트 규모와 목적에 따라 사용해야 하는 도구는 바뀐다. 예를 들어 아주 높은 Throughput을 제공해야 하는 시스템을 테스트하기 위해 Apache Bench를 사용하면 그 특성에 따라 충분한 부하를 주지 못할 때가 있다.

익숙한 테스트 도구를 하나 만들어 놓는 것도 중요한 일이지만, 테스트에 따라 성격에 맞는 도구를 선정하는 것도 중요하다.

■ 세션 ID와 패스워드 등 요청별로 다른 파라미터를 사용해야 할 때

다음 2가지 방법이 있다.

- 부하 테스트 대상 프로그램을 수정하여 파라미터를 사용하는 부분에 스터브 (stub)를 하거나 프로그램 앞단에 파라미터를 생성하여 넣어버리는 방법
- '복잡한 테스트 시나리오로 실행이 가능한 도구'를 사용하는 방법

어느 쪽 방법을 사용해도 되지만, 스터브를 사용하여 기존 프로그램을 대체하는 경우에는 해당 부분은 테스트 대상에서 제외된다는 것에 주의해야 한다. 또 해당 부분에서 발생하는 Latency 상황이나 시스템 부하 정도로는 시뮬레이션할 수 없기 때문에 불확정적인 요인들이 증가한다는 것에도 주의해야 한다.

'복잡한 테스트 시나리오로 실행이 가능한 도구'의 예로써 Locus나 JMeter, Tsung 등이 있다. 이런 테스트 도구를 사용하면 부하 테스트 시에 요청을 생성할 때 세션 ID를 수집하고 다음 요청에서 그 세션 ID를 사용하는 등의 복잡한 부하 테스트를 구현할 수 있다.

■ 높은 Throughput을 가진 시스템 부하 테스트

구축한 시스템 비기능적 요구 사항으로 높은 Throughput을 요구하는 경우 높은 부하를 줄 수 있는 도구를 사용해야 한다. 이 도구들은 부하 테스트 서버를 병렬로 여러 대 사용하여 서버의 스케일 아웃을 지원한다.

Locus, JMeter, Tsung 모두 여러 대의 서버를 사용하여 부하 테스트를 할 수 있다.

■ 긴 시간 부하를 주는 내구성 테스트

Apache Bench는 수초~수분 범위의 부하 테스트에 적합하지만, 수십 분 이상 부하를 주게 되면 멈추는 경우가 있어 적합하지 않다. 또 JMeter도 몇 시간 이상 부하를 줄 경우 테스트 중에 요청의 양이 줄어드는 현상이 발생하기도 한다.

칼럼 | 동시 ○○ 수를 구분

'동시'라는 단어는 '어떤 순간을 의미하는 경우'와 '어떤 시간의 구간'을 의미하는 경우 둘 다 사용되고 있어 애매한 부분이 있다. 다음과 같이 '동시 ○○ 수'라는 단어가 용어의 정의 없이 혼동되어 사용되는 경우가 많다. 그러나 실제로 각각 다른 의미가 있고 의미를 구분해서 사용해야만 한다.

- 동시 사용자 수
- 웹 서버나 데이터베이스 동시 접속 수
- 시스템 동시 처리 수
- 부하 테스트 클라이언트 동시 가동 수

동시 사용자 수(조건 수준의 용어)

시스템에 같은 기간에 사용 중인 사용자 수를 말한다. 이 경우에도 1시간에 유니크한 사용자를 의미할 때도 있지만 1분간의 사용자를 의미할 수도 있어 숫자에 대해 기준을 확인해야 한다.

> **예** 피크 때 10,000명이 동시에 시스템을 사용

웹 서버나 데이터베이스 동시 접속 수(TCP 접속 수)

시스템의 처리 성능과 관계없이 시스템과 연결된 TCP 접속 수를 말한다.

커넥션 풀을 사용하여 연결의 해제 없이 사용하는 경우에는 동시 접속 수와 동시 처리 수는 반드시 일치하지 않는다. 또 웹 서버나 데이터베이스 서버에서는 이 동시 접속 수를 제한할 수 있는 **최대 동시 접속자 수**가 있어 이 값을 넘게 되면 에러가 발생한다. 에러가 발생하지 않도록 설정했다고 하더라도 접속을 허용하고 그 이후 처리하지 못 하는 상황도 발생한다.

시스템 동시 처리 수(시스템 내부 상태)

시스템에서 현재 처리 중인 상태의 요청 수를 말한다.

시스템 Throughput을 동시 처리 수로 사용하는 경우가 많지만, 실제로는 다른 의미를 가진다.

기본적으로 다음의 관계가 있다.

> 평균 동시 처리 수(req) = 평균 Throughput(req/sec) × 평균 Latency(sec)

시스템의 Throughput이 높더라도 Latency가 낮으면 동시 처리 수는 작아진다. Throughput이 높으면 좋은 시스템이겠지만, 동시 처리 수가 많은 상태라는 것은 Latency가 나쁜 상태인 경우가 많고 좋은 상태의 시스템이라 말할 수 없다.

부하 테스트 클라이언트 동시 가동 수(부하 테스트 도구 용어)

부하 테스트 시작 후에 테스트 서버상에서 사용되는 테스트용 클라이언트 수를 의미한다.

예 10,000 클라이언트를 동시에 생성하여 부하 테스트를 한다.

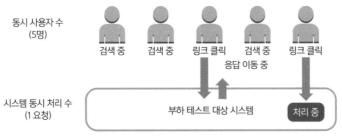

그림 4-7 동시 사용자 수와 시스템 동시 처리 수는 다르다

칼럼 **부하 테스트는 탁구의 랠리와 같다**

필자는 부하 테스트는 탁구 랠리(공을 주고 받는 것)라고 판단한다(그림 4-8). 그렇다면 부하 테스트에서 주의해야 할 3가지에 대해 조금 더 이해하기 쉬울 것이다.

- 부하 테스트 도구에서 보이는 Latency는 서버 응답 속도와 다르다.
- 클라이언트 동시 가동 수와 서버에서 처리되는 동시 접속 수는 다르다.
- 클라이언트는 이전 요청이 완료되지 않으면 다음 요청을 생성하지 않는다.

또 부하 테스트 서버와 대상 시스템에서 보다 빨리 랠리를 하기 위해 부하 테스트 서버를 가능하면 대상 시스템과 가까운 곳에 위치해야 하는 이유도 이해할 수 있다.

그림 4-8 부하 테스트 동작(탁구에 비유)

부하 테스트 용어를 적용해서 설명하면 표 4-2와 같다.

표 4-2 부하 테스트 용어 설명(탁구에 비유)

용어	설명
클라이언트	부하 테스트 서버에서 탁구 경기하는 플레이어
클라이언트 동시 가동 수	부하 테스트 서버에서 탁구를 경기하는 인원 수
Ramp-up 기간	탁구를 시작해서 플레이어를 모두 추가하기까지의 시간
시나리오	랠리에서 공을 주고 받는 위치를 지정하는 룰
시나리오 실행 횟수	랠리 횟수 또는 랠리 실행 시간
Throughput	시간당 랠리 횟수
Latency	친 공이 다시 돌아오기까지의 시간

4.3 | Apache Bench 사용 방법

Apache Bench는 설치가 정말 간단하다. 시간이 없을 때는 먼저 Apache Bench로 부하 테스트를 하면 된다.

그러나 시나리오 기반 테스트가 아닌 경우 접속할 수 없는 시스템에서는 다른 테스트 도구를 사용해야 한다. 또 이런 도구를 사용했을 때 시스템에서 리다이렉트 헤더 응답이 온 경우 리다이렉트 URL에 다시 접속하지 않는 점에 유의해야 한다.

4.3.1 특징

- 단일 URL 부하 테스트는 간단히 가능
- POST/PUT 부하 테스트 가능(※ DELETE 불가능)
- 요청별로 파라미터 변경 불가
- 시나리오 테스트 불가
- 부하 테스트 서버의 CPU 코어 1개만 사용

4.3.2 설치 방법

Apache가 설치된 서버에는 별도 설치 없이 사용할 수 있다. 만약 Apache를 설치하기 원하지 않으면 yum을 이용하여 apr-util 패키지 또는 httpd-tools를 아래처럼 사용하면 된다.

```
$ sudo yum install apr-util
```

또는

```
$ sudo yum install httpd-tools
```

4.3.3 주요 옵션

Apache Bench의 help로 주요 옵션과 파라미터를 확인한다(표 4-3).

```
$ ab -h
Usage: ab [options] [http[s]://]hostname[:port]/path
Options are:
    -n requests Number of requests to perform
    -c concurrency Number of multiple requests to make at a time
    -t timelimit Seconds to max. to spend on benchmarking
                This implies -n 50000
    -s timeout Seconds to max. wait for each response
                Default is 30 seconds
    -p postfile File containing data to POST. Remember also to set -T
    -u putfile File containing data to PUT. Remember also to set -T
    -i            Use HEAD instead of GET
    -C attribute Add cookie, eg. 'Apache=1234'. (repeatable)
    -A attribute Add Basic WWW Authentication, the attributes
                are a colon separated username and password.
    -k            Use HTTP Keep-Alive feature
    -h            Display usage information (this message)
```

표 4-3 Apache Bench 주요 옵션과 파라미터

옵션	파라미터	설명
-n	requests	총 요청 수(※ 클라이언트 동시 가동 수×시나리오 실행 횟수)
-c	concurrency	동시 요청 수(※ 클라이언트 동시 가동 수에 해당)
-t	timelimit	부하 테스트 최대 시간(총 요청 수에 도달하지 않아도 이 시간 안에 종료)
-s	timeout	한 번의 요청에서 기다리는 시간
-p	postfile	POST 방식으로 요청할 경우 body 파일을 지정
-u	putfile	PUT 방식으로 요청할 경우 body 파일을 지정
-i		HEAD 방식으로 요청
-C	attribute	cookie 추가
-A	attribute	Basic 인증 사용
-k		KeepAlive 사용
-h		help 표시

Apache Bench에서 Ramp-Up 기간 설정 항목은 없으며, 최초에 -c 옵션으로 설정한 수의 요청을 동시에 보내려고 한다. 그래서 테스트 시작 시점에 서버에 부하가 집중된다. 클라이언트 수 지정은 시스템의 동시 접속 수 제한을 넘지 않도록 한다.

4.3.4 실행 결과 예제

```
$ ab -n 1000 -c 100 http://localhost/
This is ApacheBench, Version 2.3 <$Revision: 1796539 $>
Copyright 1996 Adam Twiss, Zeus Technology Ltd, http://www.zeustech.net/
Licensed to The Apache Software Foundation, http://www.apache.org/


Benchmarking localhost (be patient)
Completed 100 requests
~중략~
Server Software:        Apache/2.4.27
Server Hostname:        localhost
Server Port:            80

Document Path:          /
Document Length:        4891 bytes

Concurrency Level:      100
Time taken for tests:   0.192 seconds
Complete requests:      1000
Failed requests:        0
Non-2xx responses:      1000
Total transferred:      5163000 bytes
HTML transferred:       4891000 bytes
Requests per second:    5217.60 [#/sec] (mean)
Time per request:       19.166 [ms] (mean)
Time per request:       0.192 [ms] (mean, across all concurrent requests)
Transfer rate:          26307.10 [Kbytes/sec] received

Connection Times (ms)
              min  mean[+/-sd] median    max
Connect:        0    1   0.7      0        3
Processing:     3   18   2.8     18       19
Waiting:        2   17   2.8     18       18
Total:          5   18   2.3     19       22
WARNING: The median and mean for the initial connection time are not within
a normal deviation
        These results are probably not that reliable.
```

```
Percentage of the requests served within a certain time (ms)
  50%     19
  66%     19
  75%     19
  80%     19
  90%     19
  95%     19
  98%     19
  99%     21
 100%     22 (longest request)
```

이 예제는 로컬에 설정한 웹 서버 페이지에 100개의 요청을 병렬로 총 1,000회 보내고 있다. 이 결과에서 주의 깊게 봐야 하는 파라미터는 3.2 '부하 테스트에서의 시스템 성능 지표'에서 설명한 Throughput과 Latency로 각각 5,217rps와 19ms인 것을 확인할 수 있다.

- Requests per second(평균 Throughput)
- Time per request(평균 Latency)

4.4 │ Apache JMeter 사용 방법

Apache JMeter는 다양한 기능을 제공한다. 부하 테스트 서버 사양과 시나리오에 따라 다르겠지만, 수천 rps까지의 시스템이라면 충분한 부하를 줄 수 있다.

그러나 부하 테스트 서버 리소스 사용량이 비교적 많아 많은 부하를 주길 원하면 부하 테스트 서버를 많이 준비해야 한다. 또 많은 서버를 이용한 부하 테스트에서 서버 간 통신을 위해 네트워크 설정이 필요할 때도 있다.

4.4.1 특징

- Apache Bench에서 할 수 없는 DELETE 테스트 가능
- 요청 별로 동적 파라미터 변경 가능

- 복수의 URL에 시나리오 기반의 복잡한 부하 테스트 가능
- 시나리오는 XML을 사용하지만, GUI도 사용할 수 있고 비교적 직관적인 시나리오 작성 가능
- Proxy Recorder를 사용한 시나리오 작성도 가능
- 부하 테스트 결과 출력 기능이 다양
- 복수의 서버를 연계하여 비교적 고부하 테스트 가능
- HTML 콘텐츠는 콘텐츠 내에서 필요한 여러 가지 정적 리소스를 동시에 확인할 수 있는 테스트 가능

4.4.2 JMeter를 이용한 시스템 구성 예제

JMeter는 GUI(Graphic User Interface) 버전 JMeter와 CUI(Character User Interface) 버전 jmeter-server가 있으며 이 두 가지 버전을 같이 사용한다면 여러 패턴으로 테스트할 수 있다.

여기에서는 3가지 정도 구성 예제를 설명한다.

■ 구성 예제 1: 작업 PC에서 직접 테스트

평소에 사용하던 작업 PC에 GUI JMeter를 설치하고 직접 부하 테스트를 하는 예제이다(그림 4-9).

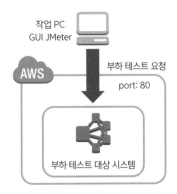

그림 4-9 작업 PC에서 직접 테스트하는 구성

장점

- 부하 테스트 서버를 별도로 준비할 필요가 없다.
- 평소에 사용했던 PC에서 시나리오 작성 작업이 가능하다.
- 부하 테스트에 필요한 포트만 사용하여 별도의 네트워크 설정이 필요 없다.

단점

- 네트워크 위치가 떨어져 있기 때문에 테스트 환경으로 적합하지 않다.
- 작업 PC가 사용하고 있는 네트워크에 부하를 줄 수 있다.
- ELB 아래의 웹 서버에 직접 테스트를 할 때는 별도 네트워크 설정이 필요하다.
- 부하 테스트 서버의 리소스를 유연하게 변경하지 못한다.
- 부하 테스트 서버 대수를 늘리기 어렵다.

결론적으로 부하 테스트 환경으로는 부적합하지만, 부하 테스트 시나리오를 작성하거나 시나리오를 확인하기 위해 가장 쉽게 만들 수 있는 구성이다.

■ 구성 예제 2: AWS의 윈도우 서버에서 테스트

AWS 위에 부하 테스트 대상 시스템과 같은 네트워크에 윈도우 서버를 추가[1]하고 그 서버 위에 GUI JMeter를 설치하여 테스트를 한다(그림 4-10).

---

1   Ubuntu 등으로 VNC를 사용하는 방법도 있지만, AWS에서는 윈도우 서버를 구축할 수 있어 윈도우 리모트 데스크톱(Windows Remote Desktop)으로 접속하게 되면 낮은 Latency와 안정도가 높아 장점이 많다고 볼 수 있다.

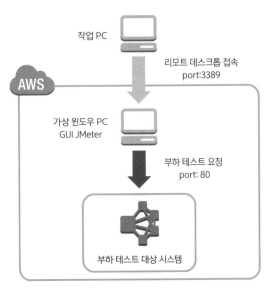

작업 PC

리모트 데스크톱 접속
port:3389

AWS

가상 윈도우 PC
GUI JMeter

부하 테스트 요청
port: 80

부하 테스트 대상 시스템

그림 4-10 AWS 윈도우 서버에서 테스트를 하는 구성

장점

- 리모트 데스크톱을 이용하여 작업 PC와 같이 사용할 수 있다.
- 가까운 위치의 네트워크에서 테스트할 수 있다.
- ELB 아래에 있는 웹 서버에 Local IP를 사용한 부하 테스트가 가능하다.
- 부하 테스트 서버의 리소스를 유연하게 변경할 수 있다.

단점

- 리모트 데스크톱 접속용 포트를 열어야 한다.
- 부하 테스트 서버 대수를 늘릴 수 없다.

부하 테스트 서버가 1대로 충분한 경우 이 구성을 사용한다.

■ 구성 예제 3: jmeter-server를 사용한 테스트

구성 예제 2에 추가하여 JMeter 전용 서버로 jmeter-server용 인스턴스를 여러 대 기동한다. 이런 구성으로 부하 테스트 서버 대수에 비례하여 부하를 줄 수 있다(그림 4-11).

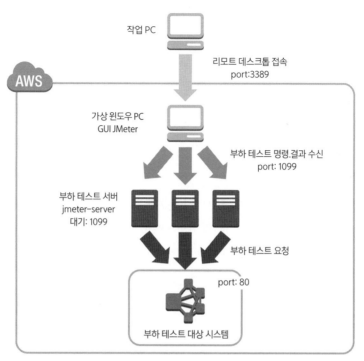

그림 4-11 jmeter-server를 이용한 부하 테스트 구성

리모트 데스크톱을 사용하지 않고 작업 PC에서 직접 여러 대의 jmeter-server를 제어할 수 있지만, 그 방법과 비교한다면 다음의 장점이 있다.

- 구성 예제 2 환경에 확장하여 구축과 테스트할 수 있다.
- GUI JMeter 서버와 부하 테스트 서버 간에는 여러 포트를 열어야 하지만, 같은 네트워크에서는 설정이 쉽게 가능하다.

부하 테스트 서버를 여러 대 구성하는 경우 각 부하 테스트 서버와 시나리오를 배포하는 서버의 JMeter 버전이 일치해야 하는 점에 유의하길 바란다.

JMeter를 이용하여 많은 부하를 주는 방법에 대해서는 'ClassMethod'가 운용하는 블로그(Developers.IO)에 잘 정리되어 있다. 조금 시간이 지난 포스팅이지만 자세한 내용은 다음 URL[2]을 참고하길 바란다.

---

2 **역주** 일본어 사이트에서 구글 번역 등을 활용하면 더욱 쉽게 한국어로 볼 수 있다.

- SpotInstance와 JMeter를 이용한 400만 req/min 부하 테스트(Developers.IO)
  https://dev.classmethod.jp/cloud/apache-jmeter-master-slave-100mil-req-min/

4.4.3 설치 방법

JDK를 설치한 후 소스 파일을 다운로드하면 사용할 수 있다.

■ JMeter 설치

JAVA는 https://www.java.com/ko/download/에서 다운로드하여 설치한다. JMeter
는 https://jmeter.apache.org/에 접속하여 **[Download]** ➡ **[Download Releases]** 또는
https://archive.apache.org/dist/jmeter/binaries/에서 최신 버전을 다운로드하고 압축
을 푼다. Windows 버전은 zip 파일 중에 최신 버전을 사용한다(그림 4-12).

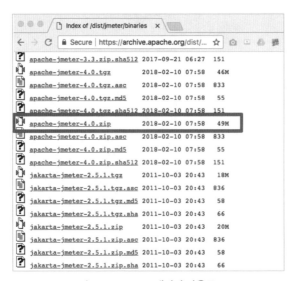

그림 4-12 JMeter 패키지 다운로드

다운로드 후 압축을 풀면 설치 작업은 끝난다.

JMeter 기동(윈도우의 경우)

압축을 푼 폴더 안에 bin 디렉터리 안에 **jmeter.bat**[3]라는 파일이 있다. 그 파일을 더블클릭하면 JMeter가 실행된다.

🖥 jmeter-server 설치(Linux 혹은 Ubuntu)

jmeter-server는 서버에서 직접 실행하여 명령어로 부하 테스트를 하거나 복수의 jmeter-server를 1대의 GUI(JMeter)에서 동시에 같은 시나리오로 테스트할 때 사용한다.

jmeter-server 설치도 서버에서 소스를 내려받고 압축을 풀면 된다. 소스는 위의 윈도우 용과 마찬가지로 위의 사이트에서 시스템에 맞는 확장자명 파일을 내려받으면 된다.

예

```
$ sudo su
$ cd /opt
$ wget https://archive.apache.org/dist/jmeter/binaries/apache-jmeter-3.0.tgz
$ tar zxvf apache-jmeter-3.0.tgz
```

경로 설정

예

```
$ vi ~/.bashrc

PATH=$PATH:$HOME/bin:/opt/apache-jmeter-3.0/bin
```

위의 경로를 추가한다.

```
$ source ~/.bashrc
```

---

3 확장자가 보이지 않을 경우에도 jmeter라는 파일은 존재하므로 주의해야 한다.

jmeter-server 기동(https://bit.ly/2MSxhhi)

```
$ cd /opt/apache-jmeter-3.0
$ ./jmeter-server

or

$ jmeter-server
Writing log file to: /opt/apache-jmeter-3.0/bin/jmeter-server.log
Created remote object: UnicastServerRef [liveRef:
[endpoint:[172.31.31.115:37297](local),objID:[4f8
2fa10:161ebbe1f1a:-7fff, -681205078656035733]]]
```

위는 jmeter-server가 기동 중인 상태이고 GUI JMeter에서 명령어를 기다리고 있다.

GUI JMeter에서 jmeter-server가 기동 중인 서버의 IP 주소를 지정하여 JMeter와
jmeter-server를 연동할 수 있다.

4.4.4 JMeter 실행 결과 예제

Thread Group을 생성하고 클라이언트 수를 얼마로 하고 부하 테스트를 몇 번 할지
등을 설정한다(그림 4-13).

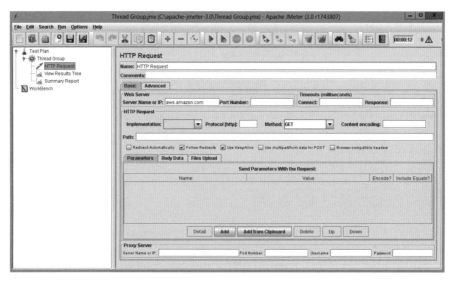

그림 4-13 Thread Group 생성

표 4-4 설정 파라미터

JMeter 파라미터	부하 테스트 도구 기본 개념
Thread 수	클라이언트 동시 가동 수
Ramp-Up 기간	모든 클라이언트를 기동하기까지의 준비 기간
Loop Count	시나리오 실행 횟수

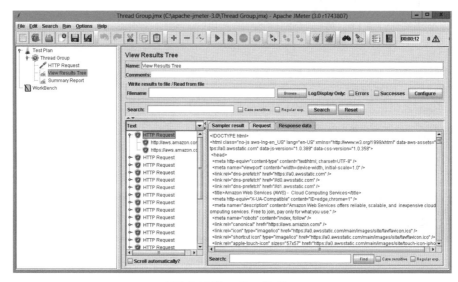

그림 4-14 View Results Tree

콘텐츠 내에 정적 리소스도 수집하고 있는 것을 볼 수 있다(그림 4-14).

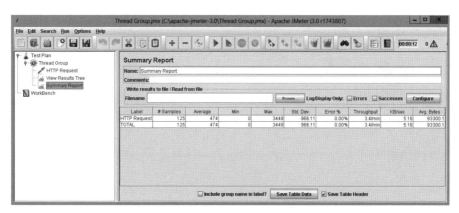

그림 4-15 Summary Report

필자가 자주 사용하는 방법은 다음과 같다. 시나리오 생성을 로컬 윈도우에서 'View Results Tree'를 설정한 상태에서 작은 수의 클라이언트 수를 설정하고 테스트를 시행하여 시나리오가 결정되면 전용 인스턴스를 구축하여 시나리오를 적용하고 본격적으로 테스트한다.

또 실제 부하 테스트를 할 때 'View Results Tree' 옵션은 제외해야 하고 'Log/Display only'의 Errors 옵션을 선택하면 많은 부하가 발생하고 부하 테스트에 영향을 줄 수 있음을 유의해야 한다. 그리고 JMeter에서는 편리한 기능이 많지만, 그중 'View Results Tree'와 같이 실제 부하 테스트를 할 때 방해되는 기능들도 있으므로 테스트하면서 수시로 조절해야 한다(그림 4-15).

JMeter를 사용한 시나리오 부하 테스트에 대해서는 10.2 'JMeter+Xhprof로 PHP 애플리케이션 부하 테스트 사례'를 참고하길 바란다.

4.5 Locust 사용 방법

Locust는 영어로 '메뚜기'를 의미한다. 한 번에 많은 요청이 들어오는 상황을 메뚜기로 나타낸 것이다. 파이썬으로 사용할 수 있는 부하 테스트 도구이다.

4.5.1 특징

기능적으로는 JMeter와 비슷한 테스트 도구이다. JMeter와 비교하면 다음과 같은 장점이 있다.

- 시나리오를 파이썬 스크립트로 작성할 수 있어 유연한 시나리오를 만들 수 있다.
- 테스트 시나리오가 스크립트로 되어 있어 소스 코드로 관리할 수 있다.
- 필요한 서버 리소스가 작으므로 작은 크기의 부하 테스트 서버로 테스트할 수 있다.

- 테스트 결과 리포트가 간단하다.

부하 테스트 서버에서 명령어로 테스트 도구를 기동하면 관리용 웹 콘솔에 접속하기 위한 URL이 표시된다. 브라우저에서 그 URL로 접속하여 클라이언트 동시 가동 수를 지정하면 실제 테스트가 시작된다.

결과 리포트에서는 상세 결과가 필요 없는 경우도 자주 있어서 필자는 JMeter 대신 Locust를 사용할 때가 많다.

4.5.2 설치 방법

일반적으로 다음과 같은 명령어로 설치할 수 있다.

```
$ pip install locustio
```

상세한 설치 방법은 웹에서 검색해보길 바란다.

Locust 공식 사이트: https://locust.io/

4.5.3 시나리오 작성

Locust 시나리오는 간단한 파이썬 코드이다. 목록 4-1은 최초에 login()을 한 번 실행하고 index(), profile()을 2:1 비율로 실행하는 시나리오이다.

목록 4-1 locustfile.py

```
# https://docs.locust.io/en/latest/quickstart.html 참고

from locust import HttpLocust, TaskSet, task

class UserBehavior(TaskSet):
    def on_start(self):
        """ on_start is called when a Locust start before any task is
        scheduled """
        self.login()

    def login(self):
```

```
        self.client.post("/login", {"username":"ellen_key",
        "password":"education"})

    @task(2)
    def index(self):
        self.client.get("/")

    @task(1)
    def profile(self):
        self.client.get("/profile")

class WebsiteUser(HttpLocust):
    task_set = UserBehavior
    min_wait = 5000
    max_wait = 9000
```

Locust에서 시뮬레이션하는 하나의 사용자는 하나의 클래스 인스턴스가 된다(위 예제에서 UserBehavior 클래스). 그래서 이전 요청의 응답에 따라 다음 요청을 변화시키는 처리(응답 내용이나 Cookie 처리)에 대해서도 작성할 수 있다.

4.5.4 Locust 기동

■ 기본

하나의 Locust를 사용한다고 할 때, 시나리오 정의 스크립트와 대상 호스트를 지정하면 테스트할 수 있다. 대상 호스트를 시나리오 정의 스크립트에 직접 쓰지 않아 같은 스크립트라도 다른 호스트에 적용할 수 있다.

```
$ locust -f src/locustfile.py --host=http://example.com
```

시나리오 정의 스크립트가 현재 디렉터리에 locustfile.py라는 이름으로 있을 때 -f 옵션은 생략할 수 있다.

■ 복수 시나리오에서 선택하여 실행

시나리오 정의 파일 안에서 복수의 시나리오를 작성하여 실행할 때 하나의 시나리오를 선택할 수 있다. 그 경우 HttpLocust를 상속한 클래스명을 인수로 지정한다.

```
$ locust -f src/locustfile.py --host=http://example.com WebsiteUser
```

■ 여러 대의 Locust 연동

Locust는 멀티 코어 서버에서 실행해도 1개의 프로세서에서 1코어밖에 사용할 수 없다. 멀티 코어를 사용하거나 여러 대 서버의 Locust를 연동하여 사용하고 싶을 때는 마스터 슬레이브 형태로 구성해야 한다. 부하 테스트 서버의 리소스를 최대한 사용하려면 슬레이브 서버를 CPU 코어 수만큼 만들면 된다.

마스터 기동

마스터가 될 Locust를 하나 기동한다. 마스터는 실제 부하를 주는 처리에는 사용되지 않지만, Locust WebUI를 제공한다. 마스터는 --master 옵션을 사용한다.

```
$ locust -f src/locustfile.py --host=http://example.com --master
```

슬레이브 기동

마스터를 만들었다면 필요한 수만큼 슬레이브를 만들고 마스터와 연결한다. 같은 호스트의 마스터에 접속할 경우--slave 옵션을 사용한다.

```
$ locust -f src/locustfile.py --host=http://example.com --slave
```

마스터가 다른 서버(예를 들어 master.example.com)에 있을 경우에는 --master-host 옵션을 사용한다.

```
$ locust -f src/locustfile.py --host=http://example.com --master-host=mas
ter.example.com -slave
```

4.5.5 실행 예제

Locust를 실행하고 있는 호스트(또는 마스터)의 8089 포트로 접속하면 부하 테스트 상황을 볼 수 있다.

테스트를 시작할 때 'Number of users to simulate(클라이언트 수)', 'Hatch rate(시작 직후 1초간 생성할 클라이언트 수)'를 지정한다.

실행 중에는 표 4-5와 같은 화면을 볼 수 있고 실시간으로 현재 Throughput, Latency, 에러 상황 등을 볼 수 있다.

표 4-5 Locust 실행 중의 화면

항목	설명
① 클라이언트 수	현재 실행된 클라이언트 수(병렬적 수)
② 슬레이브 수	마스터에 접속하고 있는 슬레이브 수
③ 총 Throughput	전체 Throughput
④ Stop 버튼	Locust 실행을 중지하기 위한 버튼이다. Locust에서는 시작 시에 총 요청 수를 지정하지 않고 테스트를 중단할 경우에는 이 버튼을 사용한다.
⑤ 요청별 Throughput	요청별 Throughput이다. 시나리오의 Throughput을 보기 위해서는 각 시나리오에서 한 번씩만 통과한 요청의 Throughput을 본다. 예를 들어 로그인 처리를 한 번만 정의한 경우 로그인 처리 Throughput이 시나리오의 Throughput이 되고 1초간 367 시나리오를 실행할 수 있다.
⑥ 요청별 평균 Latency	요청별 평균 Latency
⑦ 전체 평균 Latency	요청 전체의 평균 Latency

4.6 Tsung 사용 방법

Tsung는 erlang으로 만들어진 속도를 중시하는 부하 테스트 도구이다.

- 공식 사이트 매뉴얼

  http://tsung.erlang-projects.org/user_manual/index.html

4.6.1 특징

Tsung도 기능적으로 보면 JMeter와 비슷하지만, JMeter와 비교하면 조금 다른 점이 있다.

- 시나리오를 XML로 작성하는 것은 JMeter와 같지만, 작성 방식이 JMeter보다 비교적 간단하고 이해하기 쉽다.
- 그러나 GUI로 시나리오를 작성하거나 볼 수 없어 복잡한 시나리오에는 조금 맞지 않는다.
- JMeter와 같이 Proxy Recorder를 사용하고 시나리오 생성이 가능하다.
- 적은 부하 테스트 서버로 고부하 테스트에 적합하다.
- 결과는 JSON으로 표시되고 결과를 보기 위한 웹 화면이 준비되어 있다.

Tsung는 Locust와 다르게 테스트 서버에서 명령어를 실행하는 순간에 실제 테스트가 시작된다.

Tsung 기능을 잘 숙지했다면 Tsung만으로 복잡한 시나리오를 만들 수 있고 부하 테스트가 가능하다. 그러나 시나리오를 XML로 작성하는 것이 복잡하여 필자는 복잡한 시나리오 확인은 Locust에서, 고부하를 주고 싶을 때는 백그라운드에서 Tsung을 사용하여 간단히 시나리오를 테스트하는 방법을 사용한다. 이런 사용 방법으로 확인할 수 있는 결과는 신뢰성이 조금 떨어질 수 있어 4.9 'CloudWatch 활용'에서 설명할 CloudWatch로 ELB의 Throughput 모니터링 등을 이용하여 Tsung에서 보여주는 화면은 사용하지 않는다.

4.6.2 설치 방법

- 공식 사이트 매뉴얼의 installation

  http://tsung.erlang-projects.org/user_manual/installation.html

일반적으로 명령어로 설치할 수 있다. 자세한 내용은 'Tsung install'로 검색해보길 바란다.[4]

4 　역주 Tsung을 설치하기 전에 erlang을 먼저 설치해야 한다. erlang은 책에 나와 있는 방법으로 설치한다.

```
$ sudo vim /etc/security/limits.conf
아래 내용 추가
*   soft   nofile   1024000
*   hard   nofile   1024000

$ sudo vim /etc/sysctl.conf
아래 내용 추가
# General gigabit tuning
net.core.rmem_max = 16777216
net.core.wmem_max = 16777216
net.ipv4.tcp_rmem = 4096 87380 16777216
net.ipv4.tcp_wmem = 4096 65536 16777216

# This gives the kernel more memory for TCP
# which you need with many (100k+) open socket connections
net.ipv4.tcp_mem = 50576 64768 98152

# Backlog
net.core.netdev_max_backlog = 2048
net.core.somaxconn = 1024
net.ipv4.tcp_max_syn_backlog = 2048
net.ipv4.tcp_syncookies = 1

$ sudo sysctl -p
$ mkdir ~/opt
$ cd opt/
$ sudo yum install ncurses ncurses-devel openssl openssl-devel gcc-c++
unixODBC unixODBC-devel fop *openjdk-devel inotify-tools
$ wget http://erlang.org/download/otp_src_19.3.tar.gz
$ tar zxvf otp_src_19.3.tar.gz
$ cd otp_src_19.3
$ ./configure
$ make
$ sudo make install
$ erl -version
Erlang (ASYNC_THREADS) (BEAM) emulator version 8.3
```

```
$ sudo yum install -y git
$ sudo yum groupinstall -y "Development Tools"
$ sudo yum install -y perl perl-devel perl-Template-Toolkit
$ sudo yum install -y gnuplot
$ git clone https://github.com/processone/tsung.git tsung-latest
$ cd tsung-latest/
$ ./configure
$ make && sudo make install
```

```
$ tsung -v
Tsung version 1.7.1_dev
```

4.6.3 시나리오 작성 및 테스트 실행

여기에서 자세한 설명을 하기에는 내용이 너무 많아 Access Token을 사용하여 페이지를 호출하는 간단한 예제를 소개한다. 목록 4-2와 같이 XML 파일은 공식 사이트를 참고하면서 작성한다.

목록 4-2 XML 파일(예제)

```xml
<?xml version="1.0"?>
<!DOCTYPE tsung SYSTEM "/usr/local/Cellar/tsung/1.5.1/share/tsung/tsung-
1.0.dtd" [] >
<tsung loglevel="notice" version="1.0">
 <clients>
  <client host="localhost" use_controller_vm="true" maxusers="2000"
  cpu="10"/>
 </clients>
 <servers>
  <server host="[server_host]" port="80" type="tcp"></server>
 </servers>
 <load>
  <arrivalphase phase="1" duration="10" unit="minute">
   <users maxnumber="2000" arrivalrate="200" unit="second"></users>
  </arrivalphase>
 </load>
 <options>
  <option type="ts_http" name="user_agent">
   <user_agent probability="100">Tsung v1.5.1</user_agent>
  </option>
 </options>
 <sessions>
  <session name="http-example" probability="100" type="ts_http">
   <setdynvars sourcetype="random_string" length="10">
    <var name="uid" />
   </setdynvars>

   <for from="1" to="1000000000" var="i">
    <request subst="true">
     <dyn_variable name="accesstoken" jsonpath="accesstoken.token"/>
     <http url="[get accesstoken url]" method="POST" version="1.1"
      contents="uid=%%_uid%%"
```

```
        content_type="application/x-www-form-urlencoded">
      </http>
    </request>

    <request subst="true">
      <http url="[use accesstoken path]?accesstoken=%%_accesstoken%%"
      method="GET" version="1.1">
      </http>
    </request>
   </for>
  </session>
 </sessions>
</tsung>
```

4.6.4 실행 결과 예제

그림 4-16, 그림 4-17은 공식 사이트에 있는 예제 화면이다(http://tsung.erlang-projects.
org/user_manual/reports.html).

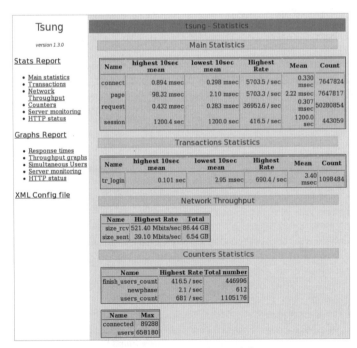

그림 4-16 실행 결과 레포트 예제

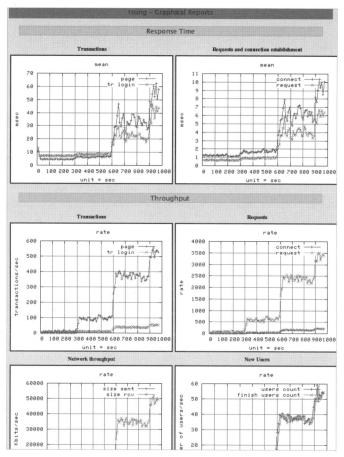

그림 4-17 실행 결과 레포트 예제(그래프)

모니터링 도구와 프로파일링 도구

지금까지 설명한 부하 테스트 도구에는 Throughput 모니터링 도구, 시각화 도구가
포함된 것도 있지만, 부하 테스트 도구에서 볼 수 있는 Latency는 전체 Latency뿐이
며 개별 하위 시스템에 대한 Latency를 볼 수는 없다. 또 부하 테스트 도구에서는 각
시스템이 사용하고 있는 리소스를 모니터링하거나 프로파일링은 할 수 없다.

프로파일링 도구는 시스템 외부에서는 볼 수 없는 시스템의 병목 구간을 확인할 수 있는 아주 유용한 것이다. 그러나 프로파일링 도구를 활성화하고 부하 테스트를 하게 되면 프로파일링 도구의 움직임 자체가 시스템 리소스 사용 상태에 영향을 주므로 정확한 프로파일링을 할 수 없다.

이 문제를 해결하기 위해 프로파일링 도구를 비활성화한 상태에서 부하 테스트를 하는 동시에 프로파일링 도구를 활성화한 상태에서 별도의 테스트를 하여 고부하 상태의 프로파일링 결과[5]를 확인할 수 있다.

다음 절부터 각 하위 시스템의 상세 모니터링과 시스템 프로파일링을 하기 위한 도구를 소개한다.

- top 명령어와 netstat 명령어
- AWS 관리 콘솔
- Xhprof
- New Relic

표 4-6 WATCH 해야 하는 항목

하위 시스템	WATCH 해야 하거나, 방법을 알아야 하는 항목
네트워크	전송량
하드웨어 및 OS	CPU, 메모리, 프로세스 수, SWAP, Load Average
TCP	외부 커넥션 상태(ESTABLISH나 FIN WAIT 등)
디스크	IOPS, R/W 전송 데이터 양
미들웨어	커넥션 수(<->MaxConnection)
애플리케이션	프로파일러로 모니터링
MySQL	Slow Query, Process List

---

5   저부하 상태와 고부하 상태의 시스템은 전혀 다른 상태를 가진다. 저부하 상태 시스템 프로파일링의 결과를 가지고 고부하 상태 시스템을 프로파일링하는 것은 무의미한 경우가 많기 때문에 꼭 부하를 준 상태의 결과를 확인해야 한다.

4.8 | top 명령어와 netstat 명령어

4.8.1 top 명령어

서버를 실시간으로 모니터링하기 위한 기본은 역시 top 명령일 것이다.

많은 Linux계 OS에는 기본으로 제공되는 명령어로 시스템 전체와 프로세스별 CPU 와 메모리 사용량 등을 볼 수 있다. 실시간으로 볼 수 있어 부하 테스트 시에 유용하게 사용된다.

■ top 명령어 실행 및 분석 방법

top 명령어 실행은 터미널에서 다음과 같이 입력한다.

```
$ top
```

그러면 다음과 같은 화면이 표시된다.

```
top - 03:17:50 up 197 days, 18:54, 1 user, load average: 0.00, 0.00, 0.00
Tasks: 234 total, 1 running, 233 sleeping, 0 stopped, 0 zombie
Cpu(s): 0.2%us, 0.2%sy, 0.0%ni, 99.7%id, 0.0%wa, 0.0%hi, 0.0%si, 0.0%st
Mem: 4049868k total, 2470912k used, 1578956k free, 104832k buffers
Swap: 4049864k total, 2305748k used, 1744116k free, 879868k cached

PID USER PR NI VIRT RES SHR S %CPU %MEM TIME+ COMMAND
 7 root 20 0 0 0 0 S 0.3 0.0 66:59.24 rcu_sched
19611 ec2-user 20 0 15448 2244 1828 R 0.3 0.1 0:00.01 top
 1 root 20 0 19640 1600 1368 S 0.0 0.0 0:01.77 init
```

상단 부분에는 전체 정보, 하단 부분은 프로세스별 정보가 표시된다. 부하 테스트 시에 확인해야 할 부분은 3~4행(굵은 선으로 표시된 부분)이다.

CPU 사용률

세 번째 줄에 Cpu(s): 0.2%us, 0.2%sy 값은 CPU를 어떤 곳에 사용하는지를 나타낸다. 0.2%us는 '사용자 프로세스 CPU 사용률(0.2%)', 0.2%sy는 '시스템 프로세스 CPU 사용률(0.2%)'을 의미한다.

사용자 프로세스 CPU 사용률은 미들웨어나 애플리케이션 프로그램에 사용되는 CPU 사용률이다. 부하 테스트 중 이 수치가 높을 때는 CPU를 애플리케이션에서 사용하고 있는 비율이 높은 것으로 일반적으로 좋은 의미라고 볼 수 있다.

반대로 시스템 프로세스 CPU 사용률이 높은 경우에는 파일이나 네트워크 입출력 등에 CPU가 사용되고 있다는 의미이다. 생각보다 높을 때는 잘못된 설정이나 작업이 없는지(예를 들어 대량의 로그 파일 출력 등) 확인해봐야 한다.

이 상태에서 숫자 키 '1'을 누르면 CPU의 논리 코어별 CPU 사용률을 볼 수 있다. 예를 들어, 전체 CPU 사용률은 25% 정도로 CPU 리소스에 여유가 있어 보이지만, CPU 코어별로 보면 하나의 코어가 약 100% 사용률이고 나머지 코어는 사용되지 않는 현상을 발견할 수도 있다.

한 번 더 숫자 키 '1'을 누르면 원래 화면으로 돌아간다.

메모리 사용률

4행에 있는 것은 메모리 사용률에 대한 정보이다. 부하 테스트 시에 다음과 같은 점에 주목하도록 하자.

- Mem: 4049868k total: 서버 전체 메모리 양
- 2470912k used: 사용 중인 메모리 양
- 1578956k free: 미사용 메모리 양

여기서는 '사용 중인 메모리 양'이 '서버 전체 메모리 양'에서 얼마나 사용하고 있는지를 보여주는 중요한 정보이다. 웹 애플리케이션 프로세스가 요구하는 메모리 양이 많다면 사용 중인 메모리 양은 커지고 이것이 서버 전체 메모리 양을 넘게 되면 성능이 현저하게 떨어지게(또는 프로세스가 Kill 됨) 된다.

4행의 buffers와 5행의 cached도 메모리에 대한 정보지만 이 값은 OS 등에서 캐시 용도로 사용하는 값이다. 메모리가 부족하면 이 값들은 자동으로 줄어들므로 특별히 신경 쓰지 않아도 된다.

top 명령어에는 이외에도 도움이 되는 정보가 많고 더 자세한 설명은 검색해보길 바란다.

4.8.2 netstat 명령어

netstat 명령어는 TCP 등 네트워크 통신 상태를 볼 수 있는 명령어이다.

웹 시스템이 고부하 상태일 때는 TCP/IP 통신 부분이 병목 구간인 경우가 많아 부하가 많은 상태에서는 이 부분을 확인하는 것이 중요하다.

▉ netstat 명령어 실행 및 분석 방법

netstat 명령어는 터미널에서 실행한다. CentOS 계열에서는 -nato 등 옵션을 붙여 다음처럼 실행하면 편리하다.

```
$ netstat -nato
```

그러면 다음과 같은 결과가 표시된다.

```
Active Internet connections (servers and established)
Proto Recv-Q Send-Q Local Address      Foreign Address       State      Timer
tcp    0      0 0.0.0.0:22             0.0.0.0:*             LISTEN    off (0.00/0/0)
tcp    0    224 10.0.0.40:22           153.156.43.25:63515   ESTABLISHED on
(0.22/0/0)
tcp    0      0 :::22                  :::*                  LISTEN    off (0.00/0/0)
tcp    0      0 :::80                  :::*                  LISTEN    off (0.00/0/0)
tcp    0      0 ::ffff:127.0.0.1:80  ::ffff:127.0.0.1:38712  TIME_WAIT
timewait (54.34/0/0)
tcp    0      0 ::ffff:127.0.0.1:80  ::ffff:127.0.0.1:38794  TIME_WAIT
timewait (54.36/0/0)
tcp    0      0 ::ffff:127.0.0.1:80  ::ffff:127.0.0.1:38610  TIME_WAIT
timewait (54.31/0/0)
...
```

부하 테스트 시에 확인할 부분은 State가 TIME_WAIT된 접속 수이다. 많이 남아 있는 상태라면 TCP 포트가 부족하여 TCP/IP 통신을 할 수 없게 되고 데이터베이스 서버의 리소스는 여유가 있어도 웹 서버에서 포트 부족으로 접속을 못 하는 현상이 발생한다. 이 현상은 애플리케이션 서버뿐 아니라 부하 테스트 서버에서도 발생할 수 있다.

TCP 설정 변경 방법은 다음 칼럼에서 설명한다.

> 칼럼 | **TCP 설정 변경 방법**
>
> ### 윈도우의 경우
> 윈도우는 TCP/IP 접속 제한을 설정하려면 레지스트리를 수정해야 한다.
>
> #### 클라이언트 TCP/IP 소켓 접속에 동적으로 할당된 임시 포트 제한을 설정
> a. 레지스트리 에디터 실행
> b. 다음 레지스트리 키를 선택
>   HKEY_LOCAL_MACHINE\SYSTEM\CurrentControlSet\Services\Tcpip\Parameters
> c. 신규로 아래와 같은 값을 등록한다.
>
> | 값 이름 | MaxUserPort |
> |---|---|
> | 값 종류 | DWORD |
> | 값 데이터 | 5,000~65,534 사이의 10진수 |
>
> d. 레지스트리 에디터 종료
>
> > **주의**
> > 변경 내용을 적용하려면 재부팅이 필요하다.
>
> > **주의**
> > 클라이언트 TCP/IP 접속에 사용할 임시 포트 범위를 높이면 윈도우 커널 메모리가 소비된다. 이 설정의 상한값은 윈도우 커널 메모리 소비를 줄이기 위해 애플리케이션에서 필요한 값으로만 설정해야 한다.
>
> #### 클라이언트 TCP/IP 소켓 접속 타임아웃 값을 기존값 240초보다 짧게 설정
> a. 레지스트리 에디터 실행

b. 다음 레지스트리 키를 선택

   HKEY_LOCAL_MACHINE\SYSTEM\CurrentControlSet\Services\Tcpip\Parameters

c. 신규로 아래와 같은 값을 등록한다.

값 이름	TcpTimedWaitDelay
값 종류	DWORD
값 데이터	30~240 사이의 10진수

d. 레지스트리 에디터 종료

   주의
   변경 내용을 적용하려면 재부팅이 필요하다.

   주의
   이 값의 유효 범위는 30~300이다(10진수). 기존값은 240이다.

Linux의 경우

Linux계 OS에서 TCP 관련 커널 파라미터를 설정하려면 /etc/sysctl.conf에 설정값을 넣고
root 권한으로 다음과 같이 실행하면 설정한 값이 반영된다.

```
$ sysctl -p
```

필자가 추천하는 설정은 아래와 같다.

```
net.ipv4.tcp_tw_reuse = 1
net.ipv4.tcp_fin_timeout = 30
```

net.ipv4.tcp_tw_reuse=1은 TIME_WAIT 상태 연결을 새로운 연결에 재사용한다는 의미이다.
비슷한 설정에는 net.ipv4.tcp_tw_recycle이 있지만, 이 설정은 사용하지 않는 것을 추천한다.

net.ipv4.tcp_fin_timeout=30은 FIN-WAIT-2 상태 TCP 접속을 몇 초 유지하고 TIME_WAIT
상태로 할지를 의미하는 설정이다. 기본값은 60초이며, 짧게 해두면 부하가 많을 때 도움이 된
다. 그러나 너무 작은 값(1초 정도)으로 하게 되면 문제가 발생할 수 있어 10~30초 정도로 설정
하는 경우가 일반적이다.

부하 테스트를 하기 전에 위 설정을 해두고 테스트 시에 문제가 없는지를 다시 확인해야 한다.

네트워크 Latency를 포함하지 않는 시스템 처리 Latency를 확인하기 위해서는 로드 밸런서 모니터링이 필요하다(그림 4-18).

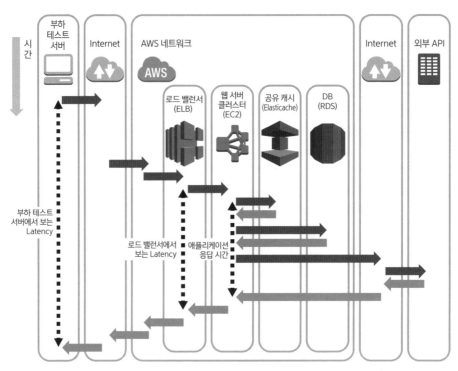

그림 4-18 웹 시스템 요청과 Latency

또한, 로드 밸런서 상의 Throughput을 계산하여 부하 테스트 도구에 의존하지 않고 Throughput을 확인할 수 있어 여러 부하 테스트 도구를 사용한 부하 테스트도 가능해졌다.

AWS의 경우, 로드 밸런서 모니터링은 관리 콘솔에서 CloudWatch로 쉽게 사용할 수 있다. CloudWatch에서는 과거 모니터링 값들을 저장하고 있어 부하 테스트가 끝난 이후에도 해당 기간의 사용량 등을 확인할 수 있다. 그러나 1분 간격의 RDS나

ELB 모니터링과 달리 EC2 인스턴스 모니터링은 기본 모니터링 타이밍이 5분 간격으로 되어 있다. 그래서 부하가 없는 동안의 리소스 사용량과 부하가 있을 때의 사용량이 평균값으로 보이기 때문에 정상적인 모니터링을 할 수 없다. 그래서 추가 과금이 되더라도 부하 테스트를 할 때는 CloudWatch 매트릭스의 상세 모니터링을 최소 1대의 서버에는 적용하도록 한다.[6]

상세 모니터링을 활성화하면 CloudWatch에서 1분 단위 리소스 모니터링이 가능하지만, 피크 때의 값을 그래프로 보려면 그래프에 수평 구간이 그려지는 것을 확인해야만 한다. CloudWatch뿐만 아니라 1분 단위로 그려지는 그래프에서 수평 구간을 확인하려면 최소 3분 이상 부하를 계속 줘야만 한다(그림 4-19).

그래프에서 확인할 수 없는 단기간 리소스 사용량은 별도 서버에 로그인하여 top 명령어 등으로 모니터링해야 한다. AWS EC2 인스턴스의 경우 로그인하여 확인할 수 있는 CPU 사용량 값은 100%가 아니라 90% 전후이며, 이때 CloudWatch에서는 100% 사용 중으로 표시되며 이것은 가상화 환경에서 발생하는 오차이다.

또 CloudWatch에서 ELB를 모니터링하면 평균 Latency는 확인할 수 있지만, 개별 API의 Latency와 느린 처리량 등은 확인할 수 없다. 더 상세하게 프로파일링을 하기 위해서는 로그를 확인해야 한다(칼럼 'Apache2에서 액세스 로그에 응답 시간을 포함시키는 방법' 참고).

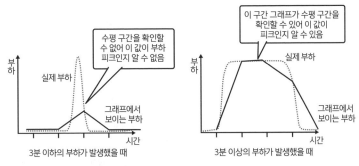

그림 4-19 CloudWatch에서 확인할 수 있는 데이터(1분 단위 매트릭일 경우)

---

6 2017년 7월 26일부터 EC2 인스턴스의 커스텀 매트릭을 사용할 수 있어 CloudWatch에서 10초 단위 그래프를 볼 수 있다.

4.9.1 CloudWatch 그래프의 주의점

원래 평균값을 봐야 하는 항목이지만, 기본 설정 화면에는 합계값 그래프를 보여주는 경우가 있어 설정을 변경해야 한다. 기본적으로 'OO Count'라는 기간의 발생 횟수 모니터링은 합계를 봐야 하지만, Latency와 같은 숫자의 집계 값을 볼 때는 총계가 아닌 평균을 봐야 한다. 또 합계라고 했을 때는 집계 빈도에 따른 기간의 합계가 된다.

대표적인 지표의 예는 표 4-7, 표 4-8에 있지만, 표시 옵션 조합에 따라서는 의미 없는 그래프가 될 수 있으니 주의해야 한다.

표 4-7 CloudWatch 그래프 지표의 예

대상 리소스	대상	통계	기간	그래프 지표	비고
ELB	RequestCount	평균	1분	항상 가로 한 줄이 표시됨	무의미한 그래프
ELB	RequestCount	평균	5분	항상 가로 한 줄이 표시됨	무의미한 그래프
ELB	RequestCount	합계	1분	1분간 요청 수가 그려짐	
ELB	RequestCount	합계	5분	5분간 요청 수의 합계값이 그려짐	기간이 늘어난 만큼 적산됨
ELB	Latency	평균	1분	1분간 평균 Latency가 그려짐	
ELB	Latency	평균	5분	5분간 평균 Latency가 그려짐	기간이 늘어나도 적산 안 됨
ELB	Latency	합계	1분	1분간 발생한 요청에 대한 Latency 합계값이 그려짐	거의 무의미한 그래프
ELB	Latency	합계	5분	5분간 발생한 요청에 대한 Latency 합계값이 그려짐	거의 무의미한 그래프
EC2	CPUUtilization	평균	1분	1분간 CPU 사용률이 그려짐	
EC2	CPUUtilization	평균	5분	5분간 평균 CPU 사용률이 그려짐	기간이 늘어나도 적산 안 됨
EC2	CPUUtilization	합계	1분	1분간 CPU 사용률이 그려짐	평균 1분과 같은 값

표 4-7 CloudWatch 그래프 지표의 예(계속)

대상 리소스	대상	통계	기간	그래프 지표	비고
EC2	CPUUtilization	합계	5분	5분간 평균 CPU 사용률의 합계값이 그려짐	기간이 늘어나면 적산되는 무의미한 그래프
AutoScaling Group	CPUUtilization	평균	1분	대상 오토스케일링 그룹에 포함되어 있는 EC2 인스턴스의 1분간 CPU 사용률 평균이 그려짐	
AutoScaling Group	CPUUtilization	평균	5분	대상 오토스케일링 그룹에 포함되어 있는 EC2 인스턴스의 5분간 CPU 사용률 평균이 그려짐	기간이 늘어나도 적산 안 됨
AutoScaling Group	CPUUtilization	합계	1분	대상 오토스케일링 그룹에 포함되어 있는 EC2 인스턴스의 CPU 사용률의 합계가 그려짐	평균 1분×서버 대수 값
AutoScaling Group	CPUUtilization	합계	5분	대상 오토스케일링 그룹에 포함되어 있는 EC2 인스턴스의 5분간 CPU 사용률 합계가 그려짐	기간이 늘어나면 적산되는 무의미한 그래프

표 4-8 부하 테스트 중 감시하고 싶은 항목

대상 리소스	대상	통계	기간	그래프 지표	비고
ELB	Latency	평균	1분	1분간 평균 Latency	CloudWatch에서 평균만 확인 가능하며, 부하를 보고 싶을 때에는 부하 테스트 도구를 확인해야 한다.
ELB	RequestCount	합계	1분	1분당 요청 수	
ELB	HTTPCode_Backend_2XX	합계	1분	백엔드 EC2 인스턴스가 응답한 2xx 응답 수	이 값은 시스템의 분당 Throughput

표 4-8 부하 테스트 중 감시하고 싶은 항목(계속)

대상 리소스	대상	통계	기간	그래프 지표	비고
ELB	HTTPCode_ ELB_5XX	합계	1분	1분당 ELB가 응답한 5xx계 에러 수	백엔드 EC2 인스턴스가 타임아웃된 경우나 원래의 각 EC2 인스턴스에 대한 요청을 하지 않은 에러가 포함된다.
ELB	HTTPCode_ Backend_5XX	합계	1분	백엔드 EC2 인스턴스가 응답한 5xx 에러 수	이 값은 각 EC2 인스턴스에서 실제 응답한 에러 수와 일치한다.
EC2	CPUUtilization	평균	1분	1분당 CPU 사용률	
EC2	CPUCredit Balance	평균	1분	일부 인스턴스에서는 CPU 버스트 기능이 있으며, 이 버스트 기능에 사용되는 CPU 크레딧 사용량을 확인할 수 있다.	
EC2	DiskWriteOps	평균	1분	1분간 Disk 쓰기 오퍼레이션	
EC2	NetworkIn	평균	1분	1분간 네트워크 인바운드	
EC2	NetworkOut	평균	1분	1분간 네트워크 아웃바운드	
AutoScaling Group	CPUUtilization	평균	1분	대상 오토스케일링 그룹에 포함되어 있는 EC2 인스턴스의 CPU 사용률 평균	
AutoScaling Group	GroupInService Instances	평균	1분	대상 오토스케일링 그룹에 서비스 중인 상태의 EC2 인스턴스 수	

표 4-8 부하 테스트 중 감시하고 싶은 항목(계속)

대상 리소스	대상	통계	기간	그래프 지표	비고
RDS	CPUCredit Balance	평균	5분	RDS CPU 크레딧 사용 가능량	인스턴스 타입에 따라 CPU 크레딧이 남아있는 동안 CPU 성능을 버스트해서 사용할 수 있다. 이 항목은 5분 단위로 확인할 수밖에 없다.
RDS	CPUUtilization	평균	1분	RDS CPU 사용률	이 값이 100%가 되지 않아도 RDS 병목이 생기는 경우가 있으므로 주의해야 한다.
RDS	Freeable Memory	평균	1분	RDS 사용 가능 메모리	
RDS	ReadLatency	평균	1분	읽기 평균 Latency	
RDS	SwapUsage	평균	1분	인스턴스가 사용하는 스왑 영역의 양	
RDS	WriteLatency	평균	1분	쓰기 평균 Latency	
EBS	BurstBalance	평균	1분	남은 버스트용 Credit	스토리지 I/O 성능을 버스트 하는 기능이 있어 남은 크레딧을 확인할 수 있다. RDS I/O 크레딧을 확인하기 위해서는 마운트된 EBS 항목을 확인해야 한다.

| 칼럼 | **Apache2에서 액세스 로그에 응답 시간을 포함시키는 방법** |

Apache2에서 액세스 로그에 응답 시간을 출력하려면 httpd.conf 파일의 LogFormat 부분에
%D를 추가하고 httpd를 재시작한다. 설정되었다면 응답 시간이 microtime에 기록되는 것을
볼 수 있다.

```
LogFormat "%D %h %l %u %t \"%r\" %>s %b" common
```

ELB에서 옵션 지정을 하게 되면 ELB에 전송된 요청에 대해 상세 정보를 수집하여 액세스 로그를 S3의 지정한 버킷에 저장할 수 있다. 각 로그에는 요청을 받은 시간, 클라이언트 IP 주소, Latency, 요청 경로, 서버 응답 등의 정보를 포함한다. 이 설정은 관리 콘솔에서 쉽게 설정할 수 있다.

4.10 Xhprof 사용 방법

- Xhprof 매뉴얼

  http://php.net/manual/en/book.xhprof.php

Xhprof는 PHP 애플리케이션 전용 프로파일링 도구이다. Xhprof만으로도 동작하지만, Graphviz를 같이 설치하면 프로파일링 결과를 가시화할 수 있다.

Xhprof는 모니터링은 불가능하여 모니터링은 CloudWatch 등을 사용한다.

4.10.1 설치 방법

Xhprof는 PECL 확장으로 제공하고 있다. 2017년 8월 시점에서 최신 버전은 0.9.2 이다.

■ pecl로 설치

```
$ sudo yum install gcc
$ sudo yum install php-pear
$ sudo yum install php-devel
$ sudo pecl install channel://pecl.php.net/Xhprof-0.9.4
```

■ php.ini 편집

php.ini에 다음 항목을 추가한다.

```
[Xhprof]
extension=Xhprof.so
Xhprof.output_dir="/var/log/Xhprof/"
```

Xhprof.output_dir은 웹 서버 프로세스의 쓰기가 가능한 장소를 선택하여 변경하고
웹 서버 서비스를 재시작한다.

■ 설치 확인

```
$ sudo mkdir /var/log/xhprof
$ sudo chmod 777 /var/log/xhprof
$ php --ri xhprof

xhprof

xhprof => 0.9.2
CPU num => 1
```

■ Graphviz 설치

```
$ sudo yum install graphviz graphviz-gd
```

4.10.2 Xhprof 실행 예제

그림 4-20은 Xhprof를 WordPress에 실행한 예제이다.

Index.php에 Xhprof를 추가하면 애플리케이션 전체에 대한 확인이 가능하다.

```
index.php 상단에...

<?php
//--------------------------------------------------
// XHProf을 사용할지를 설정 TRUE / FALSE
$xhprof_mode = TRUE;

// start profiler
if ($xhprof_mode) {
    xhprof_enable(); // start profiling
}
//--------------------------------------------------


index.php 하단에...
//--------------------------------------------------
// stop profiler
if ($xhprof_mode) {
    $xhprof_data = xhprof_disable();     // stop profiling
    $XHPROF_ROOT = '/var/www/xhprof';  //xhprof를 설치한 디렉터리
    $XHPROF_SOURCE_NAME = 'CodeIgniter';
    include_once $XHPROF_ROOT . '/xhprof_lib/utils/xhprof_lib.php';
    include_once $XHPROF_ROOT . '/xhprof_lib/utils/xhprof_runs.php';
    $xhprof_runs = new XHProfRuns_Default();
    $run_id = $xhprof_runs->save_run($xhprof_data, $XHPROF_SOURCE_NAME);

    echo "<a href='http://mydomain.com/xhprof/xhprof_html/
    index.php?run=$run_id&source=$XHPROF_SOURCE_NAME' target='_blank'>xhprof Result</a>";
}
//--------------------------------------------------
```

그림 4-20 Xhprof(wordpress index.php)[7]

실행 결과를 브라우저에서 보기 위한 php 스크립트도 포함되어 있어 root 디렉터리에 스크립트의 심볼릭 링크를 생성하여 쉽게 결과를 볼 수 있다(그림 4-21).

```
$ cd [docroot]
$ sudo ln -s /usr/share/pear/Xhprof_html Xhprof_html
```

---

7 역주 여기 예제에서는 index.php 상단에 프로파일링 시작을, 하단에는 정지를 정의한다. 부하가 있는 상태에서 프로파일 결과를 확인해야 하지만, 부하를 주기 위한 부하 테스트에서는 프로파일링을 비활성화하고 동시에 다른 요청에서 프로파일링하는 것이 중요하다.

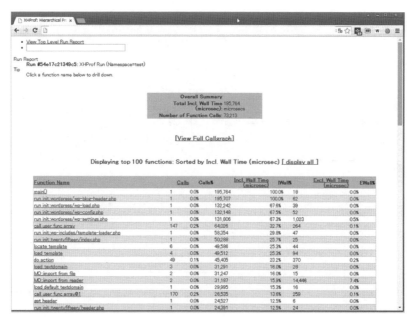

그림 4-21 Xhprof 예제 1

여기에서 **View Full Callgraph** 링크를 선택하면 Graphviz가 설치된 서버라면 실행 시간이 긴 메서드가 어디에서부터 호출되는지 등을 가시화할 수 있다(그림 4-22, 그림 4-23).

```
failed to execute cmd: " dot -Tpng". stderr: `sh: dot: command not found '
```

이렇게 표시되는 경우에는 Graphviz를 설치해야 한다.

```
$ sudo yum install graphviz
```

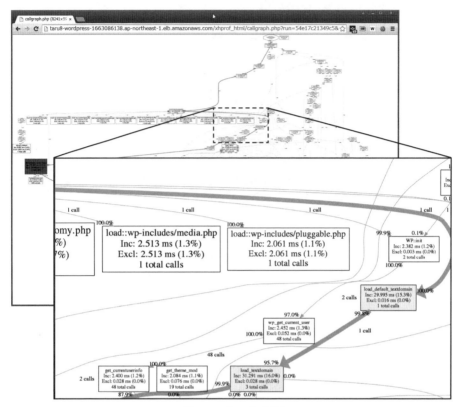

그림 4-22 Xhprof 예제 2

해당 메서드의 실행 횟수와 메서드 내에서 총 실행 시간 등도 알 수 있어 불필요하게 호출되는 코드와 시스템에 부하를 주는 코드 등을 쉽게 확인할 수 있다.

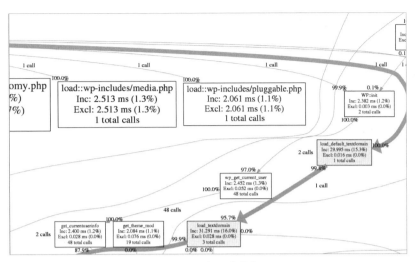

그림 4-23 Xhprof 예제 3

New Relic 도입 방법

New Relic은 프로파일링과 모니터링을 할 수 있는 SaaS 제품이다. 자바, Ruby on Rails, PHP, 파이썬, Node.js 등 여러 언어와 웹 프레임워크를 지원한다.[8]

유료 플랜과 무료 플랜이 있고 무료 플랜도 많은 도움이 된다. 여기서는 무료 플랜 범위에서 사용하도록 한다.

4.11.1 New Relic 도입

설치는 다음처럼 3단계로 구성되어 있다. 여기에서는 Node.js에 도입하는 방법을 설명한다.

---

8 웹 애플리케이션 이외 모니터링도 제공하고 있다. 자세한 내용은 New Relic 사이트에서 확인하면 된다.

1. New Relic 계정 생성

https://newrelic.com/signup에 접속하여 메일 주소 등의 정보를 넣고 계정을 생성한다.

2. New Relic Agent 설치

라이브러리 설치

언어나 웹 프레임워크에 따라 New Relic Agent 라이브러리를 설치한다. Node.js의
경우 다음 명령어로 설치할 수 있다.

```
$ npm install newrelic
```

Agent 활성화

Node.js 애플리케이션 맨 첫줄에 다음 내용을 추가한다.

```
require('newrelic');
```

3. License Key 설정

License Key 발급

1.에서 생성한 계정으로 New Relic 웹 사이트에 로그인하고 **APM 항목**을 선택한다.
그리고 그림 4-24와 같은 화면에서 **Node.js 애플리케이션**을 선택한다.

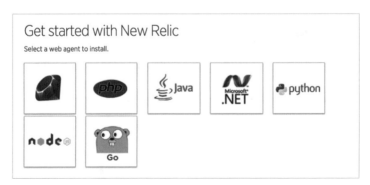

그림 4-24 Node.js 애플리케이션 선택

다음으로 'Install the Node.js agent' 화면에서 **'Get your license key'** 아래에 있는 버튼을 클릭하면 license key가 발급된다.

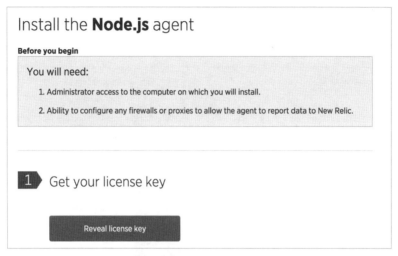

그림 4-25 License key 발급

License Key 설정

New Relic 설정 파일을 2.에서 설치한 라이브러리 디렉터리에서 복사해 온다. 대부분의 경우 Node.js 애플리케이션 상위 디렉터리에서 다음과 같은 명령어로 복사할 수 있다.

```
cp node_modules/newrelic/newrelic.js .
```

복사한 newrelic.js 파일에 다음과 같이 **License key**를 입력한다.

```
/**
 * Your New Relic license key.
 */
license_key: 'license key here',
```

이것으로 설정은 끝났다.

4.11.2 New Relic 기능 소개

극히 일부지만 New Relic 기능을 소개한다(그림 4-26, 그림 4-27, 그림 4-28). New Relic 에서 하나의 웹 접속을 트랜잭션(Transaction)이라 한다.

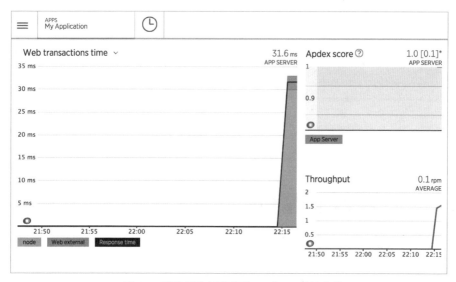

그림 4-26 전체 응답 시간과 Throughput 등의 추이

그림 4-27 트랜잭션별 응답 시간

Breakdown table

Category	Segment	% Time	Avg calls (per txn)	Avg time (ms)
Expressjs	Middleware: anonymous /api/*	35.9	1.0	8.15
Expressjs	Middleware: anonymous /api/users/:user_id	24.7	1.0	5.62
External	http[localhost:8989]	13.7	1.0	3.1
Expressjs	Expressjs: get /api/users/:user_id	11.3	1.0	2.56
Filesystem	stat	10.7	1.0	2.43
Expressjs	Middleware: serveStatic /	2.3	1.0	0.51
Expressjs	Middleware: logger /	0.6	1.0	0.126
Expressjs	Middleware: query /	0.2	1.0	0.0527

Show all segments →

그림 4-28 특정 트랜잭션의 시간 소요 내역
(초기 설정 상태에서도 외부 웹 접속은 분리되어서 표시된다)

부하 테스트 계획

이 장부터 9장까지는 부하 테스트의 큰 PDCA를 하나씩 설명한다(그림 5-1).

PDCA 사이클이란 Plan(계획)–Do(실행)–Check(평가)–Action(개선)을 반복하는 것을 말한다. 지속적으로 개선해 나가는 방법으로 목표를 달성하고자 하는 개념이다. 많은 업무 활동과 애자일(Agile) 개발 뿐만 아니라 부하 테스트도 한 번에 끝나는 것이 아니고 PDCA 사이클을 반복하며 진행한다.

- 5장 [Plan] 부하 테스트 계획 수립
- 6장 [Do] 부하 테스트 준비
- 7장 [Do] 부하 테스트 1(테스트 실시 및 병목 확인)
- 8장 [Check/Action] 부하 테스트 2(원인 분석 및 시스템 개선)
- 9장 [Action] 부하 테스트 보고서 작성

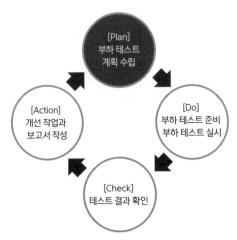

그림 5-1 이 장에서 다루는 내용 범위

부하 테스트 대상 시스템은 가용성을 가진 AWS 상에 구축되어 있는 그림 5-2와 같은 웹 서비스를 대상으로 한다.

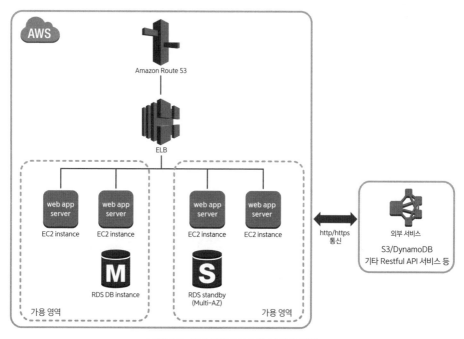

그림 5-2 부하 테스트 대상 시스템 예제

- MySQL은 RDS라는 AWS에서 제공하는 서비스를 이용한다.[1]
- 위의 MySQL에는 Muli-AZ 옵션을 설정하고 Active-Standby 형태로 이중화한다.
- DNS로는 AWS가 제공하는 Route 53 서비스를 사용한다.
- 로드 밸런서는 ELB를 사용한다.
- 웹 서버는 데이터 센터에 해당되는 가용 영역(Availability Zone(AZ))을 이용하여 여러 대로 구성한다.

---

1 설명을 쉽게 하기 위해 MySQL 확장은 RDS에서 지원하는 확장만을 사용하는 것으로 한다.

- 캐시 서버로는 AWS 서비스인 ElasticCache를 사용한다.
- 외부 서비스와는 HTTP, HTTPS로 통신한다.

5.2 부하 테스트 계획 준비

부하 테스트하기 전에 먼저 부하 테스트 계획을 세워야 한다. 부하 테스트 계획에는 다음과 같은 내용을 결정해야 한다.

- 일정
- 부하 테스트 목적
- 전제 조건 정리
- 목푯값
- 사용할 부하 테스트 도구
- 부하 테스트 환경
- 부하 테스트 시나리오

기타 테스트 예산 관리를 포함하는 경우도 있다.

5.2.1 일정 결정

부하 테스트는 일정을 여유롭게 잡아야 한다.

일반적인 개발 프로젝트에서 부하 테스트에 투입되는 인력과 기간을 잡기는 어렵다. 예상하기 어려운 가장 큰 이유는 PDCA 사이클에서 Action 항목의 '시스템 개선' 때문이다. 시스템 개선이라고 해도 시스템 설정을 변경하는 간단한 개선에서 로직이나 아키텍처 변경에 이르기까지 여러 가지를 생각할 수 있다. 또한, 문제 자체의 원인을 알 수 없는 경우도 있다. 그래서 얼마나 인력과 시간이 필요한지 사전에 산정하기가 어렵다.

테스트를 해보지 않은 시스템이나 복잡한 시스템일수록 산정은 더욱더 어려울 것이다. 그러나 부하 테스트는 중요한 작업 중 하나이다. 따라서 효율적으로 실시하고 여유롭게 정확한 값을 찾아내는 것이 가장 중요하다. 한번 부하 테스트 시나리오를 완성하게 되면 다시 테스트하는 것은 어렵지 않아 시스템 전체 완성을 기다리지 않고 구성과 같이 부하 테스트를 하는 것도 좋은 방법이다.

참고로 필자는 몇 개월간의 개발 프로젝트에서 경험 있는 개발자들이 투입되어 있더라도 1~2주 정도 일정을 더 잡는 경우가 많았다. 그리고 부하 테스트 담당자가 시스템 구성 변경 권한이 없는 경우 더욱더 많은 시간이 걸리기도 했다.

5.2.2 부하 테스트 목적 설정

확장성을 가진 시스템을 만들려면 기본적으로 부하 테스트 목적은 3장에서 설명한 것과 같이 다음과 같은 내용이다.

1. 여러 사례를 토대로 각 시스템의 응답 성능을 예측한다.
2. 부하가 많이 발생하면 성능 개선을 한다.
3. 원하는 성능을 만드는 데 필요한 하드웨어를 미리 선정한다.
4. 시스템 확장성을 가졌는지 확인한다.
5. 시스템 확장성에 대한 특성을 파악한다.

전제 조건과 테스트 환경에 따라서는 위의 목적을 전부 맞추기는 어려울 것이다. 또 프로젝트에 따라 다른 목적도 포함될 수 있다. 진행 중인 프로젝트에 따라 목적을 세우도록 한다.

1번의 '여러 사례'에 대해서는 구체적으로 어떤 사례에 대해 테스트를 할 것인지 여기에서 정리해 둬야 한다. 나중에는 사례를 기준으로 시나리오를 작성하기 때문이다.

사례는 다음의 예를 들 수 있다(각각 어떤 예에 속하는지는 3장에서 설명하고 있다).

- 서비스 시작 직후 많은 사용자가 서비스에 등록된다.
- 서비스를 시작한 후 많은 데이터가 저장된다.

- 이벤트 광고 등으로 갑자기 사용자 요청이 늘어난다.
- 배치 작업 등 다른 시스템으로 인한 DB 작업과 시간이 겹친다.
- 시스템에서 비정상적인 응답을 한다.
- 시스템 재기동 후에 캐시가 초기화된다.

  등…

5.2.3 전제 조건 정리

테스트하기 위해 전제 조건을 정리한다. 예를 들어 다음과 같은 항목으로 정리하면 된다. 이 전제 조건은 어떤 값이 예상 값이고 어떤 값이 확정된 값인지 등을 명확하게 해야 한다.

- 테스트 대상 시스템 범위
  - 품질을 보증하는 범위를 명확하게 정의한다.
- 데이터 양
  - 부하 테스트 때 스토리지에 저장될 데이터 건수와 크기를 결정한다.
  - 서비스 이용자 수, 예상 사용자 행동, 사용 기간 등을 통해서 계산한다.
- 외부 시스템 Latency, 사용할 시스템 제약
  - 사용할 외부 시스템이라면 그 시스템의 Throughput와 Latency를 파악한다.
  - 최대 가능 동시 접속 수와 시간당 호출 횟수 제한 등의 제약이 있을 수 있다.
  - 외부 시스템과 통합이 어려운 경우 어떻게 처리할 것인지(더미 서버에 접속한다, 일체 접속하지 않는다 등)를 정의한다.
- 지속적인 성능 유지 기간
  - 'X 시간 이상 지속해서 성능을 유지할 것' 등과 같은 기간을 결정한다.
  - 최종적으로 목푯값에 대해 기간 성능을 유지할 필요가 있다.
- 부하를 주는 방법
  - 어떤 네트워크에서 부하를 줄 것인지
  - HTTPS를 사용할지

- 그 외 전제 조건
  - 서버에 같이 동작하고 있는 다른 시스템에 영향을 주지 않을지를 확인한다.
  - 일정 제약 및 환경적 제약을 확인한다.
  - 이외 서비스 환경과 테스트 환경과의 차이에 따른 영향도 확인한다.

전제 조건은 프로젝트 요건에 필요한 조건을 만족해야 한다. 특히 사용자 수, 데이터 건수 등이 성능에 영향을 준다.

또 서비스 환경과 테스트 환경 차이가 없으면 좋겠지만, 차이가 발생할 수 있다. 그 중에서 부하 테스트에 영향을 줄 수 있는 항목은 사전에 검토하여 영향도에 관해 확인해야 한다.

5.2.4 목푯값 결정

주로 시스템이 가져야 할 성능 지표값을 목푯값으로 결정한다. 대부분의 경우 Throughput, Latency 이 두 가지 지표에 대해서 적정값을 고려한다.

이 두 가지 지표를 구체적으로 어떻게 정해 나가는지에 대해 설명한다.

■ 구체적인 목푯값 설정 방법

앞에서 Throughput과 Latency가 중요하다고 설명했다. 여기에서 일반 사용자를 대상으로 한 웹 서비스를 기준으로 그 목푯값을 정하는 방법에 대해 생각해보도록 한다.

Latency 목푯값

웹 시스템에서 Latency가 크면 사용자에게 좋지 않은 인상을 준다. 어느 정도의 값이 적절한 값인지 정하는 것은 어려운 문제지만, 일반적인 웹 시스템이라면 50~100ms(0.05~0.1초) 이하로 잡는 것이 하나의 기준이라고 생각한다.

물론 복잡한 트랜잭션이 필요한 비교적 무거운 처리나 외부 서비스와 통신이 필요한 처리에서는 Latency가 커지는 경우가 있다. 그와 반대로 정적 콘텐츠를 사용한 아주 가벼운 처리라면 좀 더 작은 Latency가 될 것이다.

여기서 중요한 점은 작은 Latency의 차이보다 일정 수준 이상 Latency가 커질 경우 서비스 품질이 급격하게 떨어진다는 것이다. 이처럼 유용성 측면에서 생각해볼 수 있다.

Latency를 측정하는 것은 유용성 측면에서도 그렇지만, 시스템 성능 측면에서도 용량을 넘지 않았는지 확인할 수 있는 수단으로도 사용된다. Latency는 요청량 자체가 작고 낮은 Throughput의 경우 작아지고 요청량이 늘어나 Throughput이 높아지면 Latency도 높아지는 경향이 있다. 그리고 시스템 Throughput 한계에 가까워지면 빠르게 커지게 된다(또는 요청 자체를 받지 못한다). 이런 Latency 증가 추세를 보게 되면 처리 성능이 부족하다는 것을 알 수 있다.

그래서

    A: 유용성 관점에서 프로젝트에서 정해진 최저 기준(예를 들어 0.5~1초 이내)
    B: 저~중간 정도의 Throughput에서 각 처리의 기본적인 응답 시간

위와 같을 경우 Latency 목푯값을 다음과 같은 조건을 모두 만족하도록 결정할 수 있다.

- 모든 처리는 항상 A 이하로
- 부하가 많을 때는 B의 X배(예를 들어 2배) 이하로

부하 테스트 도구에서 동시 요청 수를 늘리고,[2] 부하 테스트 서버 대수를 증설하는 등의 방법으로 받을 수 있는 부하를 늘리고 Throughput을 변화시켰을 때의 Latency 를 그림으로 그렸을 경우 몇 가지로 나뉜다.

---

2 부하 테스트에서는 시스템이 응답을 반환할 때까지 다음 요청을 보내지 않기 때문에 요청량과 Throughput
    은 같다.

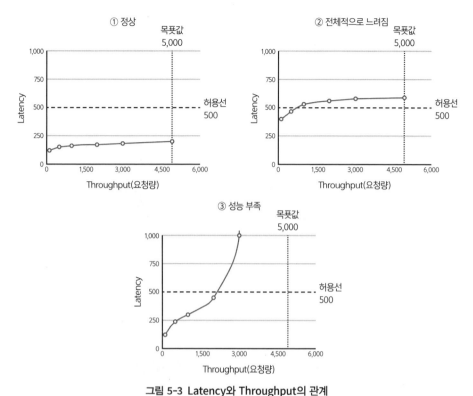

그림 5-3 Latency와 Throughput의 관계

그림 5-3 그래프 ①은 목표 Throughput(요청량)을 달성한 경우라도 Latency가 목푯값보다 좋은 범위에 있어 이상적인 상태라고 할 수 있다.

그래프 ②는 목표 Throughput을 나름 달성했더라도 전체적으로 Latency가 높은 편이다. 갑자기 Latency가 올라간 것이 아니라 비교적 Throughput이 작을 때부터 Latency가 높으므로 불필요하게 Latency가 높은 하위 시스템이 없는지 확인하는 것이 좋다.

그래프 ③을 보면 Throughput이 올라가면서 급속하게 Latency가 올라가고 있다. 이것은 시스템 Throughput 성능이 부족한 경우 발생한다. 병목 구간을 확인하여 개선할 필요가 있다.

Throughput 목푯값

Throughput 목푯값을 정하려면 일정 시간에 어느 정도 접속이 발생하는지를 생각해야 한다.

어느 정도 접속이 있었는지 '1일 사용자 수', '1명당 1일 평균 접속 수', '1일 평균 접속 수에 대한 최대 피크 때의 배율'을 확인하면 다음과 같은 계산식을 통해 값을 얻을 수 있다.

> 1일 사용자 수(명/일)×1인당 1일 평균 접속 수(회/명)=1일 총 접속 수(회/일)
>
> 1일 총 접속 수(회/일)/1일 초 수 86,400(초/일)=1일 평균 rps(회/초)
>
> 1일 평균 rps(회/초)×1일 평균 접속 수에 대한 최대 피크 때의 배율=최대 rps(회/초)

여기 최대 rps에 안전계수로 2~3배를 곱한 숫자를 Throughput의 목푯값으로 한다. 이 목푯값을 달성하면 예상했던 부하를 견딜 수 있다.

CDN 등의 캐시를 이용하는 경우 이 1명당 1일 평균 접속 수는 이미지, CSS, JavaScript와 같은 정적 리소스에 대한 요청은 고려하지 않아도 된다. 만일 부하가 클 때도 캐시되어 있는 상황이라면 서버까지 들어오는 요청은 거의 없다.

그럼 이 1일 사용자 수, 1명당 1일 평균 접속 수, 1일 평균 접속 수에 대한 최대 피크 때의 배율은 어떻게 알 수 있을까?

1일 사용자 수

일반적으로 웹 서비스 구축을 계획할 때 'DAU(Daily Access User: 1일에 접속하는 유니크한 접속자 수)'나 'MAU(Monthly Access User: 1개월에 접속하는 유니크한 접속자 수)' 등의 지표를 예상하는 경우가 많다. 1일 사용자 수는 이 DAU에 해당한다. 부하 테스트에 사용되는 DAU는 어느 정도 서비스가 성장했을 때의(1~2년) 값을 이용한다.

만약 아직 DAU가 정해지지 않았다면 프로젝트로 만들어 예측값을 정해야 한다. 부하 테스트에서는 아주 정밀하게 예측할 필요는 없다. 예를 들어 DAU가 1,000명일지 1만 명일지 10만 명일지 정도만 예측해보면 된다. 그래서 MAU밖에 볼 수 없는 경우에도 만약 MAU가 100만 명이라면 1일 평균으로 약 3만 명이다. 1명이 평균 월 2~3일 접속한다고 하면 DAU는 3만×(2~3)으로 대략 10만 명이라고 예상할 수 있다. 너무 대략적인 숫자로 보이겠지만, MAU 등도 대략적인 숫자이며 정확한 값이 있어야 하는 것이 아니므로 문제없다.

1명당 1일 평균 접속 수

이 숫자는 서비스 내용에 의존한다고 할 수 있다. 또 헤비 사용자는 1일에 1,000번 접속할 수 있겠지만, 라이트 사용자는 1일에 10번도 접속을 안 할 수 있다.

경험으로 보면 서비스 사용자 수의 대부분은 라이트 사용자이다. 그래서 전형적인 라이트 사용자 이용 시나리오를 생각하여 2~3배 정도를 평균으로 보면 큰 문제는 없다고 본다.

1일 평균 접속 수에 대한 최대 피크 때의 배율

웹 서비스에서는 서비스의 성질에 따라 시간대별로 접속 수가 증감하는 형태를 보인다. 예를 들어 웹 서비스는 밤 12시 이후부터 접속이 줄어들어 아침 5시가 가장 적으며, 출근 시간이나 점심시간에 조금 늘어나고 18시에서 23시 사이에 정점을 찍는 경우가 많다. 이처럼 어떤 패턴을 보인다는 것은 사용자의 사용 패턴을 보면 매우 당연한 일이다.

대략적이지만 시간대에 따라 서비스 변화가 없는 표준적인 서비스라면 대충 피크 때 평균 약 2~3배 접속이 발생하는 경우가 많다. 글로벌 서비스를 하는 경우에는 시차에 따라 몇 개의 피크 값을 보이는 형태가 된다.

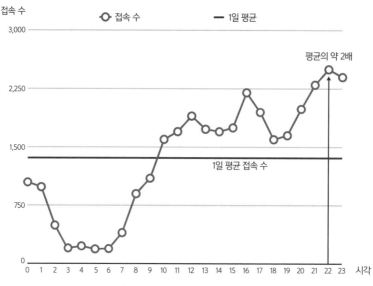

그림 5-4 1일 평균 접속 수와 최대 피크 때의 접속 수

예를 들어 1시간마다 접속자 수가 그림 5-4와 같이 변화되는 웹 서비스가 있다면 1일 총 접속자 수를 24로 나눈 값이 굵은 가로선이다. 접속자 수가 많은 22시에는 평균의 약 2배 정도 접속이 있어 평균에 대한 피크 때의 배율은 2배 정도로 볼 수 있다.

당연한 이야기지만, 패턴이나 피크 때의 값은 서비스마다 다르다. 예를 들어 경매 서비스와 같이 낙찰 때 접속자가 집중되는 서비스와 많은 사용자가 모여 실시간으로 처리가 필요한 서비스는 조금 더 높은 값을 예상하는 것이 좋다.

칼럼 **스파이크~짧은 시간 동안의 접속 집중**

대량 메일이나 스마트폰 푸쉬, TV CM/방송 등에서 몇 분 정도의 짧은 시간에 평소보다 높은 접속이 집중될 때가 있다. 이와 같은 집중을 '스파이크'라고 한다.

대량 메일이나 푸쉬의 경우 '도달 수×반응 기댓값'으로 스파이크 때문에 증가할 접속 수를 예측할 수 있다. TV라면 '방송 대상 세대 수×시청률×반응 기댓값'이 여기에 속하지만, TV의 스파이크는 예상하기가 좀 어렵고 푸쉬 등과 비교하면 복잡한 패턴을 보여준다. 또 푸쉬에서 자동으로 웹 서비스에 접속하는 앱 등은 사용자의 리액션과 관계없이 요청이 발생하므로 스파이크로는 엄청난 요청이 들어오는 경우가 있다.

스파이크 대책은 일반적으로 부하에 대한 대책과 같지만, 다음과 같은 점에 주의해야 한다.

- 오토 스케일링 설정에서는 요청 증가에 따른 애플리케이션 준비가 늦어질 수도 있다.
- ELB 자체 오토 스케일링이 요청 증가에 따라 스케일링이 늦어질 수도 있다.

AWS의 오토 스케일링 설정은 웹 서버에 부하가 늘어나면 자동으로 웹 서버 대수를 늘리는 기능이다. 오토 스케일링 설정을 하게 되면 몇 분 안에 서버가 늘어나게 되어 조금씩 늘어나는 부하에는 유용하나 순간적으로 커지는 부하에는 그렇게 도움이 되지 않는다. 이유는 서버가 대수가 늘어난 상태에서는 벌써 부하가 줄어들 것이기 때문이다. 스파이크가 예상된다면 미리 서버를 늘려두는 것을 추천한다.

또 ELB 자체에도 부하에 따라 스케일아웃을 하는 오토 스케일 기능이 있으며 ELB가 추가되는 시간을 맞출 수 없는 부하가 예상되는 경우 미리 'ELB 프리워밍'을 신청해야 한다. 더 자세한 내용은 ELB 문서 또는 웹을 검색해보길 바란다.

클라우드 서비스의 버스트 기능

AWS 서비스(EC2의 T2 인스턴스, EBS의 gp2 볼륨 등)에는 평소에 사용하지 않을 때는 성능을 모아 두었다가 부하가 발생할 경우 모아둔 크레딧을 사용하여 일시적으로 성능을 올리는 '버스트'라는 기능이 있다.[3]

만약에 단기간의 작은 부하라고 하면 이 버스트 기능을 사용하여 인프라 구성을 해도 된다.

그러나 부하 테스트 시, 크레딧을 전부 소진했을 때 일정 시간이 지난 후 갑자기 성능이 저하되는 상황이 발생하므로 주의해야 한다.

Throughput 예상 예제

- DAU=5만 명
- 1명당 평균 접속 수=20회
- 1일 평균 접속 수에 대한 최대 피크 때의 배율=3배
- 안전계수=3

위와 같은 경우 최대 rps는 다음과 같이 계산한다.

```
50,000×20÷86,400×3×3~=104rps~약 100rps
```

---

3   쌓을 수 있는 크레딧 양과 버스트 할 수 있는 성능은 제한이 있다.

만약 DAU가 10배가 된 50만 명이고 평균 접속 수가 2배인 40회가 된다면 위의 숫자에 20배를 한 약 2,000rps라고 계산할 수 있다.

5.2.5 사용할 부하 테스트 도구 결정

4장에서 몇 가지 테스트 도구를 소개했다. 소개했던 도구 이외에도 많은 것이 있다. 이런 도구들은 크게 다음과 같이 분류할 수 있다.

- 간편하게 사용하는 도구(Apache Bench, JMeter 등)
- 많은 테스트 시나리오로 테스트할 수 있는 도구(JMeter, Locust 등)
- 많은 부하를 줄 수 있는 도구(tsung, JMeter, Locust 등)

실제 어떤 부하 테스트를 할 것인지에 따라 부하 테스트 도구를 선택해야 하며, 그 목적에 맞게 모니터링 도구와 프로파일링 도구도 선택해야 한다.

5.2.6 부하 테스트 환경 결정

어떤 환경에서 테스트할지 결정한다. 서비스 환경과 똑같은 환경을 구축하는 것이 가장 좋다.

클라우드의 장점을 최대한 활용하여 서비스 환경과 똑같은 부하 테스트 환경을 구축해보길 바란다.

예를 들어 클라우드는 대규모 시스템이라도 일정 시간만 사용한다면 아주 저렴하게 이용할 수 있다. AWS에서 월 1,000만 원 규모의 시스템이라도 시간당 계산해보면 14,000원 정도다. AWS 비용 계산기로 계산하면 CPU 2코어/메모리 3.75GB의 인스턴스(c4.large) 100대를 동시에 사용하는 요금[4]이다.

부하 테스트 환경 준비와 상관없이 환경 추가나 삭제는 쉽게 할 수 있도록 해야 한다.

---

4 2017년 8월 Tokyo region 과금. AWS 과금 정책은 계속적으로 인하되기 때문에 여기에 표기한 금액은 참고만 하면 된다.

또한, 어떻게든 서비스 환경과 같은 환경을 구축하지 못할 경우 각 서버의 인스턴스 타임을 스케일 다운이나 스케일 인 된 환경을 사용하여 전체 Throughput을 산정하는 방법도 있다. 이 방법은 확장성을 확인하는 데는 좋지만, 실제 시스템의 Throughput 최댓값을 찾기는 매우 어려우므로 주의해야 한다. 이 방법을 사용할 경우 다음과 같은 내용이 중요하다.

- 이중화는 서비스 환경과 똑같은 구성으로 구축한다.[5]
- 성능이 낮은 인스턴스와 성능이 높은 인스턴스에서 볼 수 있는 결과는 인스턴스 타입 비교표에는 없으므로 두 타입 모두를 테스트하고 각각의 Throughput 비율을 측정해둔다.
- 테스트를 위해 임포트한 더미 데이터가 부하 테스트 결과에 영향을 많이 끼치는 시스템과 영향을 거의 끼치지 않는 시스템을 구분해둔다.

■ 서비스 환경과 다른 환경에서의 부하 테스트

서비스 환경과 테스트 환경 구성이 많이 다른 경우, 본론부터 말하면 부하 테스트는 무의미한 경우가 많다. 결과 숫자에 의미가 없을 뿐만 아니라 부하 테스트에서 원래 해야 할 다음과 같은 것들이 불가능해진다.

- 가용성 및 확장성 확인
- 병목 구간 확인
- 신뢰할 만한 각 레포트 지수에 대한 측정

애플리케이션 병목에 대해서는 참고가 될지 모르겠지만, 환경이 다르면 실제 시스템 리소스 사용률이 전혀 달라진다. 그래서 서비스 환경에서는 발생하지 않는 문제점에 대해 필요 없는 수정을 반복한다거나 반대로 서비스 환경에서 발생할 문제점을 놓칠 수 있기 때문에 문제가 될 수 있다. 구성 단계에서는 반드시 서비스 환경과 비슷한 환경을 준비할 필요가 있다.

---

5 서비스 환경에서 Multi-AZ 옵션을 사용한다면 테스트 환경에서도 사용할 수 있다.

■ 외부 시스템과 연동된 경우의 환경 구축

외부 시스템과 연동된 부분이 있어 외부 시스템에 영향 주지 않고 부하 테스트를 하려면 어떻게 해야 할까?

웹 시스템 처리 시간은 외부 시스템과 통신하는 시간이 대부분이며 이 부분이 시스템 전체의 Throughput과 확장성을 좌우하는 경우가 많아 이와 같은 환경에서는 부하 테스트를 하는 것이 중요하다.

- 외부 시스템의 더미 응답을 하는 스터브 서버를 구축한다.
- 프로그램 내부에서 외부 시스템 연동 부분에 스터브를 준비한다.

스터브란 시스템 일부 기능을 대신하기 위한 사이드 이펙트 없는 더미 시스템을 말하며 주로 테스트를 할 때 사용한다.

위의 두 가지 방법 중 추천하는 방법은 첫 번째다. 부하가 많을 때 TCP/IP 통신 비용도 무시할 수 없고 외부 시스템에서 빠르게 응답 주더라도 실제로 연동했을 때는 예상한 것보다 성능이 나오지 않는 경우가 많다. 정적 파일 생성이라도 상관없으니 꼭 통신 관련 시뮬레이션을 포함한 테스트를 하길 바란다.[6]

5.2.7 부하 테스트 시나리오 결정

부하 테스트 목적을 설정할 때 확인된 테스트 대상이 되는 사례를 만족하는 사용자의 동선을 생각할 수 있다.

아주 정확하게 결정할 필요는 없지만, 그 시나리오에 따라 어떤 하위 시스템에 영향을 줄 것인지 등을 확인해 둘 필요가 있다. 또 시스템에 부하를 많이 주고 Latency에 악영향을 줄 수 있는 원인에 대해서 중점적으로 부하 테스트를 해야 한다.

테스트 대상 시나리오에 다음과 같은 페이지(요청)가 포함된 것을 확인한다.

---

6 어떤 경우에서라도 실제 응답을 예측한 Sleep 처리를 넣길 바란다. Sleep 처리는 처리하는 서버의 CPU 부하를 올리지 않고 처리 시간을 늘리는 것으로 시스템에 외부 시스템과 연동한 것과 같은 부하를 줄 수 있다.

■ 부하 테스트 시나리오에 다음과 같은 페이지(요청)

- 접속 빈도가 높은 페이지
- 서버 리소스 소비량이 높을 것으로 예상되는 페이지
- DB를 참고하는 페이지
- DB를 갱신하는 페이지
- 외부 시스템과 통신하는 페이지

이런 체크포인트를 만족한다면 각 사례에 대응해 가며 가볍게 전형적인 사용자 동선을 '적당히' 생각해도 된다.

어쨌든 사용자 동선의 완전한 본보기를 만드는 것은 정말 어렵고 세세한 숫자를 뽑아내는 것이 목적은 아니다. 클라우드 시대의 부하 테스트 목적은 '시스템의 확장성을 확인하는 것'이지 특정 조건에서의 완전한 성능 확보는 아니라고 생각한다.

프로젝트에 따라서는 위의 체크포인트를 시나리오에 포함하는 것이 어려워서 이러한 요청을 포함하지 않는 테스트를 해야 할 때도 있지만, 시스템 병목 구간을 확인하기 어려운 원인이 될 수 있다.

액세스 빈도가 높은 페이지

사이트의 최상위 페이지 등 많은 사용자가 반드시 액세스하는 페이지는 정적으로 전송하는 경우를 제외하고는 반드시 테스트에 포함해야 한다. 특히 액세스 빈도가 높은 경우 등은 시나리오 안에 해당 페이지에 액세스하는 빈도를 올리는 등 실제 사용자의 액세스 수에 접근해야 한다.

페이지(요청) 예

- 사이트 최상위 페이지
- 앱 기동마다 발생하는 기동 시 체크 API

서버 리소스 소비량이 높을 것으로 예상되는 페이지

예를 들어 액세스 빈도가 낮아도 서버 CPU 리소스와 네트워크 대역, 디스크 I/O 등을 많이 이용할 것으로 예상되는 페이지를 들 수 있다.

CPU 리소스를 소비하기 쉬운 페이지(요청) 예

- 사용자가 입력한 비밀번호 암호화나 인증을 하는 페이지
- 이미지, 동영상 변환을 하는 페이지
- 파일 압축과 풀기를 하는 페이지

네트워크 대역을 소비하기 쉬운 페이지(요청) 예

- 응답 콘텐츠 크기가 큰 페이지
- 이미지, 동영상 업로드와 다운로드를 하는 페이지

디스크 I/O를 소비하기 쉬운 페이지(요청) 예

- 로그가 많은 페이지
- 동적 파일 내에 검색 등을 하는 페이지

이미지나 동영상 콘텐츠를 제공할 때 그 콘텐츠가 정적 콘텐츠인 경우 애플리케이션 서버가 아닌 별도의 서버에서 제공하고 부하 테스트에 대해서도 분리하는 것이 가장 좋은 방법이라 할 수 있다.

DB에 참고하는 페이지

공유 리소스인 DB를 참고하는 페이지다.

공유 리소스라는 것은 여러 서버에서 같은 데이터에 접속이 발생하는 것을 말하고 그만큼 부하가 집중되는 포인트가 되기 쉬운 부분이다. 또 일반적으로 애플리케이션 서버와는 별도로 준비되어 통신이 되는 경우가 많아 통신 방법 차이 하나로 시스템 전체 성능을 크게 좌우하는 요인이 된다.

이 참고 페이지를 더 세분화한 3종류의 페이지를 각각의 부하 테스트에 포함한다.

(1) 여러 사용자가 같은 리소스를 참고하고 같은 응답을 반환하는 페이지
(2) 리소스 전체를 검색하고 그 결과를 보여주는 페이지
(3) 접속하는 사용자별로 다른 리소스를 참고하고 개별적으로 응답을 보여주는 페이지

(1) 여러 사용자가 같은 리소스를 참고하고 같은 응답을 반환하는 페이지

특정 리소스에 대해 참고가 집중되었을 때 계속 응답을 주기 위해서이다. 예를 들어 고속 분산 DB를 사용해도 일부 리소스로 부하가 집중되면 문제가 되는 시스템이 있다. 그런 경우 캐시를 사용하는 등의 대책을 세워야 한다.

페이지(요청) 예

- 마스터 데이터 형태의 참고 페이지
- 모든 인원이 최신 사용자 게시물을 참고하는 페이지

(2) 리소스 전체를 검색하고 그 결과를 보여주는 페이지

리소스 전체 검색은 DB에 부하를 주기 쉽고 병목 구간이 되기 쉽다.

페이지(요청) 예

- 포인트 랭킹을 실시간으로 표시하는 페이지
- 사용자 게시판을 최신순으로 정렬하여 표시하는 페이지
- 자신과 비슷한 사용자 검색, 표시 페이지

(3) 접속하는 사용자별로 다른 리소스를 참고하고 개별적으로 응답을 보여주는 페이지

사용자에 대한 트랜잭션 데이터 참고를 말한다. 사용자 트랜잭션 데이터는 데이터 총량이 커지기 쉬워 캐시를 사용하는 것도 어려운 페이지다.

페이지(요청) 예

- 사용자별 마이페이지
- 사용자 속성에 있는 결과를 표시하는 페이지
- 사용자가 소유한 타임라인

DB를 갱신하는 페이지

공유 리소스인 DB를 갱신하는 페이지다. DB 갱신은 참고와 다른 부하 상태가 되기 쉽다.

다음 2종류의 페이지를 각각 포함한다.

> (1) 여러 사용자가 같은 리소스를 갱신하는 페이지
> (2) 사용자별로 다른 리소스를 갱신하는 페이지

(1) 여러 사용자가 같은 리소스를 갱신하는 페이지

많은 사람이 같은 리소스를 갱신하는 경우 해당 리소스에 락이 걸리는 경우가 있다.

페이지(요청) 예

- 상품 재고 관리 처리
- 경매 입찰 처리

(2) 사용자별로 다른 리소스를 갱신하는 페이지

갱신 대상 리소스가 분산되어 있을 때도 DB 구성의 문제로 일부 데이터가 락이 걸릴 가능성이 있다.[7]

하지만 락이 걸리지 않았다고 해도 DB 갱신 능력을 초과했을 가능성이 있다.

페이지(요청) 예

- 댓글 페이지
- 방명록 기능
- 로그인 세션 발행 페이지

외부 시스템과 통신하는 페이지

DB 접속 이외에도 외부 시스템과 통신이 많이 발생한다.

일반적으로 리소스 접속은 속도 순서로 CPU 1차 캐시 > 메모리 > 파일 액세스라고 말할 수 있지만, 외부 시스템 리소스를 포함하면 파일보다 압도적으로 느려진다. 또 시스템 전체 확장성을 고려하여 만든 경우에도 연결 부분을 확장할 수 없는 사례가

7　MyISAM 테이블 갱신이 테이블 락이 되고 InnoDB에서도 Next Key Lock이 발생한다.

많아 병목 구간이 될 수 있다.

특히 해당 리소스가 네트워크 적으로 멀리 있을 경우 무시할 수 없는 Latency 등이 나타나므로 시나리오에 포함해야 한다.

다음과 같은 페이지가 이에 속한다.

페이지(요청) 예

- 공유 캐시 서버를 사용하는 페이지
- 로그를 외부 시스템에 전송하는 페이지
- SNS(Simple Notification Service)/SQS(Simple Queue Service) 등의 시스템 이용
- 그 외에 외부 API 통신이 발생하는 페이지

5.3 요약

부하 테스트 계획에서는 다음과 같은 내용을 결정한다.

- 일정
- 부하 테스트 목적
- 전제 조건 정리
- 목푯값
- 사용할 부하 테스트 도구
- 부하 테스트 환경
- 부하 테스트 시나리오

부하 테스트 준비

부하 테스트 준비

부하 테스트 계획이 잡히면 실제 부하 테스트 일정까지 아래와 같은 사전 준비를 해야 한다(그림 6-1).

- 부하 테스트 대상 환경 구축
- 부하 테스트 도구 준비
- 관련 시스템 부문간의 조율
- 클라우드 사업자의 각종 제한 해제 신청

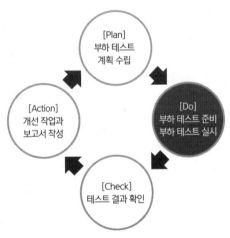

그림 6-1 이 장에서 다루는 내용 범위

6.1 부하 테스트 대상 환경 구축

6.1.1 테스트 대상 환경 구축

기획 단계에서 결정한 환경을 구축한다. 이때 서비스 환경과는 달리 아래와 같은 형태로 환경을 준비한다.

- 마지막에 ELB를 사용할 때도 하위 애플리케이션 서버로 직접 들어오는 요청을 허용한다.
- ELB 앞에 별도 라우팅을 하는 경우에도 ELB를 직접 접속할 수 있는 엔드포인트를 사용할 수 있도록 한다.
- 액세스 로그에 실행 시간을 확인할 수 있도록 변경한다(4장 칼럼 'Apache2에서 액세스 로그에 응답 시간을 포함시키는 방법', 칼럼 'ELB에서 액세스 로그를 남기는 방법' 참고).
- (추천) HTTP 접속을 허용해 둔다.
- 외부 시스템과 연동되는 부분을 ON/OFF 할 수 있도록 스터브 등을 준비한다.

6.1.2 부하 테스트 전용 엔드포인트 추가

실제 애플리케이션에서는 필요없지만, 다음 두 가지 엔드포인트를 추가한다. 나중에 설명할 '네트워크와 부하 테스트 도구 자체 테스트'를 할 때 사용한다.

- 정적 콘텐츠만을 응답하는 URL
- 웹 프레임워크를 이용한 Hello World 페이지를 응답하는 URL

6.2 부하 테스트 도구 준비

6.2.1 부하 테스트 도구 구축과 설치

부하 테스트 도구로 선정된 도구를 설치한다. 프로파일링과 모니터링 도구를 사용하는 경우에는 그 도구들도 설치한다.

6.2.2 시나리오 작성

부하 테스트 계획에서 선정한 사용자 동선 시나리오 기준으로 실제 테스트 도구에서 시나리오를 작성하지만, 이외에도 위에서 설명한 두 가지 URL을 불러올 수 있는 시나리오를 만들어 둔다.

- 공격 대상 서버의 정적 파일을 불러오는 시나리오
- 웹 프레임워크를 사용한 Hello World URL을 불러오는 시나리오

부하 테스트 기획에서는 시나리오로 부하가 발생하기 쉬운 포인트인 각 URL을 포함하도록 했지만, 실제 부하 테스트 시나리오를 작성할 때는 전체를 통한 부하 테스트가 아닌 부분별로 부하 테스트할 수 있게 한다. 이때 부하 테스트 대상 서버의 호스트 명이나 연동되어 있는 여러 시스템 파라미터 등은 변수를 사용하여 변경할 수 있도록 해야 한다.

이 시나리오 작성은 실제 부하를 주는 서버가 아니더라도 작성할 수 있으며 미리 여유롭게 만들어 두는 것이 좋다.

6.2.3 시나리오 작성 시 주의점

작성 중에 테스트 실행과 실제 부하 테스트를 할 때와는 다음과 같은 차이점이 있다.

- 시나리오 작성 중에는 동시 접속 수를 1로 하는 것이 로그나 결과를 추적하기 쉽다.

- 시나리오 작성 중에는 상세 결과 보고서를 작성하기 쉽지만, 서비스 환경에서 부하를 줄 때는 출력이 쉽지 않아 빼는 것이 좋다.
- 시나리오 작성은 네트워크 적으로 떨어진 장소에서 해도 된다.

가볍게 시나리오를 실행하여 응답 내용, 로그 내용, DB값 등을 확인하고 문제가 없다면 시나리오 준비는 끝났다.

본격적인 부하 테스트 전에 부하 테스트 클라이언트 수, 반복 횟수 모두 여러 값을 설정해도 정상적으로 동작하는지를 확인해 둔다.

6.3 관련 시스템 부서와의 조율

6.3.1 유관 부서 시스템 조정

시스템과 환경에 따라 별도로 존재하는 서비스나 인프라에 영향을 줄 수 있으므로 그 부분을 사전에 조사해야 한다. 유관 부서 시스템은 부하 테스트 시에 모니터링할 수 없는 환경도 있다. 부하 테스트 기간에는 타 부서와 같이 모니터링을 해야 할 때도 있다.

조정 내용은 기간, 최대 Throughput, 전체 트래픽 양 등이다.

조정이 필요한 예
- 기존 시스템과 같은 인프라(인스턴스, DB, NAT 등)를 사용 중이다.
- API로 다른 시스템에 부하가 발생한다.

실시간 모니터링이 어려우면 해당 시스템에 발생하는 고부하를 바로 찾지 못할 경우 큰 장애로 이어질 가능성도 있다. 그래서 이때 고부하 상태를 판단하려면 해당 시스템의 Latency 확인이 중요하다. 많은 시스템에서는 고부하가 발생하면 급격하게 Latency가 나빠지며 이런 현상이 발생하면 바로 부하 테스트를 중지해야 하고 해당 시스템 담당자에게 확인을 받아야 한다.

클라우드 사업자 제한 사항과 해제 요청

AWS에서는 이용 계약자 단위로 각 리소스에 대한 이용 사용 범위가 정해져 있다. 그 제한은 신청을 통해 풀 수 있다.

부하 테스트 전에 변경을 해야 하며, 신청하고 제한이 풀리기까지는 며칠 걸릴 수 있어 사전에 신청하여 조정해 두도록 한다.

부하 테스트와 관련된 대표적인 제한은 표 6-1과 같은 것이 있다. 자세한 사항은 'AWS Documentation»일반 참고»AWS 서비스 제한'(https://docs.aws.amazon.com/ko_kr/general/latest/gr/aws_service_limits.html)을 참고하길 바란다.

표 6-1 AWS 부하 테스트와 관련된 주요량 제한

서비스	리소스 또는 작업	기본 제한
Amazon API Gateway	계정당 조절 속도	5,000 요청의 최대 버킷 용량을 사용하여 토큰 버킷 알고리즘에서 제공한 추가 버킷 용량이 포함된 초당 10,000 요청(rps)
Amazon DynamoDB	테이블 또는 글로벌 보조 인덱스당 최대 용량 단위	10,000 읽기 용량 단위 및 10,000 쓰기 용량 단위 40,000 읽기 용량 단위 및 40,000 쓰기 용량 단위
Amazon EC2	EC2-Classic의 탄력적 IP 주소	5
	Amazon EC2 계정에서 보낼 수 있는 이메일 조절	적용된 조절
	온 디맨드 인스턴스	제한은 인스턴스 유형에 따라 다르다.
	스팟 인스턴스	제한은 인스턴스 유형에 따라 다르다.
Elastic Load Balancing	리전(region)당 로드 밸런서	20
AWS Lambda	동시 실행	1,000
AWS AWF	초당 요청	웹 ACL당 10,000

로드 밸런서(ELB)는 부하에 따라 자동으로 스케일 아웃되지만, 사전에 예측되는 부하는 사전에 스케일 아웃해 둘 수 있는 신청이 있다.

6.5 요약

실제 부하 테스트 시작 전까지 다음을 준비해야 한다. 시간이 소요될 수 있는 작업이므로 여유를 가지고 준비하기 바란다.

- 부하 테스트 대상 환경 구축
- 부하 테스트 도구 준비
- 관련 시스템 해당 부서와의 조정
- 클라우드 사업자의 각종 제한 조정 신청

부하 테스트 실행 1
(테스트 실행과 병목 현상 확인)

부하 테스트 실행 1 (테스트 실행과 병목 현상 확인)

7.1 부하 테스트 실행 단계란?

7.1.1 한 번에 전체 부하 테스트를 실행한 경우

Plan의 테스트 계획도 끝났고 부하 테스트 준비가 모두 완료되었다. 목표에 대해서 가장 빠르게 결과를 확인하기 위해 인프라를 구성하고 시나리오를 사용해 전체에 부하를 주고 싶을 것이다(그림 7-1).

그러나 이 방법은 과거 부하 테스트가 끝난 시스템이 아니라면 추천하지 않는다. 왜냐하면 전체에 부하 테스트를 했을 때에는 Check와 Action이 매우 어렵기 때문이다.

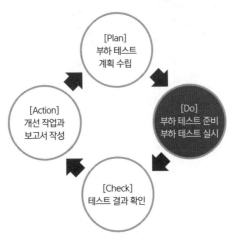

그림 7-1 이 장에서 다루는 내용 범위

■ 부하 테스트 결과의 타당성 평가

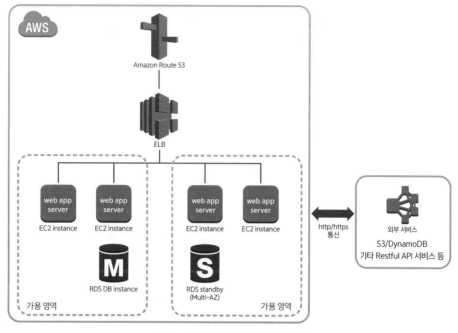

그림 7-2 부하 테스트 대상 시스템 예

그림 7-2의 시스템에 대해 부하 테스트를 할 때 다음과 같은 결과가 나왔다고 가정한다.

부하 테스트 결과

테스트 클라이언트 수가 100이었을 때

* Throughput: 1,000rps
* Latency: 200ms

이 결과를 Check 한다고 하면 이 숫자는 시스템의 정확한 능력을 보여주고 있다고 말할 수 있을까? 부하 테스트를 할 때 시스템에 과부하 상태를 만들어 테스트했다고 할 수 있을까?

결론부터 말하면 이 숫자는 맞는 값인지 틀린 값인지를 말할 수 없는 결과이다. 예를 들어 원래 Throughput이 2,000rps는 나와야 하지만, 대상 시스템에 부하를 충분히 주지 못해 실제 1,000rps밖에 나오지 않았을 가능성도 있다. 그래서 부하 테스트 결과로 확인된 값이 테스트 계획 시에 설정한 목푯값에 도달했을 때도 도달하지 않았을 때도 항상 확인해야 한다.

전체 시스템에 대한 부하 테스트를 했을 뿐 결과로 나온 숫자로 타당성 평가하기는 어려운 일이다.

■ 병목 현상의 확인과 원인 예측

3장에서 설명한 것과 같이 좋은 부하 테스트는 **병목 구간을 확인 가능한 상태**로 계속 유지하는 테스트이다. 병목 구간을 찾지 못하면 개선하지 못한다.

병목 구간을 찾아 시스템 문제가 어디에 있는지를 확인하는 것이 부하 테스트 Check의 주요 목적이다. 그러나 시스템 안에는 문제될 수 있는 부분이 많이 존재하고 그 중에서 문제를 찾아내야만 한다. 또 그 문제는 1개 이상일 수도 있다(그림 7-3).

부하 테스트 때 발생할 수 있는 문제의 예

- 부하 테스트 내용과 방법 문제
- 인프라 문제
  - 로드 밸런서 문제
  - 네트워크 설정 문제
  - 네트워크 대역 문제
- 미들웨어 설정, 커널 파라미터 설정 문제
- 애플리케이션 문제
  - 웹 프레임워크 문제
  - 캐시 설정 문제
  - 불필요한 요청 발생
  - 로직 문제

- CPU/메모리 효율이 좋지 않은 코드 문제
- 웹 서버 CPU/메모리 리소스 부족
- DB 문제
  - 참조 SQL 문제
  - 갱신 SQL 문제
  - 적절한 실행 계획이 세워져 있지 않음
  - 적절한 인덱스가 걸려 있지 않음
  - CPU/메모리 리소스 부족
  - 락 발생

  등…

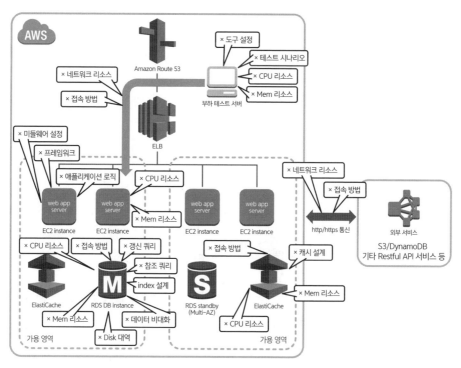

그림 7-3 시스템에서 문제될 수 있는 부분

■ 리소스 모니터링 결과에서 원인과 결과 파악이 어려움

문제가 많은 곳에서 발생해도 시스템 리소스 모니터링을 통해 병목 구간을 쉽게 파악할 수 있다고 생각하겠지만, 그 생각은 잘못된 것이다. 하위 시스템별로 리소스 모니터링을 하고 있어도 그 모니터링 결과에서 병목 구간을 확인한다는 것은 어려운 일이다.

문제를 파악하기 위해서 Latency를 측정해야 하지만, 시스템에 따라 측정이 어려운 경우도 있고 Latency가 각 시스템에 연동되어 있어 정확하게 측정이 안 되는 경우도 있다.

그리고 시스템을 구성하고 있는 요소들이 늘어날수록 이 병목 구간 파악은 점점 더 어려워진다.

병목 구간 측정이 어려운 예

(A) 웹 서버, (B) DB 갱신 쿼리, (C) DB Disk Write Throughput 모니터링을 하면서 부하 테스트 클라이언트 수를 늘려나가는 테스트의 결과가 그림 7-4 그래프라고 하자.

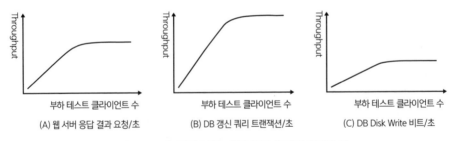

그림 7-4 모니터링만으로는 병목 구간 확인이 어려운 예

부하 테스트 클라이언트 수를 늘려도 도중에 Throughput이 올라가지 않는 현상이 보이고 어딘가에 병목 구간이 있다고 생각할 수 있다.

실제로 DB의 Disk Write Throughput이 한계라고 해도 Throughput은 모든 하위 시스템과 연결되어 있어 이 병목의 원인이 (A), (B), (C) 중 어디인지는 이 모니터링 결과로는 확인할 수 없다.

7.1.2 단계에 따른 부하 테스트

■ 부하 테스트할 때에는 단계가 필요

큰 규모의 부하 테스트를 할 경우 문제 파악이 어려워진다면 문제를 하나하나 확인할 수 있도록 작은 규모의 부하 테스트를 진행하면 된다.

부하 테스트를 단계별로 하나하나 진행함으로써 부하를 줄 대상과 병목 발생 가능성이 있는 대상을 사전에 확인할 수 있다(그림 7-5).

구체적으로 부하 테스트는 다음 단계에 따라 진행한다. 각 단계는 PDCA 사이클로 구성되어 있다. 단계별로 목푯값을 달성하면 다음 단계를 진행한다.

그리고 단계 8과 9에서는 단계 1~6에서 실시한 테스트의 회귀 테스트를 반복하며, 이 부분도 작은 PDCA 사이클로 되어 있다.

부하 테스트를 효율적으로 진행하기 위한 9가지 단계는 다음과 같다.

- 단계 1: 도구와 환경의 검증
- 단계 2: 웹 프레임워크 검증
- 단계 3: 참조계 성능 검증
- 단계 4: 갱신계 성능 검증
- 단계 5: 외부 서비스 연동 성능 검증
- 단계 6: 시나리오 테스트
- 단계 7: 스케일 업/아웃 테스트 준비
- 단계 8: 스케일 업/아웃 테스트(단계 1~6 회귀 테스트)
- 단계 9: 한계 성능 테스트(단계 1~6 회귀 테스트)

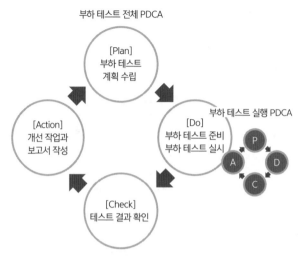

부하 테스트 전체 PDCA

부하 테스트 실행 PDCA

그림 7-5 단계 1~9의 작은 PDCA 반복

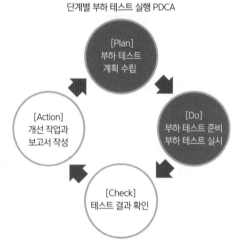

단계별 부하 테스트 실행 PDCA

그림 7-6 이 장에서 다루는 내용 범위

이 장에서는 각 단계에서의 Plan 단계별 목표 설정과 Do 부하 테스트 실행과 병목 현상 확인에 대한 내용을 중점적으로 설명한다(그림 7-6).

그 다음 Check 병목에 대한 원인 분석과 Action 시스템 개선 작업에 대한 자세한 내용은 다음 장에서 설명한다. 병목 현상만 확인되면 Check 항목과 Action에서 해야 할 내용은 각 단계에서 공통적이기 때문이다.

7.2 단계 1: 도구와 환경 검증

7.2.1 대상 시스템

처음에는 먼저 사용할 도구에 대해 알아보도록 하자.

여기서 인프라 문제와 구축된 애플리케이션, DB 문제를 포함하지 않는 테스트를 하기 위해 웹 서버 중 1대에 직접 요청을 하는 테스트를 진행한다(그림 7-7). 테스트 도구를 부하 테스트 대상 웹 서버에 설치하고 로컬에서 로컬 호스트를 지정하여 서버에 부하 테스트를 한다.[1]

부하 테스트 대상 URL은 정적인 파일을 사용한다. 정적 파일을 사용하는 이유는 부하 테스트 대상 시스템에 병목 구간을 만들지 않고 부하 테스트 도구 쪽에 병목 구간을 만드는 것이 목적이기 때문이다.

실제 사용자 요청은 시스템과 같은 데이터 센터가 아닌 네트워크 적으로 거리가 있는 곳에서 발생한다는 것을 생각하면 부하 테스트도 실제 사용자처럼 먼 거리에서 테스트하고 싶을 것이다. 그러나 부하 테스트 서버가 네트워크 적으로 떨어져 있다면 시스템에 적당한 부하를 줄 수 없어 서버 리소스는 사용하지 않지만, 시스템의 Throughput은 나오지 않으며, Latency가 커서 타임아웃도 빈번하게 발생하는 상황이 될 수 있다.

---

1 일반적으로 부하 테스트 도구와 대상 시스템을 같은 서버에 구축하는 것은 추천하지 않는다. 테스트 도구가 시스템 리소스를 사용함에 따라 시스템 응답 성능이 달라지는 것이 큰 이유지만, 필자의 경험에서 보면 단일 서버에 부하를 주는 정도라면 테스트 서버와 대상 서버가 같은 서버를 사용해도 시스템 Throughput에 영향을 거의 미치지 않으며 큰 문제가 되는 경우는 없었다. 여기서는 네트워크 문제와 분리하여 테스트할 수 있게 하는 것을 먼저 생각한다. 또 테스트 도구를 웹 서버상에 설치하고 싶지 않을 때는 같은 네트워크 대역에 있는 테스트 서버에 내부 IP 주소를 설정하고 부하 테스트를 하면 네트워크 영향을 최대한 줄일 수 있다.

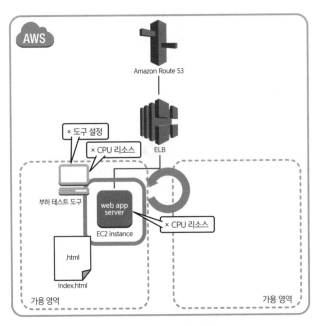

그림 7-7 단계 1의 범위

네트워크상에서 Latency가 있는 상태로 그 값을 측정하여 부하의 양을 조절하는 것은 매우 힘든 일이다. 그래서 부하 테스트는 가능하면 네트워크 적으로 가까운 거리에서 부하를 주는 것이 중요하다. 4장의 칼럼 '부하 테스트는 탁구의 랠리와 같다'와 같이 탁구를 예로 들어 말하면 고속 랠리에서 상대방을 압박하기 위해서는 상대방과 가까운 거리에서 경기해야 하는 상황과 같다.

7.2.2 Plan

- 부하 테스트 도구에 초점을 맞춘 테스트를 한다.
- 사용 중인 부하 테스트 도구로 시스템에 줄 수 있는 부하의 상한 및 측정할 수 있는 Throughput 상한을 계산한다.

7.2.3 Do

로컬 호스트의 정적 파일에 대한 부하 테스트를 한다.

7.2.4 Check

이 테스트에서 병목이 발생할 수 있는 곳은 다음과 같은 부분으로 어떤 상태인지를 확인한다.

- 부하 테스트 도구
- 부하 테스트 대상 시스템
- 그 외 네트워크 등

■ 부하 테스트 도구가 병목인 경우

이 경우에는 또다시 다음의 두 가지 경우로 나뉜다.

- 충분한 Throughput이 측정되어 다음 단계로 진행한다.
- 충분한 Throughput이 나오지 않아 테스트 도구 설정을 다시 해야 한다.

이 테스트는 가장 간단한 공격 시나리오를 이용하여 시스템에 요청을 발생시키면서 측정할 수 있는 Throughput의 상한값을 측정하고 있다. 실제 복잡한 부하 테스트 시나리오를 만들어 테스트했을 때는 테스트 도구의 리소스를 더 많이 사용하게 되고 시나리오가 복잡해지면 거기에 맞춰 요청 생성 속도가 떨어지게 된다. 그래서 측정할 수 있는 Throughput 상한도 떨어지므로 주의해야 한다.

이 시점에서 측정된 Throughput이 시스템의 목표 Throughput에 도달하지 못했을 때는 부하 테스트 도구의 변경을 검토해야 할 수도 있다. 또는 '단계 9: 한계 성능 테스트'에서 추가로 부하 테스트 서버를 준비해야 한다.

또 부하 테스트 도구 설정을 잘 하지 못했을 때 부하 테스트 도구 리소스는 사용되지 않은 상태로 테스트 도구가 병목 구간이 되고 대상 시스템에 충분한 부하를 주지 못하는 원인이 될 수도 있다.

정적인 파일로 요청을 보내기 때문에 대략 수천 rps 이상의 Throughput을 확인할 수 있다.

■ 부하 테스트 대상 시스템이 병목인 경우

정적 파일을 응답하는 경우에 있어서 그런 경우는 없겠지만, 웹 서버 설정이 잘못되었을 때 병목이 발생할 가능성이 있다.

■ 기타 네트워크 등이 병목인 경우

부하 테스트 서버가 네트워크 적으로 멀리 있을 때나 대상 파일 크기가 클 때 네트워크 대역을 많이 사용한다.

7.2.5 Action

부하 테스트 도구와 대상 시스템 전부 부하가 걸리지 않는 경우가 있으며 이런 상황이 발생하는 원인으로 다음을 생각할 수 있다. 부하 테스트 도구 설정을 수정하길 바란다.

개별 Action에 대해서는 각 단계에 공통 부분이 많아 자세한 내용은 다음 장에서 설명한다.

- 부하 테스트 도구 설정이 잘못됨
  - 동시 요청 수가 너무 작음
  - 동시 요청 수가 너무 큼
  - 너무 상세한 결과 보고서를 사용 중
- 부하 테스트 도구의 한계 도달
- 부하 테스트 도구 설치 네트워크 구성에 문제 있음

7.3 단계 2: 웹 프레임워크 검증

7.3.1 대상 시스템

정적 파일에 부하 테스트를 할 때와 같은 테스트지만, 이번에는 정적 파일이 아닌 웹 프레임워크 기능을 이용하여 동적으로 생성된 Hello World에 대해 테스트를 한다(그림 7-8).

이 단계에서 문제를 확인했다면 애플리케이션의 의존 관련 로직을 의심하지 말고 웹 프레임워크 부분을 먼저 튜닝할 수 있다. 그러나 최악의 경우 이 시점에서 웹 프레임워크 선정 작업부터 다시 해야 할 수도 있다.

부하 테스트는 시스템 구축이 끝난 후 서비스 직전에 일정을 잡지만 성능을 알 수 없는 웹 프레임워크인 경우 이런 방법은 좋지 않은 패턴이다. 부하 테스트 결과 문제가 발견되었을 때 해결할 수 있는 시간도 없어지며 문제를 해결하기 위해 구성을 변경해야 할 때 완료된 테스트도 다시 해야만 한다. 시스템이 완전하게 만들어지기 전이라도 부하 테스트를 최대한 빠른 단계에서 하는 것이 좋다.

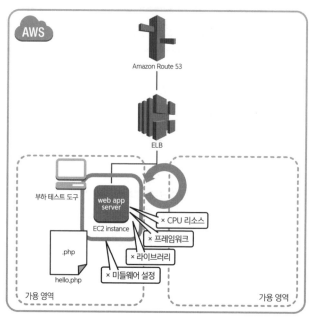

그림 7-8 단계 2의 범위(AWS에서 1대의 서버를 사용할 때는 1개의 가용 영역만 사용할 수 있다)

7.3.2 Plan

다음 내용이 포함된 테스트 결과를 비교하기 위해 사용할 웹 프레임워크에서 가장 빠른 값 측정

7.3.3 Do

웹 프레임워크 기능을 시용하여 동적으로 생성되는 Hello World에 대한 테스트 실시

7.3.4 Check

- 웹 서버 리소스를 충분히 사용하고 있는가?
- 전 단계와 비교하여 확실한 Latency 악화가 확인되지 않는가?
- 전 단계와 비교하여 확실한 Throughput 저하가 확인되지 않는가?

이 테스트 결과로 웹 서버 CPU 리소스를 거의 100%를 사용하고 어느 정도 Throughput이 나오면 다음 단계를 진행한다.

사용하는 웹 프레임워크에 따라 다르지만, 정적 파일보다 1/10 이하의 Throughput이 나오는 경우도 있다. 경험상 여기까지 테스트에서는 웹 서버의 메모리 리소스에는 문제가 없으며, 대부분 CPU 리소스 부족에서 오는 병목이다.

7.3.5 Action

부하를 잘 걸지 못하는 원인 중에서 다음과 같은 것을 생각할 수 있다. 이 설정들을 검토하길 바란다. 이 내용도 다음 장에서 자세하게 설명한다.

- 웹 프레임워크 설정이 잘못됨
- 웹 프레임워크 사용 방법이 맞지 않음
- 디버그 모드나 디벨롭먼트 모드로 동작하고 있음
- 라이브러리가 맞지 않음
- 미들웨어 설정이 맞지 않음
- 웹 가속기를 도입하지 않음

7.4 단계 3: 조회 성능 검증

7.4.1 대상 시스템

여기서 처음으로 웹 서버에서 DB를 이용한 페이지를 테스트한다(그림 7-9). 그러나 여기서는 DB에 갱신하지 않는 페이지를 선택한다. 처음에는 테스트하기 쉬운 페이지를 대상으로 하지만, 개별적으로 튜닝을 하고 싶은 페이지가 있다면 추가하여 테스트하기 바란다.

DB 테이블에는 사전에 운용할 때와 같은 양의 더미 데이터를 임포트해 놓는 것이 중요하다.

이 테스트에서 서로 다른 사용자의 요청을 시뮬레이션할 경우 참고하는 데이터의 범위도 같은 키에 집중되지 않도록 조정하는 것이 중요하다. 만약, 테스트 도구에서 동적으로 파라미터값 변경이 어려울 때는 사전에 애플리케이션 쪽에서 변경할 수 있도록 준비해야 한다.

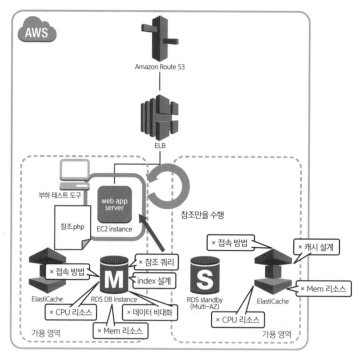

그림 7-9 단계 3의 범위

7.4.2 Plan

캐시 시스템 이용과 DB 참고 부분을 집중적으로 테스트 실행

7.4.3 Do

DB 참고는 있지만, 갱신은 없는 페이지에 대한 테스트 실행

7.4.4 Check

- 웹 서버 리소스를 충분히 사용하고 있는가?
- DB 서버 리소스를 충분히 사용하고 있는가?
- 전 단계와 비교하여 확실한 Latency 악화가 확인되지 않는가?
- 전 단계와 비교하여 확실한 Throughput 저하가 확인되지 않는가?

이 테스트 결과로 웹 서버 또는 DB 서버 등이 사용하는 리소스 중에서 어떤 리소스를 많이 사용하는지 확인했다면 다음 단계로 넘어간다.

이 테스트에서 Throughput은 단계 2의 Hello World 테스트 결과보다 빠를 수는 없다. 그러나 이 시점에서 Latency 악화 및 Throughput 저하가 확인된다면 진행하기 전에 그 부분에 대해 튜닝해야 한다.

7.4.5 Action

각 Action은 다음 장에서 설명하고 부하가 잘 걸리지 않은 이유로 다음과 같은 항목을 생각할 수 있다. 이 설정들을 수정하길 바란다.

웹 서버를 1대만 사용하는 초기 테스트에서는 웹 서버에 병목이 많이 발생하고 이러한 문제가 발생하지 않아도 다음 단계에서 웹 서버 스케일 업/스케일 아웃을 하고 난 후에 발생할 수 있다.

- DB 연결 방법이 잘못됨
  - 커넥션 풀링을 하지 않음
- DB에 문제 있음
  - DB 설정이 맞지 않음
  - 참조 SQL 문제(불필요한 요청, 잘못된 쿼리)

- 인덱스가 걸리지 않음
- CPU/메모리 리소스 부족
- 캐시 시스템 이용 방법이 잘못됨
  - 커넥션 재사용 문제
- 캐시 시스템 문제
  - CPU/메모리 리소스 부족

DB와 캐시 연결에는 커넥션 풀 등의 사용 여부에 따라 Throughput은 크게 달라진다. 높은 Throughput이 필요한 서비스에서는 기본적으로 커넥션 풀 등을 사용하고 있다. 여기에서는 DB와 캐시 시스템의 최대 동시 접속 수 설정을 확인하면서 테스트하는 것이 중요하다.

또 커넥션 풀을 사용하지만, AWS 이용 시 고부하가 발생하면 DB 접속 실패가 발생할 수 있어 DB 연결 재시도 구조를 같이 사용해야 한다.

7.5 단계 4: 갱신 성능 검증

7.5.1 대상 시스템

DB 참조계 페이지 테스트도 같겠지만, 이번에는 DB 갱신이 발생하는 페이지에 대한 테스트를 진행한다(그림 7-10). 여기서는 테스트하기 쉬운 페이지로 충분하지만, 튜닝을 해야 하는 페이지가 있다면 추가로 테스트하도록 한다.

이 테스트를 통해 순수 DB 갱신으로 인한 부하 증감을 볼 수 있다.

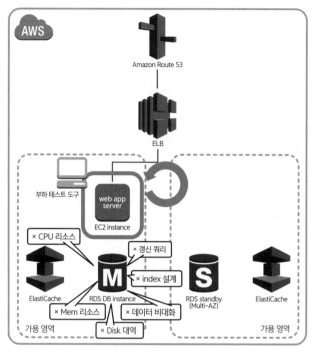

그림 7-10 단계 4의 범위

7.5.2 Plan

- DB 갱신에 초점을 맞춘 테스트를 한다.
- DB 뿐만 아니라 공유 리소스에 대한 갱신 처리는 병목 현상이 쉽게 발생할 수 있어 참조계와는 별도로 테스트를 한다.

7.5.3 Do

DB 갱신 페이지에 대해 테스트를 한다.

7.5.4 Check

- 웹 서버 리소스를 충분히 사용하고 있는가?

- DB 서버 리소스를 충분히 사용하고 있는가?
- 전 단계와 비교하여 확실한 Latency 악화가 확인되지 않는가?
- 전 단계와 비교하여 확실한 Throughput 저하가 확인되지 않는가?
- DB에 등록된 데이터와 로그는 정상인가?(내용, 수)

웹 서버, DB 서버 리소스 중 어느 한 쪽의 리소스 사용률이 높다면 정상적으로 부하가 걸리고 있다는 것을 확인할 수 있다.

7.5.5 Action

각 Action은 다음 장에서 설명하겠지만, 부하가 잘 걸리지 않은 원인으로 다음 항목을 생각해 볼 수 있다. 아래 항목을 개선하고 다시 테스트를 해보자.

- 부하 테스트 도구 설정 문제
  - 실제 다른 사용자에서 발생하는 갱신 요청이 모두 같은 사용자로 발생한다면 락이 걸려 갱신 대기 상태가 될 수 있다.
- DB 연결 방법이 잘못됨
  - 커넥션 풀링을 하지 않았다.
  - 동시 접속 수 설정이 너무 작거나 너무 크다.
- DB에 문제가 있음
  - 갱신 SQL 문제(불필요한 요청, 잘못된 쿼리)
  - 갱신 쿼리가 같은 레코드에 집중[2]
  - 인덱스가 걸리지 않아 갱신 락 범위가 맞지 않는다.
  - CPU/메모리 리소스 부족
  - 디스크 I/O 병목

---

2 많은 사용자 액션을 같은 레코드에서 칼럼을 증가시키고 카운트 하는 테이블 등이 있으면 행의 락이 발생하여 전체 Throughput을 크게 떨어뜨리는 원인이 된다. 이 부분에서 문제가 발생하게 되면 DB 설계를 재검토해야 할 수도 있다.

단계 5: 외부 서비스 연동 성능 검증

7.6.1 대상 시스템

외부 시스템과 연동을 API 등으로 할 경우 그 통신을 포함한 테스트를 한다(그림 7-11).

대상 시스템은 애플리케이션 웹 API 서비스, 스토리지 서비스 S3, KVS(Key Value Store) 서비스 DynamoDB 등이 있다. 전제 조건으로 대상 외부 시스템 자체로 목표로 하는 Throughput 이상의 응답 성능을 가지고 있어야 한다.

여기에서는 네트워크를 중심으로 테스트하기 때문에 외부 시스템에 부하를 주기 어려운 상황에서는 스터브 서버를 구축하여 정적인 파일로 구성하여 테스트하면 된다.

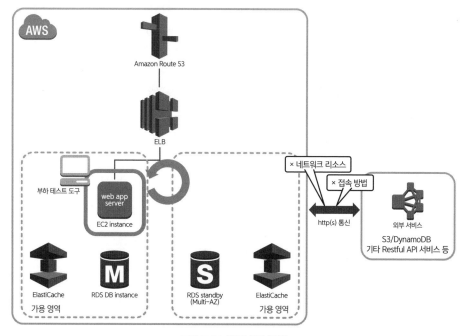

그림 7-11 단계 5의 범위

7.6.2 Plan

외부 시스템을 사용할 때 오버헤드를 예측하고 불필요한 오버헤드 없이 효율적으로 호출이 되는지 확인한다.

7.6.3 Do

외부 시스템 연동에 초점을 맞춘 테스트를 한다.

7.6.4 Check

- 웹 서버 리소스를 충분히 사용하고 있는가?
- DB 서버 리소스를 충분히 사용하고 있는가?
- 전 단계와 비교하여 확실한 Latency 악화가 확인되지 않는가?
- 전 단계와 비교하여 확실한 Throughput 저하가 확인되지 않는가?
- 연동된 외부 시스템의 리소스를 과도하게 사용하고 있지 않은가?
- 연동된 외부 시스템 Latency에는 문제가 없는가?

이 단계에서 외부 시스템과 연동한 후에 병목 현상을 확인할 수 없는 경우가 있다. 이런 경우에는 병목 구간은 추가된 외부 시스템 연동 부분을 의심해 볼 수 있다. 그래서 외부 시스템의 Latency를 확인하여 충분한 튜닝이 되었다고 판단되면 다음 단계로 진행한다.

7.6.5 Action

부하가 잘 걸리지 않는 원인으로 다음과 같은 항목을 생각해 볼 수 있다. 이 내용을 확인해보자.

- 대상이 되는 외부 시스템과 네트워크 적으로 떨어져 있어 Latency가 늘어나고 Throughput은 올라가지 않고 부하가 걸리지 않는다.
- SSL 접속 사용(부하 테스트 서버에서도 SSL 통신을 해서 영향도가 높음)

- 외부 시스템과 통신이 Keep-Alive를 사용하지 않는다.
- 부하 테스트 대상 시스템이 사용하고 있는 VPC(http://amzn.to/2womsJw)에서 외부 요청에 응답을 주기 위해 사용되는 NAT가 병목 구간이 된다.

7.7 단계 6: 시나리오 테스트

단계5까지의 부하 테스트가 단일 페이지와 API를 대상으로 했다면 지금부터는 부하 테스트 시나리오를 이용한다.

부하 테스트 시나리오는 여러 페이지와 API에 대해 실제 사용자 행동 패턴과 같이 요청을 발생시키도록 작성된 파일로 부하 테스트 도구는 이 파일 내용을 기반으로 부하 테스트를 하게 된다.

일반적으로는 웹 시스템 부하 테스트라고 하면 이런 시나리오 기반의 테스트를 말한다. 그래서 바로 부하 테스트 시나리오로 테스트를 시작하는 경우가 많지만, 과거에 부하 테스트가 잘 안 되었던 분들은 단계 1~5를 확인하고 문제 해결에 힌트를 찾아보길 바란다.

시나리오로 부하 테스트할 수 있는 도구로는 JMeter, Locust, Tsung 등이 있다. 시나리오를 작성할 수 있는 도구라면 어떤 도구를 사용해도 되지만, 도구에 따라 시나리오 작성 방법이 달라 도구에 맞춰 작성해야 한다.

7.7.1 Throughput 평가에 대해

시나리오 부하 테스트로 수집되는 각 요청에 대한 Throughput과 각 페이지별로 테스트할 때 수집되는 Throughput은 개념이 달라 주의해야 한다.

예를 들어 10건의 경품이 등록된 경품 이벤트 사이트 사용자 동선을 시뮬레이션한 시나리오가 다음과 같다고 하자.

1. 로그인(로그인 API)

2. 응모 가능한 경품 리스트 확인(리스트 API)

3. 응모 가능한 경품이 남아 있는 경우 경품에 응모 → 2번으로 돌아감(경품 응모 API)

이때 다음의 테스트 결과를 볼 수 있다.

```
로그인 API Throughput: 100req/sec
리스트 API Throughput: 1,000req/sec
경품 응모 API Throughput: 1,000req/sec
Total : 2,100req/sec
```

이 시나리오에 따른 시스템 성능을 알고 싶을 때 이 숫자 어디에 관심을 가지는지에 따라 결과가 달라진다.

- 참가 가능한 사용자 시나리오에 관심이 있을 때 → 100req/sec
- 경품 응모 수에 관심이 있을 때 → 1,000req/sec

또 위 사례에 있어서 리스트 API와 경품 응모 API는 1초에 로그인 API의 10배 Throughput을 확인할 수 있지만, 이 처리 성능은 10배 빠른 API라고 말할 수 없다. 단순히 부하 테스트 시나리오 내에 설정된 실행 횟수에 비례하여 수집된 숫자일 뿐 이다.

특히 부하 테스트 보고서를 작성할 때 보고서를 읽은 대상이 이 숫자를 잘못 이해하지 않도록 설명을 잘 써둬야 한다.

7.7.2 대상 시스템

부하를 주는 대상 서버가 1대, 로컬 호스트 또는 같은 세그먼트의 서버에서 사설 IP로 테스트를 하는 것은 단계 5까지의 시나리오가 필요 없는 경우이다(그림 7-12).

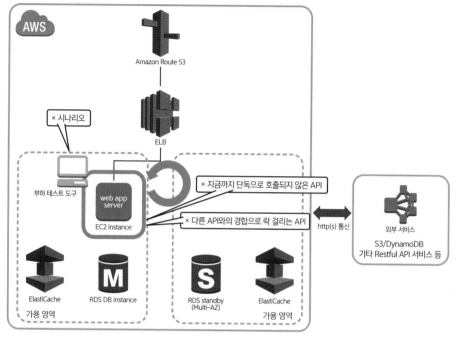

그림 7-12 단계 6의 범위

7.7.3 Plan

- 세션을 사용하는 절차의 시나리오에서 시스템 Throughput 측정
- 실제 사용자 요청을 시뮬레이션한 환경에서 부하 테스트 시행

7.7.4 Do

부하 테스트 도구에 테스트 시나리오를 사용하여 그 시나리오에 따른 테스트 시행

7.7.5 Check

- 시나리오가 정상적으로 실행되었는가?
- 웹 서버 리소스를 충분히 사용하고 있는가?

- DB 서버 리소스를 충분히 사용하고 있는가?
- 전 단계와 비교하여 확실한 Latency 악화가 확인되지 않는가?
- 전 단계와 비교하여 확실한 Throughput 저하가 확인되지 않는가?
- DB에 저장된 데이터와 로그는 정상인가?(데이터 내용, 수)

시나리오대로 실행되었고 결과로 웹 서버 또는 DB 서버의 리소스 중 부하가 집중되는 부분이 있다면 다음 단계를 진행한다.

지금까지 개별 테스트 결과에서 예상했던 범위라면 결과 수치는 문제없을 것이다. 그리고 부하 테스트 실행 결과 DB 등에 정상적으로 데이터가 등록된 것을 확인해야 한다.

7.7.6 Action

부하가 잘 걸리지 않은 원인으로 다음 항목을 생각해 볼 수 있다. 이 내용을 확인해 보길 바란다.

- 부하 테스트 도구 설정 문제
  - 지금까지 테스트와 다른 테스트 도구를 사용했다면 정적 파일에 접속하는 부분부터 수정해야 한다.
  - JMeter는 시나리오 안에서 JavaScript 함수를 많이 사용하면 JMeter 리소스를 많이 사용할 수 있다.
- 애플리케이션 문제
  - 지금까지 테스트하지 않았던 페이지나 API 로직 문제, 리소스 경합 등
  - 페이지와 API 조합에 따른 리소스 경합 등

7.8 단계 7: 스케일 아웃 테스트 준비

7.8.1 대상 시스템

단계 6까지의 테스트는 모두 로컬 호스트 또는 같은 세그먼트 내의 서버에서 사설 IP 경유로 부하 테스트를 진행했다. 이 구조를 로드 밸런서를 사용하도록 테스트 구성을 변경한다(그림 7-13).

이 테스트에서는 단계 6까지 실시했던 테스트를 부하 테스트 서버만을 변경한 상태에서 다시 실시한다. 로드 밸런서 아래에 있는 웹 서버는 아직 1대로만 구성한다.

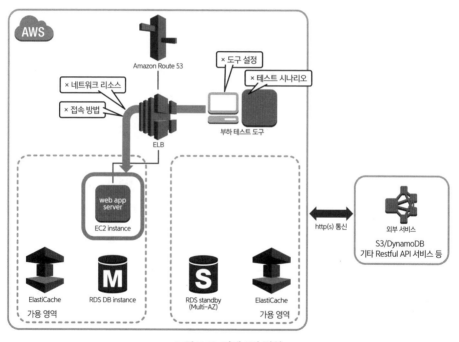

그림 7-13 단계 7의 범위

7.8.2 Plan

- 스케일 아웃 테스트를 준비하기 위해 외부 세그먼트에서 부하 테스트가 잘 실행되는지 확인
- 독립 부하 테스트 서버에서 줄 수 있는 부하의 한곗값을 측정

7.8.3 Do

- 웹 서버를 로드 밸런서 아래로 위치시키고 독립 부하 테스트 서버를 이용한 부하 테스트 실시
- 테스트 시나리오로 단계 6에서 사용한 시나리오 이용

7.8.4 Check

- 전 단계와 거의 같은 Latency로 응답할 수 있는가?
- 전 단계와 거의 같은 Throughput으로 응답할 수 있는가?

이 테스트 결과가 지금까지의 테스트 결과와 마찬가지로 각 리소스를 잘 사용하고 같은 Throughput이 나온다면[3] 다음 단계로 진행한다.

ELB는 부하 증가를 감지했을 때 자동으로 확장하기 위해 웜업이 되지 않았을 때는 본래의 Throughput을 낼 수 없을 경우가 있지만, 실제로 수 분간 부하가 발생한 경우에는 충분한 능력을 갖출 수 있도록 확장하게 된다. 어느 정도 부하를 발생시켜도 성능 개선이 되지 않을 때는 ELB가 아닌 다른 인프라가 원인일 수도 있다.

7.8.5 Action

부하가 잘 걸리는 않은 원인으로 다음과 같은 항목을 생각해볼 수 있다. 이 내용을 확인해보길 바란다.

---

3 Latency는 약간의 저하가 발생한다.

- 인프라 문제
  - ELB 웜업이 끝나지 않음
- 네트워크 문제
  - 부하 테스트 서버에 공인 IP가 할당되지 않고 NAT 경유로 테스트 중(NAT 서버가 병목됨)
  - SSL을 사용한 부하 테스트 진행[4]
  - 부하 테스트 도구와 ELB 사이에서 Keep-Alive 되어 있지 않음

7.9 단계 8: 스케일 업/아웃 테스트 (단계 1~6 회귀 테스트)

7.9.1 대상 시스템

드디어 실제 테스트에 들어간다. 클라우드에서 부하 테스트의 목적은 바로 이것으로 지금까지의 테스트는 준비 작업이라고 볼 수 있다 해도 과언이 아니다. 단계 7까지의 테스트에서는 병목이 되었던 리소스에 대해 스케일 업 또는 스케일 아웃을 하여 테스트를 다시 반복한다(그림 7-14).

---

4 AWS에서 시스템을 구축할 때 실제 ELB에서 SSL을 처리하는 경우가 많다. 이때 웹 서버에 SSL 부하는 발생하지 않는다. 그래도 SSL을 이용하여 테스트할 경우 Throughput이 크게 떨어지는 현상이 발생한다 (1/10 이하로 떨어지기도 함). 이때 실제로는 웹 서버에 부하가 발생하지 않고 웹 서버상에서 확인된 Latency 는 대부분 없는 상태에서 빠른 응답을 주고 있지만, 부하 테스트 도구에서 확인되는 Latency가 높아 다음 요청을 보내지 못하는 상태가 된다. 이 현상은 부하 테스트 서버 쪽에서 SSL을 디코드하기 위해 리소스를 사용하여 정상적인 부하 테스트가 안 되는 패턴이다. 이런 경우 SSL을 사용하지 않는 테스트를 검토한다.

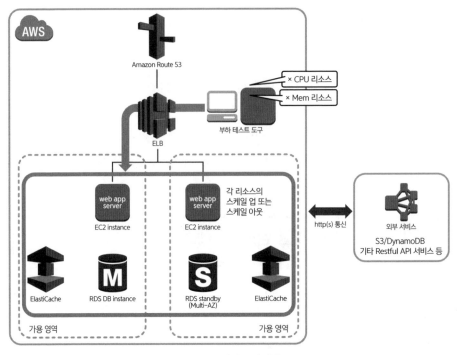

그림 7-14 단계 8의 범위

이 단계와 다음 단계의 한계 성능 테스트에서 이용할 테스트 시나리오는 단계 6의
시나리오 테스트에서 이용한 전체 시나리오뿐만 아니라 단계 1~5까지의 시나리오를
포함한 모든 시나리오이다. 이 시나리오를 이용한 회귀 테스트를 통해 구성 변경 후
의 성능 재확인을 반복한다.

익숙해지면 이 테스트 중에 어떤 테스트를 하지 않아도 되는지 알 수 있겠지만, 지
금까지 병목이 되었던 웹 서버를 보강하고 회귀 테스트가 필요한 경우가 많아 처음
에는 웹 서버를 증설할 때마다 회귀 테스트를 하는 것을 추천한다.

- 단계 1: 도구와 환경의 검증
- 단계 2: 웹 프레임워크 검증
- 단계 3: 참조계 성능 검증
- 단계 4: 갱신계 성능 검증

- 단계 5: 외부 서비스 연동 성능 검증
- 단계 6: 시나리오 테스트

7.9.2 스케일 업/스케일 아웃 예제

여기까지 테스트 순서대로 진행했을 때 시스템 리소스를 많이 사용하는 부분은 웹 서버의 CPU 리소스인 경우가 대부분이다.[5] 그래서 이런 경우 먼저 웹 서버에 대한 스케일 업과 스케일 아웃을 진행한다.

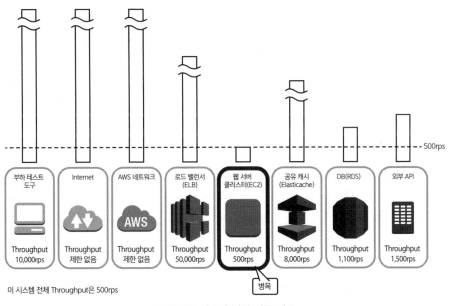

그림 7-15 시스템 병목 이동 예 1

이상적인 CPU 병목이라면 시스템 Throughput은 웹 서버의 스케일 업과 스케일 아 웃에 따라 비례한다. 이때 시스템 리소스 추가에 맞춰 부하 테스트 도구 클라이언트 (부하 테스트 도구)의 동시 가동 수도 늘리면서 테스트를 반복한다(그림 7-15).

---

5 웹 서버 CPU 병목의 경우 매우 알기 쉬우며, 부하 테스트 중에 CPU 리소스가 거의 100%인 상태가 된다.

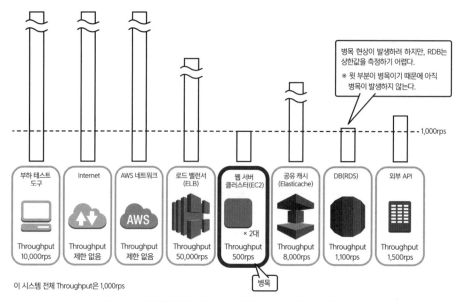

병목 현상이 발생하려 하지만, RDB는 상한값을 측정하기 어렵다.

※ 윗 부분이 병목이기 때문에 아직 병목이 발생하지 않는다.

1,000rps

부하 테스트 도구	Internet	AWS 네트워크	로드 밸런서 (ELB)	웹 서버 클러스터(EC2)	공유 캐시 (Elasticache)	DB(RDS)	외부 API
Throughput 10,000rps	Throughput 제한 없음	Throughput 제한 없음	Throughput 50,000rps	Throughput 500rps	Throughput 8,000rps	Throughput 1,100rps	Throughput 1,500rps

× 2대

병목

이 시스템 전체 Throughput은 1,000rps

그림 7-16 시스템 병목 이동 예 2: 웹 서버를 2대로 스케일 아웃

웹 서버 추가에 대해서는 2대→4대→8대→16대로 리소스 사용률이 웹 서버 이외의 부분으로 이동하기 전까지 증설한다(그림 7-16). 이것은 웹 서버 리소스 여유가 많지 않다면 다른 부분의 리소스 병목을 해결하여 전체 Throughput이 개선되어야 하지만, 그 결과를 확인하기 힘들기 때문이다.

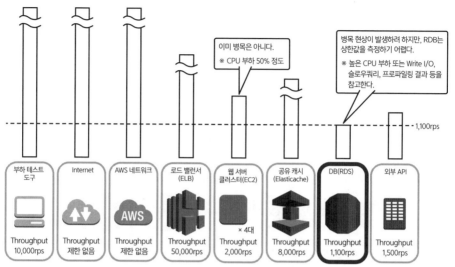

이미 병목은 아니다.
※ CPU 부하 50% 정도

병목 현상이 발생하려 하지만, RDB는
상한값을 측정하기 어렵다.
※ 높은 CPU 부하 또는 Write I/O,
슬로우쿼리, 프로파일링 결과 등을
참고한다.

1,100rps

부하 테스트 도구	Internet	AWS 네트워크	로드 밸런서 (ELB)	웹 서버 클러스터(EC2)	공유 캐시 (Elasticache)	DB(RDS)	외부 API
Throughput 10,000rps	Throughput 제한 없음	Throughput 제한 없음	Throughput 50,000rps	× 4대 Throughput 2,000rps	Throughput 8,000rps	Throughput 1,100rps	Throughput 1,500rps

시스템 전체 Throughput은 웹 서버 2대였을 때와 차이가 없는 1,100rps지만, 병목 구간이 이동하여 부하 주는 방법이 바뀐다.
→DB에 부하가 걸린 상태를 시뮬레이션할 수 있어 DB 튜닝을 한다.

그림 7-17 시스템 병목 이동 예 3: 웹 서버를 4대로 스케일 아웃

웹 서버 추가에 따라 웹 서버 리소스에 여유가 생겼지만, 웹 서버 추가에 따라 시스템 Throughput이 개선되지 않는 시점에서 웹 서버 이외의 영역에서 리소스를 과도하게 사용된 부분을 찾는다(DB의 CPU 리소스 등[6]). 다음 병목 구간을 확인했다면 그 리소스에 대한 스케일 업/스케일 아웃을 하고 부하 테스트를 실시한다(그림 7-17).

실제 서비스 환경에서는 병목 구간 이외의 구간에 필요 이상의 리소스를 할당하는 것은 의미가 없지만, 이 테스트에서는 각 리소스에 대해 웹 서버 증설 시와 같은 여유 있는 리소스 크기까지 늘려서 테스트하고 다음 병목을 찾는 병목을 해결하기 위한 작업을 반복한다.

---

6 DB 서버의 경우 웹 서버 CPU 병목과 달리 CPU 사용량이 60~80% 정도 되면 Throughput 한계가 올 수 있기 때문에 주의해야 한다. 또 RDS for Aurora는 CPU를 효율적으로 사용하도록 설계되어 있어 CPU 사용률이 100%가 된다고 해도 전체 Throughput은 좋아질 수 있으니 이 점 또한 주의해야 한다.

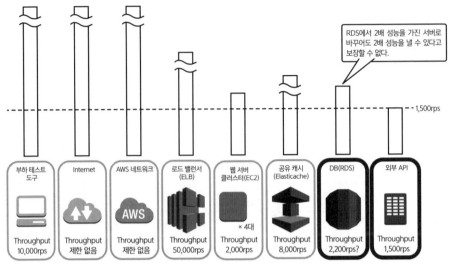

그림 7-18 시스템 병목 이동 예 4: DB 서버를 2배 크기로 스케일 아웃

이 작업 중에는 각 리소스에 지금까지 발생하지 않았던 부하가 발생한다. 특히 스케일 아웃이 아닌 스케일 업으로 확장성을 확보하는 리소스(여기 예에서는 RDS)에 부하가 집중된다. DB가 병목이 되어 지금까지 없었던 락 등이 걸릴 수 있어 시스템 스케일 업 및 스케일 아웃과 병행하여 애플리케이션 튜닝도 진행한다(그림 7-18).

마지막으로 부하 테스트 서버에도 처리 능력에 한계가 있다는 것을 기억해 두도록 한다. 이 처리 능력의 한계는 전 단계에서 확인한 수치이지만, 시나리오를 이용함에 따라 오버헤드가 발생하는 차이는 빼고 생각해야 한다.

7.9.3 Plan

- 시스템 성능이 스케일 업과 스케일 아웃에 따라 개선되는지 확인
- 지금까지 부하가 발생하지 않았던 각 하위 시스템에 부하를 걸어 각각의 튜닝을 실시

7.9.4 Do

- 시스템 병목에 대한 시스템 리소스 증설 반복
- 단계 1~6까지 이용한 시나리오로 회귀 테스트 실시

7.9.5 Check

- 지금까지 테스트에서 병목 현상이 발생하지 않은 부분에 병목이 발생했을 때 동작은 어떠한가?
- 시나리오가 정상적으로 실행되었는가?
- 웹 서버 리소스를 충분히 사용하고 있는가?
- DB 서버 리소스를 충분히 사용하고 있는가?
- 스케일 업에 따라 성능이 향상되었는가?
- 스케일 아웃에 따라 성능이 향상되었는가?
- DB에 등록된 데이터와 로그는 정상인가?(내용, 수)

리소스가 많이 사용되고 있던 부분의 스케일 업/스케일 아웃을 하여 병목 현상의 해결과 함께 성능 향상이 되었는지도 같이 확인한다. 시스템 전체 성능이 최초 목 푯값 이상이 되었을 때 또는 조금 전 테스트에서 확인한 부하 테스트 도구 한계까 지 부하가 발생하여 더 이상 부하 테스트를 진행할 수 없는 상태에서 이 단계는 종 료된다.

7.9.6 Action

이 단계에서는 지금까지 단계에서 다른 병목에 가려져 확인할 수 없었던 병목을 정 리한다. 따라서 각 병목에 대해 지금까지의 각 단계에서 확인된 내용을 하나씩 확인 해야만 한다.

■ 스케일 업으로 성능이 개선되지 않을 경우

병목이라고 판단되는 부분에 스케일 업을 해도 해당 하위 시스템의 부하 수치는 떨 어지지만, 전체 성능이 개선되지 않을 때가 있다. 이 때 다음 내용을 확인해야 한다.

- 처음부터 그 부분에 병목이 없었고 다른 병목이 존재
- 미들웨어 설정, 커널 파라미터 설정 문제
  - 서버 1대당 처리해야 할 요청이 늘어나 Apache 등 각종 미들웨어 설정값을 그 상황에 맞춰 수정해야 한다.
- DB 문제
  - RDS에서 특히 Multi-AZ 옵션을 사용했을 때 DB의 스케일 업에 따라 Throughput은 인스턴스 타입별로 CPU 처리 능력과 비례하지 않는 경우가 많아 어느 정도 이상의 인스턴스 타입을 처음부터 사용했다면 인스턴스 타입을 변경해도 Throughput에는 영향을 주지 않을 수 있다.
  - 갱신이 많은 시스템에서는 CPU 부하에 문제가 없어도 RDS 인스턴스 타입별로 정해진 IOPS에서 Write 성능이 부족할 때가 있다. 이 경우 인스턴스 타입의 스케일 업이 아닌 Provisioned IOPS를 사용하여 성능을 개선할 수 있다.

■ 스케일 아웃으로 성능이 개선되지 않을 경우

이때에는 서버 대수가 아닌 외부 리소스와의 연결 부분을 확인해야 한다.

- 처음부터 그 부분에 병목이 없었고 다른 병목이 존재
- 인프라 문제
  - 로드 밸런서 문제: 애플리케이션 서버를 Multi-AZ 구성으로 했을 때 이용할 부하 테스트 도구에 따라서 부하를 분산하지 못하는 현상이 발생(JMeter 등)한다. 이 경우에는 한 영역(Zone)에 서버를 모두 구축한다.
  - 네트워크 설정 문제: 외부 API를 이용했을 때 NAT의 라우팅 부분이 병목이 되어 중간까지밖에 확장하지 않는 현상이 발생한다.
  - 네트워크 대역 문제
- 애플리케이션 문제
  - 캐시 설계 문제
  - 로그 전송 문제: rsyslog로 외부 서버에 로그를 전송하는 부분에 병목이 생겨 중간까지밖에 확장하지 않는 현상이 발생한다.

7.10 단계 9: 성능 한계 테스트(단계 1~6 회귀 테스트)

7.10.1 대상 시스템

많은 경우 부하 테스트 서버 1대에서 충분한 부하를 시스템에 줄 수 있어 전 단계까지는 이 성능 한계 테스트는 모두 끝난 경우가 많다. 그러나 시스템이 요구되는 목표 Throughput이 높고 부하 테스트 서버 1대에서는 적당한 부하를 주지 못할 때가 있다. 이런 경우 부하 테스트 서버를 스케일 아웃하여 여러 부하 테스트 서버에서 동시에 부하를 걸어 보다 많은 부하를 시스템에 발생시키고 그 결과를 확인하는 테스트를 한다(그림 7-19).

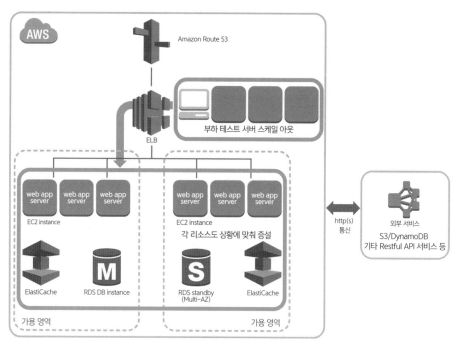

그림 7-19 단계 9의 범위

JMeter나 Locust, Tsung에는 복수의 부하 테스트 서버의 연동 기능을 제공하지만, 자세한 결과가 필요없다면 CloudWatch 모니터링만으로 파악할 수 있고 복수의 서버를 연동하지 못하는 테스트 도구나 연동 기능이 없는 도구라도 이 테스트는 실행할 수 있다. 그러나 부하 테스트 서버를 스케일 아웃 했을 때 테스트 도구에 따라서는 모든 부하 테스트 서버에 같은 파라미터를 사용해야 할 수 있어 이 점을 주의해야 한다.

예를 들어 JMeter에서 계정을 이용하여 사용자 ID 등을 생성하는 시나리오를 만들었을 때 여러 부하 테스트 서버에서 같은 ID로 접속을 하려는 상황이 발생한다. 이 때 사용자 ID 생성 초깃값에 랜덤 값을 사용하거나 각 서버상에 CSV 파일을 이용하여 설정 변경을 할 수 있게 해야 한다.

이 테스트에서는 부하 테스트 서버 증설에 따라 이전 단계에서 스케일 업/스케일 아웃 하여 해결되었던 병목에 부하가 발생함에 따라 새로운 병목으로 발견될 수 있어 다시 단계 8로 돌아가 시스템 증설을 반복해야 한다.

마지막으로 부하 테스트 서버와 시스템 리소스 모두를 증설한다고 해도 더 이상 성능이 향상되지 않는 상태가 된다. 이때의 숫자가 시스템 성능 한계라고 말할 수 있지만, 그 전에 테스트 결과가 제대로 확인되었다면 이 테스트는 끝내도 된다.

7.10.2 Plan

- 단일 부하 테스트 서버에서는 부하를 줄 수 없어 보다 큰 시스템에서 부하 테스트를 한다.
- 향후 리소스 증설을 위해 마일스톤(https://bit.ly/2w9ayDI)을 정리한다.

7.10.3 Do

- 복수의 부하 테스트 서버를 구축하여 더 큰 부하를 발생시킨다.
- 단계 1~6에서 사용한 시나리오로 회귀 테스트를 한다.

7.10.4 Check

- 부하 테스트 서버를 추가함에 따라 시스템 Throughput이 증가하는가?
- 테스트 결과가 목푯값을 만족시키는가?
- 더 높은 부하에서도 시스템이 확장성을 가질 수 있는가?

7.10.5 Action

여기에서 Action은 지금까지 단계에서 실시한 것을 모두 재검토하게 된다.

부하 테스트 실행 2
(원인 분석과 시스템 개선 작업)

부하 테스트 실행 2 (원인 분석과 시스템 개선 작업)

8.1 시스템 병목 확인

7장에서는 부하 테스트를 9단계로 나눈 작은 PDCA를 돌리며 실시함에 따라 각 단계에서 발생하는 병목을 확인하는 방법을 소개했다(표 8-1).

표 8-1 부하 테스트 9 단계

부하 테스트 단계	부하 테스트 대상	병목이 발생하기 쉬운 부분
단계 1: 도구와 환경의 검증	정적 페이지	부하 테스트 도구/네트워크
단계 2: 웹 프레임워크 검증	웹 프레임워크를 이용한 Hello World 페이지	부하 테스트 도구/웹 서버
단계 3: 참조계 성능 검증	참조계 페이지	부하 테스트 도구/웹 서버/캐시 서버/DB 서버
단계 4: 갱신계 성능 검증	갱신계 페이지	부하 테스트 도구/웹 서버/DB 서버
단계 5: 외부 서비스 연동 성능 검증	외부 서비스 연동 페이지	부하 테스트 도구/네트워크/외부 서비스
단계 6: 시나리오 테스트	전체	부하 테스트 도구/웹 서버/DB 서버
단계 7: 스케일 업/아웃 테스트 준비	전체	로드 밸런서
단계 8: 스케일 업/아웃 테스트	단계 1~6까지 회귀 테스트	부하 테스트 도구/네트워크/웹 서버/캐시 서버/DB 서버/외부 시스템/로드 밸런서
단계 9: 한계 성능 테스트	단계 1~6까지 회귀 테스트	부하 테스트 도구/네트워크/ 웹 서버/캐시 서버/DB 서버/외부 시스템/로드 밸런서

이 장에서는 7장 부하 테스트의 각 단계에서 발생한 병목을 해결하고 시스템 전체를

개선하기 위해 Action에 대한 구체적인 예를 원인별로 설명한다(그림 8-1).

- 부하 테스트 도구 병목일 때
- 웹 서버 병목일 때
- 캐시 서버 병목일 때
- DB 서버 병목일 때
- 외부 서비스/네트워크 병목일 때

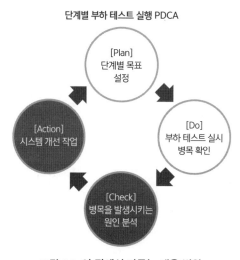

그림 8-1 이 장에서 다루는 내용 범위

8.2 부하 테스트 도구 병목 원인과 대책

단계별 테스트에서 병목이 부하 테스트 도구에 있다고 해도 그 원인은 다양하고 원인별 대응 방법도 다르다. 여기서는 대표적인 원인과 처리 방법을 소개한다.

- 서버와 부하 테스트 도구 설정 준비 부족
- 부하 테스트 시나리오 준비 부족

- 부하 테스트 서버 성능 부족
- 부하 테스트 서버 네트워크 부족

8.2.1 서버 및 테스트 도구 설정 문제

이 경우는 다음과 같은 패턴이 있다.

- 파일 디스크립터 부족
- TCP 포트 부족
- 부하 테스트 도구 기동 시 옵션 준비 부족
- 부하 테스트 클라이언트 수가 너무 적다.
- 부하 테스트 클라이언트 수가 너무 많다.
- 모니터링 대상이 너무 많다.

▨ 파일 디스크립터 부족

파일 디스크립터(Descriptor)란 프로그램이 접근하는 파일이나 표준 출력에 할당된 식별자를 말한다. 부하가 없을 때는 문제가 되지 않지만, 많은 부하가 연속적으로 발생하게 되면 Linux에서는 부하 테스트 도중에 테스트 도구에서 사용할 수 있는 파일 디스크립터가 부족해질 수 있다.

파일 디스크립터가 부족하게 되면 파일 오픈이 안 되는 에러가 발생하지만, ulimit 명령어를 사용하여 해당 셸(Shell)에서 사용 가능한 파일 디스크립터 수를 변경할 수 있다.

Linux에서 파일 디스크립터 수 변경

```
ulimit -n 65535
```

▨ TCP 포트 부족

파일 디스크립터 부족과 비슷하게 고부하가 연속적으로 발생하게 되면 부하 테스트 서버에서는 TCP 관련 커널 파라미터를 변경해야 한다. 인스턴스 타입을 스케일 업했다고 해도 테스트 중에 리소스 부족 현상이 발생할 수 있기 때문이다. 이 경우 OS 설정을 변경해야 한다.[1]

■ 부하 테스트 도구 기동 시 옵션 준비 부족

JMeter 등과 같이 Java를 사용하는 도구의 경우 기동 시에 사용 메모리 리소스 양 등이 설정되어 있어 기본 설정 상태에서 기동하게 되면 메모리 부족 현상이 발생할 수 있다. JMeter에서는 OutOfMemoryError가 확인된 경우 서버 리소스가 있는 범위에서 HEAP 메모리를 조정하여 기동해야 한다.

JMeter HEAP 크기 변경 방법

JMeter에서 사용할 HEAP 메모리 크기가 부족한 경우 OutOfMemoryError가 발생한다. 이때 JMeter 기동 옵션을 변경하여 HEAP 메모리 크기를 변경한다.

윈도우인 경우 배치 파일 jmeter.bat를 수정한다.

```
HEAP="-Xms256m -Xmx256m"
```

이를 환경에 맞춰 변경한다.

예제
```
HEAP="-Xms1024m -Xmx1024m"
```

■ 부하 테스트 클라이언트 수 조정

부하 테스트 클라이언트 수가 너무 많거나 적어도 시스템에 적절한 부하를 줄 수 없다. 테스트 환경에 맞게 수정해 가면서 테스트를 진행한다(그림 8-2).

---

1   변경 방법은 4장 칼럼 'TCP 설정 변경 방법'을 참고한다.

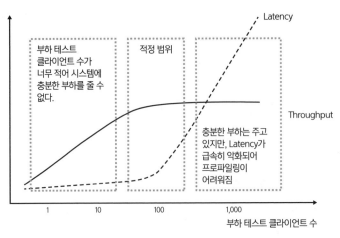

그림 8-2 부하 테스트 클라이언트 수 조정

부하 테스트 클라이언트 수가 너무 적다

이 경우는 대상 시스템에 충분한 부하를 주지 못하고 다른 부분에서도 병목이 발생하지 않은 상태에서 리소스 여유가 생긴다. 다음과 같은 상황에서는 부하 테스트 클라이언트 수를 추가하는 것을 검토하길 바란다

- 리소스 어느 곳에도 부하가 발생하지 않는다.
- 낮은 Latency의 응답이 있다.
- 시스템 Throughput이 작다.

적당히 부하 테스트 클라이언트를 추가하면 부하 테스트 대상 시스템 상의 어디에 병목이 발생하는지 알 수 있다.

테스트 클라이언트 수를 조금씩 늘려나가면 일정 시간 후에 Throughput은 올라가지만, 도중에 대상 시스템 Throughput이 더 이상 올라가지 않고 Latency가 급격하게 나빠지게 된다.

부하 테스트 클라이언트 수가 너무 많다

부하 테스트이기 때문에 가능한 한 많은 클라이언트에서 많은 부하를 발생시켜야 한다고 생각할 수 있지만, 시스템에 대해 테스트 클라이언트 수가 많은 경우 대상 시스템의 Latency가 수초~수십초 이상 급격하게 커지게 된다(Throughput에는 거의 변화가 없다). 이 Latency의 대부분은 실제 처리에 들어가기 전의 대기 시간이므로 실제 처리에 소요된 시간을 산정하기 어렵다. 그 결과 API 간 응답 속도 차를 확인하기 힘들어진다(그림 8-3).

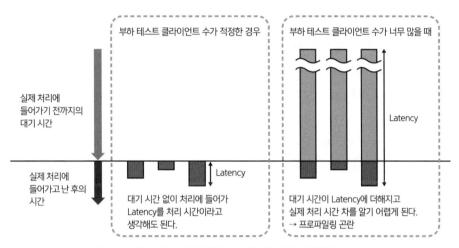

그림 8-3 부하 테스트 클라이언트 수가 너무 많을 경우의 Latency

이런 상태가 된 경우에는 Throughput이 많이 감소하지 않는 범위에서 클라이언트 수를 적당히 줄여 나간다.

■ 모니터링 대상이 너무 많다

시나리오 작성 중에는 문제가 없지만, JMeter에서 매트릭을 추가하면 대상 시스템에 부하가 발생하지 않는 상태에서 낮은 Throughput밖에 보지 못하는 부하 테스트를 할 때가 있다. 많은 부하를 발생시킬 때는 여러 매트릭을 비활성화하고 테스트를 진행해야 한다.

8.2.2 테스트 시나리오 문제

부하 테스트 시나리오 작성이 잘못되어 부하 테스트 대상 서버에 부하가 안 걸리는 경우가 발생한다. 예를 들어 다음과 같은 경우이다.

- 참고, 갱신 대상 리소스가 같은 리소스에 집중되어 있다.
- 시나리오 구조가 너무 복잡하다.

◼ 참고, 갱신 대상 리소스가 같은 리소스에 집중되어 있다

원래는 분산된 리소스를 사용하도록 설계된 시스템이지만, 부하 테스트 시나리오를 잘못 작성하여 같은 리소스에 집중하게 되고 원래의 성능을 내지 못하는 상황이 발생한다. 이 상황은 실제 접속하는 사용자는 달라야 하지만, 테스트에서는 같은 사용자만을 사용하거나 특정 레코드에서만 액션이 일어나는 시나리오를 만들었을 때 발생한다.

리소스 참고뿐만 아니라 갱신계 리소스의 경우 락이 발생하여 큰 영향을 받을 수도 있다.

◼ 시나리오 구조가 너무 복잡하다

복잡한 시나리오를 만들었을 때 그 시나리오 실행 자체가 부하 테스트 도구에 부하를 발생시키는 경우가 있다. 예를 들어 JMeter에서 If 컨트롤러 사용에 따라 부하의 상한을 크게 떨어뜨리는 원인이 될 수 있어 주의해야 한다.

8.2.3 부하 테스트 서버 성능 부족

다음과 같은 상태가 발생했을 때는 부하 테스트 서버를 스케일 아웃/스케일 업해야 한다.

- CPU 리소스 부족
- 메모리 리소스 부족
- 네트워크 리소스 부족

어느 타이밍에 확장해야 하는지는 7장 단계 1 테스트에서 대략적인 기준을 잡아 둔다.

또 부하 테스트 도구에 따라 더 많은 부하를 줄 수 있는 도구와 그렇지 않은 도구가 있어 상황에 따라 다른 테스트 도구를 사용해야 하는 경우도 발생할 수 있다.

8.2.4 부하 테스트 서버 네트워크 문제

다음과 같은 경우를 볼 수 있다.

■ 네트워크 대역/속도 부족

부하 테스트 서버를 테스트 대상 시스템과 네트워크 적으로 떨어진 장소에 설치하면 네트워크 대역 부족과 높은 Latency에 따른 Throughput 저하가 발생하기 쉽다. 특히 네트워크 거리에 따른 Latency 증가는 부하 테스트 결과를 크게 좌우하는 원인이 된다. 부하 테스트 서버는 대상 시스템과 같은 클라우드나 네트워크를 사용하거나 가능하면 가까운 위치에 두는 것을 권장한다.

■ Keep-Alive 미사용

부하 테스트로 충분한 부하를 주기 위해서는 부하 테스트 도구와 테스트 대상 서버 간에 고속의 요청을 주고받을 필요가 있다. 부하 테스트 도구와 대상 시스템 간에는 Keep-Alive 옵션을 사용하지 않으면 요청별로 핸드쉐이크(handshake)를 해야 하므로 최종적으로는 테스트 도구에 병목이 발생한다.

Apache Bench에서는 -k 옵션으로 Keep-Alive를 사용할 수 있다. 다른 도구도 설정할 수 있다.

■ HTTPS 테스트 미시행

HTTPS 테스트에서는 부하 테스트 서버 쪽 CPU 리소스를 사용하고 Latency를 발생시키기 때문에 대상 시스템에 충분한 부하를 주는 것이 어렵다. 그래서 가능한 한 HTTP를 사용하여 테스트한다.

AWS를 이용하는 경우 HTTPS 통신에서는 일반적으로 ELB를 사용한 SSL 터미네이션을 이용할 수 있어 시스템에 부하를 주지 않고 확장할 수 있지만, EC2 인스턴스에서 ELB 터미네이션 되는 경우 등에는 별도 HTTPS에서의 테스트가 필요하다. 또 API Gateway를 이용한 시스템에서는 HTTP 엔드포인트가 제공되지 않고 HTTPS만이 제공된다. 이런 경우 HTTPS에서 테스트해야 한다.

8.2.5 참고표

부하 테스트 도구 병목 사례에 따른 원인 분석과 시스템 개선 작업 참고표(표 8-2)를 소개한다.

표 8-2 부하 테스트 도구 병목 원인과 대책 참고표

원인 구분	원인 상세	주요 증상	대책
서버/테스트 도구 설정 준비 부족	파일 디스크립터 부족	테스트 시작 후 잠시 후에 통신 실패가 발생	파일 디스크립터 설정 수정
	TCP 접속 제한으로 통신에 실패	테스트 시작 후 잠시 후에 통신 실패가 발생	TCP 설정 수정
	도구 기동 옵션 준비 부족	JMeter에서 OutOfMemoryError가 발생	JMeter 기동 옵션에서 HEAP 크기 조정
	테스트 클라이언트 수 부족	대상 시스템에 충분한 부하를 주지 못하고 리소스 여유가 생김	테스트 클라이언트 수를 늘림
	테스트 클라이언트 수 많음	대상 시스템 Latency가 커짐(수초~수십초)	테스트 클라이언트 수를 줄임
	시나리오에 확인 대상이 많음		확인 대상을 최소한으로 변경
테스트 시나리오 준비 부족	참고, 갱신 대상 리소스가 같은 리소스에 집중	DB 특정 레코드에 처리가 집중됨	사용자를 분산시키는 시나리오로 변경
	시나리오가 너무 복잡		• 시나리오 수정 • 테스트 서버 증설
부하 테스트 서버 성능 부족	CPU/메모리/네트워크 리소스 부족		• 테스트 서버 스케일 업 • 테스트 서버 스케일 아웃 • 테스트 도구 검토

표 8-2 부하 테스트 도구 병목 원인과 대책 참고표(계속)

원인 구분	원인 상세	주요 증상	대책
부하 테스트 서버 네트워크 부족	네트워크 대역/속도 부족	Latency가 커져 대상 시스템에 부하가 걸리지 않음	근접한 네트워크에서 테스트
	HTTPS에서 테스트 실시	Latency가 커져 대상 시스템에 부하가 걸리지 않음	HTTP로 테스트 실시
	Keep-Alive 미사용	Latency가 커져 대상 시스템에 부하가 걸리지 않음	테스트 도구의 Keep-Alive 설정을 이용

8.3 웹 서버 병목 원인과 대책

웹 서버가 병목인 경우 다음과 같은 내용을 위에서부터 순차적으로 확인한다. 이 순서는 대책 방안을 적용했을 때 영향도가 큰 순서로 정렬한 것이다.

웹 서버를 튜닝하고 병목을 제거하면 웹 서버 Throughput이 향상되기 때문에 웹 서버보다 저렴한 인스턴스와 더 작은 인스턴스 수로도 시스템 전체로 보게 되면 같은 성능을 낼 수 있게 된다.

- 운영체제와 미들웨어 설정 문제
- 웹 프레임워크 문제
- 애플리케이션 문제
- 서버 리소스 성능 부족

8.3.1 운영체제와 미들웨어 설정 문제

Apache와 Nginx 등의 HTTP 서버나 사용 중인 프로그래밍 언어 설정을 수정한다.

■ TCP 포트 부족

테스트 도구와 같이 웹 서버에서 외부 서버(DB 서버나 웹 서버 등)와 통신을 할 때 많은 부하가 장시간 발생하면 TCP 포트가 부족하게 되어 신규 접속이 불가능해지는 경우가 있다. 이럴 땐 운영체제 설정을 변경해야 한다.[2]

■ HTTP 서버의 불필요한 기능 사용 중

대부분 정적 파일만 처리하고 있는 환경에서 전체 Throughput이 나오지 않는 경우에는 먼저 HTTP 서버 기능을 확인한다. Apache나 Nginx에서는 많은 기능을 제공하고 있고 불필요한 기능은 사용하지 않도록 한다.

■ HTTP 서버 기동 파라미터 설정 부족

Apache의 MaxClients 설정 등이 사용 중인 인스턴스 타입과 맞는지 확인한다.

클라우드에서는 인스턴스 타입 변경으로 메모리 용량이나 CPU 파워를 늘릴 수 있지만, 설치하여 사용하고 있는 미들웨어 설정 등은 자동 변경되지 않는다(RDS 등과 같은 관리형 서비스에서는 인스턴스 타입 변경에 따라 설정이 변경된다).

■ 크기가 큰 데이터 이용으로 많은 네트워크 사용

콘텐츠 데이터 크기가 큰 경우 네트워크 대역을 점유할 수 있어 전체 Throughput이 낮아질 수 있다. 이런 경우에는 HTTP 서버 쪽 압축을 사용하면 네트워크 대역 병목을 피할 수 있다.

예를 들어 Apache에서는 mod_deflate를 사용하면 자동으로 압축 전송을 할 수 있다.

■ 웹 가속기 사용

웹 가속기란 애플리케이션 코드를 실행할 때 최적화를 통해 프로그램 실행 속도를

---

2   변경 방법은 4장 칼럼 'TCP 설정 변경 방법'을 참고한다.

개선하는 미들웨어를 말한다. 특히 무거운 웹 프레임워크를 사용할 때 큰 효과를 볼 수 있다. 웹 가속기 도입만으로 웹 서버 자체의 Throughput이 3배 이상 향상되는 효과를 볼 수 있다.

PHP로 만들어진 애플리케이션을 최적화하는 가속기는 일반적으로 PHP accelerator (가속기)라고 부르며 다음과 같은 종류가 있다. 2017년 8월 현재 OPcache가 표준이 되고 있다.

- Zend Optimizer
- eAccelerator
- APC
- OPcache(PHP 5.5 이상 번들)

PHP 버전이나 사용 중인 확장 모듈에 따라 동작을 하지 않는 경우가 있으므로 테스트를 통해 확인하길 바란다.

OPcache에 대해서는 211페이지의 칼럼 'OPcache 소개'를 참고하도록 한다.

■ 낮은 버전의 프로그래밍 언어 사용

언어의 버전 업그레이드를 통해 보안이나 속도를 개선할 수 있다. 특히 PHP는 5.6 버전에서 7.0으로 업그레이드되고 많은 속도 개선이 이루어졌다. PHP뿐만 아니라 다른 언어에서도 가능하면 최신 버전을 사용하길 권한다.

PHP7 속도 개선에 대해서는 212페이지의 칼럼 'PHP 7 도입에 따른 Throughput 개선'을 참고하기 바란다.

8.3.2 웹 프레임워크 문제

웹 시스템 개발에 있어서 프로그래밍 언어의 웹 프레임워크를 많이 이용한다. 웹 프레임워크에는 정형화된 기능들이 포함되어 있고 보안 문제를 해결할 수 있어 안전하고 빠른 개발이 가능하다.

장점도 있지만, 다음과 같은 상황에서 시스템 성능을 충분히 활용하지 못하는 원인이 될 수 있다.

웹 프레임워크 자체가 무겁고 느림

일반적으로 편리하고 기능이 많은 프레임워크일수록 시스템 리소스의 사용량이 늘어나 시스템 전체 성능에 영향을 끼치는 경우가 많다. 같은 애플리케이션으로 구축된 시스템이지만, 사용하는 웹 프레임워크에 따라 Throughput이 2~10배 가까이 변하기 때문에 웹 프레임워크를 사용할 때는 시스템에 맞는지 확인하고 사용해야 한다.

또 웹 프레임워크를 변경해야 할 경우 변경 후에 개발에 많은 영향을 끼치게 된다. 처음 사용하는 웹 프레임워크는 웹 프레임워크를 선택하는 시점에 프로토타입을 만들어 부하 테스트를 해보고 벤치마크를 해보는 것을 추천한다.[3]

웹 프레임워크의 불필요한 기능을 사용

웹 프레임워크에서 제공하는 기능을 잘 활용하면 보다 안전한 애플리케이션을 빠르게 개발할 수 있고 높은 유지 보수성을 확보할 수 있다. 그러나 기본 설정 상태에서는 불필요한 기능들도 포함되어 있어 전체 시스템의 Throughput을 크게 떨어뜨릴 수 있다.

Laravel 세션 예

Laravel은 PHP에서 인기가 많은 웹 프레임워크 중 하나이지만, Laravel에서 제공하는 세션 기능은 시스템 Throughput을 크게 떨어뜨리는 원인 중 하나이다.

Laravel 공식 문서 'ReaDouble(https://readouble.com/laravel/5.1/en/session.html)'에서는 다음과 같이 설명하고 있다.

---

3 웹에서 검색해보면 마이크로(경량) 웹 프레임워크와 비교하여 벤치마크해 놓은 결과를 볼 수 있지만, 실제 애플리케이션을 구축했을 때에는 같은 성능을 낼 수 있다고는 확신할 수 없다.

The session configuration file is stored at config/session.php. Be sure to review the well documented options available to you in this file. By default, Laravel is configured to use the file session driver, which will work well for many applications. In production applications, you may consider using the memcached or redis drivers for even faster session performance.

기본 파일 세션을 사용하는 상태에서는 2가지 큰 문제가 있다.

- 문제 1

  파일 세션 사용은 고부하 발생 시에 많은 파일 I/O를 발생시킨다. 이 파일 I/O 는 top 명령어로 모니터링했을 때 CPU의 system(sys) 사용량이 급격하게 증가 하는 것을 확인할 수 있고 이 상태가 되면 시스템 Throughput은 크게 떨어진 다. 필자의 경험에서는 1/10 정도까지 떨어진 경우도 있다.

- 문제 2

  세션을 웹 서버 로컬 파일로 저장하게 되면 스케일 아웃이 발생했을 때 해당 세션을 가진 서버에 꼭 접속하도록 해야 한다. 로드 밸런서의 스티키 세션 기 능을 사용하면 구현할 수 있지만, 반대로 서버 대수를 줄이는 스케일 인의 경 우에는 세션이 끊기는 상황이 발생한다.

원래 세션을 사용하지 않는 애플리케이션이라도 설치된 모듈에 따라 많은 세션 파일 이 자동으로 생성되어 속도를 저하시킬 수 있으므로 필요한 기능만 선별해서 사용 하는 것이 중요하다.

Laravel에서 세션 기능을 사용하지 않는 방법에 대해서는 칼럼 'Laravel에서 세션 비 활성화 방법'을 참고하길 바란다.

■ 많은 로그를 남기고 있다

웹 프레임워크가 발생시키는 로그 양은 너무 많아 시스템 전체 Throughput을 떨어 트리는 경우가 있다. 다음과 같은 상태가 발생했을 때 이 상황이 아닌지 확인해보기 바란다.

- top 명령어로 모니터링을 했을 때 CPU 전체 사용량은 아주 크지 않지만, sys 사용량이 늘어난다.

이 상태는 과도하게 파일 I/O가 발생하는 상황이라고 볼 수 있다.

정상계 로그는 남기지 않고 문제가 있는 로그만 상세하게 기록하도록 설정했을 때 별도의 부하 테스트가 필요할 수도 있다.

8.3.3 애플리케이션 문제

애플리케이션 문제는 다음과 같은 경우가 있다.

■ 디버그 모드에서 동작

디버그 모드에서는 디버그를 위한 거대한 오브젝트를 생성하여 메모리나 CPU 리소스를 더 쓰거나 남아 있는 로그 때문에 대량의 파일 I/O를 발생시키기 때문에 정확한 부하 테스트 결과를 확인할 수 없게 된다. 또 프로파일러를 도입한 상태에서도 프로파일러 동작은 애플리케이션에 있어서 무시할 수 없는 큰 부하이다.

부하 테스트를 위해 발생시키는 요청은 서비스 환경의 릴리즈 때와 마찬가지로 디버그 모드를 비활성화한 상태에서 해야만 한다.

■ 애플리케이션의 리소스 낭비

실제 애플리케이션을 동작시키면서 불필요한 루프와 메모리의 과도한 이용, 비효율적인 오브젝트 등은 없는지 확인해야 한다.

필자의 과거 경험에서 볼 때 같은 오브젝트를 호출할 때마다 새롭게 생성되어 전체 처리 단계가 늘어나는 환경을 많이 보았다. 같은 오브젝트라면 같은 요청 안에서 재사용되어야 하며 캐시를 사용하여 요청 간에 공유해서 사용하는 방법을 고려해야 한다.

이런 프로그램 확인은 프로파일러를 도입하면 쉽게 할 수 있지만, 부하 테스트에서의 요청은 프로파일러를 사용하면 안 된다. 테스트 도구에서 발생시키는 요청과는 별도로 요청을 발생시켜 그 결과를 프로파일링하길 바란다.

■ 임의의 파일 I/O가 발생

CPU 전체 사용량은 그렇게 높지 않은데 sys 사용률이 높아지는 경우가 발생했을 때 웹 프레임워크에서 의도치 않게 세션과 로그가 생성되는 것과 마찬가지로 애플리케이션에서도 불필요한 파일 I/O가 발생하는지, 로그가 생성되고 있지 않은지 확인한다.

8.3.4 서버 리소스 성능 부족

지금까지 설명한 부분의 최적화 작업이 끝났다면 마지막으로 서버 리소스 성능 부족을 확인한다. 서버 리소스 부족의 주요 원인은 다음과 같다.

- CPU 리소스 부족
- 메모리 부족
- 스토리지 성능 부족

리소스 성능이 부족할 때의 주요 증상으로는 웹 서버 모니터링 결과 웹 서버 CPU 리소스가 100% 가까이 사용되는 현상을 확인할 수 있다. 다른 문제를 전부 해결한 상태라면 이 상태에서 인스턴스의 스케일 업이나 스케일 아웃으로 정상적으로 시스템이 확장된 상태임을 볼 수 있다. 그러나 메모리 부족 현상에서 Swap을 사용하기 시작했거나 CPU 사용률 중에서도 user(usr) 사용률은 비교적 적고 sys 사용률이 많이 늘어난 상태에선 다른 대응 방안이 필요할 때가 있다.

필자의 경험으로 보면 온프레미스 환경에서 RAID 컨트롤러의 Write Cache 기능을 활성화하게 되면 Write I/O Throughput이 증가해야 하지만, 반대로 떨어지는 현상이 발생할 경우가 있다. 이때 CPU 사용률 중에 sys 사용률이 상당히 높은 경우를 볼 수 있었다. 스토리지는 캐시 사용 방법과 파일 시스템에 따라 특성이 달라진다.

최종적으로 서버 리소스 자체 부족에 대한 대응은 서버의 스케일 아웃 또는 스케일 업을 해야 한다. 웹 서버 확장 방법은 스케일 아웃/스케일 업 중 어떤 방법을 써도 되지만, 스케일 아웃에서는 서비스 중이라도 서비스 중지 없이 확장할 수 있다. 그래서 일반적으로 스케일 아웃을 쓰는 경우가 많다.

8.3.5 참고표

웹 서버 병목에 대한 원인 분석과 시스템 개선 방법 참고표(표 8-3)를 소개한다.

표 8-3 웹 서버 병목 원인과 대책 참고표

원인 구분	원인 상세	주요 증상	대책
미들웨어 설정 문제	HTTP 서버의 불필요한 기능을 사용 중		불필요한 기능은 사용하지 않는다.
	HTTP 서버 기동 파라미터 설정 부족		MaxClients 설정을 확인하거나 prefork 설정 확인 등
	큰 크기의 데이터 사용으로 많은 네트워크 사용	서버에서의 Outbound Throughput이 증가	• 파일 압축 • 전송(mod_deflate) 등 검토 • CDN 사용 검토
	웹 가속기를 미사용	웹 서버 CPU 리소스가 100% 가까이 사용됨	PHP인 경우 OPcache 등의 가속기 이용 검토
	낮은 버전의 프로그래밍 언어 사용		언어 버전 업그레이드 검토
웹 프레임워크 문제	웹 프레임워크 자체가 느림		웹 프레임워크 검토
	웹 프레임워크의 필요 없는 기능 사용		불필요한 기능은 사용하지 않는다.
애플리케이션 문제	디버그 모드에서 동작		디버그 모드 중지
	애플리케이션의 리소스 낭비		불필요한 루프 처리를 수정하고 콘텐츠와 오브젝트에 대한 효율적인 캐시 이용 검토
	• 랜덤한 파일 I/O가 발생 • 로컬 파일 시스템 위에 세션을 사용하고 있는 경우 발생	웹 서버 CPU 리소스 중 sys 사용 비율 증가	

표 8-3 웹 서버 병목 원인과 대책 참고표(계속)

원인 구분	원인 상세	주요 증상	대책
서버 리소스 성능 부족	웹 서버 CPU 리소스를 100% 가까이 사용	※ 정상적으로 요청이 처리되고 있다면 문제없음	• 스케일 업 • 스케일 아웃

| 칼럼 | **OPcache 소개**

PHP 매뉴얼(http://php.net/manual/kr/intro.opcache.php)의 내용을 소개한다.

> OPcache improves PHP performance by storing precompiled script bytecode in shared memory, thereby removing the need for PHP to load and parse scripts on each request.

> This extension is bundled with PHP 5.5.0 and later, and is » available in PECL for PHP versions 5.2, 5.3 and 5.4.

OPcache뿐만 아니라 많은 웹 프레임워크는 바이트 코드를 메모리에 올려 고속화한다.

그래서 웹 가속기 도입 후에 애플리케이션 소스 코드를 변경한 경우에는 HTTP 서버를 재시작하여 공유 메모리 위에 바이트 코드를 리셋하지 않으면 장애가 발생할 수 있으므로 주의해야 한다.

OPcahce 도입 벤치마크

10장에서 PHP에서의 부하 테스트 사례를 소개한다. 거기에서 사용한 PHP 5.6 애플리케이션에 OPcache를 도입했을 때 Throughput은 그림 8-4와 같다.

API 서버의 인스턴스 타입은 m4.large(2코어)로 대수는 1대를 사용했다.

	OPcache 비활성화	OPcache 활성화	Throughput 상승률
test.php	378	401	1.1배
helloworld(Phalcon)	279	354	1.3배
시나리오 전체※	177	262	1.5배

※ 여기서는 시나리오 Throughput이 아닌 API 요청 기반의 Throughput을 기록한다.

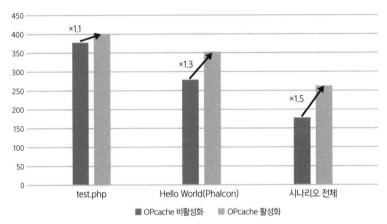

그림 8-4 OPcache 활성화(PHP 5.6)

애플리케이션과 서버 구성을 수정하지 않고 최종 시나리오를 실행해서 Throughput을 1.5배까지 상승시킬 수 있다.

여기서는 웹 프레임워크로 빠르고, 가벼운 Phalcon을 사용하기 때문에 시나리오 전체 Throughput 개선율이 1.5배에 머물러 있지만, 다른 무거운 프레임워크를 사용했을 때는 더 많은 Throughput 변화를 볼 수 있다.

필자의 경험으로는 웹 프레임워크 Laravel에 OPcache를 도입하여 3배 정도 Throughput 상승률을 본 경험이 있다.

칼럼   **PHP 7 도입에 따른 Throughput 개선**

10장에서는 PHP 5.6을 사용한 부하 테스트의 사례를 보여주고 있지만, PHP 7을 이용할 경우 결과는 크게 달라진다. 사용 중인 웹 프레임워크가 PHP 7을 사용할 수 있고 버전 변경이 가능할 경우 버전 업그레이드를 검토하기 바란다.

PHP 7 도입 벤치마크

10장에서 소개하는 애플리케이션에 OPcache를 도입한 상태에서 PHP 5.6 또는 PHP 7.0으로 부하 테스트를 진행했다(그림 8-5). PHP 7.0에서는 APC를 이용할 수 없기 때문에 APCu를 사용했다. 소스 코드도 일부 변경해야 한다.

```
// apc에서 apcu로 변경했을 때 필요한 소스 코드 변경
apc_fetch() -> apcu_fetch()
```

```
apc_store() -> apcu_store()
```

모든 테스트의 API 서버의 인스턴스 타입은 m4.large(2코어)로 대수는 1대를 사용했다.

	PHP 5.6	PHP 7.0	Throughput 상승률
test.php	401	8,210	20.5배
Hello World(Phalcon)	354	2,989	8.4배
시나리오 전체※	262	978	3.7배

※ 여기서는 시나리오 Throughput이 아닌 API 요청 기반의 Throughput을 기록한다.

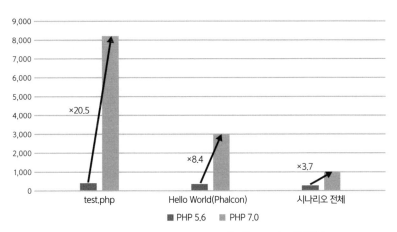

그림 8-5 PHP 5.6→PHP 7.0으로 변경(OPcache 활성화)

PHP 가속기를 활성화한 상태끼리 비교해도 Throughput은 개선되고 있다. 이때, 어떤 테스트에서도 API 서버 CPU가 100% 사용 중이며 CPU 병목이 발생하였다.

칼럼 | **Laravel에서 세션 비활성화 방법**

Laravel에서 제공하는 기능은 미들웨어라고 부르며 다음 파일을 제어한다.

```
App/Html/Kernel.php
```

이 중에 다음 부분을 변경한다.

변경 전

```
protected $middleware = [
    'Illuminate\Foundation\Http\Middleware\CheckForMaintenanceMode',
    'Illuminate\Cookie\Middleware\EncryptCookies',
    'Illuminate\Cookie\Middleware\AddQueuedCookiesToResponse',
    'Illuminate\Session\Middleware\StartSession',
    'Illuminate\View\Middleware\ShareErrorsFromSession',
    'App\Http\Middleware\VerifyCsrfToken',
];
```

변경 후

```
protected $middleware = [
    'Illuminate\Foundation\Http\Middleware\CheckForMaintenanceMode',
    'Illuminate\Cookie\Middleware\EncryptCookies',
    'Illuminate\Cookie\Middleware\AddQueuedCookiesToResponse',
    // 'Illuminate\Session\Middleware\StartSession',
    // 'Illuminate\View\Middleware\ShareErrorsFromSession',
    // 'App\Http\Middleware\VerifyCsrfToken',
];
```

VerifyCsrfToken 기능은 세션 기능에 의존하고 있어 이 기능을 사용할 때에는 세션 기능을 비활성화할 수 없다.

8.4 캐시 서버 병목 원인과 대책

빠른 애플리케이션을 개발하기 위해서 캐시 사용은 필수라고 할 수 있다. 캐시 사용에 대한 설명은 216페이지 칼럼 '캐시 사용 정책에 대하여'를 참고하길 바란다.

캐시 서버가 병목이 되는 경우는 다음 두 가지가 있다.

8.4.1 캐시 사용 방법 문제

캐시 사용 시에 웹 서버와 캐시 서버 간 지속적인 접속을 사용하지 않았을 때 캐시 서버 쪽 CPU 리소스 사용률은 낮은 수준을 유지하지만, 캐시 사용 부분의 Latency 가 느려져 전체 시스템에 영향을 주는 경우가 있다. 이런 경우 캐시 서버 접속에 있어 지속적인 접속 사용을 검토하는 것이 좋다.

PHP에서 memcached로의 지속적인 접속 방법에 대해서는 칼럼 'PHP에서 memcached로 지속적인 접속 방법'을 참고하길 바란다.

8.4.2 서버 리소스 부족

다음과 같은 경우가 있다.

- CPU 리소스 부족
- 메모리 리소스 부족

캐시 서버 리소스를 모니터링했을 때 CPU나 메모리 리소스 부족이 확인되면 캐시 서버의 스케일 업 또는 스케일 아웃을 검토하기 바란다. 그리고 캐시 서버의 스케일 업이나 스케일 아웃은 온라인 상태에서는 어렵고 구성 변경 중에는 캐시가 히트하지 않는 상황이 발생하기 때문에 주의해야 한다.

세션용 스토리지 등의 확장 작업 중 캐시가 초기화되어 문제가 발생하는 상황에서는 데이터를 영구적으로 유지하는 캐시 시스템을 이용하거나 여유가 있는 인스턴스 타입을 사용하는 등의 대책이 필요하다.

8.4.3 참고표

캐시 서버 병목의 원인 분석과 시스템 개선 작업에 대한 참고표(표 8-4)를 소개한다.

표 8-4 캐시 서버 병목 원인과 대책 참고표

원인 구분	원인 상세	주요 증상	대책
캐시 사용 방법 문제	지속적인 접속을 이용하지 않음	캐시 서버 CPU 사용률 높아짐	지속적인 접속 사용 검토
서버 리소스 부족	CPU 리소스 부족	캐시 서버 CPU 사용률 높아짐	• 스케일 업 • 스케일 아웃
	메모리 리소스 부족	메모리 부족으로 캐시 아웃 발생	• 스케일 업 • 스케일 아웃

칼럼

캐시 사용 정책에 대하여

캐시를 사용하면 시스템 전체 성능을 향상시킬 수 있다. 또 캐시를 잘 활용하면 확장하기 어려운 부분의 부하도 줄일 수도 있다.

다음은 CDN 사용도 포함하여 적극적으로 캐시를 사용한 사례다.

- [전제조건] 캐시 히트율이 높음
  - 마스터 데이터 참고 등 실행 시에 결과가 거의 변경되지 않는 경우
  - 모든 사용자에게 거의 같은 페이지를 응답하는 경우
- [전제조건] 캐시가 오래되어도 큰 문제가 되지 않거나 오래된 상태 캐시 변경 가능
  - 캐시 보관 기간을 짧게 설정하면 어느 정도 해소 가능
  - DB를 갱신했을 때 캐시 내용도 변경 가능한 경우(Read-through 캐시라면 캐시 삭제만으로 가능)
- 리소스 부하가 큰 부분에 적용
  - Latency가 높은 시스템과 충돌이 발생한 경우
  - Throughput이 낮은 시스템과 충돌이 발생한 경우
  - CPU 리소스를 많이 소비하는 처리가 발생한 경우

전제조건으로 캐시 히트율이 높은 상황을 설명했지만, 히트율이 낮은 캐시의 보관 기간을 길게 하여 히트율을 높이겠다는 방법은 좋지 않다. 그 이유는 다음과 같다.

- 보관 기간을 길게 해도 선형적으로밖에 증가하지 않음
- 히트율이 낮은 불필요한 데이터가 시스템 리소스(메모리, 스토리지)를 점유함
- 캐시의 미스 히트에도 리소스를 사용함
- 보관 기간을 길게 하면 오래된 데이터에 접근하기 쉬워짐

반대로 히트율이 높은 데이터를 대상으로 했을 때는 1~10초간의 짧은 시간 동안 보관해도 충분한 효과를 볼 수 있다. 애플리케이션 설계 시에는 캐시 히트율을 높이는 것이 중요하다.

> **예** 초간 1,000 접속이 발생하는 처리를 1초간 유지하는 캐시를 사용한 경우 해당 처리 실행 횟수는 1,000rps→1rps로 감소한다.

Read-through 캐시에서 캐시 미스 히트의 스파이크 대책에 대해

캐시를 사용하는 것만으로 시스템 특정 부분의 부하를 분산시킬 수 있다. 그대로라면 캐시가 초기화되었을 때 미스 히트가 발생한 순간 많은 접속이 해당 부분에 집중될 것이다.

> **예** 초간 1,000 접속이 있는 처리 Latency가 1초 걸리는 경우 캐시가 초기화되어 사용할 수 없게 된 경우 해당 처리 실행 횟수는 1,000rps 요청이 발생

만약 위의 처리가 10초 걸리는 경우에는 동시에 10,000 요청이 발생하고, 캐시가 적절하게 사용되었을 때는 동시에 하나의 요청밖에 발생하지 않는 곳에 10,000 요청이 발생하여 시스템이 멈춰버린다.

이런 증상이 발생할 때는 캐시 갱신 작업은 동시에 하나의 요청만 발생하도록 캐시 갱신 처리에 들어가기 전에 해당 키에 대한 락을 거는 기능을 애플리케이션 쪽에 추가하는 것을 검토한다.

또 캐시의 논리적 유효 기간을 물리적인 보관 기간과는 별도로 설정하여 그 시간을 초과한 최초 요청만 캐시 갱신을 시도하고 다른 요청은 기존의 캐시 데이터를 이용한다.

> 칼럼

PHP에서 memcached로 지속적인 접속 방법

AWS 환경에서는 memcached로의 지속적인 접속은 memcached 접속 Latency와 Throughput에 큰 영향을 준다. PHP에서 memcached로 지속적인 접속을 하기 위해서는 다음과 같은 방법이 있다.

memcached 클라이언트로 PECL:memcache를 사용하고 있는 경우

memcached로 접속할 때에 Memcache::pconnect()를 이용한다.

```
$memcache_obj = new Memcache;
$memcache_obj->pconnect('memcache_host', 11211);
```

memcached 클라이언트로 PECL:memcached를 사용하고 있는 경우

memcache 옵션 초기화 시에 고정 ID를 추가한다.

```
$memcache_obj = new Memcached('persistent_id');
```

8.5 DB 서버 병목 원인과 대책

DB 서버 병목의 경우에도 각각의 원인은 다음과 같이 분류할 수 있다.

- DB 설계 문제
- DB 사용 애플리케이션 문제
- 서버 리소스 부족

어느 경우에서도 먼저 실제 실행 시간이 걸리는 쿼리를 찾아내는 것이 가장 중요하다.

그리고 MySQL 쿼리 모니터링에 대해서는 칼럼 'MySQL에서의 실행 시간이 걸리는 쿼리 모니터링 방법'에서 설명한다.

8.5.1 DB 설계 문제

RDB는 유용하지만 DB 특성에 맞춘 설계를 하지 않는다면 RDB의 진가를 발휘할 수 없고 속도도 떨어진다. RDB에 있어 알맞은 DB 설계에 대해서 책 한 권을 쓸 수 있을 정도로 시중에 이미 좋은 책들이 많이 나와 있다. 실행 속도를 떨어뜨리기 쉬운 패턴을 3가지 꼽으라면 다음과 같다.

● 인덱스 문제

인덱스가 설정이 잘못되면 RDB는 매우 비효율적으로 실행된다.

MySQL의 경우 SHOW CREATE INDEX로 테이블에 생성된 인덱스를 확인할 수 있다. 인덱스를 생성하는 칼럼의 기준은 다음과 같은 내용이 있지만, 실제 쿼리 실행 계획을 EXPLAIN으로 확인하면서 필요한 인덱스를 추가한다.

- WHERE 절 조건으로 자주 사용되는 칼럼
- JOIN 키가 되는 칼럼
- 카디널리티(cardinality)가 높은 칼럼

카디널리티(Cardinality)란 칼럼이 사용할 수 있는 값의 다양성을 의미한다. 사용자 개인 정보를 다루는 테이블을 예로 들면 카디널리티가 높은 칼럼은 생년월일과 같은 많은 값을 가지고 있는 칼럼이다. 반대로 카디널리티가 낮은 칼럼은 성별과 같은 2개의 값이나 3개의 값을 가진 칼럼이다.

카디널리티가 낮은 칼럼에 인덱스를 사용하면 추가적인 메모리와 스토리지 리소스 사용이 발생하여 데이터 갱신 시 인덱스 생성에 불필요한 리소스를 사용하게 되고 검색 시 인덱스를 사용하지 않는 검색으로 인해 느려지는 경우도 발생한다.

또 실제 이 칼럼들에 대해 사용 가능한 인덱스를 생성한다고 해도 상태에 따라 해당 인덱스를 활용할 수 없어 효율이 떨어지는 쿼리를 실행할 수도 있다. 이런 경우에는 인덱스 히트 구문을 사용하여 SQL 안에서 사용할 인덱스를 지정할 수 있다.

인덱스 히트 구문 예

MySQL 공식 문서(https://dev.mysql.com/doc/refman/5.6/en/index-hints.html)에서

```
SELECT * FROM table1 USE INDEX (col1_index,col2_index)
  WHERE col1=1 AND col2=2 AND col3=3;

SELECT * FROM table1 IGNORE INDEX (col3_index)
  WHERE col1=1 AND col2=2 AND col3=3;
```

■ 적절한 테이블 분리가 되지 않음

테이블이 올바르게 정규화되어 있는지 아닌지는 실행 시 속도에도 영향을 미친다. 예를 들어 5, 6개 혹은 그 이상의 테이블을 JOIN 해야 하는 상황에서 쿼리 실행은 느려진다.

각 테이블이 비대화 되지 않는 범위 또는 인덱스가 적절하게 사용 가능한 범위에서 테이블을 정규화할 필요가 있다.

■ 적절한 스토리지 엔진 미사용

MySQL의 경우지만 MySQL에서는 테이블별로 스토리지 엔진을 선택할 수 있다. 스토리지 엔진별로 사용 가능한 기능에는 특징이 있고 스토리지 엔진으로 MyISAM을 사용할 경우 테이블 갱신 시에 테이블 행의 락이 아닌 테이블에 락이 걸린다. 그래서 테이블 갱신이 많이 발생하는 경우에는 전체 성능 저하가 발생한다.

트랜잭션 필요성, 갱신 빈도, 참고 빈도 등을 확인해 가면서 스토리지 엔진을 선택하길 바란다.

8.5.2 DB 사용 애플리케이션 문제

다음과 같은 경우가 있다.

■ 지속적인 연결 미사용

캐시 사용과 같이 DB 접속에서도 지속적인 연결을 사용하지 않으면 DB에 접속할 때마다 연결해야 하고 부하가 많을 때는 접속 Latency를 무시할 수 없다. 상용 RDBMS 제품도 부하가 많은 상황에서는 지속적인 연결 사용 여부에 따라 테스트 결과가 크게 차이 날 수 있다.

■ 적절하지 않은 쿼리 사용

RDB에서는 같은 실행 결과를 가진 쿼리도 여러 가지 방법으로 실행할 수 있어 쿼리 작성 방법에 따라 내부 실행 계획이 바뀌고 성능에 영향을 줄 수 있다.

특히 문제가 발생하기 쉬운 경우는 다음과 같다.

- JOIN 해야 하는 부분에 JOIN을 하지 않고 여러 번 쿼리를 실행
- 같은 쿼리 안에 JOIN 하는 횟수가 너무 많아짐
- 서브 쿼리를 사용했을 때 서브 쿼리 실행 결과가 너무 많음

이런 상황이 발생했을 때 쿼리 최적화를 해야 한다. O/RM로 쿼리 빌드를 하고 있을 때 특히 이런 부적절한 SQL이 생성되어 버리는 경우가 있어 주의가 필요하다.

생성된 SQL에 속도 문제가 발생한다면 O/RM을 사용하지 않는 SQL로 변경하여 처리해야 한다.

갱신 락 발생

갱신 쿼리 속도가 참조계 쿼리에 비해 느린 경우 갱신 락이 발생했을 가능성이 있다.

갱신 락이 발생하기 쉬운 경우로 DB에 같은 레코드를 동시에 여러 사용자가 갱신하려고 했을 때 락이 발생한다. MyISAM에서 갱신 시에 테이블 전체에 락이 걸리는 경우에도 InnoDB와 같이 행에 락이 발생하는 스토리지 엔진에서도 발생한다. 이 락이 발생하게 되면 갱신 트랜잭션은 동시에 하나밖에 처리할 수 없게 되고 해당 처리에 대한 Throughput은 현저히 저하된다.

특히 counter-increment(증가) 처리나 decrement(감소) 처리가 발생하기 쉽고 다음과 같은 설계를 했을 때 주의가 필요하다.

- 경품 당첨자 수 counter를 DB increment 처리로 설계하는 것
- 기사에 대해 '좋아요' counter를 DB increment 처리로 설계하는 것
- 상품 재고 확보를 DB increment 처리로 설계하는 것

이런 문제를 피하고자 increment 처리를 사용하지 않고 신규 레코드를 생성하고 counter는 별도 KVS와 같은 빠른 시스템을 사용하는 방법을 고려해야 한다.

적절한 캐시 미사용

캐시되어야 할 데이터가 캐시되지 않아 DB에 불필요한 쿼리가 몇 번이고 실행되는 경우가 있다. 특히 발생하기 쉬운 상황은 데이터가 존재하지 않은 상태를 캐시하지 않는 것이다.

예를 들어 상품 DB 조회가 느린 시스템으로 상품 검색 결과를 캐시하는 시스템을 구축했다고 하자. 여기서 'ID=100'이라는 상품이 과거에는 있었지만, 현재는 판매하지 않는다. 이 ID=100이라는 데이터는 존재하지 않아 존재하지 않는다는 정보를 캐시하지 않는다면 ID=100 상품의 조회가 발생하면 데이터를 가지고 있는 느린 시스템

에 저장된 데이터를 조회해야만 한다.

이것을 방지하기 위해 '상품 ID=100은 존재하지 않는다.'라는 정보를 캐시에서 판단할 수 있어야 한다. 이 캐시를 상품 ID 별로 가지고 있어도 되지만, 조회가 필요한 ID에 이상한 숫자를 넣었을 때는 처리가 어려운 경우가 있으니 상품 수가 적을 때에는 모든 상품 정보를 한 번은 캐시해 두는 방법도 있다.

🟦 부하 테스트 시나리오 준비 부족

시나리오 작성 시 주의 사항은 8.2.2 '테스트 시나리오 문제'에서 설명했다. 다시 말하면 일반 사용자 요청에서 갱신 대상 레코드는 분산되어 있어야 하지만 부하 테스트 시나리오에 문제가 있다면 특정 레코드에 참고와 갱신이 집중되어 버린다.

이때 시나리오를 수정하고 서비스 환경과 흡사하게 대상 레코드가 분산될 수 있도록 한다.

8.5.3 서버 리소스 부족

DB 설계나 애플리케이션 쪽의 쿼리를 수정해도 병목이 발견된 경우에는 DB 서버 리소스 부족을 의심해봐야 한다. 다음과 같은 원인을 생각할 수 있고 각각의 대응 방법은 다르다.

🟦 참조 쿼리가 무겁다

갱신 쿼리에는 문제없지만, 참고 쿼리만 무거운 경우에는 참고 쿼리를 참고 전용 슬레이브 서버를 이용하면 스케일 아웃을 할 수 있다.[4]

또 쿼리 종류에 따라서는 Read-through 캐시를 사용하여 쿼리 실행 횟수를 줄여 전체 Throughput 향상을 기대할 수 있다.[5]

---

4 칼럼 'DB 마스터-슬레이브 구성에 대해서'를 참고한다.
5 칼럼 '캐시 사용 정책에 대하여'를 참고한다.

◾ CPU 리소스 부족

CPU 리소스가 부족할 때에는 DB 스케일 업 또는 스케일 아웃을 테스트한다.

그러나 스케일 아웃에 따라 참고 쿼리에 의한 CPU 리소스 부족은 대응할 수 있지만, 갱신 쿼리를 스케일 아웃으로 해결하는 것은 어렵다. 일반적으로 갱신 처리 확장은 일정 시간 다운타임을 가지고 가면서 스케일 업을 해야 한다. 또 스케일 업을 해도 DB Throughput이 변화가 없는 경우도 많다. 그래서 RDB를 사용한 시스템에서 스케일 업/스케일 아웃을 하면서 확장하지만, 최종적인 병목 부분은 DB의 갱신 성능이 되는 경우가 많다.

AWS 일부 인스턴스에는 CPU 크레딧이라는 개념이 있고 인스턴스 타입별로 일정 기간 CPU 버스트 기능을 사용할 때가 있다. 이때 CPU 크레딧이 사용되고 크레딧이 소진되면 CPU 성능에 제한이 걸릴 수 있다. 부하 테스트 시에는 CPU 버스트 기능을 사용하고 있는지 확인하면서 테스트를 진행해야 한다.

◾ 메모리 리소스 부족

RDS for MySQL에서 DB 안에 레코드가 늘어나면 CloudWatch 등에서 모니터링할 수 있는 Freeable Memory[6] 수치는 낮아지지만, 이 Freeable Memory는 일정 값 이하로 내려가지 않는다. 이것은 Freeable Memory가 가용할 때 테이블 내용과 인덱스 데이터를 적극적으로 메모리에 올리기 때문이다.

메모리 리소스가 부족하고 인덱스를 메모리에 올리지 못하는 경우 지금까지 인덱스를 사용하여 빠르게 처리했던 부분이 급격하게 느려지게 된다. 이런 상황에서는 더 많은 메모리를 사용할 수 있는 인스턴스 타입으로 변경해야 한다.

◾ 스토리지 I/O 부족

RDB에서 사용 중인 스토리지 I/O 성능이 병목이 될 수 있고 전체 Throughput을 떨어뜨리는 원인이 된다.

---

6 한국어로는 '여유 메모리'라고 해석할 수 있다.

AWS의 RDS에서는 스토리지 I/O 성능에도 CPU 크레딧과 같은 버스트 기능이 있어 일정 기간 동안 기준 I/O 성능보다 높은 성능을 사용할 수 있다. 그러나 버스트가 끝나면 자동으로 기준 I/O 성능밖에 사용할 수 없어 큰 병목이 발생하는 경우가 있다.

AWS에서는 PIOPS(Provisioned IOPS)를 사용하면 인스턴스 타입과는 별도로 스토리지 I/O 성능만을 구입하여 사용할 수 있어 쓰기 작업이 많은 시스템에서는 PIOPS 사용을 검토하길 바란다. 높은 타입의 인스턴스를 사용할 때보다 비용 절감 효과를 볼 수도 있다.

또 AWS에서 RDS for MySQL을 사용하는 경우 Aurora를 사용하면 이러한 문제들을 해결할 수도 있다.

8.5.4 참고표

DB 서버 병목에 대한 원인 분석과 시스템 개선 작업에 대한 참고표(표 8-5)를 소개한다.

표 8-5 DB 서버 병목 원인과 대책 참고표

원인 구분	원인 상세	주요 증상	대책
DB 설계 문제	인덱스 문제	쿼리 실행에 대한 응답 Latency가 커짐	Slow query log를 확인하고 느린 쿼리에 인덱스 적용 및 수정
	적절한 테이블 분리	쿼리 실행에 대한 응답 Latency가 커짐	DB 설계 전체를 다시 검토
	적절한 스토리지 엔진 미사용	테이블 락이 발생	스토리지 엔진 선택

표 8-5 DB 서버 병목 원인과 대책 참고표(계속)

원인 구분	원인 상세	주요 증상	대책
DB 사용 애플리케이션 문제	지속적인 연결 미사용	DB에 접속할 때 Latency가 커짐	지속적인 연결 사용 검토
	적절하지 않은 쿼리 사용	쿼리 실행 Latency가 커짐	• 복잡한 쿼리 분리 • 적절한 JOIN 사용 • O/RM 생성 쿼리에 주의
	갱신 락이 발생	갱신 쿼리가 무거움	• 갱신이 집중되는 레코드가 있을 경우 DB 이용 정책을 검토 • KVS 사용 검토
	부하 테스트 시나리오 준비 부족으로 갱신이 특정 레코드에 집중	• 갱신 쿼리가 무거움 • 원래 발생하지 않은 로그가 발생	부하 테스트 시나리오에서 특정 사용자만 사용하는 시나리오가 잘못된 경우가 있음. 시나리오 재검토 필요
서버 리소스 부족	참고 쿼리가 무거움	DB 응답 Latency가 커짐	• (가능한 범위에서) 참고 전용 슬레이브 서버 이용 • 캐시 이용 검토
	CPU 리소스 부족	• DB 서버 CPU 사용률이 높아짐 • DB 서버 메모리 부족 발생	• 스케일 업 • (가능한 범위에서) 스케일 아웃
	메모리 리소스 부족	• Freeable Memory 부족 • 데이터양이 적을 때는 빠른 응답을 주던 참고, 갱신 쿼리가 급격하게 느려짐	스케일 업
	스토리지 I/O 부족	다른 리소스에는 여유가 있지만, 스토리지 I/O가 일정 Throughput에서 더 이상 증가하지 않음	• PIOPS 사용 검토 • 스케일 업 • (가능한 범위에서) 스케일 아웃 • Aurora 사용 검토

| 칼럼 | **MySQL에서의 실행 시간이 걸리는 쿼리 모니터링 방법** |

부하 테스트 실행 시 MySQL 서버에서 쿼리 실행이 느릴 경우의 조사 방법을 설명한다. 실행 시간이 걸리는 쿼리가 확인되면 해당 쿼리 인덱스 사용 상태 등을 Explain 명령어로 확인하고 인덱스 추가 등을 검토한다.

show full processlist

제일 간단한 것은 MySQL에 접속하여 show full processlist를 실행하는 것이다. 이 명령어는 명령어 실행 시점의 MySQL 프로세스가 실행 중인 쿼리와 실행 시간 등을 보여준다.

```
[ec2-user@ip-172-31-13-207 html]$ mysql -h taru8test.***.ap-
northeast-1.rds.amazonaws.com -u root -p***
Welcome to the MySQL monitor. Commands end with ; or \g.
Your MySQL connection id is 323
Server version: 5.6.27-log MySQL Community Server (GPL)

Copyright (c) 2000, 2016, Oracle and/or its affiliates. All rights
reserved.

Oracle is a registered trademark of Oracle Corporation and/or its
affiliates. Other names may be trademarks of their respective
owners.

Type 'help;' or '\h' for help. Type '\c' to clear the current input
statement.

mysql> show full processlist;
+-----+----------+---------------------+-------+---------+------+-----
--+-----------------------+
| Id  | User     | Host                | db    | Command | Time |
State | Info                  |
+-----+----------+---------------------+-------+---------+------+-----
--+-----------------------+
| 5   | rdsadmin | localhost:32758     | mysql | Sleep   | 12   |
| NULL |                      |
| 323 | root     | 172.31.13.207:43306 | NULL  | Query   | 0    | init
| show full processlist |
+-----+----------+---------------------+-------+---------+------+-----
--+-----------------------+
2 rows in set (0.00 sec)
```

Slow query log 수집, 표시

RDS에서는 파라미터 그룹을 변경하여 간단하게 Slow query log를 수집할 수 있다. 이 Slow query log를 수집하면 해당 쿼리가 실행된 시점이 아니라도 나중에 시간이 걸린 쿼리를 확인할 수 있다.

파라미터	현재 값	수정 값
Slow_query_log		1

MySQL에 다시 접속하면 설정이 변경된 것을 확인할 수 있다.

```
mysql> show variables like "slow_query_log";
+----------------+-------+
| Variable_name  | Value |
+----------------+-------+
| slow_query_log | ON    |
+----------------+-------+
1 row in set (0.00 sec)
```

그러나 기본 설정으로는 Slow query log에 10초 이상 걸린 쿼리만을 확인할 수 있다.

```
mysql> show variables like "long_query_time";
+----------------+-----------+
| Variable_name  | Value     |
+----------------+-----------+
| long_query_time | 10.000000 |
+----------------+-----------+
1 row in set (0.00 sec)
```

웹 서비스에서는 이 10초가 긴 시간이므로 이 값을 변경한다. 예를 들어 0.1초 이상 소요된 쿼리만 확인하고 싶을 때는 파라미터 그룹의 long_quert_time을 다음과 같이 변경한다.

파라미터	현재 값	수정 값
long_query_time		0.1

```
mysql> show variables like "long_query_time";
+----------------+-----------+
```

```
| Variable_name   | Value    |
+-----------------+----------+
| long_query_time | 0.100000 |
+-----------------+----------+
1 row in set (0.00 sec)
```

RDS에서 Slow query log는 mysql.slow_log라는 테이블에서 확인할 수 있다.

```
mysql> desc mysql.slow_log;
+----------------+--------------------+------+-----+----------------
-----+--------------------------------+
| Field          | Type               | Null | Key | Default
| Extra          |                    |
+----------------+--------------------+------+-----+----------------
-----+--------------------------------+
| start_time     | timestamp(6)       | NO   |     | CURRENT_
TIMESTAMP(6) | on update CURRENT_ TIMESTAMP(6)|
| user_host      | mediumtext         | NO   |     | NULL
|                |                    |
| query_time     | time(6)            | NO   |     | NULL
|                |                    |
| lock_time      | time(6)            | NO   |     | NULL
|                |                    |
| rows_sent      | int(11)            | NO   |     | NULL
|                |                    |
| rows_examined  | int(11)            | NO   |     | NULL
|                |                    |
| db             | varchar(512)       | NO   |     | NULL
|                |                    |
| last_insert_id | int(11)            | NO   |     | NULL
|                |                    |
| insert_id      | int(11)            | NO   |     | NULL
|                |                    |
| server_id      | int(10) unsigned   | NO   |     | NULL
|                |                    |
| sql_text       | mediumblob         | NO   |     | NULL
|                |                    |
| thread_id      | bigint(21) unsigned | NO  |     | NULL
|                |                    |
+----------------+--------------------+------+-----+----------------
-----+--------------------------------+
12 rows in set (0.00 sec)
```

일부러 0.5초가 걸리는 쿼리를 실행

```
mysql> SELECT SLEEP(0.5), now();
+------------+---------------------+
| SLEEP(0.5) | now()               |
+------------+---------------------+
| 0          | 2017-04-26 08:44:28 |
+------------+---------------------+
1 row in set (0.50 sec)
```

실행 결과 확인

```
mysql> select * from mysql.slow_log\G
*************************** 1. row ***************************
start_time: 2017-04-26 08:44:29.296835
user_host: test[test] @ localhost []
query_time: 00:00:00.500261
lock_time: 00:00:00.000000
rows_sent: 1
rows_examined: 0
db: account
last_insert_id: 0
insert_id: 0
server_id: 0
sql_text: SELECT SLEEP(0.5), now()
thread_id: 5
1 row in set (0.00 sec)
```

칼럼	**DB 마스터-슬레이브 구성에 대해서**

데이터베이스 읽기 부하가 높을 때는 읽기 전용 슬레이브(AWS에서는 '리드 레플리카'라고 부른다)를 준비하여 레플리케이션을 구성하고 슬레이브 서버에서 데이터를 읽는 것은 애플리케이션에서 지원한다면 어려운 일이 아니다. 일반적으로 슬레이브 서버는 여러 대 이용할 수 있고 읽기 부하를 쉽게 분산시킬 수 있다. 특히 AWS의 RDS에서는 콘솔에서 정말 쉽게 읽기 전용 슬레이브 서버를 추가할 수 있어서 일반적으로 자주 사용한다.

그러나 이 레플리케이션은 비동기 방식이고 레플리케이션 time lag(마스터 서버에서 쓰기가 끝나고 슬레이브에 동기화되고 읽을 때까지의 시간)는 확보할 수 없어 주의해야 한다. 최악의 경우 레플리케이션 자체가 정지되어 마스터의 데이터가 슬레이브 쪽에 동기화되지 않은 경우가 발생한다.

또 MySQL 5.6 이전 버전에서는 마스터 쓰기는 멀티 스레드로 쓰게 되지만, 레플리케이션은 논리 DB별로 싱글 스레드로 동작한다. 그래서 쓰기 부하가 많은 시스템에서는 마스터와 슬레이브 데이터 동기화 작업이 이루어지지 않아 time lag가 커지는 경우가 있다.

일반적으로 사용자 트랜잭션 데이터의 읽기에 대한 고속화 방법으로 마스터 슬레이브 구성을 사용하는 것은 어렵고 최신 데이터가 필요 없는 집계용 쿼리를 슬레이브를 사용하여 처리한다.

마스터 서버에서 추가한 인덱스는 슬레이브에 자동으로 추가되지만, 인덱스 갱신은 DB 서버에 부하를 주기 때문에 필요 없는 인덱스는 추가하지 않는다. 마스터 슬레이브 구성을 했을 때 마스터에서 사용하지 않는 인덱스를 슬레이브 서버에만 추가할 수도 있다.[7]

RDB로 Aurora를 사용할 때의 리드 레플리카는 MySQL이 바이너리 로그를 전송하고 비동기로 레플리케이션 하는 것을 스토리지를 공유하는 방식으로 레플리케이션을 구현한다. 그래서 이 레플리케이션 지연이 아주 작고 많은 데이터의 갱신 작업에도 100ms 이하(평상시 10~20ms)가 된다. 갱신 직후의 데이터를 참고하는 용도가 아니라면 리드 레플리카에서도 최신 데이터를 참고할 수 있도록 설계해도 된다.

그러나 크로스 리전 레플리케이션[8]을 할 경우 MySQL과 같은 방식을 사용하고 있어 레플리케이션 지연 시간은 보장할 수 없다.

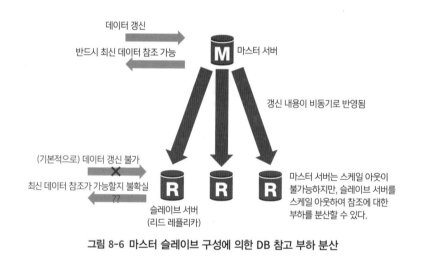

그림 8-6 마스터 슬레이브 구성에 의한 DB 참고 부하 분산

---

7 슬레이브 서버 파라미터 그룹에서 read_only를 0으로 변경해야 한다.

8 크로스 리전 레플리케이션은 사용 중인 RDS가 설치된 리전과는 다른 리전에 있는 RDS와 레플리케이션 을 한다. 예를 들어 서울 리전의 RDS에서 싱가폴 리전의 RDS를 레플리케이션 하는 것에 해당한다.

8.6 외부 서비스 병목 원인과 대책

여기서 말하는 외부 시스템은 외부 API 사용이나 외부 파일 수집, 로그 전송 등을 가리킨다. 외부 시스템과 연동하는 부분이 병목이 되는 경우에도 원인은 다음 중 하나이다.

- 외부 시스템 연동 부분 문제
- 외부 시스템 성능 부족

8.6.1 외부 시스템과 연동 방법 문제

외부 시스템만으로는 Throughput과 Latency를 보장하는 경우에도 실제 외부에서 사용할 때 생각한 것보다 성능이 나오지 않을 경우가 있다. 이런 경우 연결 방법을 수정한다. 예를 들어 다음과 같은 예를 볼 수 있다.

■ Keep-Alive 미사용

캐시나 DB 연결과 같이 외부 시스템에 접속 빈도가 높을 때에는 Keep-Alive를 사용하도록 한다. Node.js 등은 HTTP 커넥션 옵션을 공유하면서 동작시키기 쉽지만, 그렇지 않은 경우에는 만들어야 하는 번거로움이 있다.

235페이지의 칼럼 'PHP에서 서버 간 통신으로 Keep-Alive를 하는 방법', 236페이지의 칼럼 '서버 간 Keep-Alive를 로컬 프록시 서버에서 실행하는 방법'을 참고한다.

■ HTTPS로 호출

외부 서버로 연결이 Keep-Alive로 되어 있는 경우는 문제가 없지만, 되어 있지 않은 경우 매번 HTTPS 연결을 해야 하는 것은 성능을 크게 떨어뜨린다. 이런 상황에서 외부 서버에서 빠르게 응답을 주더라도 사용자 입장에서는 Latency가 나빠지는 것을 볼 수 있다.

성능 확보가 필요하고 보안상 문제가 없다면 HTTPS가 아닌 HTTP를 사용하는 것을 검토한다.

■ TCP 포트 부족

부하 테스트 서버와 같이 애플리케이션 서버에서 외부 시스템과 통신이 자주 발생하는 경우 TCP 포트가 부족할 수 있다.

4장에서 소개한 netstat 명령어로 확인하고 TIME_WAIT 상태인 포트 수가 많다면 대책이 필요하다.[9]

■ 네트워크 적으로 떨어진 경로를 이용

외부 시스템이 네트워크 적으로 Latency가 높은 장소에 설치된 경우에도 병목이 발생한다. 가능하면 다음과 같은 방법으로 Latency를 낮게 만들 수 있다.

- 외부 시스템을 같은 데이터 센터에 설치
- 외부 시스템을 네트워크 세그먼트 위에 Internal ELB를 설치
- 외부 시스템을 CloudFront를 통해 사용

외부 시스템을 같은 데이터 센터에 설치

물리적으로 가까운 거리에 구축할 수 있다면 속도는 빨라진다.

외부 시스템을 같은 네트워크 세그먼트 위에 Internal ELB를 통해 설치

Internal ELB를 사용하여 로컬 네트워크에서 외부 시스템 연결이 가능하다면 외부 네트워크와의 통신을 위해 NAT를 사용하는 비용도 줄이고 빠른 속도도 보장할 수 있다.

---

9 변경 방법은 4장 칼럼 'TCP 설정 변경 방법'에서 설명했다.

외부 시스템을 CloudFront를 통해 사용

외부 시스템이 AWS의 다른 리전에 구축되어 있고 리전 변경이 어려운 경우 CloudFront를 이용하여 네트워크 Latency를 개선하는 경우가 있다. 이 방법은 CloudFront의 Edge를 사용하여 고속화할 수 있는 방법이다.

■ 비동기로 해야만 하는 처리를 동기로 처리

로그 수집을 위해 rsyslog로 로그를 전송하는 경우 등에서 부하를 주게 되면 syslog 실행에 많은 Latency가 걸려 최종적으로는 시스템 역할을 할 수 없을 때가 있다. 이런 상태가 되면 다음 명령어 실행에 수십 초가 소요된다.

```
# logger 명령어로 syslog에 로그를 기록하는데 걸리는 시간 측정
time ehco "test log" | logger
```

이때 아래의 설정을 확인한다.

/etc/rsyslog.conf 또는 /etc/rsyslog.d/ 디렉터리 아래의 설정 파일에 다음 설정을 확인한다.

```
$ActionQueueType LinkedList
```

설정이 없다면 로그 전송에 있어 큐를 사용하지 않고 직접 서버로 로그를 전송한다.

8.6.2 외부 시스템 성능 문제

외부 시스템 네트워크 Latency에는 문제가 없고 외부 시스템 성능이 원래 부족했을 때는 다음 중 하나의 방법을 검토해야 한다.

- 캐시 사용 검토
- 외부 시스템 성능을 위한 리소스 추가

외부 시스템이 참고 형태의 서비스라면 결과를 캐시하여 응답하게 되지만, 캐시 사용이 불가능할 때에는 외부 시스템 자체를 개선할 수밖에 없다.

8.6.3 참고표

외부 서비스 병목에 대한 원인 분석과 시스템 개선 작업에 대한 참고표(표 8-6)를 소개한다.

표 8-6 외부 서비스 병목 원인과 대책 참고표

원인 구분	원인 상세	주요 증상	대책
외부 시스템 연동 부분 문제	Keep-Alive 미사용	외부 서버는 빠른 응답을 주지만, 확인되는 Latency는 급격히 나빠짐	• Keep-Alive 사용 • 검토(PHP인 경우 curl 옵션 재사용 등)
	HTTPS로 호출	외부 서버는 빠른 응답을 주지만, 확인되는 Latency는 급격히 나빠짐	HTTP 호출 검토
	TCP 포트 부족	netstat로 많은 TIME_WAIT가 확인됨	운용체제 설정 변경
	네트워크 적으로 떨어진 경로를 이용	외부 서버는 빠른 응답을 주지만, 확인되는 Latency는 급격히 나빠짐	• Internal ELB 사용과 CloudFront 사용 검토 • NAT 검토
	비동기 처리를 동기로 처리	rsyslog Latency 증가	rsyslog에서 외부 서버로 로그 전송을 비동기로 할 수 있도록 수정
외부 시스템 성능 부족	호출 횟수가 많음		캐시 사용 검토
	외부 서버 리소스 부족	외부 서버 Latency 악화	외부 서비스 리소스 등의 증설 검토

PHP에서 서버 간 통신으로 Keep-Alive를 하는 방법

Apache+mod-php 구성만으로 서버 간 통신을 Keep-Alive를 사용하기는 쉽지 않다. 비록 같은 요청 내에서 여러 번 같은 외부 API에 대해 통신할 경우에 속하지만, CURL을 이용한 통신으로 Keep-Alive를 사용할 수 있다.

CURLOPT_FORBID_REUSE 기본값은 false로 다음과 같이 curl_init() 결과를 singleton으로 하게 되면 같은 요청 내에서 Keep-Alive를 할 수 있게 된다. curl 옵션은 매번 객체를 다시 생성하지 않기 때문에 설정한 curl_setopt 값이 계속 사용되는 것에 주의해야 한다(curl::init() 안에서 초기화하고 있다).

```php
<?php
class curl
{
  protected static $curl = null;

  public static function init($path)
  {
    if (!self::$curl) {
        self::$curl = curl_init();
    }
    curl_setopt(self::$curl, CURLOPT_URL, $path);
    curl_setopt(self::$curl, CURLOPT_POSTFIELDS, '');
    curl_setopt(self::$curl, CURLOPT_TIMEOUT, CURLOPT_RESTAPI_TIMEOUT);
    curl_setopt(self::$curl, CURLOPT_RETURNTRANSFER, true);
    curl_setopt(self::$curl, CURLOPT_HEADER, true);
    curl_setopt(self::$curl, CURLOPT_SSL_VERIFYPEER, false);
    return self::$curl;
  }
}

$curl = curl::init(API_PATH);
curl_setopt($curl, CURLOPT_CUSTOMREQUEST, 'GET');
$get_response = curl_exec($curl);

$curl2 = curl::init(API_PATH);

curl_setopt($curl2, CURLOPT_CUSTOMREQUEST, 'POST');
curl_setopt($curl2, CURLOPT_POSTFIELDS, $post_fields);
$post_response = curl_exec($curl);
```

그러나 이 방법으로는 복수의 요청에서 Keep-Alive를 사용할 수 없어 웹 서비스에서 사용할 때의 결과는 제한적이다(배치 처리에서 많은 요청을 발생시키는 경우에는 매번 curl::init()를 호출하는 경우와 비교하면 몇 배의 속도가 된다).

서버 간 Keep-Alive를 로컬 프록시 서버에서 실행하는 방법

이 방법을 사용하면 조금 복잡한 구성이 되지만, 개발 언어에 상관없이 HTTP 커넥션을 복수의 요청에서 Keep-Alive되도록 할 수 있다.

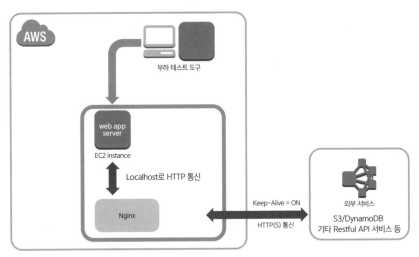

그림 8-7 서버 간 Keep-Alive를 로컬 프록시 서버로 구현

Nginx 등을 이용하여 로컬 프록시 포워딩 서버를 만들고 이 서버를 이용하여 외부 서버와 Keep-Alive 시킨다. 필자는 테스트 환경에서 이 방법을 사용하여 PHP에서 외부 API 서버와 단독으로 통신할 때보다 10배 가까운 Throughput을 낼 수 있었다.

Nginx는 최근엔 SSL에서도 사용할 수 있도록 지원하고 있다.

Nginx.conf 설정 예제 중에서

```
~생략
upstream elb {
    server test-elb-endpoint.elb.amazonaws.com:80;
    keepalive 32;
}

upstream sslelb {
    server test-elb-endpoint.elb.amazonaws.com:443;
    keepalive 32;
}

server {
```

```
        listen 8000;
        server_name localhost;
        root /usr/share/Nginx/html;

        #charset koi8-r;

        #access_log /var/log/Nginx/host.access.log main;

        location /elb {
                    proxy_http_version 1.1;
                    proxy_set_header Connection "";
                    rewrite /elb/(.*) $1 break;
                    proxy_pass http://elb/$1;
        }

        location /sslelb {
                    proxy_http_version 1.1;
                    proxy_set_header Connection "";
                    proxy_set_header Host "test-elb-endpoint.elb.
                    amazonaws.com";
                    proxy_ssl_session_reuse off;
                    rewrite /sslelb/(.*) $1 break;
                    proxy_pass https://sslelb/$1;
        }
~생략~
```

이 설정의 경우 다음을 참고하자.

```
http://localhost/elb/~
http://localhost/sslelb/~
```

요청이 각각 다음처럼 Keep-Alive 된 상태에서 포워딩 되는 서버 간 통신을 하게 된다.

```
http://test-elb-endpoint.elb.amazonaws.com/~
https://test-elb-endpoint.elb.amazonaws.com/~
```

이 방법을 사용하면 사용 중인 시스템과 미들웨어에 의존하지 않고 Keep-Alive를 사용할 수 있는 장점이 있다. 또 로컬 웹 서버상에 Nginx 설치가 어려운 경우 Nginx를 로컬 네트워크상에 구성하고 이것을 이용하여 통신하는 방법도 생각할 수 있다. 이 경우 로컬 네트워크상에서 통신할 수 있으므로 외부 서비스와의 통신보다 빠른 응답이 가능하다.

부하 테스트 보고서 작성

부하 테스트 보고서 작성

9.1 부하 테스트 최종 확인

예정되었던 부하 테스트가 어느 정도 끝났다면, 처음에는

- 목푯값과 전제 조건을 만족했는가?

를 확인하고 싶겠지만, 이것은 마지막에 확인할 내용이다. 테스트 전체 Check에서도 지금까지 테스트와 마찬가지로 먼저 확인해야 할 항목이 있다.

- 부하 테스트 대상 시스템에 부하가 집중되었는가?
- 병목은 확인되었는가?
- 시스템은 정상적으로 확장되었는가?
- 확장에 대한 특성을 파악했는가?

위의 내용을 모두 확인한 후에 마지막으로 다음을 확인한다.

- 목푯값과 전제 조건을 만족했는가?

모든 확인 항목에 문제가 없다면 부하 테스트 보고서를 작성하여 제출하게 된다. 이때 몇 가지 문제가 남아 있다면 성능 요건에 맞을 때까지 PDCA를 실행한다(그림 9-1).

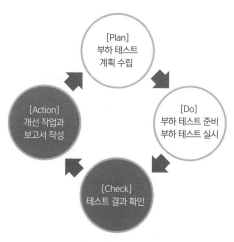

그림 9-1 이 장에서 다루는 내용 범위

9.2 목푯값에 맞춘 적정한 구성 선정

보고서를 쓰기 전에 부하 테스트 결과를 기반으로 적정한 인프라 구성을 선정한다. 추천하는 인프라 구성으로는 '시스템 목표 성능을 달성하기 위한 구성', '인프라 비용을 최적화하기 위한 구성'과 일치하는 구성이다.

웹 서버, DB 서버 등의 인프라 구성으로 최적의 패턴을 제안한다. 이때 다음과 같은 내용을 고려해야 한다.

- (가능하면) SPOF를 가지지 않고 가용성을 확보하고 있을 것
- 예상되는 부하에 견딜 수 있을 것
- 갑자기 몰리는 부하에 대응할 수 있는 확장 정책을 가지고 있을 것
- 향후 예상되는 부하에 대해 확장 정책을 가지고 있을 것
- 시스템별로 어느 정도 여유를 가지고 있을 것

9.2.1 시스템 여유 리소스 확보 방안

웹 서버 등 비교적으로 스케일 아웃하기 쉬운 서버에 대해서는 시스템 리소스의 여유가 많지 않아도 된다. 그러나 부하가 급격하게 늘어나는 상황이 예상되면 미리 스케일 아웃을 해 놓는 방법도 고려해보길 바란다.

DB 서버의 마스터처럼 스케일 아웃이 어려운 상황에서는 리소스 여유를 가지고 구축하는 편이 좋다. 또 부하가 적은 상황에서 급격한 부하가 발생한다면 CPU 버스트 기능을 가진 T2 인스턴스 타입을 사용하는 것을 검토해보길 바란다.

선정된 구성으로 부하 테스트를 하고 문제가 있는지 확인한다.

9.3 부하 테스트 보고서 작성

여기까지 부하 테스트를 진행했다면 부하 테스트 보고서를 작성한다. 구체적인 사례는 10장 '부하 테스트에 대한 실제 사례'에서 소개한다.

9.3.1 보고서 필요 항목

실제 부하 테스트 중에 복수의 조건을 설정하고 각각의 병목을 확인하고 개선해 나가는 것을 목표로 하고 있지만, 보고서에 이런 내용을 전부 쓰게 되면 보기 어려워진다. 시스템 구성의 테스트 전후 상태를 꼭 비교해야 하는 상황이 아니라면 개선후 시스템만을 보고서에 포함한다.

아래 항목들은 테스트 목적에 따라 달라지겠지만, 보고서에 필요한 항목들은 '알아보기 쉬운' 내용을 구성한다고 보면 된다.

- 전제 조건
- 테스트 목적: 많은 경우 확장성을 확인하는 것이 목적이지만, 비용을 중요시하는 경우도 있다.
- 목푯값

- 테스트 대상 시스템 개요: 큰 구성 변화가 있는 경우 변경 전후 구성을 포함
- 테스트 결과
  - 여기에서 필요한 결과는 단계 8 스케일 업/스케일 아웃 테스트 결과 이후
  - 목푯값을 달성하기 위한 구성
- 시스템 성능 평가
  - 목표 성능을 내고 있는가?
  - 예상 이상으로 요청이 들어오면 어떻게 하는가?
  - 예상되는 이후의 부하에 맞춘 서버 리소스 증설 로드맵
- 시스템 과제
- 부록: 부하 테스트 시에 확인된 리소스 사용 상태

부록으로 부하 테스트 실행 시의 각 리소스의 시스템 사용 현황 등을 첨부하는 경우가 많지만, 이때는 다음과 같은 문제가 발생하므로 주의해야 한다. 오해의 소지가 많은 부분이기 때문에 정확하게 이해할 수 있는 사용 현황이 아니거나 필요 없다고 판단되면 과감하게 생략하는 것이 좋다.

9.3.2 부하 테스트 보고서에 시스템 모니터링 데이터를 넣으면 생기는 문제

■ 데이터가 너무 많아 어떤 데이터를 봐야 할지 모름

부하 테스트 중에는 모니터링해야 하는 대상이 많다. 그리고 이 많은 결과에서 중요한 값은 극히 일부분일 수도 있다. 또한, 부하 테스트 자체는 PDCA를 몇 번이고 재실행하기 때문에 요건이나 결과도 다르면 양도 많아진다. 그래서 어떤 데이터를 결과에 사용할지 선별하기 어렵다.

■ 원인과 결과 구분이 어려움

리소스 이용 상태와 Throughput을 보고 상태 변화가 있었다고 해도 어떤 리소스 동작이 원인인지 어떤 리소스가 결과인지 알기 어려운 경우도 많다. 예를 들어 다음과 같은 경우이다.

- 어떤 API 테스트에서 DB 읽기 쓰기 Throughput이 반으로 떨어졌다는 것과 최종적으로 애플리케이션 서버에서의 출력 Throughput이 반으로 떨어지는 것이 동시에 확인되었다.

이 상황은 실제 애플리케이션 서버 쪽 Throughput이 떨어져 발생할 가능성이 있고 DB가 원인인지는 알 수 없다. 그러나 보고서를 보는 사람은 DB가 원인이라고 생각할 가능성이 있다.

■ 익숙하지 않은 사람은 부하에 대한 여유를 반대로 생각하는 경향

일반적으로 시스템 리소스 모니터링 결과로 '어느 리소스도 과도하게 사용되지 않고 여유가 있는 것처럼 보이는 시스템이 부하에 강한 시스템이다.'라고 생각하는 경향이 있다. 그래서 부하 테스트 결과로 어떤 리소스가 과도하게 사용되고 있는 경우 그 시스템이 한계를 넘었다고 생각하기도 한다. 그러나 확장성을 지원하는 시스템에서는 반대다. 부하 테스트 중에 어느 리소스도 과도하게 사용되지 않은 상태야말로 그 시스템의 한계라는 것을 의미한다. 그것은 '이 이상 어떤 리소스를 확장해도 시스템 전체 성능을 올릴 수 없다.'는 의미이다.

9.4 요약

- 부하 테스트 결과가 목푯값과 전제조건을 달성했는지는 다음과 같다.
  - 부하 테스트 대상 시스템에 부하가 집중되었는가?
  - 병목은 확인되었는가?
  - 시스템은 정상적으로 확장되었는가?
  - 확장에 대한 특성을 파악했는가?

  위의 확인이 끝나면 마지막으로 확인한다.
- 부하 테스트 보고서는 알기 쉽게 작성하는 것이 중요하고 필요한 항목에 맞춰 작성한다. 때에 따라서는 모든 결과 데이터를 포함하지 않아도 된다.

부하 테스트에 대한 실제 사례

CHAPTER 10 부하 테스트에 대한 실제 사례

이 장에서는 지금까지 설명한 내용으로 실제 AWS 상에 구축된 애플리케이션에 대해서 PDCA 사이클에 따른 부하 테스트를 하고 부하 테스트 보고서를 정리하는 실제 사례로 다음의 두 가지를 소개한다.

- PHP+JMeter+Xhprof
- Node.js+Locust+New Relic

10.1 이 장에서 테스트하는 시스템

다음의 애플리케이션을 위해 Rest API를 PHP와 Node.js로 작성한다. 부하 테스트 대상은 이 Rest API를 제공하는 시스템이다.

10.1.1 애플리케이션 기능 요건

- 기본적으로는 단순한 블로그 애플리케이션
- 회원(user) 등록 가능
- 각 회원은 글(articles) 쓰기 가능
- 모든 글은 누구나 수정, 삭제 가능
- 회원은 각 글에 대해 '좋아요(likes)' 주기 가능
- 회원이 탈퇴하면 그 회원이 작성한 글도 삭제

10.1.2 시스템 요건

- 위 애플리케이션 데이터 수집, 조작에 대한 API 제공
- 사용자 인증은 생략[1]
- 외부 웹 서버상의 위치한 리소스를 보고 점검 모드로 판단
- 단일 웹/DB 서버, 단일 AZ의 시스템에 장애가 있어도 서비스 연속성 보장
- Throughput 목푯값은 별도 전제 조건으로 결정
- Throughput 목푯값 범위에서 확장성 확보
- 보안 측면에서 고려하지 않음[1]

10.1.3 시스템 설계

■ 인프라 설계

주로 AWS의 EC2와 RDS를 사용하여 시스템을 개발했다고 하자. 이 시점에서 SPOF
는 없도록 한다(그림 10-1).

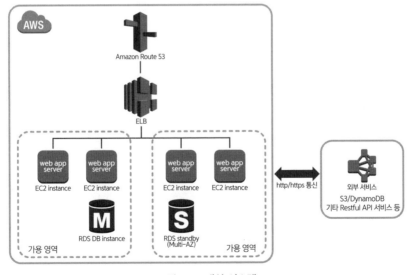

그림 10-1 대상 시스템

---

1 일반적인 시스템에서는 사용자 인증과 보안 측면을 고려해야 하지만, 여기서는 요건을 간략화하기 위해
  생략한다.

DB 설계

그림 10-2의 테이블 구조를 가진 것으로 한다. DB는 MySQL을 이용한다.

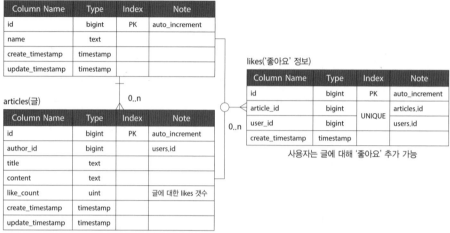

users(사용자)

Column Name	Type	Index	Note
id	bigint	PK	auto_increment
name	text		
create_timestamp	timestamp		
update_timestamp	timestamp		

0..n

articles(글)

Column Name	Type	Index	Note
id	bigint	PK	auto_increment
author_id	bigint		users.id
title	text		
content	text		
like_count	uint		글에 대한 likes 갯수
create_timestamp	timestamp		
update_timestamp	timestamp		

사용자는 글을 작성/편집/삭제 가능

0..n

likes('좋아요' 정보)

Column Name	Type	Index	Note
id	bigint	PK	auto_increment
article_id	bigint	UNIQUE	articles.id
user_id	bigint		users.id
create_timestamp	timestamp		

사용자는 글에 대해 '좋아요' 추가 가능

그림 10-2 테이블 구조

```
CREATE TABLE users (
id bigint AUTO_INCREMENT,
name text,
create_timestamp timestamp,
update_timestamp timestamp,
RIMARY KEY (id)
) engine=InnoDB;

CREATE TABLE articles (
id bigint AUTO_INCREMENT,
author_id bigint,
title text,
content text,
like_count int unsigned default 0,
create_timestamp timestamp,
update_timestamp timestamp,
PRIMARY KEY (id),
FOREIGN KEY (author_id) REFERENCES users (id) ON DELETE CASCADE
) engine=InnoDB;
```

```
CREATE TABLE likes (
id bigint AUTO_INCREMENT,
article_id bigint,
user_id bigint,
create_timestamp timestamp DEFAULT '0000-00-00',
PRIMARY KEY (id),
UNIQUE KEY (user_id, article_id),
FOREIGN KEY (user_id) REFERENCES users (id) ON DELETE CASCADE,
FOREIGN KEY (article_id) REFERENCES articles (id) ON DELETE CASCADE
) engine=InnoDB;
```

작업 시 주의사항

- 사용자가 글에 대해 '좋아요'를 했을 때 articles.like_count와 likes를 트랜잭션으로 갱신
- 글을 삭제하면 글에 연관된 '좋아요' 정보는 ON DELETE CASCADE에 따라 자동으로 삭제
- 사용자가 삭제되면 연관된 글과 '좋아요' 정보는 ON DELETE CASCADE에 따라 자동으로 삭제

■ API 설계

user, articles, likes 각 리소스에 대한 CRUD 기능을 제공하는 엔드포인트를 각각 표 10-1, 표 10-2, 표 10-3과 같이 정의한다. 실제 애플리케이션은 이 API 기능을 요청하는 것으로 구성된다.

표 10-1 회원 기능

리소스	API 명	Request			정상계 Request		API 설명
		Method	Path	JsonBody	Http Status Code	Body	
Users	사용자 신규 추가	POST	/api/ users	{ "name": 【사용자 명】 }	201 Created	{ "status":"OK", "data":{ "id":【사용자 ID】, "name":【사용자 명】, "create_timestamp": 【작성 일시】, "update_timestamp": 【갱신 일시】 } }	사용자 신규 추가
	사용자 정보 검색	GET	/api/ users/ :user_id		200 OK	{ "status":"OK", "data":{ "id":【사용자 ID】, "name":【사용자 명】, "create_timestamp": 【작성 일시】, "update_timestamp": 【갱신 일시】 } }	지정한 사용자 정보 수집
Users	사용자 정보 갱신	PATCH	/api/ users/ :user_id	{ "name": 【사용자 명】 }	200 OK	{ "status":"OK" }	인증 기능이 없어 다른 사용자 명으로 변경 가능
	사용자 삭제	DELETE	/api/ users/ :user_id		200 OK	{ "status":"OK" }	사용자 글과 '좋아요'도 삭제됨

표 10-2 글에 대한 기능

리소스	API 명	Request			정상계 Request		API 설명
		Method	Path	JsonBody	Http Status Code	Body	

article	글 신규 추가	POST	/api/ articles	{
				"author_id":
				【작성자 ID】,
				"title":
				【글 제목】,
				"content":
				【글 본문】
				}
					201 Created	{
						"status":"OK",
						"data":{
						"id": 【글 ID】,
						"author_id":
						【작성자 ID】,
						"title": 【글 제목】,
						"content": 【글 본문】,
						"create_timestamp":
						【작성 일시】,
						"update_timestamp":
						【갱신 일시】
						}
						}
							글 신규등록 인증 기능이 없어 다른 ID를 author _id로 사용 가능

	최신 글 검색	GET	/api/ articles/ ?limit= :limit		200 OK	{
						"status":"FOUND",
						"data":[{
						"id": 【글 ID】,
						"author_id":
						【작성자 ID】,
						"title": 【글 제목】,
						"content":
						【글 본문】,
						"create_timestamp":
						【생성 일시】,
						"update_timestamp":
						【갱신 일시】
						}]
						}
							마지막에 작성된 글에서 limit 건수 확인

표 10-2 글에 대한 기능(계속)

리소스	API 명	Request			정상계 Request		API 설명
		Method	Path	JsonBody	Http Status Code	Body	

article	글 지정 검색	GET	/api/ articles/ :article _id ?limit= :limit		200 OK	{
						"status":"FOUND",
						"data":[{
						"id":【글 ID】
						"author_id":
						【작성자 ID】,
						"title":【글 제목】,
						"content":
						【글 본문】,
						"create_timestamp":
						【생성 일시】,
						"update_timestamp":
						【갱신 일시】
						}]
						}
							article _id로 지정된 글보다 오래된 글의 limit 건수 확인

	글 갱신	PATCH	/api/ articles/ :article _id	{
				"title":
				【글 제목】,
				"content":
				【글 본문】
				}
					200 OK	{
						"status":"OK"
						}
							누구든 모든 글에 대해 갱신할 수 있지만, author _id는 갱신할 수 없음

	글 삭제	DELETE			200 O	{
						"status":"OK"
						}
							동시에 글과 연관된 '좋아요'도 삭제

표 10-3 '좋아요'에 대한 기능

| 리소스 | API 명 | Request | | | 정상계 Request | | API 설명 |
		Method	Path	JsonBody	Http Status Code	Body	

likes	'좋아요' 추가	PUT	/api/ articles/ :article _id/ likes/ :user_id		201 Created	{
						  "status":"OK"
						}
							글에 '좋아요' 추가하기

	'좋아요' 목록 수집	GET	/api/ articles/ :article _id/ likes/		200 OK	{
						  "status":"FOUND",
						  "data":[{
						  "article_id":
						【글 ID】
						  "user_id":
						【사용자 ID】,
						    "create_
						    timestamp":
						    【작성 일시】,
						  }]
						}
							글에 있는 '좋아요' 목록 전체 수집

	'좋아요' 수집	GET	/api/ articles/ :article _id/ likes/ :user_id		200 OK	{
						  "status":"FOUND",
						  "data":{
						    "article_id":
						    【글 ID】
						    "user_id":
						    【사용자 ID】,
						    "create_
						    timestamp":
						    【작성 일시】,
						  }
						}
							글과 사용자 ID를 지정하여 '좋아요' 수집

	'좋아요' 삭제	DELETE	/api/ articles/ :article _id/ likes/ :user_id		200 OK	{
						  "status":"OK"
						}
							지정한 글의 '좋아요' 1건 삭제

10.1.4 부하 테스트 전제 조건

■ 사례 선정

이번 테스트에서는 서비스가 문제없이 가동되고 많은 데이터가 저장된 상태에서의 서비스 연속성에 초점을 맞춘 테스트를 하도록 한다.

■ 전제 조건 정리

부하 테스트 전제 조건을 다음과 같은 가정하에 작성한다.

- 서비스 시작으로부터 1년 지남, 10만 명의 회원이 사용 중
- 1일에 활동하는 회원 수는 1만 명
- 활동 중인 회원은 1일 평균 1회 서비스 사용
- 서비스를 사용할 때마다 평균 1개의 글 추가
- 서비스를 사용할 때마다 평균 10회의 '좋아요' 추가
- 위와 같은 접속은 하루 중 8시에 집중된다. 또 트래픽이 많을 때 일시적으로 10배의 요청이 발생한다.

예를 들어 '서비스를 사용할 때마다 평균 1개의 글을 추가'라는 것은 실제 서비스를 활발하게 이용하는 사용자가 평균 1개의 글을 남긴다는 것이며, 글을 추가하는 횟수는 조금 보수적으로 설정하는 것이 좋다.

또 부하 테스트 때 필요한 데이터 크기는 다음과 같이 산정한다. 아래와 같은 용량의 데이터를 더미 데이터로 생성해 둔다.

- user 테이블: 100,000 레코드
- articles 테이블: 3,650,000 레코드(1만(글/일)×365일)
- likes 테이블: 36,500,000 레코드(10만('좋아요'/일)×365일)

■ 목푯값 결정

Throughput

이 시스템에 필요한 Throughput은 다음과 같다.

> 10,000÷(3,600×8)×10=3.5(사용 시나리오/초)

초당 3.5명이 사용 가능하다면 트래픽이 10배가 되어도 정상적으로 서비스할 수 있다는 계산이 나온다.[2]

Latency

각 API의 응답 평균이 200ms를 넘지 않는 것으로 한다.

■ 사용자 예상 시나리오

부하 테스트에서 신규로 들어오는 사용자에 대해 테스트를 한다. 각 사용자는 그림 10-3과 같은 행동을 한다고 가정한다.

---

2   이 값은 API의 자체의 Throughput이 아니다.

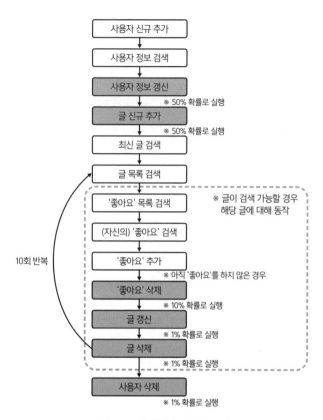

그림 10-3 사용자 예상 시나리오

시나리오를 1번 실행했을 때 예상되는 API 요청 빈도는 다음과 같다.

충분히 테스트가 가능한 값으로 상세한 동작 테스트를 하는 경우가 아니라면 대략적인 값을 정하여 부하 테스트를 할 때가 많다.

- 1회 사용자 신규 추가
- 1회 사용자 정보 검색
- 0.5회 사용자 정보 갱신
- 0.01회 사용자 삭제
- 0.5회 글 신규 추가
- 10회 최신 글 목록 검색

- 10회 글 목록 검색
- 0.1회 글 갱신
- 0.1회 글 삭제
- 10회 '좋아요' 추가
- 10회 '좋아요' 목록 검색
- 10회 '좋아요' 검색
- 1회 '좋아요' 삭제

10.2 JMeter+Xhprof로 PHP 애플리케이션 부하 테스트 사례

여기에서는 앞에서 요건 정의를 한 애플리케이션을 실제 Apache+PHP+MySQL이라는 일반적인 LAMP 구성으로 구축하고 부하 테스트를 한다.

이번에는 PHP에서도 빠르다고 말하는 웹 프레임워크인 Phalcon으로 애플리케이션을 구축한다.

- Phalcon 공식 사이트: https://phalconphp.com/ko/

10.2.1 부하 테스트 계획 수립

■ 확장성

이 사례에서는 생략하도록 한다.

■ 부하 테스트 목적

일반적인 사례의 목표 그대로 사용하도록 한다.

- 각 사용 사례를 생각하고 시스템의 응답 성능 확인

- 고부하 상황에서의 시스템 성능 개선
- 목표 성능을 제공하기 위한 하드웨어를 사전에 선정
- 시스템의 확장성이 있는지 확인
- 시스템 특성 파악

이 환경에서는 서비스 시작하고 1년 후 늘어난 사용자를 이용하여 테스트를 진행한다.

전제 조건 정리

앞 장에서 정의했기 때문에 여기에서는 생략한다.

목푯값

앞 장에서 정의했기 때문에 여기에서는 생략한다.

사용할 부하 테스트 도구

부하 테스트 도구로는 JMeter, 모니터링 도구로는 CloudWatch, 프로파일링 도구로는 Xhprof를 이용한다.

테스트 환경

서비스 환경과 똑같은 구성으로 클라우드 위에 구축한다.

부하 테스트 시나리오

앞 장에서 정의했기 때문에 여기에서는 생략한다.

서비스 환경을 위한 테스트 도구와 환경 준비

환경 준비

먼저 다음과 같은 환경을 준비한다. 인스턴스 타입별로 성능은 AWS 공식 사이트를 참고하길 바란다.

- Amazon EC2 인스턴스

  https://aws.amazon.com/ko/ec2/instance-types/
- DB 인스턴스 클래스

  https://docs.aws.amazon.com/ko_kr/AmazonRDS/latest/UserGuide/Concepts.
  DBInstanceClass.html

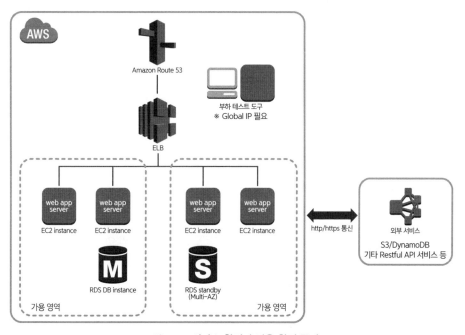

그림 10-4 서비스 환경과 같은 환경 준비

- ELB
  - 미설정
- EC2(애플리케이션 서버)
  - 인스턴스 타입: c4.large
  - Amazon Linux
  - Apache 2.4+PHP 5.6(Phalcon 2)
  - Xhprof 설치

- 테스트 대상 PHP 애플리케이션
- EC2(JMeter parent 서버)
  - 인스턴스 타입: t2.micro
  - Windows Server 2012
  - JMeter
- EC2(JMeter child 서버)
  - 인스턴스 타입: t2.micro
  - Amazon Linux
  - JMeter
- RDS(MySQL)
  - 인스턴스 타입: db.m4.large
  - 디스크 크기: 20GB
  - Multi-AZ: 활성화

부하 테스트 서버 준비

JMeter를 동작시킬 부하 테스트 서버로 AWS 상의 같은 네트워크에 윈도우 서버 인스턴스를 구축한다.

Java 설치

https://www.java.com/ko/download/로 접속하여 안내에 따라 설치한다.

JMeter 설치, 기동 확인

4장 4.4 'Apache JMeter 사용 방법'을 참고한다.

Xhprof 준비

4장 4.10 'Xhprof 사용 방법'을 참고한다.

■ 더미 데이터 생성 및 임포트

더미 데이터 생성 스크립트를 만들어 tsv 구분자로 더미 데이터를 생성하고 LOAD DATA INFILE 문으로 다음의 데이터를 임포트 한다.

```
mysql -h *** -u root -p*** -D casestudy_1

TRUNCATE TABLE likes;
TRUNCATE TABLE articles;
TRUNCATE TABLE users;

LOAD DATA LOCAL INFILE '~/users.tsv' INTO TABLE users;
 Query OK, 100000 rows affected (0.91 sec)
 Records: 100000 Deleted: 0 Skipped: 0 Warnings: 0

LOAD DATA LOCAL INFILE '~/articles.tsv' INTO TABLE articles;

LOAD DATA LOCAL INFILE '~/likes.tsv' INTO TABLE likes;
```

10.2.2 테스트 실행 1: 도구와 웹 프레임워크 검증(테스트 시작)

테스트를 시작한다. 먼저 다음까지를 목표로 한다.

- 단계 1: 도구와 환경의 검증
- 단계 2: 웹 프레임워크 검증

■ 단계 1: 도구와 환경의 검증

그림 10-5와 같이 준비한 부하 테스트 서버에서 웹 서버에 충분한 부하를 줄 수 있는지를 검증한다.

웹 서버상에 status.txt라는 정적 페이지를 사용하여 사설 IP로 직접 부하를 준다.

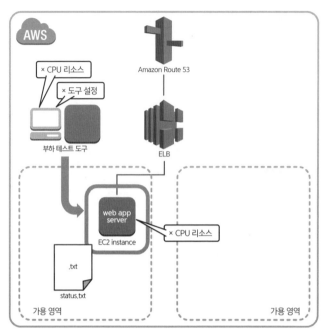

그림 10-5 도구와 환경의 검증

- 대상 URL: http://[Private IP]/status.txt

접속이 가능한지 확인

먼저 **[결과 트리 표시]**를 활성화하고 테스트 클라이언트 수 2, 루프 횟수를 2로 하여 테스트를 시행하고 결과를 확인한다(그림 10-6).

※ **드리는 말씀**: 이후의 화면 캡처 이미지들은 일본어 버전을 사용하였습니다. 옮긴이가 몇 번의 테스트를 통해 저자의 원본 데이터대로 결과를 구하려 했지만 얻을 수 없었고, 저자에게 연락하여 테스트 결과 파일을 받아보려고도 했지만 결과 파일이 없다는 답변을 받았습니다. 그래서 차선의 선택으로 일본어 원본 이미지를 사용했음을 알려드립니다. 번역이 가능한 이미지는 한글화를 하였으니 참고하여 살펴보기 바랍니다.

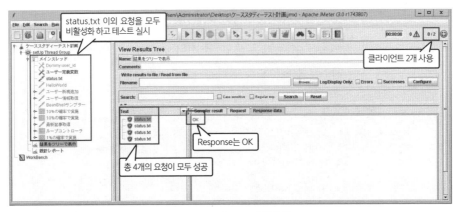

그림 10-6 테스트 파일 확인

[결과 트리 표시]에서 2×2=4(회) status.txt 요청과 [Response data]에서 텍스트 내용이 [OK]라는 것을 확인할 수 있다.

부하 걸기

통신이 확인되면 이번에는 [**결과 트리 표시**]를 오른쪽 마우스 클릭하고 [**Disable**]로 변경한다.

변경 후 [**setup Thread Group**]에서 클라이언트 수를 200, 공격 횟수를 무한으로 설정하고 [**Start**]를 누른다(그림 10-7).

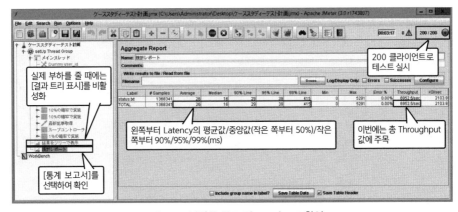

그림 10-7 부하를 주고 Throughput 확인

[Throughput] 값에 보면 약 7,000rps가 나온 것을 알 수 있다.

이 값의 유효성을 확인하기 위해 가동 중인 웹 서버에 ab(Apache Bench)를 이용하여 로컬 호스트에 대한 테스트를 해보도록 한다.[3]

```
[root@ html]# ab -n 20000 -c 200 -k http://localhost/status.txt
This is ApacheBench, Version 2.3 <$Revision: 1748469 $>
Copyright 1996 Adam Twiss, Zeus Technology Ltd, http://www.zeustech.net/
Licensed to The Apache Software Foundation, http://www.apache.org/

Benchmarking localhost (be patient)
Completed 2000 requests
Completed 4000 requests
Completed 6000 requests
Completed 8000 requests
Completed 10000 requests
Completed 12000 requests
Completed 14000 requests
Completed 16000 requests
Completed 18000 requests


Server Software:        Apache/2.4.23
Server Hostname:        localhost
Server Port:            80

Document Path:          /status.txt
Document Length:        3 bytes

Concurrency Level:      200
Time taken for tests:   1.788 seconds
Complete requests:      19826
Failed requests:        0
Keep-Alive requests:    19641
Total transferred:      6137935 bytes
HTML transferred:       59478 bytes
Requests per second:    11088.30 [#/sec] (mean)
Time per request:       18.037 [ms] (mean)
Time per request:       0.090 [ms] (mean, across all concurrent requests)
Transfer rate:          3352.37 [Kbytes/sec] received
```

---

3 ab에서는 불필요한 요청이 발생하므로 표면상으로 Throughput이 크게 저하될 수 있어 중간에 중단하도록 한다.

```
Connection Times (ms)
            min   mean[+/-sd] median   max
Connect:        0     0   0.3      0      4
Processing:     0     9  75.5      1   1089
Waiting:        0     9  75.5      1   1089
Total:          0     9  75.7      1   1092

Percentage of the requests served within a certain time (ms)
    50%      1
    66%      2
    75%      2
    80%      2
    90%      3
    95%      3
    98%      6
    99%     50
   100%   1092 (longest request)
```

여기서 주의해야 할 것은 'Requests per second: 11088.30 [#/sec] (mean)' 부분으로 로컬 시스템에서 본 원래의 Throughput은 11,000rps를 넘는다는 것을 의미한다.

즉, 이 웹 서버에서는 11,000rps 응답을 할 수 있는 성능을 가지고 있어도 JMeter를 사용하여 측정된 Throughput은 약 7,000rps까지 밖에 안 됨을 의미한다.

이번 비기능 요건에 대해서는 API 단위로 최대 7,000rps 응답이 있다면 충분하며, 이 구성 그대로 테스트를 진행하지만, 만약 성능이 부족하다고 판단되면 부하 테스트 도구 구성을 변경해야 한다.[4]

Check

이 테스트에서 병목이 발생할 수 있는 부분은 다음 중 하나로 어떤 상태인지 확인한다.

- 부하 테스트 도구
- 부하 테스트 대상 시스템
- 그 외 네트워크 등

---

4   다른 네트워크에 있는 윈도우 PC(필자의 작업 PC)에서 JMeter로 같은 테스트를 한 결과는 2,000rps 정도 밖에 측정되지 않았다. 위에서도 설명했지만, 네트워크 적으로 떨어진 위치에선 부하를 주기는 어렵다.

여기에서는 부하 테스트 도구가 병목임을 확인했으므로 다음을 진행한다(표 10-4).

표 10-4 결과

부하 테스트 서버	웹 서버	DB 서버	대상	클라이 언트 수	Average	Through put	병목	비고
t2.micro×1	c4.large×1	—	정적 페이지 사설 IP 지정	200	26ms	7,000rps	JMeter 부하 테스트 서버	ab로는 더 많이 나오지만 문제 없는 것으로 판단

🖥 단계 2: 웹 프레임워크 검증

이번 애플리케이션은 PHP와 웹 프레임워크인 Phalcon을 사용하여 구축했다(그림 10-8).

이 웹 프레임워크에 출력되는 Hello World에 대해 부하 테스트를 하고 앞으로 테스트할 API 부하 테스트 결과와 비교하기 위해 사용한다.

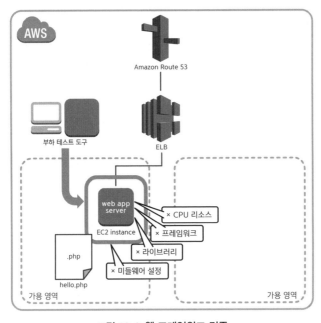

그림 10-8 웹 프레임워크 검증

대상 소스 코드

대상 애플리케이션은 Phalcon Micro 샘플을 약간 수정하여 사용했다.

프로파일링 도구로 Xhprof 추가

요청 파라미터로 use_Xhprof=1을 추가한 요청에 대해 Xhprof로 프로파일링을 실행하고 응답 중에 프로파일링 결과를 확인할 수 있는 URL을 출력하도록 한다. 이를 위해서는 index.php 및 출력용 클래스를 수정한다.

점검 모드를 추가

외부 리소스로의 연결을 시뮬레이션하기 위해 모든 API 실행 전에 다음과 같이 지정된 파일을 HTTP 요청 발행한다.

```
define('STATUS_FILE',   'http://****.s3.amazonaws.com/taru8/status.txt');
```

그 후에 그 파일 내용이 'OK'가 아닌 경우에는 점검 중의 응답을 반환하도록 한다.

여기에서는 S3 상에 정적 콘텐츠를 업로드 하였다.

다음 컨트롤러를 추가

API의 각 리소스에 맞는 컨트롤러를 추가한다.

- controllers/helloworld.php
- controllers/usersphp(내용 생략)
- controllers/articles.php(내용 생략)
- controllers/likes.php(내용 생략)

index.php

```php
<?php
use Phalcon\Loader;
use Phalcon\DI\FactoryDefault;
use Phalcon\Db\Adapter\Pdo\Mysql as DbAdapter;
```

```php
require_once('lib/JsonResponse.php');

date_default_timezone_set('asia/tokyo');

define('STATUS_FILE',           'http://****.s3.amazonaws.com/taru8/status.
                                txt');
define('XHPROF_ROOT',           '/usr/share/pear');
define('XHPROF_SOURCE_NAME',    'Xhprof');
define('XHPROF_SOURCE_DIR',     '/var/log/Xhprof');


// Xhprof 시작
if(isset($_GET['use_Xhprof']) && $_GET['use_Xhprof'] && XHPROF_ROOT &&
XHPROF_SOURCE_NAME && XHPROF_SOURCE_DIR){
    define ('USE_XHPROF', true);
    Xhprof_enable();
}else{
    define ('USE_XHPROF', false);
}

// Register an autoloader
$loader = new Loader();
$loader->registerDirs(
    array(
        dirname(__FILE__).'/models/',
    )
)->register();

// check maintenance mode
if (trim(file_get_contents(STATUS_FILE))!=="OK"){
    $response = new JsonResponse();
    $response->setStatusCode(503, "Service Unavailable");
    $errors = array('Sorry this API is under maintenance');
    $response->setJsonContent(array('status' => 'ERROR', 'messages' =>
    $errors));
    $response->send();
}

$di = new \Phalcon\DI\FactoryDefault();

//Set up the database service
$di->set('db', function(){
    return new DbAdapter(array(
        "host" => "taru8test.****.ap-northeast-1.rds.amazonaws.com",
        "username" => "root",
        "password" => "mysqlroot",
```

```php
        "dbname" => "casestudy_1",
        "persistent"=> true,
    ));
});

//Create and bind the DI to the application
$app = new \Phalcon\Mvc\Micro($di);

require_once('controllers/helloworld.php');
require_once('controllers/users.php');
require_once('controllers/articles.php');
require_once('controllers/likes.php');

$app->notFound(function () use ($app) {
    //Create a response
    $response = new JsonResponse();
    $response->setStatusCode(404, "Not imprement");
    $errors = array('Not Impremented.');
    $response->setJsonContent(array('status' => 'ERROR', 'messages' =>
    $errors));
    return $response;
});

try {
    $app->handle();
}catch(PDOException $e){
    $errors[] = $e->getMessage();
    $result = false;
    $response = new JsonResponse();
    $response->setStatusCode(500, "DB error");
    $response->setJsonContent(array('status' => 'ERROR', 'messages' =>
    $errors));
    $response->send();
}catch(Exception $e){
    $errors[] = $e->getMessage();
    $result = false;
    $response = new JsonResponse();
    $response->setStatusCode(500, "Unexpected error");
    $response->setJsonContent(array('status' => 'ERROR', 'messages' =>
    $errors));
    $response->send();
}
```

lib/jsonResponse.php

```php
<?php

class JsonResponse extends Phalcon\Http\Response
{
    /**
     * @codeCoverageIgnore
     */
    public function send(){
        $this->addXHProfURL();
        return parent::send();
    }


    /**
     * @codeCoverageIgnore
     */
    protected function addXHProfURL(){
        if (USE_XHPROF) {
            $Xhprof_data        = Xhprof_disable();
            $XHPROF_ROOT        = XHPROF_ROOT;
            $XHPROF_SOURCE_NAME = XHPROF_SOURCE_NAME;
            include_once $XHPROF_ROOT . "/Xhprof_lib/utils/Xhprof_lib.php";
            include_once $XHPROF_ROOT . "/Xhprof_lib/utils/Xhprof_runs.php";
            $Xhprof_runs = new XHProfRuns_Default(XHPROF_SOURCE_DIR);
            $run_id = $Xhprof_runs->save_run($Xhprof_data, $XHPROF_SOURCE_
            NAME);

            $content = $this->getContent();
            $content = json_decode($content, true);
            $content['XHprof_URL'] = "http://".$_SERVER["SERVER_NAME"]."/
            Xhprof_html/index.php?run=$run_id&source=$XHPROF_SOURCE_NAME";
            $this->setContent(json_encode($content));
        }
    }
}
```

controllers/helloworld.php

```php
<?php
$app->get('/helloworld', function() use ($app) {

    //Create a response
    $response = new JsonResponse();
    $response->setJsonContent(array('status' => 'OK', 'messages' => "Hello
    World!"));
```

```
    return $response;
});
```

실행 결과

정적 파일에 대해 실행한 부하 테스트와 마찬가지로 [결과 트리 표시]를 이용한 통신
확인을 한 후에 실제 부하 테스트를 진행한다(그림 10-9).

- 대상 URL: http://[Private IP]/HelloWorld

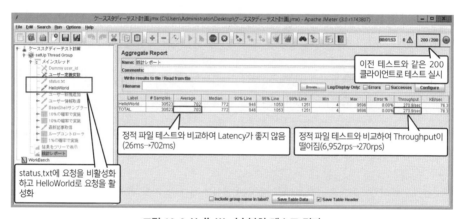

그림 10-9 HelloWorld 부하 테스트 결과

표 10-5 결과

부하 테스트 서버	웹 서버	DB 서버	대상	클라이 언트 수	Average	Through put	병목	비고
t2.micro×1	c4.large×1	—	웹 프레임워크 (Phalcon)를 이용한 Hello World	200	702ms	270.9rps	웹 서버 CPU	

표 10-5와 같이 [Throughput]이 정적 파일의 약 7,000rps에서 급격히 떨어져 270rps
가 되었다.

이 값이 맞는 값인지 로컬에서의 ab 결과와 비교해보자.

```
ab -n 20000 -c 200 -k http://localhost/helloworld
This is ApacheBench, Version 2.3 <$Revision: 1748469 $>
Copyright 1996 Adam Twiss, Zeus Technology Ltd, http://www.zeustech.net/
Licensed to The Apache Software Foundation, http://www.apache.org/

~중략~
Requests per second:    282.62 [#/sec] (mean)
~중략~
```

위와 같이 JMeter 결과와 ab 결과 Throughput은 거의 같게 나왔다. 부하가 커지게 되면 JMeter에서의 테스트도 비슷한 결과가 나오는 것으로 판단된다.

또 위의 부하 테스트 둘 다 Latency가 많이 커지는 것을 볼 수 있다. 이것이 PHP 프레임워크 중 빠르다고 하는 Phalcon의 성능이라고 할 수 있을까?

거의 아무런 처리도 하지 않는 상황에서 응답 속도가 너무 느리기 때문에 Xhprof를 이용한 프로파일링을 하도록 한다.

JMeter로 부하를 준 상태에서 별도로 다음 URL에 요청하도록 한다.

```
curl http://[hostname]/helloworld?use_Xhprof=1

{
    status: "OK",
    messages: "Hello World!",
    XHProf_URL: "http://[domain]/Xhprof_html/index.php?run=57e8d5128f38a&sou
    rce=Xhprof"
}
```

XHProf_URL의 URL로 접속하면 그림 10-10의 페이지가 표시된다. 실행 시간이 긴 메서드부터 정렬된다.

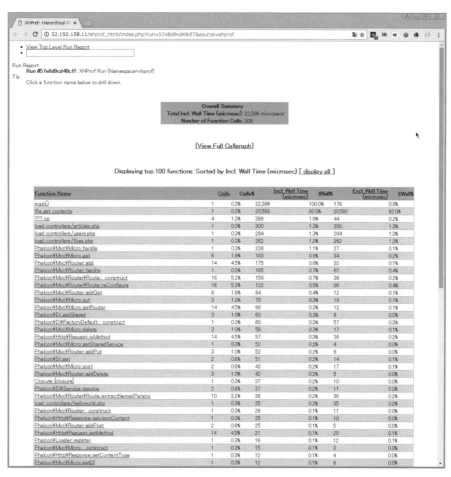

그림 10-10 Xhprof 분석 결과

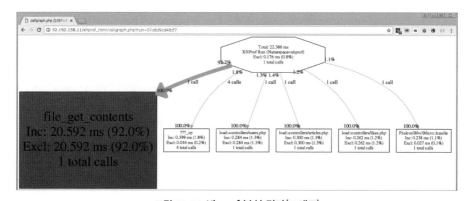

그림 10-11 Xhprof 분석 결과(그래프)

그림 10-11을 보면 일목요연하지만, 실행 시간의 대부분을 file_get_contents()가 점유하고 있다. 이것은 앞으로 할 '외부 서비스 연동 성능 검증' 시뮬레이션을 위해 S3에 저장된 status.txt를 참고에 이용하고 있었다.

이 단계에서는 외부 서비스 연동 성능 검증을 하지 않기 때문에 이 부분을 주석 처리하고 테스트 한다.

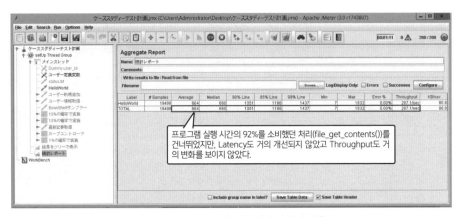

그림 10-12 JMeter에서는 거의 변화가 없음

실행 시간을 점유하고 있던 file_get_contents()가 없어졌음에도 JMeter에서 보이는 Latency, Throughput은 거의 변화가 없다. 그러나 자세히 보면 JMeter에서 보이는 Latency는 664ms임에도 Xhprof쪽에서 보이는 실행 시간은 22,386ms에서 1,929ms로 많이 향상되었고 실제 처리에 들어가면서부터 처리 속도는 충분히 빨라짐을 알 수 있다(그림 10-13).

이것은 클라이언트 수가 200의 경우에는 실제 PHP 처리를 받아들이기까지의 대기 시간이 늘어나 결과적으로 Latency가 올라갔다고 추측할 수 있다. 이 상태라면 처리 대기 시간만 늘어나서 Latency를 정상적으로 평가할 수 없게 된다(그림 10-14).

8장 8.2 '부하 테스트 도구 병목 원인과 대책'에서 '부하 테스트 클라이언트 수가 너무 많음'에 해당하므로 이번에는 Throughput이 떨어지지 않을 정도로 클라이언트 수를 줄이고 다시 테스트를 진행한다.

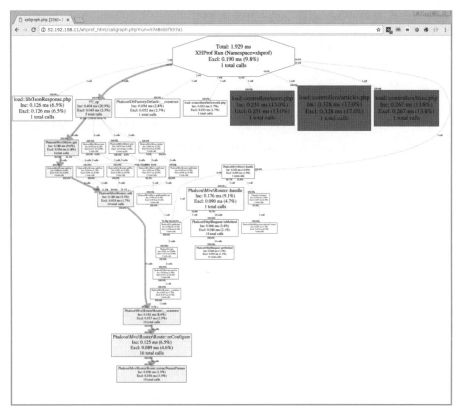

그림 10-13 Xhprof에서 보면 실행 시간이 큰 폭으로 고속화됨

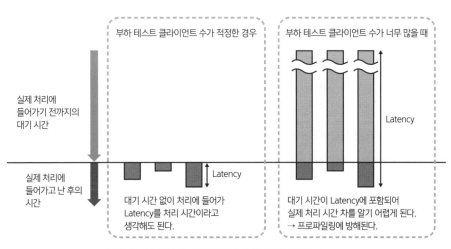

그림 10-14 테스트 클라이언트 수가 많을 때의 Latency

부하 테스트 클라이언트 수를 200→20으로 변경

이 클라이언트 수라면 PHP 실행까지의 대기 시간이 줄어들고 목표 Latency에 도달하는 것을 확인할 수 있었다. 이후부터는 이 클라이언트 수로 테스트를 한다(그림 10-15).

이때 웹 서버 CPU 리소스가 거의 100%를 사용하는 상태에서 Xhprof에서 확인한 각 스크립트 실행 속도는 빨랐기 때문에 이 시점에서 최적화를 했다고 볼 수 있다.

웹 프레임워크(Phalcon) 자체의 오버헤드를 측정하기 위해 웹 프레임워크를 사용하지 않는 다음과 같은 PHP 스크립트를 이용하여 JSON 응답 값을 측정한다.

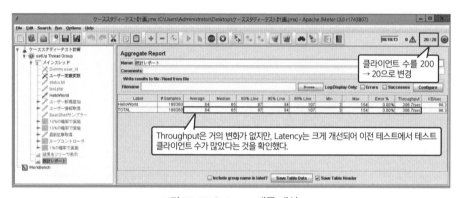

그림 10-15 Latency 대폭 개선

```php
<?php
$contents = [
    "status" => "OK",
    "messages" => "Hello World!",
    "XHprof_URL" => "test_url"
];
echo json_encode($contents);
?>
```

이때(그림 10-16)도 웹 서버의 CPU 병목이 존재하여 최적화가 되었다고는 생각하지 않는다.

Phalcon을 사용했을 때와 비교하여 Latency/Throughput 모두 약 1.5배 성능을 보여 주지만, 반대로 Phalcon을 사용하면 이 정도의 Latency와 Throughput이 저하되는 것을 알 수 있다.

이 웹 프레임워크를 사용하지 않는 PHP에서의 응답 Throughput과 웹 프레임워크에서의 Hello World Throughput을 알아 두는 것은 새로운 애플리케이션을 구축할 때 애플리케이션 설정이 잘 되었는지, 충분히 최적화가 되었는지 알 수 있는 기준이 된다.

c4.large 인스턴스는 CPU 코어 수가 2개이므로 AWS에서 Apache+PHP로 구축된 API Throughput 상한값은 CPU 코어 수 기준으로 한다면 이 값의 반인 220rps 정도이며, 또 Phalcon을 사용한 경우에는 코어 수당 Throughput 상한값은 150rps 정도라고 할 수 있다.[5]

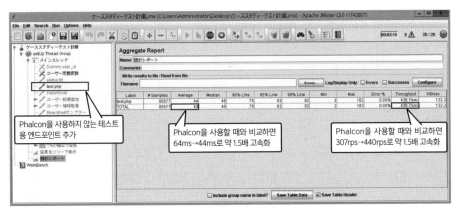

그림 10-16 Phalcon을 사용하지 않을 때의 값 측정

Check

전 단계와 비교하여 확실히 Latency 증가와 Throughput 저하가 확인되었지만, 웹 서버 CPU 리소스가 거의 100%를 사용하고 있고 웹 프레임워크를 사용하지 않을 때와

---

5 PHP 버전에 따라 다를 수 있다. 또 PHP 액셀레이터를 사용하기 전의 결과이다.

비교하여 나름 Throughput이 나온다고 보고 다음 테스트를 진행한다(표 10-6).

- 웹 서버 리소스를 충분히 사용하고 있는가? → 거의 CPU 100%로 병목되었다.
- 전 단계와 비교해 확실히 Latency가 악화했는가? → 나빠졌지만 프레임워크를 사용하지 않을 때와 비교하면 크게 떨어지지는 않았다.
- 전 단계와 비교해 확실히 Throughput 저하가 확인되었는가? → 저하되지 않 았다.

표 10-6 결과

부하 테스트 서버	웹 서버	DB 서버	대상	클라이언트 수	Through put	병목	비고
t2.micro×1	c4.large×1	—	웹 프레임워크를 사용하지 않을 때 PHP 응답	20	437rps	웹 서버 CPU	
t2.micro×1	c4.large×1	—	웹 프레임워크 (Phalcon)를 이용한 Hello World	20	307rps	웹 서버 CPU	437rps→ 307rps로의 저하는 웹 프레임워크 오버헤드라고 생각할 수 있음

■ 테스트 실행 1 복습

드디어 부하 테스트 실행 단계에 따라 실제 테스트를 시작했다. 여기서 얻은 결과를 정리하면 다음과 같다.

- JMeter에서 통신 확인이 되었다.
- JMeter를 사용하여 대상 시스템에 충분한 부하를 줄 수 있는 구성을 확인할 수 있었다.
- 부하 테스트 도구를 사용하여 테스트 결과의 타당성을 확인했다.
- 프로파일링 도구를 사용하여 문제가 있는 부분을 분석할 수 있었다.
- 현재 집중하고 싶은 테스트와 관계없는 부분에는 연관성을 두지 않는 것을 배웠다.

- 부하 테스트 내용에 따라 부하 테스트 클라이언트 수를 조정(감소)했다.
- 웹 프레임워크를 사용한 Hello World 응답 성능이 대략 적정한 범위인 것을 확인했다.

이 장의 목표인 웹 프레임워크 검증까지 끝냈다. 일단 순조롭게 진행되고 있다.

10.2.3 테스트 실행 2: 시나리오 테스트(테스트 실행)

앞 장에서는 다음까지 실행했다.

- 단계 1: 도구와 환경의 검증
- 단계 2: 웹 프레임워크 검증

이 장에서는 다음 네 가지 단계를 실행한다.

- 단계 3: 참조계 성능 검증
- 단계 4: 갱신계 성능 검증
- 단계 5: 외부 서비스 연동 성능 검증
- 단계 6: 시나리오 테스트

▇ 단계 3: 참조계 성능 검증

여기서부터는 DB에 접속하는 테스트를 진행한다. 지금은 DB 실행 결과를 캐시 서버에 저장하지 않지만, 캐시 서버를 사용하고 있는 경우에는 여기에서 접속 방법 등을 검토한다(그림 10-17).

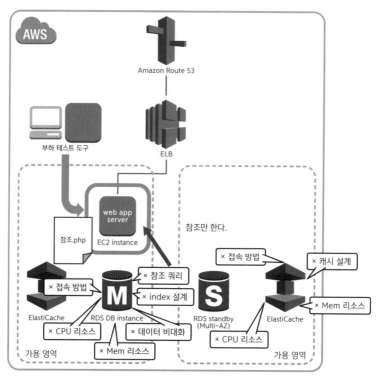

그림 10-17 참조계 성능 검증

- 대상 URL(사용자 정보 검색 API[6])

  GET http://[Private IP]/api/users/${user_id}

---

6 ${user_id} 부분은 JMeter 카운터 기능을 이용하여 자동 증가시키면서 작성한다.

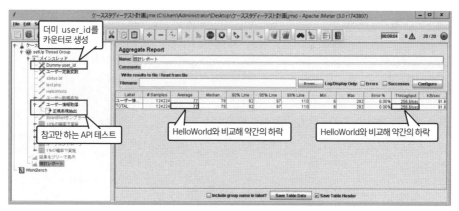

그림 10-18 DB 접속(참조계) 테스트 결과

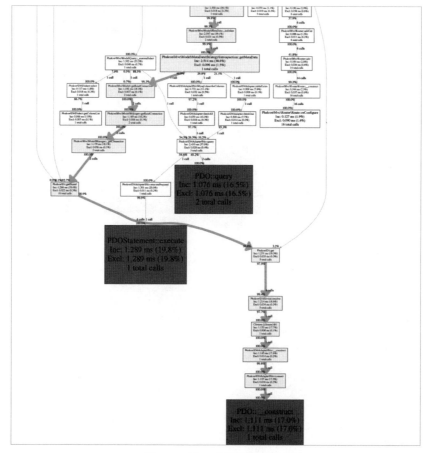

그림 10-19 Xhprof에서의 분석 결과

DB 연결이 늘어나도 값이 크게 떨어지지 않았다(그림 10-18). Xhprof 분석 결과(그림 10-19)도 DB 연결과 실행 부분이 많이 차지하고 있으며, 1ms 정도로 충분히 빠른 것을 알 수 있다.

이 시점에서 DB 연결과 쿼리 실행 방법에는 문제가 없다고 판단된다. 하지만 이 시점에서도 아직 웹 서버의 CPU 병목이 확인된다.

Check

다음 항목을 만족하면 그다음 테스트로 이동한다.

- 웹 서버 리소스를 충분히 사용하는가? → CPU 사용률 100%로 병목이 발생한다.
- DB 서버 리소스를 충분히 사용하는가? → 웹 서버 병목이며 DB 서버에는 여유가 있다.
- 전 단계와 비교해 확실히 Latency가 악화했는가? → 크게 나빠지지 않았다.
- 전 단계와 비교해 확실히 Throughput 저하가 확인되었는가? →크게 저하되지 않았다.

표 10-7 결과

부하 테스트 서버	웹 서버	DB 서버	대상	클라이 언트 수	Through put	병목	비고
t2.micro×1	c4.large×1	db.m4.large	참조계 DB 이용	20	256rps	웹 서버 CPU	DB 접속 방법에는 문제 없음

■ 단계 4: 갱신계 성능 검증

다음은 갱신계 성능 테스트를 한다(그림 10-20). 여기에서는 사용자 신규 추가 API에 대한 테스트를 한다(그림 10-21).

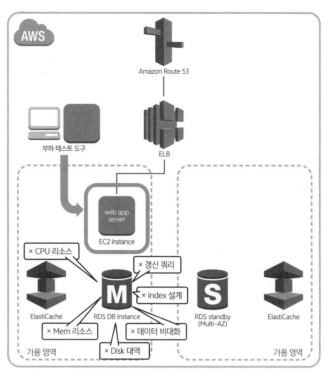

그림 10-20 갱신계 성능 검증

- 대상 URL(사용자 신규 추가 API)

  POST http://[Private IP]/api/users/

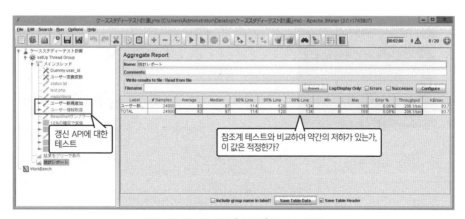

그림 10-21 DB 접속(갱신계) 테스트 결과

참조계 테스트 결과(그림 10-18)와 비교하면 Latency가 나빠졌고 Throughput도 약간 저하되었다. 이 Latency 저하가 어디에서 발생했는지 확인하기 위해 Xhprof 실행 결과도 확인한다.

```
$ curl -X post "http://52.192.158.11/api/users?use_Xhprof=1" -d
'{"name":"test"}' -H "Content-type: application/json"

{
    "status": "OK",
    "data": {
        "name": "test",
        "id": "177283",
        "cerate_timestamp": "2016-09-26 19:49:18",
        "update_timestamp": "2016-09-26 19:49:18"
    },
    "XHprof_URL": "http://52.192.158.11/Xhprof_html/index.php?run=57e8fd2e55
bc3&source=Xhprof"
}
```

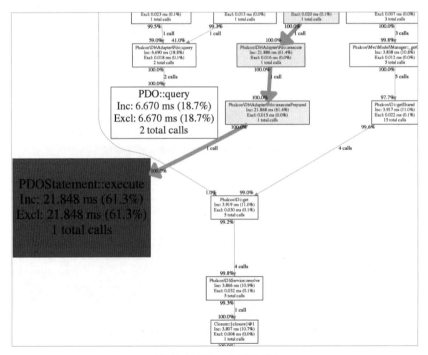

그림 10-22 Xhprof 분석 결과

Xhprof를 사용하여 Latency의 대부분이 DB 쓰기 대기 시간으로 사용된 것을 확인할 수 있다(그림 10-22).

동시에 top 명령어로 확인한 결과 웹 서버 CPU 리소스는 단계 3까지와 비교하여 약간의 여유가 있는 것을 알 수 있다.

```
top - 10:53:10 up  8:13,  1 user,  load average: 14.92, 12.14, 15.21
Tasks: 110 total,  23 running,  87 sleeping,   0 stopped,   0 zombie
Cpu0  : 74.6%us,  4.7%sy,  0.0%ni, 20.1%id,  0.0%wa,  0.0%hi,  0.7%si,
0.0%st
Cpu1  : 76.7%us,  4.3%sy,  0.0%ni, 18.3%id,  0.0%wa,  0.0%hi,  0.7%si,
0.0%st
Mem:   3857884k total,  3167108k used,   690776k free,    29304k buffers
Swap:        0k total,        0k used,        0k free,  2841156k cached
```

일반적으로 웹 서버 리소스에 여유가 있다는 것은 웹 서버 이외 부분에 병목이 있다는 것을 의미하므로 지금까지는 웹 서버 리소스를 아무리 추가해도 전체적인 확장이 안 될 가능성이 있었다.

그러나 실제 DB에는 아직 병목이 없고 부하 테스트 클라이언트 수를 늘리게 되면 Latency는 커지게 되고 웹 서버 CPU에도 부하가 발생하여 결과적으로 Throughput도 올라가는 현상을 확인할 수 있었다. 이것은 DB쪽 처리에 시간이 걸려 부하가 발생하는 방식이 바뀌어 8장 8.2 '부하 테스트 도구 병목 원인과 대책'에서 부하 테스트 클라이언트 수가 너무 적은 상태라고 볼 수 있다.

부하 테스트에서는 항상 특정 리소스 사용률을 높이는 것이 중요하며, 부하 테스트 대상이 변경됨에 따라 적절하게 부하가 발생하도록 파라미터 수정을 반복한다(그림 10-23).

[setup Thread Group]에서 다음과 같이 설정한다.

- Number of Threads(users): 20→100
- Ramp-Up Period(in seconds) : 10
- Loop Count : Forever

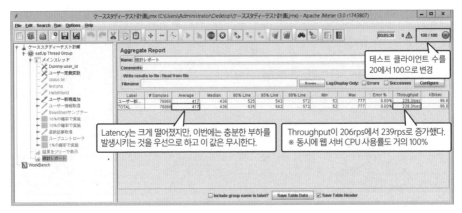

그림 10-23 부하 테스트 클라이언트 수를 100으로 변경한 결과

Check

테스트 클라이언트 수를 늘려 웹 서버에 적절한 부하를 발생시키는 것을 알 수 있었다(표 10-8).

실제 DB에 데이터가 있는지 확인하고 최종적으로 다음의 항목을 만족하므로 다음 단계 테스트를 진행한다.

- 웹 서버 리소스를 충분히 사용하는가? → CPU 사용률 100%로 병목이 발생했다.
- DB 서버 리소스를 충분히 사용하는가? → 웹 서버 병목이며 DB 서버에는 여유가 있다.
- 전 단계와 비교해 확실히 Latency가 악화했는가? → 크게 나빠지지 않았다.
- 전 단계와 비교해 확실히 Throughput 저하가 확인되었는가? → 크게 저하되지 않았다.
- DB의 데이터와 로그는 정상인가?(내용, 수) → 별도로 확인했지만 문제없었다.

표 10-8 결과

부하 테스트 서버	웹 서버	DB 서버	대상	클라이 언트 수	Through put	병목	비고
t2.micro×1	c4.large×1	db.m4.large	갱신계 DB 이용	20	206rps	웹 서버 CPU (약간 여유가 있음)	
t2.micro×1	c4.large×1	db.m4.large	갱신계 DB 이용	100	239rps	웹 서버 CPU	테스트 클라이언트 수를 늘려 웹 서버에 적절한 부하를 줄 수 있었다.

■ 단계 5: 외부 서비스 연동 성능 검증

외부 서비스 연동을 시뮬레이션하는 부분에서 주석 처리했던 외부 파일을 읽어 오
는 부분을 다시 활성화한다(그림 10-24). 이 테스트는 위와 같은 방법으로 테스트를
진행하기 때문에 결과만 설명한다(그림 10-9).

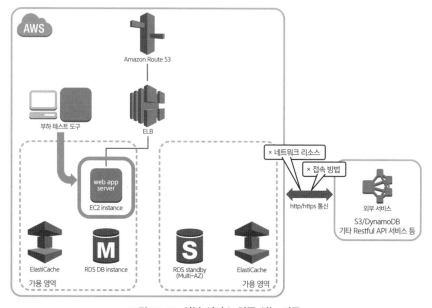

그림 10-24 외부 서비스 연동 성능 검증

클라이언트 수 조건을 맞추고 Throughput 값은 306에서 272로 외부 파일 읽기를 하는지에 따라 10% 정도 떨어졌다.

Check

다음 항목에 대해 문제가 없는 것으로 판단하고 진행한다.

- 웹 서버 리소스를 충분히 사용하는가? → CPU 사용률 100%로 병목이 발생했다.
- DB 서버 리소스를 충분히 사용하는가?
- 전 단계와 비교해 확실히 Latency가 악화했는가? → 크게 나빠지지 않았다.
- 전 단계와 비교해 확실히 Throughput 저하가 확인되었는가?
- 외부 시스템 리소스는 많이 사용되고 있었는가? → S3 상의 정적 파일이 있고 문제없었다.
- 외부 시스템 Latency에는 문제없는가? → S3 상의 정적 파일이 있고 문제없었다.

표 10-9 결과

부하 테스트 서버	웹 서버	DB 서버	대상	클라이언트 수	Through put	병목	비고
t2.micro×1	c4.large×1	–	외부 시스템 연동 Hello World	20	272rps	웹 서버 CPU	

■ 단계 6: 시나리오 테스트

JMeter에서 시나리오를 가지고(그림 10-25) 시나리오 전체를 테스트 한다(그림 10-26).

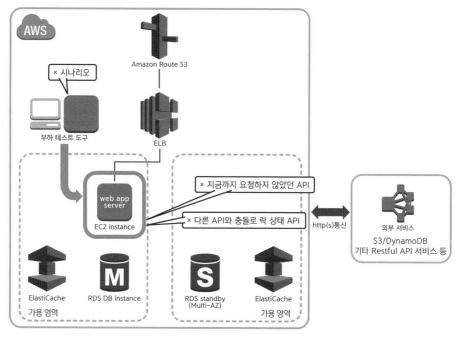

그림 10-25 시나리오 테스트

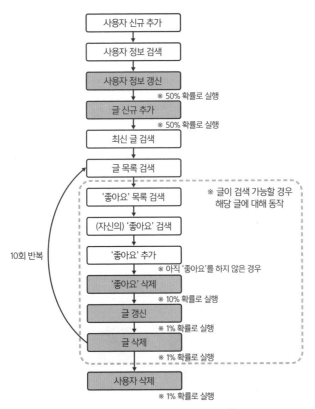

그림 10-26 사용자 예상 시나리오[7]

시나리오 테스트에서는 지금까지 사용하지 않았던 JMeter 기능을 이용한다.

If 컨트롤러

마우스 오른쪽 클릭 ➡ [Add] ➡ [Logic Controller] ➡ [If Controller]를 선택하고 추가한다.

Condition 부분에 지정한 조건식에 일치하는 경우에만 아래 시나리오를 실행한다.

예 10% 확률로 실행할 경우, ${__Random(1, 10)}==1로 한다.

---

7 이 시나리오 작성 방법은 11장 11.2 'JMeter 시나리오 설명'에서 설명한다.

Regular Expression Extractor

직전 실행 결과 response에서 정규 표현 매칭으로 변수를 가지고 온다. 여기에서는 글 목록에서 글 ID 수집 등으로 사용하고 있다.

클라이언트 수는 목표 Latency가 될 때까지 낮추도록 한다(100→20).

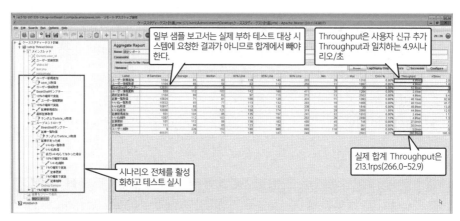

일부 샘플 보고서는 실제 부하 테스트 대상 시스템에 요청한 결과가 아니므로 합계에서 빼야 한다.

Throughput은 사용자 신규 추가 Throughput과 일치하는 4.9시나리오/초

실제 합계 Throughput은 213.1rps(266.0-52.9)

시나리오 전체를 활성화하고 테스트 실시

그림 10-27 시나리오 전체 테스트 결과

이 테스트에서는 약간의 에러가 발생하지만, 이 에러는 복수의 사용자가 같은 글에 대해 조작을 할 때 락을 감지하는 에러이다. API는 이 에러를 애플리케이션에 통지하고 애플리케이션 쪽에서 재시도하는 등의 처리를 전제로 하고 있어 에러가 발생해도 문제없다고 생각한다.

[TOTAL] Throughput이 266.0rps처럼 보이지만, 이것은 BeanShell 샘플 때문에 발생한 52.9rps를 제외한 213.1rps가 되는 것임에 주의한다. 또 시나리오로 Throughput은 4.9시나리오/초가 되고 시나리오 중에서 한 번만 통과한 Throughput과 일치한다(그림 10-27).

이 API 중에는 사용자 삭제에 시간이 걸리지만, 이것은 사용자 삭제 시에 사용자와 관련된 글이나 '좋아요' 정보를 DB에서 삭제하므로 발생하는 것이다.

Check

DB 등록 데이터 등도 확인했고 시나리오 전체가 정상적으로 실행되었고 이 시점에서 문제없음을 확인했기 때문에(표 10-10) 다음 단계를 진행한다.

- 시나리오가 정상적으로 실행되었는가? → 확인했다.
- 웹 서버 리소스를 충분히 사용하는가? → CPU 사용률 100%로 병목이 발생했다.
- DB 서버 리소스를 충분히 사용하는가?
- 전 단계와 비교해 확실히 Latency가 악화했는가? → 크게 나빠지지 않았다.
- 전 단계와 비교해 확실히 Throughput 저하가 확인되었는가? → 크게 저하되지 않았다.
- DB의 데이터와 로그는 정상인가?(내용, 수) → 별도로 확인했지만 문제없었다.

표 10-10 결과

부하 테스트 서버	웹 서버	DB 서버	대상	클라이언트 수	Throughput	병목	비고
t2.micro×1	c4.large×1	db.m4.large	시나리오 (전체)	20	213rps	웹 서버 CPU	4.9시나리오/초

🔳 테스트 실행 2 복습

'단계 3: 참조계 성능 검증~단계 6: 시나리오 테스트'까지를 실시했고 특별한 문제는 없었다. 여기에서 확인된 결과를 정리하면 다음과 같다.

현재 부하 범위 내에서는

- DB 접속 방법 문제없었다.
- DB 참고 부분 문제없었다.
- DB 갱신 부분 문제없었다.
- 외부 서비스 연결 부분이 시스템에 주는 영향을 확인했다.
- 작성된 부하 테스트 시나리오가 동작하는 것을 확인했다.

또,

- 부하 테스트 내용에 따라 테스트 클라이언트 수를 조정(증가)했다.

10.2.4 테스트 실행 3: 스케일 업/아웃 테스트(확장에 대한 한계)

전 장의 테스트에서 얻은 결과는 다음과 같다.

(전장에서 부하를 준 범위에서)

- DB 접속 방법 문제없었다.
- DB 참고 부분 문제없었다.
- DB 갱신 부분 문제없었다.
- 외부 서비스 연결 부분이 시스템에 주는 영향을 확인했다.
- 작성된 부하 테스트 시나리오가 동작하는 것을 확인했다.

여기서 중요한 것은 이 결과 모두 부하 테스트 서버도 웹 서버도 1대만 사용했고 각 리소스의 스케일 업도 하지 않은 구성에서 발생시킨 부하 범위에서의 테스트 결과 이다. 스케일 업/스케일 아웃에 따라 시스템 전체 Throughput 값이 올라가게 되면 위 결과도 바뀔 것이다.

여기서부터는 각 리소스를 스케일 업/스케일 아웃 하면서 실제 시스템의 확장성을 검증한다.

■ 단계 7: 스케일 업/아웃 테스트 준비

여기까지는 ELB를 사용하지 않고 1대 웹 서버에 대해 부하 테스트를 했지만, 지금부터는 ELB를 추가한다(그림 10-28). ELB에 서버 1대를 연결하고 ELB를 통한 Throughput 등을 측정해 둔다(그림 10-29).

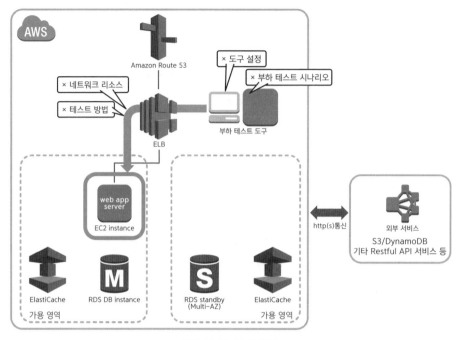

그림 10-28 ELB 추가

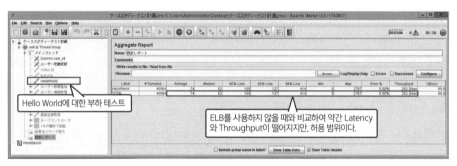

그림 10-29 ELB를 통한 Throughput 확인

약간 Throughput이 떨어지지만, ELB를 사용해도 큰 문제가 되진 않는다.

Check

다음 항목을 만족하기 때문에(표 10-11) 다음으로 넘어간다.

- 이전 단계와 비슷한 Latency로 응답할 수 있는가?
- 이전 단계와 비슷한 Throughput으로 응답할 수 있는가?

표 10-11 결과

부하 테스트 서버	웹 서버	DB 서버	대상	클라이 언트 수	Through put	병목	비고
t2.micro×1	c4.large×1	–	ELB를 통한 Hello World	20	262rps	웹 서버 CPU	ELB를 사용하지 않는 경우 272rps

🔲 단계 8: 스케일 업/아웃 테스트

이전 테스트에서는 웹 서버 CPU 병목이 있었고 DB 서버에서는 CPU 사용률이 최대 20% 정도로 여유가 있어 먼저 웹 서버의 스케일 업 테스트를 진행한다.

[스케일 업 테스트] c4.large→c4.xlarge로 변경

CPU, 메모리 성능이 거의 2배인 인스턴스로 변경했다. CPU 병목이 있었으므로 최종적으로 Throughput도 2배가 될 것으로 기대되어 클라이언트 수도 2배인 40으로 변경한다.

먼저 단계 1~6 회귀 테스트를 한다.

setUp Thread Group 설정

- Number of Threads(users): 40
- Ramp-Up Period(in seconds): 10
- Loop Count: Forever

Hello World 테스트

정적 파일 테스트는 하지 않고 Hello World 테스트를 시행한다. 이 테스트 결과에서는 거의 2배 정도 Throughput이 나왔고(그림 10-30) CPU 리소스를 잘 활용하고 있는 것을 확인할 수 있었다(표 10-12).

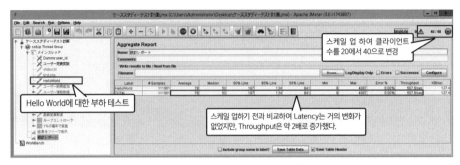

그림 10-30 Throughput 약 2배 향상

표 10-12 결과

부하 테스트 서버	웹 서버	DB 서버	대상	클라이 언트 수	Through put	병목	비고
t2.micro×1	c4.large×1	–	ELB를 통한 Hello World	40	508rps	웹 서버 CPU	c4.large 때의 2배

웹 서버 성능이 2배가 되면 2배의 요청을 처리할 수 있음을 알 수 있었다.

참고 DB 접속 테스트

웹 서버 1대일 때 했던 테스트를 그대로 실행한다.

setUp Thread Group 설정

- Number of Threads(users): 40
- Ramp-Up Period(in seconds): 10
- Loop Count: Forever

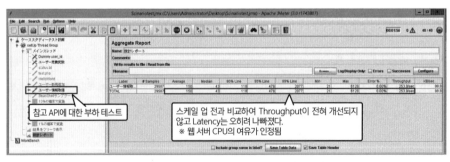

그림 10-31 Throughput이 전혀 개선되지 않음

스케일 업 전 테스트 결과의 2배 Throughput을 원했지만, 실제 CPU 사용률은 떨어지고 Throughput은 그대로였다(그림 10-31).

이 결과는 이 시스템은 스케일 업을 해도 성능이 향상되지 않음을 의미한다. 빠른 대응이 필요하다.

여기서 다시 Xhprof 결과를 확인한다(그림 10-32).

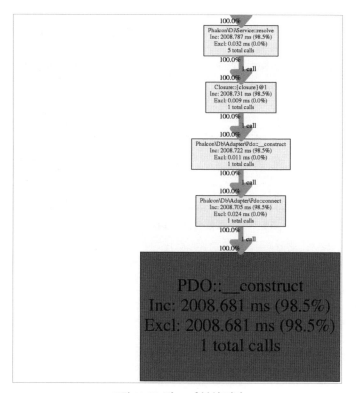

그림 10-32 Xhprof 분석 결과

몇 번이고 다시 요청하여 2,000ms의 실행 시간이 걸렸고 그 중에 PDO::_construct() 가 98.5%의 실행 시간을 점유한 것을 확인할 수 있었다. 지금까지 볼 수 없었던 DB 접속 부분의 병목을 확인할 수 있었다.

DB 접속에 있어서 persistent 옵션을 true로 변경한다.

```
$di->set('db', function(){
    return new DbAdapter(array(
        "host"       => DB_HOSTNAME,
        "username"   => DB_USER_NAME,
        "password"   => DB_PASSWORD,
        "dbname"     => DB_NAME
        "persistent" => true,
    ));
});
```

변경이 필요한 부분은 '"persistent" => true,'를 추가하면 된다.

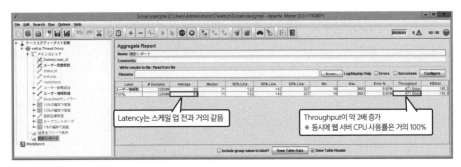

그림 10-33 설정 변경 후 DB 접속 테스트 결과

이번에는 예상대로 이전 테스트 결과와 비교하여 거의 2배 정도의 Throughput이 나왔다(그림 10-33).

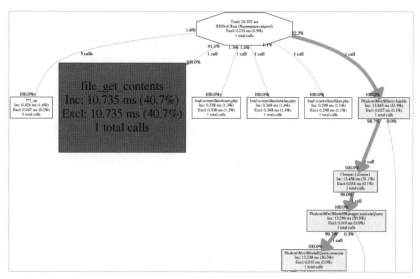

그림 10-34 Xhprof 분석 결과

Xhprof에서 확인한 결과 이번에는 실행 시간을 점유하고 있는 file_get_contents()의 비율이 매우 큰 이유가 궁금했다(그림 10-34). 이것은 단계 5에서 활성화한 외부 서비스 사용 부분이며, PHP에서는 외부 서비스 접속을 DB 접속과 같이 공유할 수 없다. 그래서 외부 서비스를 요청한 결과를 수초간 캐시 함으로써 통신 빈도를 줄이도록 했다.

이번에는 APC를 이용하여 각 웹 서버 로컬 캐시에 결과를 저장한다.

PHP 소스 코드 중에 file_get_contents()를 이용하여 외부 파일을 읽는 부분을 다음과 같이 수정한다.

```php
function file_get_contents_cache($url){
    $key = "url_${url}";
    if($cache = apc_fetch($key)){
        return $cache;
    }
    $contents = @file_get_contents($url);
    apc_store($key, $contents, 10);
    return $contents;
}
```

APC에서는 서버상에 캐시를 유지하기 위해 Memcached 등의 공유 캐시 서비스를 사용하는 것과 달리 여러 서버 간에 캐시를 공유할 수 없지만, 캐시 정합성이 문제가 되는 상황이 아니므로 괜찮다. 이 경우에는 웹 서버 1대당 10초에 1회밖에 외부 서버에 요청하지 않는다.

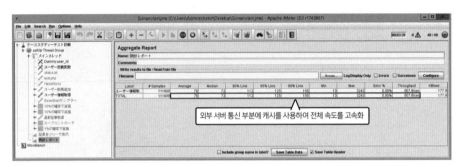

그림 10-35 외부 리소스 수집 부분에 캐시를 사용한 결과

그림 10-35와 같이 file_get_contents 부분의 부하가 거의 없어졌고 전체적으로 고속화되었다(표 10-13).

Xhprof에서 보이는 실제 코드 실행 시간도 절반 정도였다.

이후 테스트에서는 이 DB 접속의 지속성을 유지하고 외부 API 결과를 캐시한 상태에서 진행하도록 한다.

표 10-13 결과

부하 테스트 서버	웹 서버	DB 서버	대상	클라이 언트 수	Through put	병목	비고
t2.micro×1	c4.large×1	db.m4.large	참조계 페이지	40	254rps	–	DB 연결 지속성을 가지지 않음
t2.micro×1	c4.large×1	db.m4.large	참조계 페이지	40	471rps	웹 서버 CPU	DB 연결 지속성을 유지하고 외부 API 사용 부분에 캐시 도입

시나리오 테스트

DB 연결 부분은 최적화되었고 여기에서는 DB 갱신 테스트를 추가하여 시나리오 테스트를 실시한다(그림 10-36).

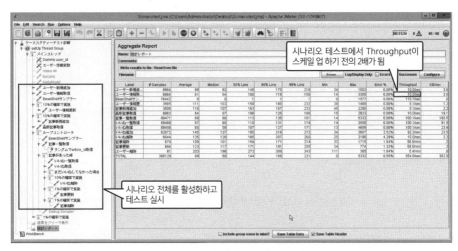

그림 10-36 시나리오 테스트 결과

시나리오 테스트에서도 조금 전 Throughput의 2배인 10시나리오/초가 나오고 있어 스케일 업에 따라 Throughput이 증가하는 것을 알 수 있다.

이 상태에서 CPU 사용률은 거의 100%가 되었고 웹 서버 CPU가 병목인 것을 알 수 있다.

```
top - 06:11:50 up  2:24,  2 users,  load average: 25.47, 23.91, 16.12
Tasks: 227 total,  33 running, 193 sleeping,   0 stopped,   1 zombie
Cpu0 : 91.0%us,  6.6%sy,  0.0%ni,  0.3%id,  0.0%wa,  0.0%hi,  2.0%si,  0.0%st
Cpu1 : 94.0%us,  5.7%sy,  0.0%ni,  0.3%id,  0.0%wa,  0.0%hi,  0.0%si,  0.0%st
Cpu2 : 94.0%us,  5.6%sy,  0.0%ni,  0.3%id,  0.0%wa,  0.0%hi,  0.0%si,  0.0%st
Cpu3 : 92.7%us,  5.3%sy,  0.0%ni,  0.3%id,  0.0%wa,  0.0%hi,  1.7%si,  0.0%st
Mem:  7662540k total,   917424k used,  6745116k free,    23332k buffers
Swap:       0k total,        0k used,       0k free,   330824k cached
```

이 상황에서 RDS CPU 사용률은 35% 정도로 여유 있다(그림 10-37).

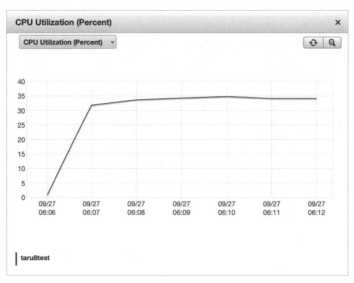

그림 10-37 RDS CPU 사용률

표 10-14 결과

부하 테스트 서버	웹 서버	DB 서버	대상	클라이 언트 수	Through put	병목	비고
t2.micro×1	c4.large×1	db.m4.large	시나리오 (전체)	40	445rps	웹 서버 CPU	10시나리 오/초

[스케일 업 테스트] c4.xlarge → c4.2xlarge로 변경

웹 서버 CPU 리소스가 사용률이 높아 c4.2xlarge 인스턴스로 변경하고 시나리오 테스트를 한다. 이번에도 CPU, 메모리 성능이 2배인 인스턴스이다(그림 10-38).

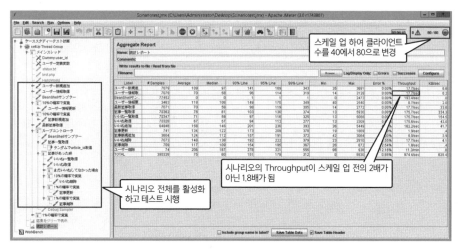

그림 10-38 c4.2xlarge 변경 후 결과

이번에는 2배가 아닌 1.8배 정도의 17.7시나리오/초가 나왔다.

웹 서버 CPU 사용률엔 약간의 여유를 볼 수 있었다.

```
top - 06:11:50 up  2:24,  2 users,  load average: 25.47, 23.91, 16.12
Tasks: 227 total,  33 running, 193 sleeping,   0 stopped,   1 zombie
Cpu0 : 91.0%us,  6.6%sy,  0.0%ni,  0.3%id,  0.0%wa,  0.0%hi,  2.0%si,  0.0%st
Cpu1 : 94.0%us,  5.7%sy,  0.0%ni,  0.3%id,  0.0%wa,  0.0%hi,  0.0%si,  0.0%st
Cpu2 : 94.0%us,  5.6%sy,  0.0%ni,  0.3%id,  0.0%wa,  0.0%hi,  0.0%si,  0.0%st
Cpu3 : 92.7%us,  5.3%sy,  0.0%ni,  0.3%id,  0.0%wa,  0.0%hi,  1.7%si,  0.0%st
Mem:   7662540k total,   917424k used,  6745116k free,    23332k buffers
Swap:        0k total,        0k used,        0k free,   330824k cached
```

RDS의 CPU 사용률은 55% 정도이다(그림 10-39).

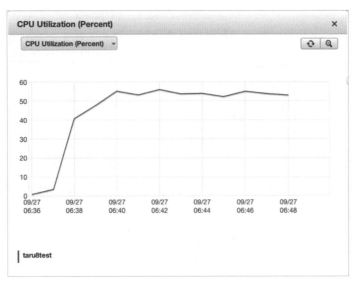

그림 10-39 RDS의 CPU 사용률

표 10-15 결과

부하 테스트 서버	웹 서버	DB 서버	대상	클라이 언트 수	Through put	병목	비고

t2.micro×1	c4.2xlarge×1	–	시나리오
			(전체)
				80	781rps	RDS?	• 17.7시나리오/초
							• 웹 서버 CPU에
							  여유가 보이기
							  시작

[스케일 업 테스트] c4.2xlarge→c4.4xlarge로 변경

추가로 CPU, 메모리 용량을 약 2배인 인스턴스로 변경한다(그림 10-40).

RDS CPU 사용률은 55%였지만, 웹 서버 CPU 사용률에 여유가 있어 이 스케일 업에서는 Throughput이 더 이상 개선되지 않을 것이다. 과연 어떠할까?

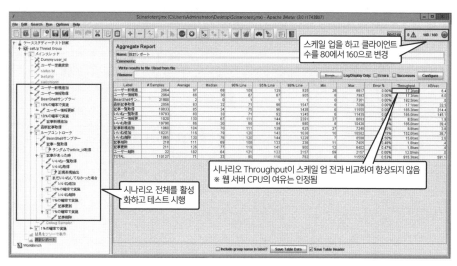

그림 10-40 c4.4xlarge 변경 후 결과

조금 전과 비교하여 실제 아무런 개선을 보이지 않았고 더 저하된 것을 볼 수 있다.

웹 서버 CPU 사용률도 아주 낮은 수준이며, 병목은 웹 서버가 아님을 확인할 수 있다.

```
top - 07:03:58 up 4 min,  1 user,  load average: 3.32, 1.15, 0.41
Tasks: 250 total,   4 running, 246 sleeping,   0 stopped,   0 zombie
Cpu0  : 47.1%us,  3.0%sy,  0.0%ni, 49.8%id,  0.0%wa,  0.0%hi,  0.0%si,  0.0%st
Cpu1  : 43.7%us,  2.3%sy,  0.0%ni, 53.7%id,  0.0%wa,  0.0%hi,  0.0%si,  0.3%st
Cpu2  : 40.7%us,  2.0%sy,  0.0%ni, 57.4%id,  0.0%wa,  0.0%hi,  0.0%si,  0.0%st
Cpu3  : 36.5%us,  2.0%sy,  0.0%ni, 61.5%id,  0.0%wa,  0.0%hi,  0.0%si,  0.0%st
Cpu4  : 31.2%us,  2.3%sy,  0.0%ni, 66.1%id,  0.0%wa,  0.0%hi,  0.0%si,  0.3%st
Cpu5  : 28.6%us,  2.0%sy,  0.0%ni, 69.0%id,  0.0%wa,  0.0%hi,  0.0%si,  0.3%st
Cpu6  : 60.6%us,  4.0%sy,  0.0%ni, 31.3%id,  0.0%wa,  0.0%hi,  4.0%si,  0.0%st
Cpu7  : 64.9%us,  4.1%sy,  0.0%ni, 27.4%id,  0.0%wa,  0.0%hi,  3.7%si,  0.0%st
Cpu8  : 13.2%us,  0.7%sy,  0.0%ni, 86.1%id,  0.0%wa,  0.0%hi,  0.0%si,  0.0%st
Cpu9  : 14.4%us,  0.7%sy,  0.0%ni, 84.9%id,  0.0%wa,  0.0%hi,  0.0%si,  0.0%st
Cpu10 : 11.3%us,  0.7%sy,  0.0%ni, 88.0%id,  0.0%wa,  0.0%hi,  0.0%si,  0.0%st
Cpu11 : 13.3%us,  1.3%sy,  0.0%ni, 85.3%id,  0.0%wa,  0.0%hi,  0.0%si,  0.0%st
Cpu12 : 12.5%us,  1.3%sy,  0.0%ni, 86.2%id,  0.0%wa,  0.0%hi,  0.0%si,  0.0%st
Cpu13 : 10.0%us,  0.3%sy,  0.0%ni, 89.6%id,  0.0%wa,  0.0%hi,  0.0%si,  0.0%st
Cpu14 : 21.2%us,  2.0%sy,  0.0%ni, 76.8%id,  0.0%wa,  0.0%hi,  0.0%si,  0.0%st
Cpu15 : 23.5%us,  2.0%sy,  0.0%ni, 74.5%id,  0.0%wa,  0.0%hi,  0.0%si,  0.0%st
Mem:  30871276k total,   694280k used, 30176996k free,     9792k buffers
Swap:       0k total,        0k used,       0k free,    98032k cached
```

RDS CPU 사용률도 약간 떨어진 상태이다(그림 10-41).

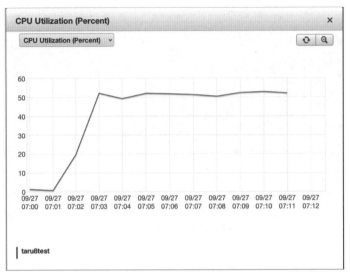

그림 10-41 RDS CPU 사용률

표 10-16 결과

부하 테스트 서버	웹 서버	DB 서버	대상	클라이 언트 수	Through put	병목	비고
t2.micro×1	c4.4xlarge×1	db.m4.large	시나리오 (전체)	160	733rps	RDS ?	• 17.2시나 리오/초 • 웹 서버 리소스 증설 전보다 나빠짐

[RDS 스케일 업 테스트] db.m4.large→db.m4.xlarge로 변경

시나리오 테스트

결과부터 말하면 RDS CPU 부하는 반으로 줄었지만, 시나리오 테스트 Throughput
은 전혀 개선되지 않았다(표 10-17).

웹 서버도 RDS도 병목 구간이 아니라고 생각되지만, Throughput이 향상되지 않아 다시 테스트하고 재검토를 실시한다.

표 10-17 결과

부하 테스트 서버	웹 서버	DB 서버	대상	클라이 언트 수	Through put	병목	비고
t2.micro×1	c4.4xlarge×1	db.m4.xlarge	시나리오 (전체)	160	733rps	불명	• 17.2시나리오/초 • DB 리소스를 추가해도 개선되지 않음

Hello World 2차 테스트

Hello World 테스트를 다시 시행한다.

화면 캡처는 생략하지만, 2,320rps 정도로 충분히 Throughput이 증가했다(표 10-18). 이번에는 웹 서버 CPU를 거의 전부 사용했다.

표 10-18 결과

부하 테스트 서버	웹 서버	DB 서버	대상	클라이 언트 수	Through put	병목	비고
t2.micro×1	c4.4xlarge×1	db.m4.xlarge	Hello World	160	2,320rps	웹 서버 CPU	c4.large 때의 8배 Through put

참조계 2차 테스트

DB 접속 관련 참조계 문제인지를 파악하기 위해 다시 참조계 테스트를 실시한다.

여기에서도 화면 캡처는 생략하지만, Throughput을 1,976rps 정도로 충분히 내고 있다(표 10-19). 이번에도 웹 서버 CPU를 거의 전부 사용했다.

표 10-19 결과

부하 테스트 서버	웹 서버	DB 서버	대상	클라이 언트 수	Through put	병목	비고
t2.micro×1	c4.4xlarge×1	db.m4.xlarge	참고 페이지	160	1,976rps	웹 서버 CPU	

갱신계 2차 테스트

갱신계도 다시 테스트했지만, 1,833rps(단순 사용자 추가)로 충분한 Throughput을 보여주었다(표 10-20). 이번에는 웹 서버 CPU를 거의 전부 사용했다.

표 10-20 결과

부하 테스트 서버	웹 서버	DB 서버	대상	클라이 언트 수	Through put	병목	비고
t2.micro×1	c4.4xlarge×1	db.m4.xlarge	갱신 페이지	160	1,833rps	웹 서버 CPU	c4.large 때의 8배 Throughput

RDS Multi-AZ 옵션을 제외한 테스트

Multi-AZ 옵션이 활성화된 경우에 스케일 업 효과가 거의 없어 이 옵션을 비활성화해보았다.[8]

이 경우에도 결과는 바뀌지 않았다.

RDS 디스크 쓰기 성능 추가

Write 성능이 문제일 가능성이 있어 PIOPS를 이용하여 2,000 IOPS로 설정했지만, Latency는 개선되었으나 Throughput에는 변화가 없었다.

---

8 장애 발생 시 다운타임이 길어지는 등의 악영향이 있으므로 실제 운용을 할 때는 충분한 고려가 필요하다.

Aurora 사용

MySQL과 호환되는 고성능의 Aurora를 사용하여 테스트했지만, 이 경우에도 Throughput은 개선되지 않았다. 이 애플리케이션 특성상 RDS 스케일 업의 효과는 없는 것 같다.

Slow Query를 확인해보았지만, 평균 응답 속도는 100ms 정도로 특별히 느리다고 보여지는 부분은 없었다.

JMeter 부하 테스트 서버 스케일 업

테스트 중에 서버가 안정된 효과는 있었지만, Throughput에 대해서는 효과가 전혀 없었다.

DB 설계 검토

Xhprof에서도 특별한 병목을 볼 수 없었고 각각의 응답은 100ms 전후인 상태로 Slow Query에 남을 만한 느린 SQL도 존재하지 않았다.

각 테이블에 외부 참고 제약과 ON DELETE CASCADE를 사용하고 있어 설정을 변경해보았지만, Throughput 개선은 전혀 없었다.

또 이번엔 참고 부하를 줄이기 위해 article별 like 카운트를 article 테이블 쪽에서 하고 있다. 이것을 트랜잭션 처리로 하고 있어 느려질 가능성이 있어서 article에 대한 카운터 처리를 중지시켰지만, 결과적으로 효과는 없었다.

실행 시간 대부분을 DB가 점유하고 있었지만, DB 스케일 업을 해도 전체 Throughput 개선이 보이지 않아 이 아키텍처의 한계 성능은 이 정도라고 생각된다.

[스케일 아웃 테스트]

이 시점에서 스케일 업 테스트를 일단 중단하고 스케일 아웃으로 테스트 하겠다. 여기까지 웹 서버를 스케일 업하여 테스트를 했지만, 실제 운용에서는 이중화 개념으로 스케일 아웃을 하는 것이 더 좋았다.

웹 서버를 1, 2, 4, 8대 순서로 스케일 아웃하고 Throughput이 스케일 아웃에 따라 증가하는지 측정한다. 4대→8대로 변경한 시점에서 스케일 아웃 효과가 없는 것을 확인하여 이번에는 DB를 스케일 아웃 했지만, DB 서버의 스케일 아웃에도 Throughput이 개선되지 않았다.

목푯값인 3.5시나리오/초를 넘었기 때문에 충분한 성능을 낸다고 하지만, 현재까지 테스트 결과는 이 시스템에서의 한계 성능이 24.3시나리오/초이며, 이 이상 사용자 요청에 대응할 수 없는 시스템이라는 것을 보여준다.

여기에서도 화면 캡처는 생략하지만, 결과는 다음과 같다(표 10-21).

표 10-21 결과

부하 테스트 서버	웹 서버	DB 서버	대상	클라이 언트 수	Through put	병목	비고
t2.micro×1	m4.large×1	db.m4.large	시나리오 (전체)	20	5.2시나리 오/초	웹 서버 CPU	
t2.micro×1	m4.large×2	db.m4.large	시나리오 (전체)	40	9.9시나리 오/초	웹 서버 CPU	스케일 아웃에 따라 증가
t2.micro×1	m4.large×4	db.m4.large	시나리오 (전체)	80	19.8시나리 오/초	웹 서버 CPU	스케일 아웃에 따라 증가
t2.micro×1	m4.large×8	db.m4.large	시나리오 (전체)	160	23.0시나리 오/초	불명	스케일 아웃에 따라 증가하지 않음
t2.micro×1	m4.large×8 (※)	db.m4.xlarge	시나리오 (전체)	160	24.3시나리 오/초	불명	DB 스케일 아웃에 따라 증가하지 않음

※ 이 테스트만 DB 서버 스케일 업 실시

■ 테스트 실행 3 복습

'단계 7: 스케일 아웃 테스트 준비', '단계 8: 스케일 업/아웃 테스트'를 실시했다. 여기에서 확인된 결과를 정리하면 다음과 같다.

- ELB를 이용한 구성으로 변경해도 큰 성능 저하는 없음을 확인했다.
- 웹 서버 성능을 2배로 하면 웹 프레임워크에 대한 테스트 Throughput도 2배가 되는 것을 확인했다.
- 웹 서버 성능을 2배로 한 경우에는 DB 접속 방법은 적절하지 않았음을 확인했다.
- DB 접속 지속성을 가지도록 설정하면 DB 접속 부분의 병목이 해소되는 것을 확인했다.
- 웹 서버 성능을 2배로 했을 때 외부 리소스 연결 부분의 오버헤드가 큰 문제가 되는 것을 확인했다.
- 외부 리소스 참고 부분에 캐시를 사용하여 고속화할 수 있었다.
- 웹 서버 성능을 4배로 해도 전체 Throughput이 성능과 비례하여 향상되지 않는 것을 확인했다.
- 웹 서버 성능을 8배로 해도 전체 Throughput은 반대로 약간 떨어지는 것을 확인했다.
- RDS 성능을 높여도 전체 Throughput은 개선되지 않는 것을 확인했다.
- 웹 서버는 스케일 업 하는 것보다 스케일 아웃 하는 것이 높은 성능 한곗값을 보여줌을 확인했다.
- 이 시스템에서의 한계 성능은 24.3시나리오/초이고 아무리 리소스에 투자를 해도 이 이상은 확장 성능을 보유하지 않음을 확인했다.

중간까지는 순조로웠지만, 마지막에 확장 성능 한계가 의외로 낮은 이유가 매우 궁금하다. 정말로 이 시스템에 대해 올바르게 테스트 했을까?

웹 서버 스케일 아웃에 따른 DB 서버의 Max Connection 부족이 발생했을 때 대응 방법

접속 연속성을 유지하고 있어 최대 Apache의 자식 프로세스 수만큼 DB와 웹 서버 간에 커넥션이 이용된다. 스케일 아웃 시에 서버를 추가하게 되면 거기에 비례하여 사용할 커넥션 수도 증가하게 된다. 다음과 같은 SQL 문으로 표시되는 Max Connection 수를 넘지 않도록 해야 한다.

```
mysql> show variables like "max_connections";

+-----------------+-------+
| Variable_name   | Value |
+-----------------+-------+
| max_connections | 648   |
+-----------------+-------+
1 row in set (0.00 sec)
```

RDS에서는 파라미터 그룹을 이용하여 max_connections를 늘릴 수 있다.

파라미터	현재 값	새로운 값
Max_connections	{DBInstanceClassMemory/12582880}	{DBInstanceClassMemory/1258288}

기본으로 DB 인스턴스 크기에 의해 결정되는 메모리 크기에 따라 max_connections 값이 결정되지만, 그 값을 10배로 변경했다.

```
mysql> show variables like "max_connections";

+-----------------+-------+
| Variable_name   | Value |
+-----------------+-------+
| max_connections | 6489  |
+-----------------+-------+
1 row in set (0.00 sec)
```

10.2.5 테스트 실행 4: 성능 한계 테스트(성능 한계 개선)

■ 단계 9: 한계 성능 테스트

이전 장까지의 테스트 결과에서 이 시스템의 한계 성능은 24.3시나리오/초이며 아무리 리소스를 추가해도 그 이상은 확장 성능을 보유하고 있지 않은 것을 보았지만, 만약을 위해 부하 테스트 서버 대수를 늘려 테스트를 했다(그림 10-42).

JMeter 부하 테스트 서버로 JMeter 자식 서버를 4대 구축하고 그 서버로부터 테스트하도록 변경했다. 4대의 JMeter 자식 서버를 모두 글로벌 IP를 할당한 상태에서 기동한다.

```
$ jmeter-server

Writing log file to: /home/ec2-user/jmeter-server.log
Created remote object: UnicastServerRef [liveRef: [endpoint:[172.31.11.31:43159]
(local),objID:[-31a740e6:157fe9d9d21:-7fff, 8333582296618366656]]]
```

JMeter 부모 서버의 jmeter.properties의 remote_hosts 부분에 조금 전 구축한 자식 서버 사설 IP를 기입한다.

```
신규 서버 jmeter.properties

#----------------------------------------------------------------------
# Remote hosts and RMI configuration
#----------------------------------------------------------------------

# Remote Hosts - comma delimited
#remote_hosts=127.0.0.1
remote_hosts=172.31.11.31:1099,1172.31.11.30:1099,1172.31.11.32:1099,
172.31.11.33:1099
```

부하 테스트 서버를 추가한 고부하 테스트 1

- JMeter: t2.micro×4대
- RDS: db.m4.large
- Web: m4.large×8대

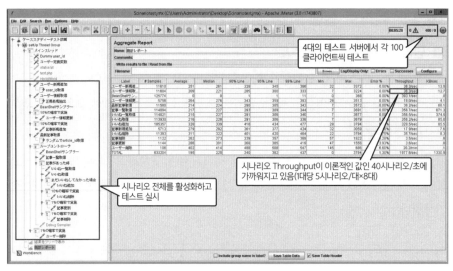

그림 10-42 부하 테스트 서버를 추가한 결과

여기에서 예상외의 일이 발생했다. 지금까지 한계라고 생각했던 Throughput을 넘어 36.3시나리오/초가 되었고 m4.large 인스턴스 8대에서 나올 수 있는 이론값 40시나리오/초와 비슷하게 나왔다.

이전 테스트에서는 사용률이 오르지 않았던 웹 서버 CPU도 거의 100% 사용률을 보이며 웹 서버의 병목을 만들 수 있었다.

```
top - 01:40:49 up 15 min,  1 user,  load average: 30.95, 10.09, 3.56
Tasks: 205 total,  46 running, 158 sleeping,  0 stopped,  1 zombie
Cpu0 : 94.0%us,  5.3%sy,  0.0%ni,  0.0%id,  0.0%wa,  0.0%hi,  0.7%si,  0.0%st
Cpu1 : 93.0%us,  5.7%sy,  0.0%ni,  0.0%id,  0.0%wa,  0.0%hi,  1.3%si,  0.0%st
Mem:  8178632k total,  697720k used, 7480912k free,  10340k buffers
Swap:      0k total,      0k used,      0k free,   87944k cached
```

RDS는 m4.xlarge지만, CPU 사용률은 55% 정도였다.

지금까지 JMeter 부하 테스트 서버는 CPU 부하에 병목이 발생하지 않았지만, 1대의 서버에서 충분한 부하를 줄 수 없었던 것이 확인되었다(표 10-22).

그래서 JMeter 시나리오를 수정하면서 조사한 결과 If 컨트롤러를 사용하면 볼 수 있는 Throughput 상한값이 크게 떨어지는 것을 알 수 있었다(칼럼 'If 컨트롤러 사용에 따른 Throughput 저하' 참고).

표 10-22 결과

부하 테스트 서버	웹 서버	DB 서버	대상	클라이 언트 수	Through put	병목	비고
t2.micro×4	m4.large×8	db.m4.xlarge	시나리오 (전체)	160	36.3시나 리오/초	웹 서버 CPU	스케일 아웃에 따라 증가

부하 테스트 서버를 추가한 고부하 테스트 2

- JMeter: t2.micro×4대
- RDS: db.m4.large
- Web: m4.large×8대→m4.xlarge×8대

JMeter 서버 4대를 이용한 테스트에서 아직 많은 부하를 줄 수 있을 것으로 판단되어 웹 서버 스케일 업을 한다(그림 10-43).

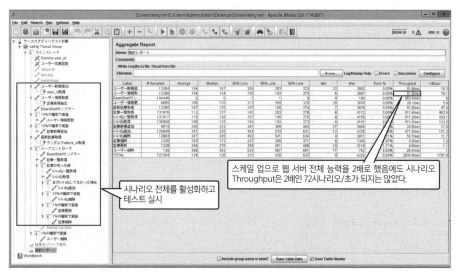

그림 10-43 웹 서버 스케일 업한 결과

웹 서버 인스턴스는 2배 처리 능력을 갖췄지만, Throughput은 1.4배 정도까지만 향상되었다(표 10-23). 웹 서버 CPU는 여유를 가질 수 있게 되었다.

이때의 RDS CPU 사용률은 75% 정도였다(그림 10-44).

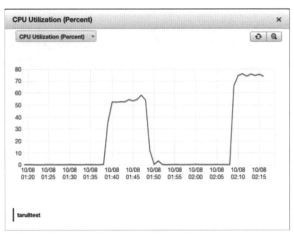

그림 10-44 RDS CPU 사용률

표 10-23 결과

부하 테스트 서버	웹 서버	DB 서버	대상	클라이 언트 수	Through put	병목	비고
t2.micro×4	m4.xlarge×8	db.m4.xlarge	시나리오 (전체)	160	51.8시나리 오/초	DB 서버 CPU?	

부하 테스트 서버를 추가한 고부하 테스트 3

RDS CPU 사용률은 75%로 아직 약간의 여유가 있지만, 필자의 경험으로 보면 RDS for MySQL CPU 사용률 상한은 70~80% 정도로 정해지는 경우가 많다. 그래서 이번에는 DB 병목이 있는 것으로 판단하고 DB 스케일 업을 한다(그림 10-45).

그 결과 Throughput이 향상되고 스케일 업 효과를 확인할 수 있었다.

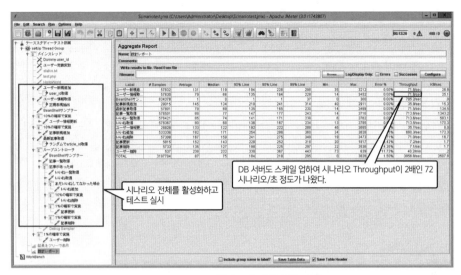

그림 10-45 DB 서버도 스케일 업한 결과

또 웹 서버도 CPU 병목이 발생한 것으로 볼 수 있었다.

```
top - 02:59:18 up 51 min,  1 user,  load average: 25.05, 24.99, 16.22
Tasks: 232 total,  22 running, 210 sleeping,  0 stopped,  0 zombie
Cpu0  : 90.0%us,  4.7%sy,  0.0%ni,  2.3%id,  0.0%wa,  0.0%hi,  3.0%si,  0.0%st
Cpu1  : 91.3%us,  5.0%sy,  0.0%ni,  3.7%id,  0.0%wa,  0.0%hi,  0.0%si,  0.0%st
Cpu2  : 93.0%us,  3.7%sy,  0.0%ni,  3.3%id,  0.0%wa,  0.0%hi,  0.0%si,  0.0%st
Cpu3  : 89.3%us,  5.0%sy,  0.0%ni,  2.7%id,  0.0%wa,  0.0%hi,  3.0%si,  0.0%st
Mem:  16436136k total,   856884k used, 15579252k free,    13020k buffers
Swap:        0k total,        0k used,       0k free,   165260k cached
```

Check

다음 항목에 모두 문제가 없는지 다시 확인한다.

- 시나리오가 정상적으로 실행되었는가? → 확인되었다.
- 웹 서버 리소스를 충분히 사용하는가? → CPU 사용률 100%로 병목이 발생했다.
- DB 서버 리소스를 충분히 사용하는가?
- 스케일 업에 따라 성능이 향상되었는가? → 향상되었다.
- 스케일 아웃에 따라 성능이 향상되었는가? → 향상되었다.

- DB의 데이터와 로그는 정상인가?(내용, 수) → 별도로 확인했지만 문제없다.
- 지금까지의 테스트에서는 병목이 되지 않았던 부분이 병목이 된 경우의 동작은 어떠한가? → DB 병목 상황에서 테스트할 수 있었다.

추가로 웹 서버 스케일 업 또는 스케일 아웃을 하면 효과적일 것 같지만, 거기에 맞춰 JMeter 서버도 추가해야 할 것 같아 이번 테스트는 여기에서 끝내도록 한다(인스턴스 대수 제한 해제 요청을 하지 않아 인스턴스 생성은 어려울 것 같다).

더 많은 부하 테스트를 하기 위해서 부하 테스트 서버를 포함한 각 리소스를 계속 추가해 나간다.

표 10-24 결과

부하 테스트 서버	웹 서버	DB 서버	대상	클라이언트 수	Through put	병목	비고
t2.micro×4	m4.xlarge×8	db.m4.2xlarge	시나리오 (전체)	160	71.6시나리오/초	웹 서버 CPU	

■ 테스트 실행 4 복습

'단계 9: 한계 성능 테스트'를 실시하여 지금까지 성능 한계라고 생각했던 부분이 틀렸다는 것을 확인할 수 있었다.

- 성능 한계라고 생각했던 것은 부하 테스트 서버 병목이었다.
- JMeter 시나리오에 따라 확인 가능한 한계 성능이 크게 떨어지는 것을 확인했다.
- DB 서버 스케일 업에 따라 성능이 향상되는 것을 확인했다.
- 70시나리오/초를 넘는 성능까지 시스템이 확장 가능한 것을 확인했다.

원래 요구된 성능 지표는 3.5시나리오/초였기 때문에 이 시스템은 충분한 확장 성능을 가지고 있다고 할 수 있다.

If 컨트롤러 사용에 따른 Throughput 저하

그림 10-46, 그림 10-47 테스트에서 If 컨트롤러를 이용하면 JMeter에서 줄 수 있는 부하의 상한값이 크게 떨어지는 것을 볼 수 있었다.

그림 10-46 If 컨트롤러를 사용하지 않은 정적 파일 테스트

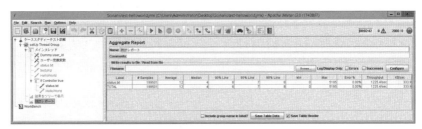

※ 조건식은 true를 넣고 반드시 status.txt를 요청하도록 하고 있다.

그림 10-47 If 컨트롤러를 사용한 정적 파일 테스트

If 컨트롤러를 사용하면 Throughput이 21,428.7rps→1,225rps로 크게 떨어진다. 또 이때 Latency의 Average는 12ms로 매우 빠름에도 불구하고 Throughput은 전혀 나오지 않는 상태이다. 이것은 If 컨트롤러를 통과하기 위한 시간이 필요하며 결과적으로 JMeter 부하 테스트 서버에서의 요청량이 줄어든 것이라고 생각된다.

하지만 이번 시나리오를 만들기 위해 If 컨트롤러를 사용하지 않을 수 없어 If 컨트롤러를 사용한 시점에서의 JMeter 부하 테스트 서버 1대에서의 최대 Throughput을 측정한다. 시나리오 전체 테스트는 그대로 각 API로 요청할 URL을 모두 정적 파일인 status.txt로 변경한 시나리오를 작성하여 테스트하면 최대 BeanShell 샘플값을 포함한 1,310rps까지만 측정할 수 있다는 것을 확인했다(그림 10-48).

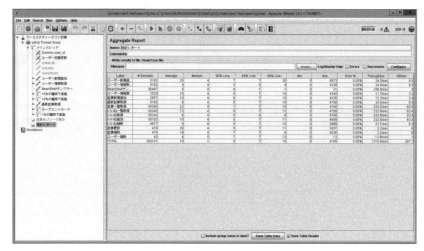

그림 10-48 JMeter 부하 테스트 서버 1대에서 줄 수 있는 최대 Throughput 측정

이것은 방금까지 테스트에서 정확하게 API를 호출하여 처리했을 때와 거의 같은 결과이다. 그래서 이 시나리오는 앞으로 1,300rps를 JMeter 서버 1대에서 확인할 수 있는 한곗값으로 생각해야 한다.

10.2.6 적정한 구성 선정과 테스트 보고서

목푯값에 대한 적정한 구성 선정

지금까지 실시했던 테스트에서 시스템 전체가 충분한 확장 성능을 가지고 있는 것을 알 수 있었다. 한편으로는 표 10-25와 같이 최저 구성에서도 시스템 목푯값인 3.5시나리오/초가 측정되어 벌써 리소스에 대한 과잉 투자라고 생각된다.

이 조건에서 적절한 인스턴스 타입을 선정한다. 그러나 전제 조건으로 이중화를 고려한 웹 서버는 적어도 2대로 하고 1대로는 서비스를 하지 않는 것으로 한다.

표 10-25 최저 구성에서의 테스트 결과

부하 테스트 서버	웹 서버	DB 서버	대상	클라이언트 수	Through put	병목	비고
t2.micro×1	m4.large×1	db.m4.large	시나리오 (전체)	20	5.2rps	웹 서버 CPU	웹 서버 대수는 최저 2대로 유지
t2.micro×1	m4.large×2	db.m4.large	시나리오 (전체)	20	9.9rps	웹 서버 CPU	

먼저 위 테스트에서 웹 서버 CPU가 병목이기 때문에 웹 서버에 대해 스케일 다운을 해도 문제가 없는 것을 알 수 있다.

AWS에서는 m4 계열 EC2 인스턴스는 범용 인스턴스 타입 서버이고 이 타입보다 낮은 성능 인스턴스 타입은 마이크로 인스턴스라고 하는 t2 계열 인스턴스가 된다. t2 계열 EC2 인스턴스는 CPU 크레딧이 남아 있는 동안에는 CPU 버스트라는 기능을 이용하여 CPU 리소스를 100% 활용할 수 있지만, 크레딧이 소진되면 CPU 리소스 사용량에 제한이 걸린다. 그 대신 버스트 때 성능에 맞는 다른 인스턴스보다 저렴하게 사용할 수 있는 장점이 있다.

CPU 리소스 사용에 일시적으로 고부하가 발생하는 시스템에 적합한 인스턴스 타입이다. 그러나 안정적으로 시스템 성능을 유지하고 싶을 때 CPU 리소스 부족으로 Throughput이 급격하게 떨어지는 단점도 있다.

이번에 이 시스템에서 웹 서버 CPU 병목이 발생하고 있고 CPU 크레딧이 부족하여 시스템에 큰 영향을 줄 수 있기 때문에 웹 서버에는 마이크로 인스턴스를 사용하지 않는다.[9] 또 예측할 수 없는 많은 요청에 대해서는 스케일 아웃으로 대응할 수 있다.

만일 DB 서버에 대해 이 시스템은 스케일 아웃/스케일 인을 사용할 수 없어 시스템 부하에 따라 바로 서버를 스케일 업하기 어려운 시스템이다. 또 AWS에서는 RDS에

---

9 사용해도 되지만 환경에 따른 사용 정책 문제이다.

대해서도 EC2 인스턴스와 같이 부하에 따라 CPU 버스트 기능을 가진 마이크로 인스턴스를 제공한다. 그래서 DB 서버는 마이크로 인스턴스를 사용하여 비용을 절감할 수 있고 예상할 수 없는 부하에 대응할 수 있는 시스템을 검토한다.

- JMeter: t2.micro×1대
- RDS: db.t2.medium
- Web: m4.large×1~2대

이 때 테스트 결과는 표 10-26과 같다.

표 10-26 스케일 다운 후 테스트 결과

부하 테스트 서버	웹 서버	DB 서버	대상	클라이 언트 수	Through put	병목	비고
t2.micro×1	m4.large×1	db.t2.medium	시나리오 (전체)	20	5.6rps	웹 서버 CPU	웹 서버 대수는 최저 2대로 유지
t2.micro×1	m4.large×2	db.t2.medium	시나리오 (전체)	40	9.8rps	웹 서버 CPU	

위의 테스트는 CPU 크레딧이 충분히 쌓여 있을 때의 테스트 결과지만, 실제로 t2.medium 인스턴스는 크레딧을 전부 소진했다고 해도 CPU를 40%까지 사용할 수 있다.

반대로 시스템에 부하가 계속 발생하는 상태에서는 CPU 크레딧을 전부 사용할 수 없는 상태이므로 위의 테스트 범위에서는 CPU 크레딧이 소진되어 성능에 문제가 발생하지 않는 것을 알 수 있다. 또 예상할 수 없는 부하에서는 먼저 웹 서버를 스케일 아웃하고 DB 서버는 수 시간 버스트로 처리할 수 있다.

또한, t2.nano, t2.micro, t2.small 인스턴스 타입은 가상 CPU 코어 수가 적고, 메모리가 작아 동시 접속 수가 높지 않고 CPU 베이스 성능도 낮아 이번 테스트에서는 제외했다.

웹 서버 대수는 최소 2대를 유지해야 하므로 이 시스템에서 추천 구성은 다음과 같다.

추천 시스템 구성

- RDS: db.m2.medium
- Web: m4.large×2대
- Throughput: 9.8시나리오/초(목푯값의 3배)

📟 단계 10: 부하 테스트 보고서 작성

지금까지 테스트를 반복하여 실행했지만, 부하 테스트 보고서에는 지금까지 결과를 전부 포함할 필요는 없다. 요점만 정리하여 보고서를 작성하도록 한다.

샘플 시스템 부하 테스트 보고서

YYYY/mm/dd

테스트 목적

- 서비스 시작 1년 후를 예상한 사용자 규모에서 부하의 피크 때에도 시스템이 정상적으로 응답을 주는 지 확인

- 이후에 예상 사용자 수를 넘는 경우에도 각 리소스에 대한 스케일 아웃, 스케일 업으로 시스템 성능이 개선되는 것을 확인

전제 조건 1

아래의 조건을 충족하는 것을 전제로 함

- 10만 사용자 사용
- 1일에 활동하는 회원 수는 1만 명
- 활동 중인 회원은 1일 평균 1회 서비스 사용
- 서비스를 사용할 때마다 평균 1개의 글 추가
- 서비스를 사용할 때마다 평균 10회의 '좋아요' 추가
- 서비스 시작 1년 후 가정
- 위와 같은 접속은 1일 중 8시에 집중. 또 트래픽이 많을 때 일시적으로 10배의 요청 발생

전제 조건 2

전제 조건으로 산출한 초기 데이터

- users 테이블: 100,000 레코드
- articles 테이블: 3,650,000 레코드(users×36.5)
- Likes 테이블: 36,500,000 레코드(articles×10)

를 더미 데이터로 미리 생성해 둔다.

목푯값

사용자 시나리오로 초당 3.5 사용자(※) 시나리오를 처리
API 평균 Latency는 200ms 이하

(※) 10,000 사용 시나리오/일 8시간 동안 실행→0.35rps
위 요청의 10배가 피크 때 발생→3.5rps

시스템 구성

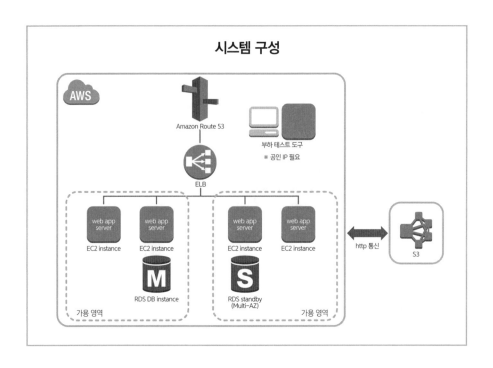

테스트 시나리오

오른쪽 시나리오를 JMeter로 실행

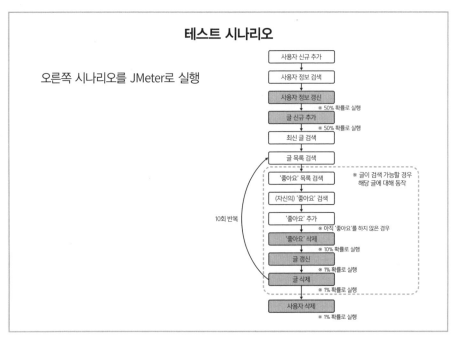

스케일 업 테스트 결과

웹 서버 인스턴스 타입	웹 서버 부하 상황	DB 서버 인스턴스 타입	DB 서버 부하 상황	시나리오 Throughput (시나리오/초)	부하 테스트 서버 대수	비고
c4.large×1	CPU : 100%	db.t2.medium	CPU : 15%	5.6	1	
c4.large×2	CPU : 100%	db.t2.medium	CPU : 30%	9.8	1	(※1) DB가 T2 계열임에 주의
c4.large×1	CPU : 100%	db.m4.large	CPU : 20%	4.9	1	
c4.xlarge×1	CPU : 100%	db.m4.large	CPU : 35%	10.0	1	
c4.xlarge×1	CPU : 80%	db.m4.large	CPU : 55%	17.7	1	부하 테스트 서버 성능 부족
c4.4xlarge×1	CPU : 40%	db.m4.large	CPU : 53%	17.2	1	부하 테스트 서버 성능 부족

(※1) db.t2.medium은 CPU 크레딧을 소진하면 CPU 리소스를 40%까지만 사용할 수 있지만, 이 구성의 범위에서는 문제없다.

스케일 아웃 테스트 결과

웹 서버 인스턴스 타입	웹 서버 부하 상황	DB 서버 인스턴스 타입	DB 서버 부하 상황	시나리오 Throughput (시나리오/초)	부하 테스트 서버 대수	비고
c4.large×1	CPU : 100%	db.m4.large	CPU : 15%	5.2	1	
c4.large×2	CPU : 100%	db.m4.large	CPU : 30%	9.9	1	
c4.large×4	CPU : 100%	db.m4.large	CPU : 55%	19.8	1	
c4.large×8	CPU : 60%	db.m4.large	CPU : 66%	23.0	1	부하 테스트 서버 성능 부족
c4.large×8	CPU : 60%	db.m4.xlarge	CPU : 40%	24.3	1	부하 테스트 서버 성능 부족
c4.large×8	CPU : 100%	db.m4.xlarge	CPU : 55%	36.3	4	
c4.4xlarge×8	CPU : 80%	db.m4.xlarge	CPU : 75%	51.8	4	DB 병목
c4.4xlarge×8	CPU : 100%	db.m4.2xlarge	CPU : 55%	71.6	4	

시스템 성능 평가

• 시스템이 충분한 확장 성능을 보유한 것을 확인했다.

• 목표 Throughput 3.5시나리오/초를 만족하기 위해 다음 구성으로 가능하며, 이때는 9.8시나리오/초가 나오고 약 3배의 여유를 가진다.

● **추천 시스템 구성**

웹 서버: m4.large×2대(※)

DB 서버: db.t2.medium

시나리오 Throughput: 9.8시나리오/초(목푯값의 3배)

(※ 이중화를 위해 2대 구성을 최소 구성으로 한다)

시스템 과제

부하 테스트에 따라 성능 개선을 위해 다음 항목을 추가했다.

• 외부 시스템(S3) 상의 파일을 이용한 점검 모드 전환 시스템에서는 캐쉬(10초 간)를 사용하는 방법으로 변경했다.

• DB 접속 방법을 지속 연결 방법으로 변경하여 오토 스케일링 사용 시에 Apache 자식 프로세스 수의 총합이 MAX_CONNECTIONS를 넘지 않도록 주의한다.

10.3 Locust+New Relic으로 Node.js 애플리케이션 부하 테스트 사례

PHP와 같은 애플리케이션을 Node.js로 실행하고 Locust와 New Relic을 사용한 사례를 살펴보자. 이 사례에서는 대화 형식으로 소개한다. 실제 필자가 일하는 회사에서는 이처럼 업무를 진행하는 경우가 많다.

등장인물

- T 선배: 사내 부하 테스트 전문가
- S 군: 입사 3년 차의 기대되는 사원. 처음으로 부하 테스트 담당

상황

- S 군이 부하 테스트를 메인으로 담당하고 T 선배가 테스트를 지원한다.

📃 부하 테스트 시작까지

다음 주 일정을 확인하던 T 선배가 부하 테스트 지원 일정이 생각나서 S 군을 찾아왔다.

T 선배(이하 T): S 군, 일정을 보니 다음 주부터 부하 테스트가 시작인데 잘 준비되고 있나요?

S 군(이하 S): 네. 일단 준비해 뒀습니다.

T: 어떤 준비를 했나요?

S: **웹 애플리케이션**은 기능적으로 60% 완성되었고 주요 기능을 사용할 수 있다고 개발팀으로부터 어제 연락받았습니다. **부하 테스트 환경**은 서비스 오픈 전 서비스 환경을 그대로 사용해도 된다고 했습니다. 배포 도구는 사용 중이라고 했습니다.

T: 그렇군요. 서비스 환경에서 부하 발생에 따른 영향도는 검토했나요?

S: 네. 프로젝트 매니저 리더 L 씨와 고객사에 문의하여 문제없는 것을 확인했습니다.

T: 좋아요.

S: **성능 지표**는 고객사에 확실히 동의를 받지는 않았지만, 10만 명 회원으로 Latency 200ms 이내, 시나리오로 회원 등록이 3.6회/초 정도 되면 좋을 것으로 판단하고 있습니다. 전체적인 Throughput으로 30~50배 정도를 생각하고 있어 100~180rps 정도를 기준으로 보고 있습니다.

T: 그렇군요. 그 정도면 충분할 것 같아요.

S: 그렇습니까?

T: 이번 테스트는 단순한 API 서버라고 들었고 지금까지 경험으로 봤을 때 1대 웹 서버에서 100~200rps는 확실히 나올 겁니다. 복잡한 트랜잭션 처리가 없다면 DB에 부하가 몰릴 일도 없을 겁니다.

S: 그렇군요. 이번에 **외부 API 서버에 매번 통신**해야 하는데 그 부분이 조금 걱정이 된다고 L 씨가 이야기했습니다.

T: 아, 그 부분은 그렇네요. 그 외부 API 서버는 부하 테스트할 때 연결되어 있나요?

S: 아니요. 준비되지 않아 별도 환경에 응답을 주는 시스템을 준비하기로 했습니다. 통합 환경은 다음 달 이후가 될 것 같습니다.

T: 그렇군요. 그럼 실제 Latency는 걱정이 되지만, Throughput은 Node.js라면 문제없어 보이네요. 그럼 사용할 **초기 데이터는 생성**했나요?

S: 아, 필요하겠네요. 아직 준비하지 못했습니다.

T: 그렇군요. **부하 테스트 도구**는 무엇을 사용하나요?

S: 파이썬을 사용할 수 있어 주로 Locust를 사용하려고 합니다. 시나리오는 아직 작성하지 않았지만, 이번 주에 해두겠습니다. **모니터링**은 New Relic과 AWS의 표준 모니터링을 사용합니다.

T: 좋군요. 거기까지 준비가 되었다면 다음 주에 봅시다.

S: 네. 잘 부탁드립니다.

■ 부하 테스트 시작

S: T 선배님, 그럼 오늘 잘 부탁드립니다.

T: 네. 준비는 거의 끝났나요?

S: 네. 애플리케이션은 배포되어 있고 DB에도 데이터를 임포트 해뒀습니다. 각 서버도 방금 기동시켰습니다. 사용 중인 인스턴스 타입은 구성 1(표 10-27, 그림 10-49)과 같습니다.

T: OK. 그럼 오늘 어떤 순서로 진행할지 확인했나요?

S: 그러니까… 주신 책은 다 읽었지만, 먼저 '도구와 환경 검증'부터였는지….

T: 맞아요. 크게 나눠서 3단계로 생각하면 돼요. **'도구와 환경 검증'**, **'애플리케이션 시스템 전체 검증'**, **'확장성 검증'** 이 3가지에요. 오늘은 2단계까지 끝내면 좋을 것 같네요.

S: 그렇군요. 책에서 보면 테스트는 문제없이 잘 진행되는 것처럼 보였습니다. 실제로도 그런가요?

T: 테스트를 해보면 알 거에요.

표 10-27 구성 1

부하 테스트 서버	웹 서버	DB 서버
t2.micro×1	c4.large×1	db.m4.large×1

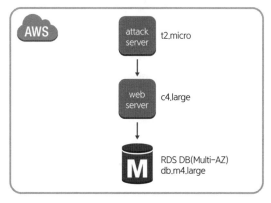

그림 10-49 구성 1

10.3.1 1일 차 전반: 도구와 환경 검증

S: 그럼 먼저 Locust에서 Node.js 서버로 가장 가벼운 요청을 실행해보면 될까요?

T: 네. 그 전에 ab(Apache Bench)로 Nginx 정적 파일에 부하 테스트를 해보죠.

S: 네? ab도 Nginx도 사용할 예정입니다만···.

T: 먼저 알고 싶은 것은 대략적인 성능이에요. 이번에 사용할 하드웨어와 네트워크 한곗값 등을 알아 두고 싶군요. ab는 어느 정도 빠르고 Nginx는 Node.js 서버보다 빠르니 이런 벤치마크를 하는 데 적합해요. 테스트는 금방 끝나요. 그리고 실행한 테스트 결과는 전부 메모해 두세요.

S: 알겠습니다. Nginx를 설치해야겠군요.

T: 미리 말씀 못 드려 죄송하네요.

■ Nginx 부하 테스트

S: Nginx를 기동시켰습니다. Port:8989로 /status.txt로 응답하도록 했습니다.

T: 감사합니다. 그럼 먼저 같은 서버에서 ab로 부하를 줘 보죠.

S: 네. 동시 접속 클라이언트 수(-c)와 페이지 요청 수(-n)는 어떻게 하면 되나요?

T: 클라이언트 수는 적당히 해도 돼요. 10만 회 정도로 하고 느리다 싶으면 중간에 정지하세요. 클라이언트 수는 10~200 정도까지 변경해 보세요. 기록해 둬야 하는 수치는 Throughput(Requests per second: [#/sec](mean))과 Latency(Time per request: [ms](mean)) 정도면 됩니다. Latency는 (Time per request: [ms](mean, across all concurrent requests))라는 것이 있지만, 이 숫자는 다른 값으로 계산할 수 있는 숫자로 신경 쓰지 않아도 돼요.

S: 알겠습니다. 해보겠습니다.

T: 그리고 테스트 중에 CPU 사용률도 봐두도록 하세요.

```
ab -c 10 -n 100000 http://localhost:8989/status.txt
```

표 10-28 동일 서버에서의 ab 실행 결과

클라이언트 수	Throughput(rps)	Latency(ms)
10	21,129	0.47
50	21,602	2.3
100	21,493	4.7
150	21,813	6.9
200	20,974	9.5

S: 이런 값들이 나왔습니다. 클라이언트 수를 늘려도 큰 변화가 없습니다. 대략 21,000rps, 0.5~10ms 정도입니다.

T: OK. Nginx는 역시 빠르네요. 웹 서버 CPU는 어땠나요?

S: ab는 많이 사용 중이었지만, Nginx는 여유가 있었습니다.

T: 그렇군요. 그럼 다음은 부하 테스트 서버에서 같은 테스트를 해보죠. 어떻게 될까요?

S: 음… 역시 조금 느려질 것 같습니다.

T: 보통은 그렇죠. 그리고 IP 주소는 공인 IP를 사용하지 말고 사설 IP를 사용하세요.

```
ab -c 10 -n 100000 http://172.31.12.215:8989/status.txt
```

표 10-29 부하 테스트 서버에서의 ab 실행 결과

클라이언트 수	Throughput(rps)	Latency(ms)
10	6,159	1.6
50	6,502	7.7
100	6,338	16
150	6,464	23
200	6,556	30

S: Throughput이 6,500rps, Latency가 1.6~30ms 정도였습니다. 3배 정도 느려진 것 같습니다. 꽤 많은 차이가 있군요.

T: 그렇습니다. 1대의 서버에서는 이 정도가 한계인 것 같아요. 이번에는 Locust 로 해보죠.

S: 알겠습니다. 부하 테스트 서버에서만 할까요? 웹 서버에 Locust 환경 구축은 조금 시간이 걸립니다.

T: 그래요. 그렇게 해요.

S: 그럼 해보겠습니다.

표 10-30 부하 테스트 서버에서의 Locust 실행 결과

클라이언트 수	Throughput(rps)	Latency(ms)
1	250	2
10	680	11
50	650	56
100	656	103

S: Throughput이 650rps, Latency는 11~100ms 정도입니다. 많이 떨어지네요.

T: 그렇네요. 예상했던 것보다 나오지 않네요. 일단 진행하시죠. 다음은 웹 애플리케이션 서버에 부하를 줘보시죠.

S: 알겠습니다.

■ Node.js에 가장 가벼운 부하 테스트

T: 다음은 Node.js에 가장 단순하고 빠른 처리를 해보죠. 이 테스트를 통해 어떤 튜닝을 해도 이 이상은 애플리케이션이 빨라지지 않는다는 기준을 알 수 있어요. 웹 프레임워크의 기본 성능을 보는 테스트입니다.

S: 알겠습니다. Locust로 하면 될까요?

T: 네. 처음이니 먼저 아까와 같이 (1) 로컬 호스트에서의 ab, (2) 부하 테스트 서버에서의 ab, (3) Locust 순서로 해보죠. 차례차례 테스트하는 것이 사실 아주 중요해요.

S : 네. 해봤던 것이라 바로 하겠습니다.

표 10-31 같은 서버에서의 ab 테스트 결과

클라이언트 수	Throughput(rps)	Latency(ms)	웹 서버 CPU 사용률
2	977	2	
10	994	10	–
50	1,000	50	95~100%
200	1,001	200	95~100%

표 10-32 부하 테스트 서버에서의 ab 실행 결과

클라이언트 수	Throughput(rps)	Latency(ms)	웹 서버 CPU 사용률
2	890	2	
10	975	10	95~100%
50	971	51	95~100%
200	955	209	95~100%

표 10-33 부하 테스트 서버에서의 Locust 테스트 결과

클라이언트 수	Throughput(rps)	Latency(ms)	웹 서버 CPU 사용률
10	665	11	
50	659	64	
100	660	130	

S: 아… ab는 905rps 정도 나오지만, Locust는 650rps 정도밖에 나오지 않네요.

T: 그렇죠. ab의 경우 웹 서버 CPU가 100%까지 부하가 발생하고 있어도 Locust는 웹 서버 CPU에는 발생하지 않네요. 부하 테스트 서버 CPU는 어떤가요?

S: Locust 때는 이미 100% 정도 사용하고 있습니다.

T: 어떻게 생각하세요? 이대로 진행해도 될까요?

S: 어떻게 하면 될까요? 일단 목표는 180rps, 200ms고 그런 의미에서는 괜찮을 것 같기도 하고 아닐 것 같기도 해요.

T: 분명히 목푯값인 180rps 정도는 나오니 이대로 진행해도 될 것 같네요. 그러나 **지금 문제는 웹 시스템의 어느 부분에 병목이 있는지 확인할 수 없어요**. 부하 테스트에서 중요한 부분은 **어디에 병목이 발생하고 있는지**를 파악하는 것이에요. 그렇게 하지 않으면 성능을 높이기 위해 어느 부분에 리소스를 추가해야 할지 알 수 없어요. 그래서 **부하 테스트 도구는 어디에 병목이 생기는 정도로 많은 부하를 발생**시킬 수 있어야 해요.

S: 그렇군요. 그런 의미가 있군요.

T: Locust에서 부하를 더 줄 수 있나요?

S: 네. Locust는 1 프로세스에서 1 CPU만 사용할 수 있지만, 마스터, 슬레이브 구성을 사용하면 복수 프로세스/서버에서 동시에 부하를 줄 수 있습니다.

T: 좋군요. 그럼 2배 정도 더 부하를 줘보죠.

■ Locust 스케일 아웃

표 10-34 구성 2

부하 테스트 서버	웹 서버	DB 서버
t2.medium×1	c4.large×1	db.m4.large×1

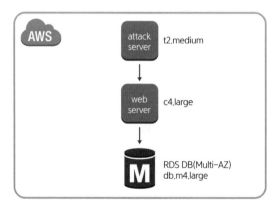

그림 10-50 구성 2

S: 구성 2(표 10-34, 그림 10-50)와 같이 부하 테스트 서버를 t2.micro에서 t2.
   medium으로 변경했습니다. t2.medium은 2vCPU여서 Locust를 2 프로세스
   사용하면 좋을 것 같습니다.

T: OK. 인스턴스 타입을 변경했으니 일단 Locust 1 프로세스로 Nginx에 부하
   를 줘 보죠.

S: 아… 그렇군요. 1vCPU 차이를 보는 거군요.

T: 맞습니다.

표 10-35 Nginx에 대한 Locust(1 프로세스) 실행 결과

클라이언트 수	Throughput(rps)	Latency(ms)
50	653	51

S: 50 클라이언트에서 653rps, 51ms였습니다. t2.micro와 비교해서 차이는 없
   는 것 같습니다.

T: 그렇죠. 그럼 2 프로세스에서 해볼까요? 딱 2배가 되면 좋겠습니다.

S: 해보겠습니다.

표 10-36 Nginx에 대한 Locust(2 프로세스) 실행 결과

클라이언트 수	Throughput(rps)	Latency(ms)
10	1,323	5
50	1,330	30
100	1,300	56

S: 거의 2배가 되었습니다. 약 1,300rps입니다.

T: 좋군요. 조금 전 ab에서는 Node.js가 950rps 정도이고 웹 서버 병목이 발생
   했지만, 1,300rps 정도 나왔다면 부하는 충분한 것 같네요.

S: 그렇군요.

T: 그럼 Node.js 테스트를 해보죠.

■ 다시 Node.js에 가장 가벼운 부하 테스트

S: Locust에서 Node.js에 테스트를 해봤습니다(표 10-37).

T: 봅시다.

표 10-37 Node.js에 대한 Locust(2 프로세스) 실행 결과

클라이언트 수	Throughput(rps)	Latency(ms)	웹 서버 CPU 사용률
10	1,155	6	90%
50	1,292	33	95~100%
100	1,286	69	95~100%

T: 거의 1,300rps 정도네요. ab의 950rps보다 높군요.

S: 웹 서버 CPU 사용률도 100% 가까이 됩니다.

T: 그런가요? 웹 서버 CPU를 100% 가까이 사용하고 있다는 것은 일단 부하가 잘 걸리고 있다고 보면 되겠군요.

■ Keep-Alive 효과

S: 뭔가 좀 이상하지 않나요? 조금 전에 **ab를 사용했을 때는 950rps였고 웹 서버 CPU 사용률이 100% 정도**였습니다. 그런데 **Locust에서는 1,300rps까지 올라갔네요?**

T: 듣고 보니 그렇군요.

S: Node.js 쪽은 변화가 없었고 ab와 Locust의 차이일까요? 아니면 인스턴스 타입의 차이일까요?

T: 한 번 더 ab 테스트를 해보는 것이 어때요?

S: 그렇군요. (ab 테스트 실시) 결과는 차이가 없습니다. 950rps 그대로입니다.

T: 네. 그럼 뭘까요? ab와 Locust의 차이일까요?

S: 혹시… (ab 테스트 실시) 아… ab에서도 1,300rps를 넘었습니다.

T: 무엇을 했나요?

S: ab에 -k 옵션을 붙여 **Keep-Alive**를 **활성화**했습니다.

표 10-38 Node.js에 대한 ab 실행 결과(Keep-Alive 유무에 따른 차이)

클라이언트 수	Keep-Alive	Throughput(rps)	Latency(ms)	웹 서버 CPU 사용률
50	비활성화	971	51	95~100%
50	활성화	1,328	37	95~100%

T: 그렇군요.

S: 분명히 Locust는 기본적으로 Keep-Alive를 사용하면서 부하를 주는 것 같
습니다. ab가 Keep-Alive 없이 950rps까지밖에 나오지 않은 것은 **Node.js가
TCP를 사용하는 데 있어 CPU 파워를 썼다**고 봅니다.

T: 맞습니다. 그런 것 같네요.

S: 그래도 많은 차이가 있네요.

T: 그렇죠. 일반적으로 부하가 많을 때 커넥션 풀링은 처리 성능을 많이 높여줘요.

S: 부하 테스트는 Keep-Alive 활성화 다음에 하면 될까요?

T: 이번에 최종 시스템 구성에서는 ELB를 사용합니다. 현재 ELB 기본 동작으
로 뒤에 있는 웹 서버(Node.js)와 Keep-Alive 해주기 때문에 '활성화'로 하는
것이 실제 구성과 비슷할 것 같네요.

S: 그렇군요. 그럼 지금 설정으로 진행하겠습니다.

T: 어느 정도 테스트가 끝났으니 일단 휴식을 하도록 하죠.

S: 네!

10.3.2 1일 차 후반: 애플리케이션 시스템 전체 검증

🔲 여기까지의 정리

T 선배와 S 군은 표 10-39, 그림 10-51의 구성 2로 부하 테스트 서버가 Node.js 서
버로 충분한 부하를 발생시키는 것을 확인했다.

표 10-39 구성 2(복사)

부하 테스트 서버	웹 서버	DB 서버
t2.medium×1	c4.large×1	db.m4.large×1

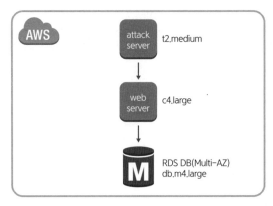

그림 10-51 구성 2(복사)

외부 API 서버와의 통신을 포함한 부하 테스트

T: 그럼 충분히 부하를 줄 수 있게 되었고 다음으로 넘어가죠. 다음은 외부 API 서버와의 통신을 포함한 부하 테스트를 해보죠.

S: 벌써 합니까?

T: 기본적으로 항상 외부 API 서버와 통신을 해야 하고 걱정이 되는 부분이니 먼저 해보시죠. 외부 API 서버와 통신할 가장 단순한 요청으로 테스트해보죠.

S: 알겠습니다. 그럼 구성 2b(그림 10-52) 구성으로 외부 API 서버에 요청을 보내는 응답이 오면 고정 응답을 반환하는 부분의 테스트를 하겠습니다.

T: 그렇게 하시죠.

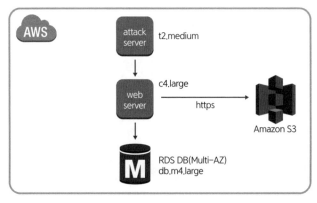

그림 10-52 구성 2b

표 10-40 외부 API 서버와의 통신을 포함한 API 테스트 결과

클라이언트 수	Throughput(rps)	Latency(ms)	웹 서버 CPU 사용률
10	506	18	80%
50	730	64	95~100%
100	768	125	95~100%

표 10-41 (비교) 가장 가벼운 Node.js 요청

클라이언트 수	Throughput(rps)	Latency(ms)	웹 서버 CPU 사용률
10	1,155	6	90%
50	1,292	33	95~100%
100	1,286	69	95~100%

S: 이런 결과가 나왔습니다.

T: Node.js에서의 1,300rps 정도와 비교하면 많이 줄었네요.

S: Latency가 2배가 되었고 Throughput은 반 정도 높아졌네요.

T: 이 결과가 외부 API 영향인지 확인해보고 싶네요. New Relic을 확인해볼까요?

S: 네. 확인해 보겠습니다.

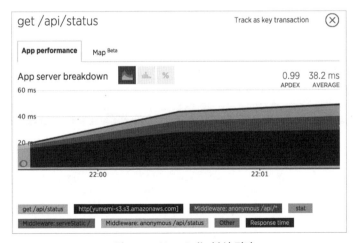

그림 10-53 New Relic 분석 결과

S: 조금 전 부분만 보면 이렇게 나왔습니다. http[*]라고 되어 있는 부분이 외부 서버로 HTTP 요청을 한 Latency입니다. 이 그래프를 Node.js쪽에서 보면 20~40ms로 응답을 주는 것 같습니다. 그중에 외부 API 요청은 15~30ms 정도 차지하는 것으로 보입니다.

T: 그렇군요. 예상했던 범위군요.

S: 그럼 외부 API 서버로의 요청은 Keep-Alive를 사용하고 각 요청에서 사용할 수 있도록 하겠습니다. 사실 라이브러리[10] 옵션 1개로 간단하게 할 수 있습니다.

T: 그거 좋네요. 역시 Node.js군요.

S: 770rps와 CPU 사용률은 100% 정도입니다. 이대로 진행하면 될까요?

T: 좋습니다. 웹 서버 CPU 사용률 100%는 스케일 아웃으로 해결할 수 있어 기본적으로 이렇게 되어 있다면 진행해도 됩니다.

■ DB 참고가 있는 부하 테스트

S: 다음은 DB입니까?

T: 맞아요. 먼저 가장 가벼운 참조계 테스트를 해보시죠. DB 입장에서는 쉬운 작업이고 DB 쪽에 요청이 있을 때 성능 제한 확인과 DB 설정 부분의 문제도 확인할 수 있어요.

S: 외부 API 서버 요청은 어떻게 할까요?

T: 그 부분을 빼고 테스트해도 되겠지만, 성능에 많은 영향을 주지 않기 때문에 포함하도록 하시죠.

S: 알겠습니다.

표 10-42 외부 API+DB 참조계 테스트 결과

클라이언트 수	Throughput(rps)	Latency(ms)	웹 서버 CPU 사용률
10	464	20	
50	631	77	
100	625	158	95~100%

---

10 몇 가지 라이브러리가 있으며, 예를 들어 request-promise 라이브러리를 사용하면 된다.

표 10-43 이전 결과: 외부 API만 테스트한 경우

클라이언트 수	Throughput(rps)	Latency(ms)	웹 서버 CPU 사용률
10	506	18	80%
50	730	64	95~100%
100	768	125	95~100%

S: 이렇게 나왔습니다. 조금 전과 비교하여 약간 느려진 느낌입니다.

T: 그렇군요. New Relic을 보면 외부 API 요청 이외에도 시간이 걸리는 부분이 있는 것 같네요.

S: 그렇습니다. 아마도 DB 부분인 것 같습니다.

T: 후반 부에서 크게 높아지는 것이 걱정이군요. 100 클라이언트인 경우 외부 API 쪽은 조금 증가하는 정도지만, DB는 몇 배 시간이 걸리는 것 같군요.

S: 그렇네요. 왜 그럴까요?

T: 일단 웹 서버 CPU 사용률이 100%로 보이고요. 우선 다음 단계를 진행하시죠.

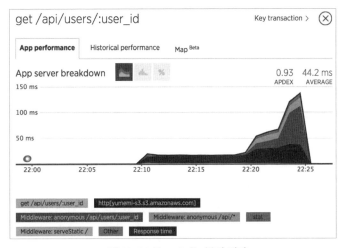

그림 10-54 New Relic 분석 결과

■ DB 갱신 있는 부하 테스트

S: 다음은 DB 갱신 부분이네요. 시작하겠습니다.

T: 네.

표 10-44 외부 API+DB 갱신계 테스트 결과

클라이언트 수	Throughput(rps)	Latency(ms)	웹 서버 CPU 사용률	DB 서버 CPU 사용률
10	197	50		
50	310	159	42%	
100	306	326	42%	10%

S: 어? Throughput이 반으로 줄고 Latency가 올라갔습니다.

T: 그렇군요. 클라이언트 수를 올려도 Throughput이 증가하지 않고 웹 서버도 DB 서버도 CPU 사용률에 여유가 생기네요.

S: 그렇네요. 원인이 무엇일까요?

T: 병목이 보이지 않을 때는 원인을 찾기 어려워요. 하나하나 가능성을 확인해 봐야 해요. 생각나는 부분이 있다면 말씀해 보세요.

S: 적어도 부하 테스트 도구 문제는 아닌 것 같습니다. 조금 전에는 부하를 더 줄 수 있었고요. 네트워크도 아닌 것 같습니다.

T: 애플리케이션이나 서버에 에러 로그는 없을까요?

S: 확인해 보겠습니다. (조사 중) 애플리케이션 로그와 /var/log/*에 특별히 문제는 없습니다. New Relic도 확인해 보겠습니다.

T: 네.

S: DB 부분에 100~300ms 정도 사용하고 있습니다. 역시 DB쪽인 것 같습니다.

T: 상황을 정리해보죠. DB 참조계는 문제가 없고 갱신계에 문제가 있죠. 차이는 무엇일까요?

S: 데이터를 유지하는 부분 읽기에서 DISK Write가 발생하고 있습니다. 그러나 300write/sec에서 한계라면 좀 빠른 것 같습니다. 일단 확인해 보겠습니다.

T: 네. 또 무엇이 있을까요?

S: AWS 관리 콘솔에서 Write Operations(Count/Second)를 확인해 봤습니다. 분명 400 정도로 보여집니다. 이 부분이 원인일까요?

T: 분명 보통 EBS에서는 400write/sec가 한계일 수 있지만, MySQL 5.6에서는 그룹 커밋 등을 하므로 실제 갱신 처리를 더 할 수 있을 것 같아요.

S: 그렇군요.

T: 부하를 충분히 줬음에도 이렇게 CPU 사용률이 낮고 대기 시간이 증가하는 것은 **공유 리소스가 부족**하여 처리 대기 큐가 쌓여 생기는 경우가 대부분이죠. TCP 포트나 커넥션 풀링 등 여러 가지가 있죠.

S: 그러고 보니 DB 커넥션 풀링은 하고 있을까요?

T: DB 접속 커넥션 수는 AWS 관리 콘솔에서 볼 수 있어요. 커넥션 풀링을 하고 있다면 값은 일정할 거예요.

S: 확인해 보겠습니다. 아… T 선배님, 큰일입니다.

T: 뭔가요?

S: DB 접속 수가 10밖에 없습니다.

T: 큰일이네요.

S: DB 접속 상한값이 10으로 되어 있어 100 클라이언트로 연결을 해도 10밖에 사용할 수 없죠. 그래서 대기 시간이 늘어난 거죠.

T: 그런 것 같네요. 연필은 10개 밖에 없는데 100명이 노트를 쓰려고 하는 것과 같네요.

S: 설정을 다시 확인해 보겠습니다.

T: 네. 확인해 주세요.

■ DB 접속 수 제한 값 설정 변경

S: 커넥션 풀링 값이 5로 되어 있었습니다. 1 프로세스당 5라는 의미이며 현재 2 프로세스가 동작하고 있으니 총계가 10입니다.

T: 그렇군요.

S: 이 값은 몇으로 하는 게 맞을까요?

T: DB에는 대부분 최대 동시 접속 수라는 파라미터가 있고 그 수를 넘으면 DB

접속을 할 수 없어요. **프로세스 수×상한값≦최대 동시 접속 수**가 되는 것이 필요해요.

S: 그렇군요. 큰 값으로 설정하면 안 된다는 말씀이시군요. 조사해 본 결과 이 RDS 최대 접속 수는 648인 것 같습니다.

T: 꽤 되는군요. 그럼 이 내용을 염두에 두고 커넥션 풀링 상한값을 변경해 가면서 테스트를 해보죠.

S: 네 알겠습니다.

표 10-45 DB 접속 제한을 변화시킨 부하 테스트 결과

클라이언트 수	Throughput (rps)	Latency (ms)	웹 서버 CPU 사용률	DB 접속 제한	웹 서버 프로세스 수	최대 DB 접속 수
10	209	47	85~90%	10	2	20
50	540	87	85~90%	10	2	20
100	540	181	85~90%	10	2	20
10	201	49		20	2	40
50	573	84	90%	20	2	40
100	623	160	95~100%	20	2	40

S: 일단 한 프로세스당 10과 20으로 해보았습니다. 20일 때 웹 서버 CPU 사용률이 거의 100%를 보이고 조금 전의 DB 참고 때와 비슷한 정도였습니다(표 10-45).

T: 그렇군요. 먼저 웹 서버 CPU 사용률이 100%가 되었다는 것은 좋은 결과네요. RDS 동시 접속 수가 648이라는 것은 이 설정으로는 16배의 프로세스까지 올려도 된다는 것이군요.

S: 결국 32 프로세스군요. 일단은 충분할 것 같습니다.

T: 그렇네요. 문제가 있으면 MySQL은 최대 동시 접속 수를 늘릴 수 있기 때문에 여기서는 이 설정으로 두시죠.

S: 알겠습니다. 그런데 하나 질문이 있습니다.

T: 네. 무엇인가요?

S: 접속 수라면 DB 참조계 테스트에서도 같은 값이었고 이번 DB 갱신계 문제가 일어난 이유는 무엇일까요? 어떤 차이점이 있을까요?

T: DB 참조계일 때도 100 클라이언트 때에 DB 처리 부분의 Latency가 많이 늘어났었죠?

S: 네. 그렇습니다.

T: 그때 문제가 있었지만, 알 수 없었을 뿐이에요. DB 참조계보다 DB 갱신계 쪽이 조금 더 DB 부분 Latency가 높을 거예요. 이 작은 차이가 최종적으로 큰 Latency 차이로 발생한 거죠.

S: 네. 그렇겠네요.

T: 이 차이는 '아주 작은 차이'는 아니라고 생각이 들지만 이런 이유죠.

S: 알겠습니다. 그래도 5라는 값은 좀 그렇군요.

T: 어쨌든 서비스 오픈 전에 알아서 다행이네요.

■ 시나리오 부하 테스트

S: 다음은 시나리오 테스트입니다.

T: 그렇네요. 대부분 여기서 많은 문제가 발생하죠.

S: 벌써 많은 문제가 있었습니다.

T: 그렇죠. 그러나 조금씩 진행하면서 원인을 알아낼 수 있었죠?

S: 맞습니다. 조금씩 테스트하는 것이 의미있는 것 같습니다.

T: 그럼 시나리오 테스트를 해보죠.

S: 네, 알겠습니다.

표 10-46 시나리오 테스트 결과

클라이언트 수	Throughput(rps)	Latency(ms)	웹 서버 CPU 사용률
10	330	29	
50	500→(몇 분 후) 250	-	42%

S: 아니, T 선배님. 클라이언트 수를 50으로 했더니 잠시 후에 250rps가 되었습니다. 웹 서버 CPU 사용률도 떨어졌습니다(표 10-46).

T: 정말 그렇네요. 아까와 비슷한 상황이네요. 커넥션 풀링 제한 설정은 반영이
    되었나요?

S: 확인하겠습니다. (확인 중) AWS 모니터링 화면에 40으로 보입니다.

T: 서버 쪽에는 무슨 에러 없나요?

S: 특별한 로그는 없습니다. 그러나 New Relic에 이상한 점이 있습니다(그림 10-
    55, 그림 10-56, 그림 10-57).

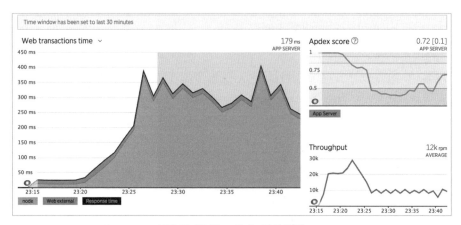

그림 10-55 New Relic 분석 결과

S: Node.js 애플리케이션 처리 시간이 300ms 이상이며 Throughput이 떨어지고
    있습니다.

Transaction traces Sample performance details		Search traces	
Date	**Transaction / Details**		**App server**
23:47 — 4 minutes ago	post /api/users /api/users		120,003 ms
23:42 — 9 minutes ago	post /api/users /api/users		120,003 ms
23:36 — 15 minutes ago	post /api/users /api/users		120,001 ms
23:32 — 19 minutes ago	post /api/users /api/users		120,002 ms

그림 10-56 New Relic 분석 결과

Category	Slowest components	Count	Duration	%
Expressjs	Truncated: Middleware: anonymous ⑦	1	120,000 ms	100%
External	taru8[yumemi-s3.s3.amazonaws.com]: status.txt	1	13.8 ms	0%
Expressjs	post /api/users	1	2.76 ms	0%
dns.lookup	dns.lookup	1	1.54 ms	0%
Expressjs	Middleware: anonymous	1	1.31 ms	0%
Expressjs	Middleware: urlencodedParser	1	0.289 ms	0%
Remainder	Remainder	1	0.915 ms	0%
Total time			120,000 ms	100%

그림 10-57 New Relic 분석 결과

S: New Relic은 일정 시간 이상 응답에 시간이 걸리면 기록을 해 두는 것 같습니다. 그중에서 120,000ms나 걸리는 것이 있었습니다.

T: 120,000ms... 2분이네요.

S: 2분이라는 시간은 New Relic 모니터링 에이전트의 임계 값이고 실제로는 더 많이 걸렸을 것 같습니다.

T: 이 현상을 계속 재현할 수 있을까요? Locust를 재시작하고 다시 해도 똑같나요?

S: 해보겠습니다. 이번에는 처음부터 250rps 정도군요.

T: 클라이언트 수를 10으로 해도 안 되나요?

S: 126rps, 36ms네요. 조금 전보다 좋지 않습니다.

T: 부하 테스트 도구 문제는 아닌 것 같네요. 그럼 웹 애플리케이션을 재시작해 보시죠.

S: 네. 이번에 클라이언트 수 10에서는 이전 테스트와 비슷한 정도가 되었습니다.

T: 재시작해서 문제가 해결된다는 것은 십중팔구 웹 애플리케이션 문제네요.

S: 역시 그렇군요. 한 번 더 클라이언트 수를 50으로 해보겠습니다.

T: 네.

S: 역시 중간에 떨어집니다. 재현이 가능한 것 같습니다.

T: 일단 재현이 가능하다는 것은 고칠 수 있다는 의미겠죠.

■ 부하 테스트 중에 점점 성능이 떨어지는 원인

T: 애플리케이션 문제라면 어떻게 확인해야 할까요?

S: 일단 로그를 확인해 봐야겠습니다. Locust 화면을 보면 갱신계 API에 특히 에러가 많이 보이기 때문에 DB 부분이 이상한 것 같습니다.

T: 우선 DB를 확인하시죠.

…

S: 원인을 하나 확인했습니다.

T: 어떤 이유인가요?

S: DB에서 데드락이 발생하고 있는 것 같습니다. 그래서 애플리케이션이 데드락일 때 에러를 잘 처리하지 못해 커넥션 풀 접속을 정상적으로 되돌릴 수 없거나 접속 상태 자체가 이상해진 것으로 보입니다.

T: 그렇군요. 그럼 2분 이상 응답을 하지 못했던 이유를 설명할 수 있겠네요.

S: 같은 글에 대해 동시에 '좋아요' 추가, 삭제가 집중될 때 데드락이 발생하는 것 같습니다.

T: 그런가요? 이 부분은 트랜잭션 처리를 하고 있고 데드락도 발생할 수 있겠군요.

S: 커넥션 풀링과 에러 처리는 꽤 복잡한 부분이고 제가 수정할 수 없을 것 같습니다. 개발팀에 연락해 두겠습니다.

T: 그렇게 하시죠. 그럼 오늘 테스트는 여기까지겠네요.

S: 그렇습니다. 그런데 긴급 의뢰를 한다고 해도 바로 수정되는 것이 아닙니다. 부하 테스트 일정이 문제입니다.

T: 일정이 문제겠네요. 그런데 처음부터 이 시나리오가 너무 많은 부하를 주고 있는 게 아닐까요?

S: 그렇다고 하시면….

T: 어떻게 해도 같은 글에 1초간 여러 명이 '좋아요'를 추가, 삭제하지는 않겠죠. 정말 있다고 하더라도 이 시나리오는 조금 과한 것 같아요.

S: 정말 그렇네요. 그러나 리더 L 씨가 생각한 시나리오입니다.

T: 괜찮아요. 이상한 부분은 수정하면 돼요. '좋아요' 빈도는 같게 하고 '좋아요' 대상이 되는 글을 분산시켜 보도록 하죠.

S: 네.

T: 이 데드락 발생 빈도는 비현실적이네요. 그래서 데드락이 발생하지 않도록 시나리오를 수정하면 부하 테스트를 계속할 수 있어요. DB 접속 문제는 별도로 수정하도록 하고 다음에 테스트하면 돼요. 이 내용으로 L 씨와 협의해 보시죠.

S: 알겠습니다. 그렇게 해보겠습니다.

10.3.3 2일 차 전반: 애플리케이션 시스템 전체 검증(1일 차에 이어 계속)

■ 여기까지의 정리

표 10-47, 그림 10-58(구성 2b)에서 시나리오 테스트를 했다. 테스트는 잘 진행되는 것처럼 보였지만, 테스트 시나리오 문제로 DB 데드락이 발생했고 더 이상 테스트를 진행할 수 없게 되었다. 시나리오 문제가 있는 것을 확인했으므로 팀 리더 L 씨와 같이 상의하기로 했다.

표 10-47 구성 2b

부하 테스트 서버	웹 서버	DB 서버
t2.medium×1	c4.large×1	db.m4.large×1

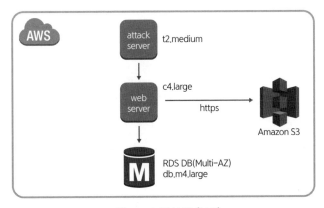

그림 10-58 구성 2b(복사)

■ 2일 차 아침

T: 안녕하세요. 시나리오 건은 어떻게 되었나요?

S: 안녕하세요. 상의해 본 결과 L 씨는 같은 글에 동시에 '좋아요' 추가, 삭제가 집중되는 부분을 수정해도 좋다고 말했습니다. 기본적으로 이유가 있다면 수정해도 될 것 같습니다.

T: 역시 L 씨군요. 그럼 Locust를 수정하시죠.

S: 네. 수정 작업은 끝내 놓았습니다. 수정 내용은 지금까지 읽은 글을 기억하고 그중에서 적당히 글을 선택하도록 했습니다. 삭제된 글에 '좋아요'를 할 수 있는 경우도 수정해 두었습니다.

T: 역시 S 군은 대단하네요. 그럼 해보시죠.

S: 네.

■ 시나리오 수정 후 시나리오 부하 테스트

S: 벌써 테스트를 해 두었습니다(표 10-48).

T: 빠르군요.

표 10-48 같은 사용자로 접속해 버리는 부분을 수정한 후 테스트한 결과

클라이언트 수	Throughput(rps)	Latency(ms)	웹 서버 CPU 사용률	DB 서버 CPU 사용률
50	515	96	95~100%	14%
100	522	193	95~100%	14%

S: 클라이언트 수 100일 때 40분 정도 테스트를 했으며, 특별히 늦어지는 부분은 없었습니다.

T: 좋네요. 조금 더 긴 시간으로 부하를 주면 어떨지 말하려고 했어요.

S: 웹 서버 CPU는 거의 100%를 사용하고 있고 부하 테스트 서버는 CPU 40% 전후로 DB 서버는 아직 여유가 있는 수준이었습니다(그림 10-59, 그림 10-60, 그림 10-61, 그림 10-62).

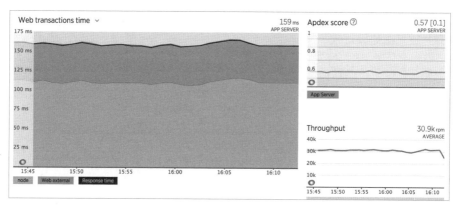

그림 10-59 클라이언트 100으로 약 40분간 부하를 줬을 때 Latency와 Throughput 확인

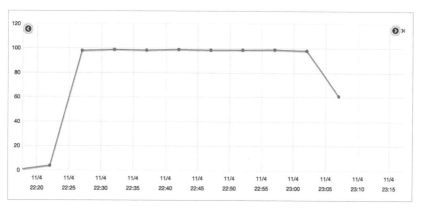

그림 10-60 웹 서버 CPU 사용률

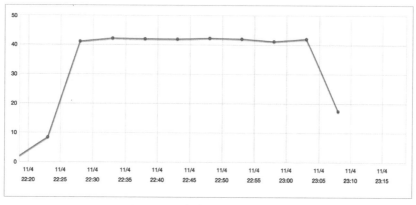

그림 10-61 부하 테스트 서버 CPU 사용률

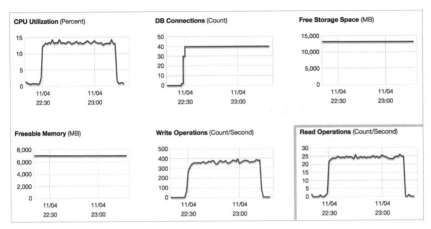

그림 10-62 DB 서버 CPU 사용률 등

T: 좋군요. 딱 좋은 그래프군요. 당연히 데드락이 발생하면 그 순간에는 성능
   이 저하되지만, 이번 목표 수준에서는 발생하지 않을 거예요. 또 커넥션 리
   크 같은 현상이 발생하지 않는다면 될 것 같네요.

S: 네. L 씨에게는 전달했으며, 개발팀에 티켓을 올려 뒀습니다.

T: 잘했습니다.

■ 목표 성능 지표 비교

T: 이것으로 가장 단순한 시스템 구성으로 테스트를 했고 목표 성능에 대해서
   는 어떤가요?

S: 아직 40분 정도밖에 부하를 주지 못했지만, 시나리오 테스트로 클라이언트
   수 50일 때 회원 가입은 10회/초, 500rps, 100ms 정도로 목표 성능에 도달
   했습니다.

T: 그렇군요. 내구성 테스트를 하려면 야간에도 테스트를 돌려두면 좋아요.

S: 네. 그렇게 생각하고 있었습니다. 이 이상으로 부하 테스트를 하는 게 좋을
   까요?

T: 네. 클라우드에서는 확장성 테스트를 하는 게 좋아요. 이번 테스트 목적도
   그렇죠.

S: 그렇군요. '원래 이 시스템은 생각했던 것보다 많은 회원이 들어오면 리소스 증설 가능'이라는 조건이 있었습니다.

T: 그래서 '정말 가능할지'와 '어디까지 가능한지'를 어느 정도 파악해 두는 것이 좋아요.

S: 항상 말씀하시는 내용이군요. 알겠습니다.

10.3.4 2일 차 전반: 확장성 검증(2배 확장)

📟 ELB 도입

T: 자 그럼 먼저 Throughput을 2배로 해보죠. 어떻게 하면 될까요?

S: 현 시점에서는 웹 서버 CPU가 병목이기 때문에 웹 서버를 강화하면 될 것 같습니다. 웹 서버 1대에서는 SPOF에 이어서 ELB를 사용해 같은 웹 서버를 한 대 더 추가하는 것이 일반적이라고 생각합니다. 그리고 보니 이중화를 하기 위한 최소 구성이 2대군요.

T: 맞습니다. 그럼 그 구성으로 만들어보죠.

S: 알겠습니다. 잠시 기다려 주세요.

표 10-49 구성 3

부하 테스트 서버	웹 서버	DB 서버
t2.medium×1	c4.large×2	db.m4.large×1

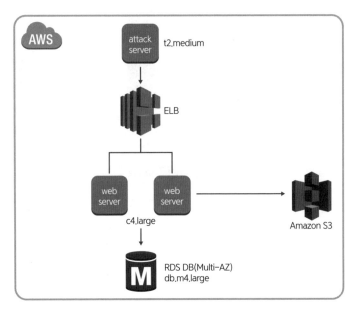

그림 10-63 구성 3

S: 구성 3(표 10-49, 그림 10-63)과 같이 웹 서버를 2대로 변경하였습니다. ELB는 Multi-AZ를 사용하여 구성했습니다.

T: ELB 상태는 어때요?

S: 문제없습니다.

■ ELB를 통한 Nginx 부하 테스트

T: 그럼 웹 서버가 2대가 되었고 ELB도 추가했으니 먼저 ab+Nginx로 테스트해 보죠.

S: ELB가 추가되면 어떻게 달라질까요? ELB가 있으면 더 빨라질 것 같은 느낌 이 듭니다.

T: 어떻게 될지는 테스트를 해봐야죠. ELB는 관리형 서비스로 내부가 어떻게 되었는지는 알 수가 없어요.

S: 그렇군요. 해보겠습니다.

표 10-50 ab(부하 테스트 서버에서 ELB+웹 서버 2대)에서의 부하 테스트 결과

클라이언트 수	Keep-Alive	Throughput(rps)	Latency(ms)
100	비활성화	1,995	50
100	활성화	8,793	11

S: 이런 결과가 나왔습니다. 이 정도인가요?

T: 어떻게 되었을까요? 어제 테스트한 결과 있나요?

S: 조금만 기다려 주세요(표 10-51).

표 10-51 비교 ab(부하 테스트 서버에서 ELB+웹 서버 1대+Keep-Alive 없음)에서의 테스트 결과

클라이언트 수	Throughput(rps)	Latency(ms)
100	6,338	16

S: Keep-Alive 비활성화 상태에서는 약 6,000rps에서 약 2,000rps로 크게 느려집니다. Latency도 꽤 높은 것 같습니다.

T: 그렇군요. 원인이 여러 가지가 있을 것 같아요. 아직 ELB가 워밍 되지 않았다거나 ELB는 Keep-Alive 비활성화하면 매우 느려지는 이유 등이 있을 것 같아요.

S: ELB 워밍이 무엇인가요?

T: 부하를 주게 되면 ELB 자체가 확장된다는 말이죠. 그 임계치는 잘 모르겠지만….

S: 그렇군요. 어떻게 할까요?

T: 일단 결과를 기록해 두고 다음을 진행해도 될 것 같아요. 명확하게 어디에 문제가 있는 것도 아니고 ab+Nginx나 ELB 쪽을 조사해도 확인할 수 없을 거예요.

S: 그런가요? ELB 상태는 조금 궁금하지만, 지금 조사를 해도 의미는 없을 것 같습니다.

T: 그런 부분은 시간이 있을 때 해도 됩니다.

S: 그렇죠. 그럼 다음을 진행하겠습니다.

...

S: Locust와 Nginx로 해봤습니다. 표 10-52, 표 10-53과 같은 결과가 나왔습니다. 웹 서버 1대일 때와 비교해보죠.

표 10-52 Locust→ELB→Nginx, 웹 서버(c4.large×2)에서 테스트 결과

클라이언트 수	Throughput(rps)	Latency(ms)
50	1,517	24
100	1,482	58
200	1,458	116

표 10-53 비교 Locust→Nginx, 웹 서버 (c4.large×1)에서 테스트 결과

클라이언트 수	Throughput(rps)	Latency(ms)
10	1,323	5
50	1,330	30
100	1,300	56

T: 음. 1,400~1,500rps 정도군요. 10% 정도 빨라진 느낌이에요. 어쨌든 느려지지 않았군요.

S: 맞습니다. Locust에서 ELB를 통한 상한선은 이 정도인 것 같습니다.

T: 그렇네요.

S: 방금 시나리오 테스트 결과에서 웹 서버 1대에서 500rps 정도 나왔으니 그 2배인 1,000rps 정도가 다음 시나리오 테스트 결과의 기준이 될 것 같습니다.

T: 아슬아슬한 값이지만, 일단 이대로 진행하죠.

■ ELB를 통한 Node.js 부하 테스트

T: 그다음은 Node.js 테스트네요. 이번에도 외부 API를 포함한 테스트부터 하죠.

S: 외부 API 서버와의 통신을 포함한 부하 테스트는 필요없을까요?

T: 그 테스트부터 해도 되지만, Nginx가 Node.js로 바뀌는 내용이기 때문에 큰
　문제는 없을 것 같아요.

S: 그런 의미가 있었군요.

T: 정확하게 한다면 S 군이 말하는 방법이 맞습니다. 그런데 점점 시스템 상황
　이 보이지 않나요?

S: 네, 그렇습니다.

T: 문제가 있으면 그때 다시 실시하는 방법도 있으니 걱정하지 않아도 될 것 같
　아요.

S: 알겠습니다. 시간도 중요하니….

T: 맞아요. 시간도 아주 중요합니다.

S: 그럼 해보겠습니다(표 10-54, 표 10-55).

표 10-54 외부 API를 포함한 처리 부하 테스트 결과

클라이언트 수	Throughput(rps)	Latency(ms)	웹 서버 CPU 사용률
50	1,350	34	80~85%
100	1,400	66	85~90%
200	1,363	129	85~90%

표 10-55 (비교) 웹 서버 1대일 때 부하 테스트 결과

클라이언트 수	Throughput(rps)	Latency(ms)	웹 서버 CPU 사용률
10	506	18	80%
50	730	64	95~100%
100	768	125	95~100%

S: 이런 결과가 나왔습니다. 딱 2배 정도 나왔습니다.

T: 그렇군요. 그러나 미묘하게 웹 서버 CPU가 사용률이 올라가지 않았네요.

S: 그렇군요. Node.js도 1,400rps 정도까지 올라갔고 부하 강도가 부족했을지
　모르겠군요. Locust를 추가해 볼까요?

T: 시나리오 테스트에서 1,000rps 정도 나왔으니 다음을 진행하시죠. 시나리오
   테스트에서 웹 서버 CPU 사용률이 올라가지 않는다면 다시 생각해보죠.

S: 알겠습니다.

■ DB 참고가 있는 부하 테스트

S: 다음은 DB 참조계 테스트를 할까요?

T: 네. DB는 웹 서버를 확장하게 되면 병목이 발생하기 쉬운 부분이고 설정상
   에 문제가 있을 수 있어 테스트해야 합니다.

S: 네.

표 10-56 웹 서버 2대, 외부 API+DB 참고 부하 테스트 결과

클라이언트 수	Throughput(rps)	Latency(ms)	웹 서버 CPU 사용률
50	1,181	39	85~90%
100	1,250	77	90~95%

표 10-57 (비교) 웹 서버 1대, 외부 API+DB 참고 부하 테스트 결과

클라이언트 수	Throughput(rps)	Latency(ms)	웹 서버 CPU 사용률
10	464	20	
50	631	77	
100	625	158	95~100%

S: 이렇게 나왔습니다. 이번에는 클라이언트 수 100으로 2배가 나왔습니다(표
   10-56, 표 10-57).

T: 좋네요. DB 접속 수는 얼마였나요?

S: 80입니다. 웹 서버를 2대로 늘렸기 때문에 계산은 맞습니다.

T: 그런가요? 문제는 없어 보이네요. 다음으로 넘어가죠.

시나리오 부하 테스트

S: 다음은 DB 갱신계 테스트인가요? 아니면 넘어갈까요?

T: 넘어가도록 할까요. DB에서 I/O 쪽 문제가 발생할 수 있지만, 갱신만 발생하는 극단적인 시나리오를 일부러 할 필요는 없으니 말이죠.

S: 그럼 시나리오 테스트를 하겠습니다(표 10-58).

표 10-58 웹 서버 2대 시나리오 테스트 결과

클라이언트 수	Throughput(rps)	Latency(ms)	웹 서버 CPU 사용률	DB 서버 CPU 사용률
50	989	51	90%	
100	1,029	97	90~95%	20%

표 10-59 (비교) 웹 서버 1대 시나리오 테스트 결과

클라이언트 수	Throughput(rps)	Latency(ms)	웹 서버 CPU 사용률	DB 서버 CPU 사용률
50	515	96	95~100%	14%
100	522	193	95~100%	14%

S: 이렇게 나왔습니다. 웹 서버 1대일 때와 비교하면 거의 2배 늘었습니다(표 10-59).

T: 그렇군요. 여기가 웹 서버 CPU 병목이겠네요. 아마 Locust 구성에서는 더 이상 향상되지 않을 것 같네요. 그래도 2배 정도 나오니 이 정도면 될 것 같네요.

S: 목푯값에 대해서는 Throughput이 약 200rps였고 여기서 약 1,000rps이므로 약 5배, Latency는 200ms였고 여기서 약 100ms이므로 허용 범위입니다.

T: 목푯값은 OK군요. 그럼 지금 구성이 서비스 오픈 시에 사용할 초기 구성이겠군요.

S: 그렇습니다. 꽤 여유가 있습니다.

T: 1대였을 때부터 문제는 없었어요.

S: 목푯값에 도달했지만, 부하 테스트는 어떻게 할까요?

T: 그렇죠. 웹 서버가 확장하기 쉬운 것을 알았으니 웹 서버를 점점 늘려가면서 다음 병목 구간을 찾아보도록 하죠.

S: 그렇군요. 다음은 DB겠군요.

T: 그렇게 되겠죠. 예상했던 것처럼 DB 병목이 발생하고 확장할 수 있는지도 확인해보고 싶네요.

S: DB입니까? 지금 시스템에서 DB는 스케일 업만 가능합니다.

T: 네. 병목이 DB의 CPU라면 DB 인스턴스의 스케일 업으로 해결할 수 있죠. 그렇지 않고 DB 스토리지 I/O가 병목이라면 스토리지 I/O를 올려야겠죠. 여기에는 API 연결 패턴에 따라 크게 달라질 것이고 일단 현재 시나리오에서 찾아보는 것이 의미가 있을 것 같네요.

S: 그렇군요. 아직 일정에 여유가 있으니 해볼까요?

10.3.5 2일 차 후반: 확장성 검증 – 웹 서버 확장 시 발생하는 병목 현상은?

▪ 여기까지의 정리

표 10-60, 그림 10-64 구성 3에 대해 시나리오 테스트를 했고 웹 서버를 1대에서 2대로 늘려 확장성을 확인했다. 현재 병목은 웹 서버에 있다. 웹 서버를 추가해 가면서 다음 병목이 DB가 될 것이라고 가정하고 DB를 스케일 업하여 시스템 전체 확장성을 확인하였다.

표 10-60 구성 3(복사)

부하 테스트 서버	웹 서버	DB 서버
t2.medium×1	c4.large×2	db.m4.large×1

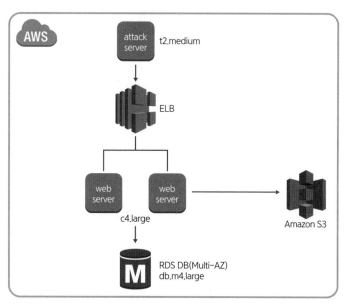

그림 10-64 구성 3(복사)

🔲 부하 강도 증대

T: 그럼 다음 병목을 DB라고 하고 어느 정도의 rps가 필요할까요?

S: 방금 결과(표 10-61)에서 보면 시나리오 테스트에서는 1,000rps일 때 DB 서버 CPU 사용률이 20% 정도였으니 5,000rps면 100%가 되지 않을까요? 그렇게 단순하지는 않을 것 같긴 합니다만.

표 10-61 이전 결과: 웹 서버 2대 시나리오 테스트 결과

클라이언트 수	Throughput(rps)	Latency(ms)	웹 서버 CPU 사용률	DB 서버 CPU 사용률
50	989	51	90%	
100	1,029	97	90~95%	20%

T: 좋은 생각이에요. 고부하 때의 웹 시스템은 불확실 요소가 많지만, 예상해 두는 것이 중요하죠.

S: 네.

T: 그럼 Locust 부하 강도는 5배로 늘릴 필요가 있다는 이야기군요.

S: 5배라. Locust가 2 프로세스이니 10 프로세스 정도 필요하겠군요. 부하 테스트 서버 인스턴스 타입을 변경해야겠습니다.

T: 그렇네요. 어떤 타입이 좋을까요?

S: c4.xlarge가 4vCPU이고 그 위의 c4.2xlarge가 8vCPU입니다. c4.xlarge×3로 12 프로세스를 만들어 보겠습니다.

T: 좋아요. 변경해보죠.

S: 네

T: 웹 서버는 처음부터 5배로 하지 말고 2배씩 늘리기로 하죠. 손이 좀 가지만, 한 번에 올려버리면 병목 구간 확인이 힘들 수 있어요.

S: 알겠습니다. 웹 서버도 2배로 할까요?

T: 네. 한번에 해버리죠.

표 10-62 구성 4

부하 테스트 서버	웹 서버	DB 서버
c4.xlarge×3	c4.xlarge×2	db.m4.large×1

S: 구성 4(표 10-62)와 같이 변경했습니다. 부하 테스트 서버는 c4.xlarge×3로 Locust 12 프로세스를 기동했습니다. 웹 서버는 4vCPU×2로 8 프로세스의 Node 프로세스를 기동했습니다. 웹 서버 대수는 똑같지만, 프로세스는 조금 전과 비교하여 2배가 되었습니다. DB는 변경하지 않았습니다.

T: Node.js는 CPU 코어 수만큼 프로세스를 기동하는 것이 일반적인가요?

S: 그렇습니다. 고부하 시에는 1 프로세스가 1 CPU를 100% 정도 사용하여 CPU 코어를 활용하기 위해 CPU 코어 수만큼 기동하는 경우가 많습니다.

T: 그렇군요. 그럼 Node.js 수만큼 처리 성능이 높아지는지를 보면 되겠군요.

S: 네.

T: DB 최대 접속 수는 20×8로 160 정도겠군요. DB도 병목이 되기 쉬운 부분이죠.

S: 네. 현재 RDS 설정에서 648이 상한값이라 그 숫자의 4배는 되는 값입니다.

T: 강력하군요.

S: 최신 클라우드에서는 일반적입니다.

T: 그렇군요.

S: 그럼 시작해 보겠습니다.

■ Nginx 부하 테스트

T: 먼저 부하 테스트 강도를 검증해보죠. 어디서부터 할까요?

S: ab를 여러 대 해봐도 좋겠지만, Locust로 Nginx를 테스트해보면 어떨까요?

T: 네. Nginx와 ELB 성능은 알고 있으니 거기부터 하죠.

S: 그럼 시작하겠습니다.

표 10-63 Locust (12 프로세스)→ELB→Nginx 부하 테스트 결과

클라이언트 수	Throughput(rps)	Latency(ms)
50	5,350	6
100	6,131	12
200	6,068	24

표 10-64 (비교) Locust (2 프로세스)→ELB→Nginx 부하 테스트 결과

클라이언트 수	Throughput(rps)	Latency(ms)
50	1,517	24
100	1,482	58
200	1,458	116

S: 결과는 이렇게 나왔습니다(표 10-63, 표 10-64). 2 프로세스 때와 비교하면 원래 6배가 나와야 하지만, 4배 정도가 나왔습니다.

T: 많이 떨어졌군요.

S: Latency는 많이 낮아졌지만, Throughput은 생각보다 향상되지 않았습니다.

T: 5,000~10,000rps 정도에서 성능 향상이 보이지 않는 것 같아요.

S: 왜 그럴까요?

T: 잘 모르겠습니다. 네트워크 성능이 문제인 것도 같지만, 실제 서비스에서는 문제가 안 되니 그냥 넘어가도록 하죠.

S: 계속 진행할까요? 조금 더 부하 강도를 높일까요?

T: 웹 서버는 2배밖에 늘리지 않았으니 일단 이대로 진행하죠.

S: 알겠습니다.

■ 외부 API 접속이 있는 부하 테스트

S: 먼저 외부 API 접속이 있는 부하 테스트 결과입니다(표 10-65, 표 10-66).

표 10-65 웹 서버(8 프로세스) 외부 API 접속이 있는 부하 테스트 결과

클라이언트 수	Throughput(rps)	Latency(ms)	웹 서버 CPU 사용률
50	2,500	18	80%
100	2,835	33	90%
200	2,913	66	90~95%

표 10-66 (비교) 웹 서버(4 프로세스) 외부 API 접속이 있는 부하 테스트 결과

클라이언트 수	Throughput(rps)	Latency(ms)	웹 서버 CPU 사용률
50	1,350	34	80~85%
100	1,400	66	85~90%
200	1,363	129	85~90%

T: 대부분 2배가 되었군요.

S: 네. 클라이언트 수가 200일 때는 2배 이상입니다. 웹 서버 CPU 사용률이 조금 올라가서 그럴까요?

T: 그렇죠. 방금 테스트에서는 테스트 부하가 조금 부족했어요. 일단 2배가 되었으니 그렇게 생각해도 좋을 것 같네요.

S: 알겠습니다. 웹 서버 CPU도 100% 가까이 사용하고 있고 다음을 진행하겠습니다.

■ DB 참조계 부하 테스트

S: 다음은 DB 참조계 테스트입니다.

T: 혼자서도 할 수 있겠군요.

표 10-67 웹 서버(8 프로세스) DB 참조계 부하 테스트

클라이언트 수	Throughput(rps)	Latency(ms)	웹 서버 CPU 사용률
50	2,050	22	75~80%
100	2,432	39	90%
200	2,490	78	95%

표 10-68 (비교) 웹 서버 (4 프로세스) DB 참조계 부하 테스트

클라이언트 수	Throughput(rps)	Latency(ms)	웹 서버 CPU 사용률
50	1,181	39	85~90%
100	1,250	77	90~95%

S: 대략 2배가 되었고 웹 서버 CPU도 100% 가까이 나왔습니다(표 10-67, 표 10-68).

T: 그렇군요. 좋습니다. 다음으로 넘어가시죠.

■ 시나리오 부하 테스트

S: 그럼 시나리오 테스트를 하겠습니다(표 10-69).

표 10-69 웹 서버(8 프로세스) 시나리오 테스트 결과

클라이언트 수	Throughput(rps)	Latency(ms)	웹 서버 CPU 사용률	DB 서버 CPU 사용률
100	1,950	52	90%	
200	2,000	99	95%~	40%

표 10-70 (비교) 웹 서버 (4 프로세스) 시나리오 테스트 결과

클라이언트 수	Throughput(rps)	Latency(ms)	웹 서버 CPU 사용률	DB 서버 CPU 사용률
50	989	51	90%	
100	1,029	97	90~95%	20%

S: 여기에서도 2배 정도 나왔고 웹 서버 CPU 병목으로 보입니다(표 10-70).

T: 그렇네요. New Relic에서는 특이사항은 없나요?

S: 확인하겠습니다.

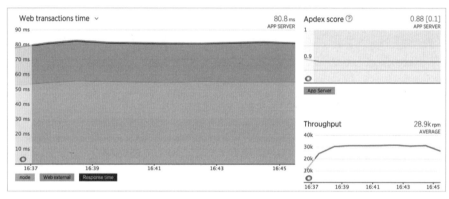

그림 10-65 New Relic 분석 결과

S: 이런 상황입니다(그림 10-65). 클라이언트 수 100과 200일 때의 결과가 섞여 있지만, 특별히 문제가 될 부분은 없어 보입니다.

T: DB 접속 수는 몇인가요?

S: 160입니다.

T: OK!

■ 웹 서버 스케일 아웃 테스트

T: c4.large에서 c4.xlarge로 스케일 업은 잘 되었으니 스케일 아웃 테스트도 해 보죠.

S: c4.xlarge×4로 할까요?

T: 네.

S: 알겠습니다. 준비하도록 하겠습니다.

표 10-71 구성 5

부하 테스트 서버	웹 서버	DB 서버
c4.xlarge×3	c4.large×4	db.m4.large×1

S: 구성 5(표 10-71)에서 웹 서버 인스턴스가 c4.xlarge×2에서 c4.large×4가 되었습니다. 웹 서버 vCPU 합계는 전부 8 프로세스입니다.

T: 알겠습니다. 이 구성에서는 바로 시나리오 테스트를 해도 돼요.

S: 알겠습니다. 그럼 해보겠습니다(표 10-72).

표 10-72 웹 서버(8 프로세스) (c4.large×4) 시나리오 테스트 결과

클라이언트 수	Throughput(rps)	Latency(ms)	웹 서버 CPU 사용률	DB 서버 CPU 사용률
100	1,966	50	90%	
200	2,050	97	90%~	40%

표 10-73 (비교) 웹 서버(8 프로세스) (c4.xlarge×2) 시나리오 테스트 결과

클라이언트 수	Throughput(rps)	Latency(ms)	웹 서버 CPU 사용률	DB 서버 CPU 사용률
100	1,950	52	90%	
200	2,000	99	95%~	40%

S: 이렇게 나왔습니다(표 10-73). Node.js 기동 프로세스 수가 같으면 스케일 아웃도 스케일 업도 거의 비슷한 결과가 나옵니다.

T: 그렇군요. 거의 비슷하군요. 스케일 아웃도 특별히 문제없네요.

S: 네.

■ 웹 서버 2배 확장

T: 그럼 웹 서버를 2배로 늘려보죠. 그리고 Locust도 조금 늘려보도록 하죠.

S: 알겠습니다.

표 10-74 구성 6

부하 테스트 서버	웹 서버	DB 서버
c4.xlarge×4	c4.2xlarge×2	db.m4.large×1

S: 구성 6(표 10-74)에서는 웹 서버를 2배로 스케일 아웃 했습니다. 웹 서버는 16 프로세스가 되고 부하 테스트 도구도 16 프로세스가 되었습니다.

T: c4.2xlarge 타입이군요. c4.xlarge×4 테스트는 하지 않았군요.

S: 네. 특별한 이유는 없지만, 스케일 아웃을 해보았습니다. c4.xlarge×4 테스트가 더 나았을까요?

T: 뭐 성능만 나온다면 어느 쪽을 테스트해도 되죠. 웹 서버의 확장성은 문제없어 보이는군요.

S: 네. 바로 시나리오 테스트할까요?

T: 네. Locust도 늘린 상태이고 Nginx에 일단 테스트해보죠. 그다음에 시나리오 테스트하시죠.

S: 알겠습니다.

표 10-75 Locust(16 프로세스)→ELB→Nginx 부하 테스트 결과

클라이언트 수	Throughput(rps)	Latency(ms)
200	8,170	18

표 10-76 (비교) Locust (12 프로세스)→ELB→Nginx 부하 테스트 결과

클라이언트 수	Throughput(rps)	Latency(ms)
200	6,068	24

S: 결과가 나왔습니다. 깔끔하게 나왔습니다(표 10-75, 표 10-76).

T: 정말이군요. Locust도 잘 늘어났네요.

S: 그렇습니다. Nginx에 대해 8,000rps 정도 나왔고 Node.js에서 5,000rps 이상도 가능해 보입니다.

T: 그렇네요. 부하는 충분하군요.

S: 그럼 시나리오 테스트를 하겠습니다.

표 10-77 웹 서버(16 프로세스) (c4.2xlargex2) 시나리오 테스트 결과

클라이언트 수	Throughput(rps)	Latency(ms)	웹 서버 CPU 사용률	DB 서버 CPU 사용률
100	3,000	33	70%	
200	3,500	56	90%~	
300	3,600	83	95%~	56%

표 10-78 (비교) 웹 서버(8 프로세스) (c4.xlargex2) 시나리오 테스트 결과

클라이언트 수	Throughput(rps)	Latency(ms)	웹 서버 CPU 사용률	DB 서버 CPU 사용률
100	1,950	52	90%	
200	2,000	99	95%~	40%

S: 결과가 나왔습니다. 2배까지는 가지 못했습니다. 1.8배 정도입니다(표 10-77, 표 10-78).

T: 그렇군요. 예상했던 결과는 나오지 않는군요.

S: DB 서버 CPU 사용률도 56% 정도였습니다. 그러나 아직 병목은 웹 서버 CPU에 있는 것 같습니다.

T: 그렇군요. DB 병목까지는 가지 못하네요.

S: 또 해볼까요?

T: 여기까지 왔으니 한번 해보죠. 이번에는 4배 스케일 아웃을 해보세요.

S: 알겠습니다. 다음에는 5,000rps는 넘을 것 같습니다.

■ 웹 서버 2배 확장(추가)

표 10-79 구성 7

부하 테스트 서버	웹 서버	DB 서버
c4.xlarge×4	c4.2xlarge×4	db.m4.large×1

S: 구성 7(표 10-79)과 같이 나왔습니다. 웹 서버 프로세스 수가 32가 되었습니다. DB 접속 수는 합계 640이 되었습니다. 이 이상 확장한다면 DB 설정을 변경해야 합니다.

T: 네. 이 정도가 기준이 되겠군요.

S: 네. 그럼 시나리오 테스트를 해보겠습니다.

표 10-80 웹 서버(32 프로세스) (c4.2xlargex4) 시나리오 테스트 결과

클라이언트 수	Throughput(rps)	Latency(ms)	웹 서버 CPU 사용률	DB 서버 CPU 사용률
300	5,000	60	45%	90%~

표 10-81 (비교) 웹 서버 (16 프로세스) (c4.2xlargex2) 시나리오 테스트 결과

클라이언트 수	Throughput(rps)	Latency(ms)	웹 서버 CPU 사용률	DB 서버 CPU 사용률
100	3,000	33	70%	
200	3,500	56	90%~	
300	3,600	83	95%~	56%

S: 웹 서버 CPU 사용률이 45% 이상 올라가지 않습니다(표 10-80). DB 서버 CPU 사용률이 90%로 올라갔습니다. 이것은 DB 서버 CPU 병목으로 볼 수 있을까요?(표 10-81)

T: 웹 서버는 분명 아닌 것 같네요. 이 상태라면 DB 병목이 맞아요.

S: 예상했던 대로네요.

T: 그렇군요. 생각하지 못한 부분에서 병목이 많이 발생하지만, 이번에는 예상했던 병목이 발생했네요.

S: 맞습니다.

◼ DB 이외 병목 가능성

S: 어떤 문제가 발생하나요?

T: 예를 들어 외부 API 서버 응답이 없는 경우에요. 이번에는 외부 API 서버 스펙이 높아서 괜찮았던 것 같네요.

S: 분명히 외부 API 서버 성능 목표는 그렇게 높지 않았습니다.

T: 우리 쪽 시스템이 아니니 어떻게 할 수 없지만, 외부 API 서버 문제로 우리 쪽 시스템 성능이 떨어지는 경우가 많아 확인해야 해요.

S: 어떤 부분을 어떻게 주의해야 할까요?

T: 통신에 걸린 시간을 기록해 두고 원인 분석을 하면 될 것 같아요. 외부 API 서버 성능 부족은 아마 Latency가 늘어나거나 에러 발생으로 나타날 거에요.

S: 그렇군요. 이 시스템 문제가 아니라는 것을 확인하면 되는 것이군요.

T: 일단 그 부분을 확인하고 개별적으로 대응해야 합니다.

S: 외부 API 소요 시간을 New Relic에서 확인할 수 있습니다. New Relic 사용하시나요?

T: 네. 통신 에러는 기록하고 있나요?

S: 개발팀에 확인하겠습니다.

…

T: 웹 서버 로그 전송이 병목되는 경우도 있어요.

S: 로그군요.

T: 네. rsyslog 등으로 리모트 서버에 실시간으로 로그를 수집하면 중간에 NAT 서버가 있어 그 부분에 병목이 발생하죠.

S: NAT 서버군요.

T: 네. 그때는 NAT 서버 존재를 몰랐고 모니터링도 하지 않아 전혀 모르고 있었죠.

S: 그런 상황도 있군요.

T: 네트워크 송신 버퍼가 비정상적으로 증가하여 확인한 결과 찾아냈죠. 이

런 경우를 대비하여 인프라 구성 전체를 파악해 두는 것이 좋아요. CDN (Content Delivery Network)이나 로드 밸런서 등 네트워크 구성을 모두 알고 있어야 해요.

S: 역시! 감사합니다.

■ DB 서버 스케일 업

표 10-82 구성 8

부하 테스트 서버	웹 서버	DB 서버
c4.xlarge×4	c4.2xlarge×4	db.m4.xlarge×1

S: 구성 8(표 10-82)에서는 DB를 스케일 업 했습니다. RDS Multi-AZ 구성에서는 서비스에 영향을 주지 않고 변경할 수 있었습니다. 부하 테스트하면서 변경해 봤지만, 크게 수치 변화는 없었습니다.

T: 그렇다고 하더군요. 실제 운용 시에도 유용할 것 같아요.

S: 네. 고객사에 제안하기 좋을 것 같습니다. 그럼 시나리오 테스트를 하겠습니다.

T: 네. 부탁드립니다.

표 10-83 웹 서버 (32 프로세스) (c4.2xlargex4) 시나리오 테스트 결과

클라이언트 수	Throughput(rps)	Latency(ms)	웹 서버 CPU 사용률	DB 서버 CPU 사용률
300	6,500	47	80%	
400	6,717	59	90%	60%

표 10-84 (비교) 웹 서버 (16 프로세스) (c4.2xlargex2) 시나리오 테스트 결과

클라이언트 수	Throughput(rps)	Latency(ms)	웹 서버 CPU 사용률	DB 서버 CPU 사용률
100	3,000	33	70%	
200	3,500	56	90%	
300	3,600	83	95%~	56%

S: 결과가 나왔습니다. 이전 테스트 결과와 비교해 보면 약 1.8배 정도입니다. DB를 스케일 업해서 성능 향상이 된 것은 DB에 병목이 있었던 것 같습니다 (표 10-83, 표 10-84).

T: 그렇네요. 현재 웹 서버 CPU도 DB 서버 CPU도 아직 조금 여유가 있네요. Throughput도 2배 가까이 올라갔고….

S: Locust를 늘려 볼까요?

T: 아니요. 웹 서버 병목과 그다음 DB 병목이 5,000rps 정도에 나왔고 DB 서버를 스케일 업해서 해결했으니 충분할 것 같네요.

S: 네. 원래 목표가 180rps였으니 충분하겠네요.

T: 네. 아마 이 프로젝트에서 거기까지 확장하지는 않을 거예요. 이번에 사용했던 애플리케이션과 미들웨어를 이 정도까지 확장할 수 있었다는 것을 알았으니 충분합니다.

S: 알겠습니다. 개발팀도 성능을 걱정하고 있었지만, 좋은 결과를 전달할 수 있겠습니다.

T: 다음은 보고서를 정리해야 해요. 오늘은 여기서 끝내시죠.

S: 네. 감사합니다.

10.3.6 3일 차: 최소 구성에 대한 검증

■ 여기까지의 정리

몇 가지 문제가 있었지만, 순조롭게 부하 테스트에서 확장성 확인을 하였고 다음은 보고서를 정리한다.

■ T2 인스턴스 검토

S: 안녕하세요. 잠깐 이야기를 나눌 수 있을까요?

T: 무슨 일인가요?

S: 부하 테스트 건으로 어제 L 씨에게 설명했습니다.

T: 네. 뭐라고 하시나요?

S: 네. 크게 확장 가능한 것은 알겠고 제안의 최소 구성으로도 꽤 여유가 있어 보이며 좀 더 비용을 줄일 방법이 없는지 물었습니다.

T: 역시 L 씨네요.

S: 어떻게 생각하시나요?

T: 현재(2017년 7월 시점) AWS에서는 't2 계열' 인스턴스 타입이 있는 것 아시죠?

S: 네. 그러나 서비스 환경에서는 사용하지 않는 게 좋다고 이야기하셨던 것으로 기억합니다.

T: 네. t2 계열은 싸고 프로젝트에 따라 서비스 환경에서 사용해도 되지만, **운용 상 주의를 해야 해요**.

S: 네.

T: 'CPU 크레딧'이라는 개념이 있어 크레딧은 CPU를 사용하지 않을 때 쌓이고 CPU 파워가 필요할 때 CPU 크레딧을 소진하면서 큰 CPU 파워를 사용할 수 있어요.

S: 그렇군요. CPU 크레딧이 부족할 땐 어떻게 되나요?

T: CPU 리소스에 제한이 걸리게 돼요. 크레딧이 남아 있을 때는 문제가 없지만, 부하가 많아지는 경우 갑자기 서버의 성능이 떨어지는 경우가 있어요.

S: 음… 심각하군요.

T: 크레딧 쪽만 신경 쓴다면 비용을 절감할 수 있고 환경에 맞는다면 사용할 수도 있어요. 이 구조를 이해하지 않고 사용하게 되면 장애와 연결되겠죠.

S: 알겠습니다.

T: 일단 L 씨도 알고 있고 한 번 사용해 보는 것도 좋을 것 같네요.

S: 네. 꼭 해보고 싶습니다. 그럼 오늘도 잘 부탁드립니다.

■ 가장 저렴한 구성

T: 최소 구성으로 한다면 200rps, 200ms를 만족하는 최소 구성이 되겠군요.

S: 네. 그 정도로 충분할 것 같습니다.

T: 어디서부터 할까요? 음… 이번 테스트는 어디까지 비용을 줄일 수 있을지 보는 것이니 가장 저렴한 구성으로 해보죠.

S: 알겠습니다. 그럼 먼저 구성 9(표 10-85)처럼 해보았습니다. 부하 테스트 서버는 c4.large로 충분할 것 같습니다. 웹 서버와 DB 서버는 가장 낮은 타입으로 설정했습니다. 웹 서버는 이중화 조건이 있어 2대로 했습니다.

표 10-85 구성 9

부하 테스트 서버	웹 서버	DB 서버
c4.large×1	t2.nano×2	db.t2.micro×1

T: OK. 테스트 포인트는 CPU 크레딧이 남아 있을 때의 성능과 CPU 크레딧이 없을 때의 성능으로 구분하여 진행하도록 하죠.

S: 알겠습니다.

T: CPU 크레딧이 전부 소진할 때까지 부하를 주는 방법으로 하시죠. 이 상황에서 목표 성능을 만족한다면 문제없을 것 같네요.

S: 네. 그럼 시나리오 테스트를 하겠습니다.

표 10-86 결과

클라이언트 수	Throughput(rps)	Latency(ms)
50	641→300	87

S: 중간에 Throughput이 급격히 떨어지네요(표 10-86).

T: 원인이 무엇인가요?

S: Locust 쪽에 많은 양의 에러를 확인할 수 있었습니다. 애플리케이션 문제일까요? 조사해 보겠습니다.

T: 부탁해요.

S: 알겠습니다. 웹 서버에서 사용한 t2.nano 메모리가 512MB밖에 되지 않아 메모리 부족으로 확인했습니다.

T: 그렇군요.

S: Node.js 애플리케이션은 pm2라는 프로세스 매니저에서 2 프로세스를 기동하고 있지만, 1 프로세스당 256MB 이하밖에 사용할 수 없어 문제가 있는

것 같습니다. 결과적으로 프로세스가 몇 번이고 재시작되고 있었습니다.

T: 네. 그럼 1 프로세스로 하는 것은 어떨까요?

S: 2 프로세스로 사용하면 번갈아 가면서 애플리케이션을 갱신하여 다운타임 없는 애플리케이션 갱신이 가능합니다.

T: 맞네요. 그 구조가 없다면 운용 측면에서 문제가 있겠네요.

S: 네.

T: 그럼 웹 서버를 스케일 업 하시죠.

S: 알겠습니다.

■ 웹 서버 스케일 업

표 10-87 구성 10

부하 테스트 서버	웹 서버	DB 서버
c4.large×1	t2.micro×2	db.t2.micro×1

S: 구성 10(표 10-87)으로 웹 서버를 t2.micro로 변경했습니다. t2.micro 메모리 는 1GB입니다.

T: 이번에도 부족할까요?

S: 어떻게 될까요? 바로 테스트해보겠습니다.

...

S: 또 Locust에서 많은 에러가 보입니다.

T: 또 메모리 부족인가요?

S: 아니요. 이번에는 Node.js 애플리케이션 재시작은 없었고 메모리에는 살짝 여유가 있어 보입니다.

T: 에러를 확인해보죠.

S: 알겠습니다.

...

S: 에러 메시지에 'Too many connections', 'MySQL'과 같은 문자가 확인되었습 니다.

T: 커넥션 풀링 사용하고 있지 않나요?

S: 네, 사용합니다.

T: DB 인스턴스 타입을 변경해서 Max Connection이 변경된 게 아닐까요?

S: 그렇네요. (확인 중) 정말 66으로 되어 있습니다.

T: 많이 줄었군요.

S: 이번 목표 성능에서는 1 프로세스 20 접속도 필요없을 것 같습니다. Node.js 애플리케이션이 2 프로세스 2 서버로 동작하고 있어 일단 15 접속으로 하겠습니다. 합계는 최대 15×2×2=60이 됩니다.

T: 좋아요.

S: 그럼 다시 한 번.

표 10-88 결과

클라이언트 수	Throughput(rps)	Latency(ms)	웹 서버 CPU 사용률	DB 서버 CPU 사용률
100	665	152	90%~	24%

S: 이번에는 특별한 에러는 없으며 이 정도 결과가 나왔습니다(표 10-88).

T: 일단 이 상태에서 목푯값은 넘었군요.

S: 네. Latency는 좀 느리지만, 허용 범위 내에 있습니다.

T: 그럼 CPU 크레딧이 전부 소진될 때까지 기다리죠.

S: 네.

표 10-89 결과(30분 후)

클라이언트 수	Throughput(rps)	Latency(ms)
100	65	1,695

S: 이 결과는 심하네요(표 10-89).

T: 전혀 처리하지 못하는군요.

S: CPU 크레딧이 소진되면 CPU 사용률이 10% 정도 떨어지는 것 같습니다.

CPU 파워 때문에 성능이 떨어지는 것으로 보입니다(그림 10-66, 그림 10-67,
그림 10-68).

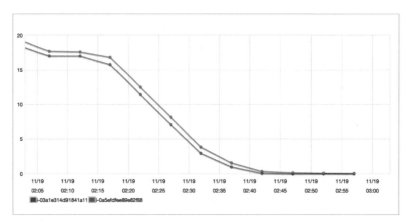

그림 10-66 웹 서버 CPU 크레딧 잔량

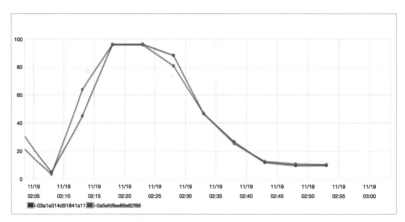

그림 10-67 웹 서버 CPU 사용률

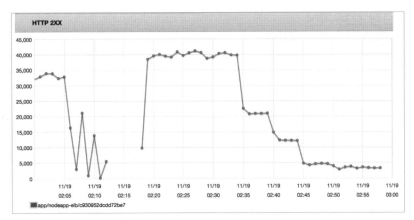

그림 10-68 성공한 HTTP 응답

T: DB는 어떤가요?

S: DB 서버 CPU 크레딧은 조금 줄어들었지만, 아직 남아 있습니다(그림 10-69).

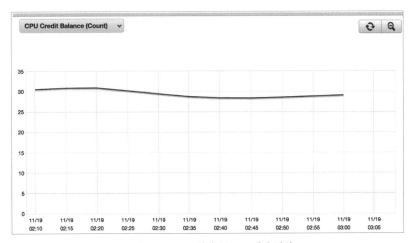

그림 10-69 DB 서버 CPU 크레딧 잔량

T: 그럼 DB가 원인이 아니라는 말이네요.

S: 그렇습니다.

T: 일단 웹 서버 CPU 크레딧을 전부 소진하면 서비스가 안 되는 것은 알았네요.

S: 네.

■ 필요한 성능 계산

> T: 일단 200rps가 나올 수 있도록 부하를 주고 어느 정도 CPU 크레딧을 사용
>   하는지 조사해보면 어떨까요?
>
> S: 네.
>
> T: 기본적으로 **고부하 시**에 200rps 정도 나오면 되므로 얼마나 200rps를 유지하
>   는지 확인해보면 될 것 같아요.
>
> S: 네. 해보겠습니다(표 10-90).

표 10-90 결과: 200rps 전후가 되도록 조정한 부하 테스트

클라이언트 수	Throughput(rps)	Latency(ms)	웹 서버 CPU 사용률
8	210~240	34	40%

> S: 결과가 나왔습니다. 이 상태에서도 CPU 크레딧을 사용하고 있습니다.
>
> T: 그런가요. 상세한 계산이 필요하겠네요.
>
> S: 어느 정도 부하에 어느 정도 CPU 크레딧을 소비하는지 결정되어 있나요?
>
> T: 결정되어 있어요. t2 계열 인스턴스는 타입에 따라 베이스라인 성능이 결정되
>   어 있어요.
>
> S: 그렇군요. AWS 공식 문서에 CPU 크레딧에 대한 설명이 있었군요(표 10-91).

표 10-91 CPU 크레딧 사양

인스턴스 유형	초기 CPU 크레딧	시간당 지급되는 CPU 크레딧	기준 성능 (CPU 사용률)	누적 가능한 최대 지급된 크레딧
t2.nano	30	3	15%	72
t2.micro	30	6	10%	144
t2.small	30	12	20%	288
t2.medium	60	24	40%	576
t2.large	60	36	60%	864

※ AWS 공식 문서(2017년 7월 시점)에서 https://docs.aws.amazon.com/ko_kr/AWSEC2/latest/UserGuide/t2-instances.html

S: **1 크레딧으로 1분간 CPU 100%를 사용할 수 있네요.** t2.micro는 1시간에 6크레딧이고 **1분에 0.1 크레딧이 쌓여 10%가 베이스 성능이군요.**

T: 그런 것 같아요.

S: 200rps를 내기 위해 웹 서버 CPU 40%가 필요하다면 0.4 크레딧이 필요하고 1분당 0.3 크레딧이 부족하겠네요.

T: 최대 쌓을 수 있는 크레딧이 144이기 때문에

144(크레딧)÷0.3(크레딧/분)=480(분)

이 되고 8시간이면 전부 소진되는군요.

S: 이 정도로 괜찮을까요?

T: 현재 웹 서버 CPU가 40% 정도지만, 이후 기능 추가가 있다면 사용률은 늘어날 것 같네요.

S: 그렇죠. 위험하겠군요.

T: 일단 2배 정도 여유를 갖고 만들면 되지 않을까요? 200rps를 처리하려면 웹 서버 CPU 80%가 필요하다고 보면 어떨까요?

S 그렇군요.

T: 그래서 1일 중에 12시간 200rps 부하가 발생하고 그 이외에는 12시간 동안 부하가 없다고 해보죠.

S: 부하가 전혀 없는 경우가 있나요?

T: 12시간 동안 많은 부하가 없다고 가정하죠.

S: 네.

T: 이런 가정하에 각 인스턴스 타입에서 크레딧 과부족이 어떻게 되는지 계산해보죠(표 10-92).

표 10-92 1일 12시간 200rps 부하가 발생하는 경우 CPU 크레딧 계산

인스턴스 유형	1시간당 지급 크레딧	최대 누적 크레딧	1분당 지급 크레딧	1분당 예상 웹 서버 소비 CPU	1분당 필요한 예상 크레딧	1분당 부족 크레딧	12시간에 소비하는 크레딧	12시간에 회복하는 크레딧
t2.micro	6	144	0.1	80%	0.8	0.7	504	72
t2.small	12	288	0.2	80%	0.8	0.6	432	144
t2.medium	24	576	0.4	80%	0.8	0.4	288	288

S: 계산 결과입니다. t2.small까지는 1일을 버티기 힘들 것 같습니다. t2.medium 이라면 딱 맞는군요.

T: 그렇군요. 판단은 어렵지만, 최소 t2.medium은 필요하겠군요. S 군, 어떻게 생각하세요?

S: 이 인스턴스보다 작은 인스턴스는 괜찮을지 몰라도 위험할 것 같습니다.

🔲 비용 계산

S: t2.medium으로 하면 얼마 정도 비용이 절약될까요?

T: 계산해 보세요.

S: (계산 중) 지금 가격으로 보면 c4.large에서 t2.medium으로 변경하면 2대로 월 $76가 절약됩니다.

T: 힘들게 운용하면서 약 80,000원밖에 절감 못 하는군요. 한 번이라도 장애가 발생한다면 인건비는 적자가 될 것 같아요.

S: 그렇겠네요.

T: DB 쪽은 어떤가요?

S: DB는 현재 CPU 크레딧 변동이 없는 상태입니다.

T: DB 서버 CPU 부하도 조금 더 증가할 것으로 보이네요. 타입을 한 단계 올려두면 어떨까요?

S: 그럼 t2.small을 말씀하시는 것이군요. Multi-AZ 구성으로 db.m4.large에서 db.t2.small로 변경하면 월 비용을 약 $290 절감할 수 있습니다.

T: DB쪽 숫자가 크군요.

S: 네.

T: 그럼 웹 서버를 t2.medium, DB 서버를 t2.small로 한 번 더 200rps 시험을 해 보죠(표 10-93). 이것으로 CPU 크레딧이 예상대로 움직인다면 OK라고 할 수 있겠네요.

S: 알겠습니다.

표 10-93 구성 11

부하 테스트 서버	웹 서버	DB 서버
c4.large × 1	t2.medium × 2	db.t2.small × 1

표 10-94 결과: 200rps 전후가 되도록 조정한 부하 테스트 2

클라이언트 수	Throughput(rps)	Latency(ms)	웹 서버 CPU 사용률	DB 서버 CPU 사용률
8	200 전후	35	40%	11%

S: 이와 같은 결과가 나왔습니다. 웹 서버 CPU 크레딧은 거의 변경되지 않았습니다. 이 값은 예상대로인 것 같습니다. DB 서버 CPU 크레딧은 증가하고 있습니다. 이 값도 예상대로입니다(표 10-94).

T: OK. 그럼 일단 최소 구성은 정해졌네요. 주의 항목도 정리해야겠군요. 보고서를 부탁드려요.

S: 네, 알겠습니다.

■ 부하 테스트 보고서 작성

샘플 시스템 부하 테스트 보고서

YYYY/mm/dd

테스트 목적

- 서비스 시작 1년 후를 예상한 사용자 규모에서 부하의 피크 때에도 시스템이 정상적으로 응답을 주는 지 확인

- 이후에 예상 사용자 수를 넘는 경우에도 각 리소스에 대한 스케일 아웃, 스케일 업으로 시스템 성능이 개선되는 것을 확인

전제 조건 1

아래의 조건을 충족하는 것을 전제로 함

- 10만 사용자 사용
- 1일에 활동하는 회원 수는 1만 명
- 활동 중인 회원은 1일 평균 1회 서비스 사용
- 서비스를 사용할 때마다 평균 1개의 글 추가
- 서비스를 사용할 때마다 평균 10회의 '좋아요' 추가
- 서비스 시작 1년 후 가정
- 위와 같은 접속은 1일 중 8시에 집중. 또 트래픽이 많을 때 일시적으로 10배의
  요청 발생

전제 조건 2

전제 조건으로 산출한 초기 데이터

- users 테이블: 100,000 레코드
- articles 테이블: 3,650,000 레코드(users×36.5)
- Likes 테이블: 36,500,000 레코드(articles×10)

를 더미 데이터로 미리 생성해 둔다.

목푯값

API Throughput 200rps(※) 이상으로

API 평균 Latency는 200ms 이하

사용자 시나리오로 1 사용자 약 50 요청/일

위 조건을 8시간 동안 실시

→ 10,000(UU)×50(req/UU)/8(h)=62,500(req/h)

위 접속의 10배가 피크 때 발생

→ 62,500(req/h)/3,600(h/sec)×10=173(req/sec)

→ 약 200(req/sec)

시스템 구성

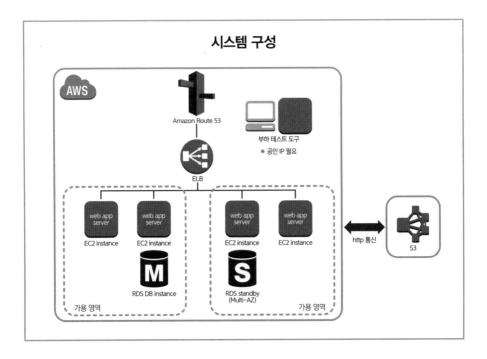

테스트 시나리오

오른쪽 시나리오를 Locust로 실행

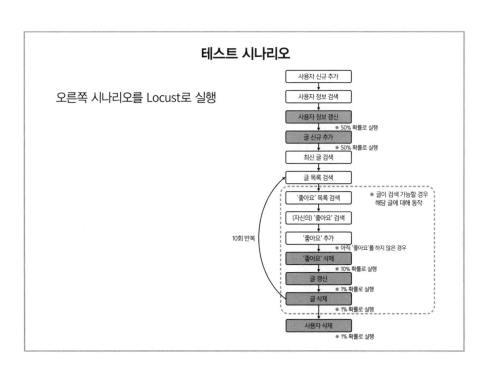

스케일 업 테스트 결과

웹 서버 인스턴스 타입	웹 서버 부하 상황	DB 서버 인스턴스 타입	DB 서버 부하 상황	Throughput (rps)	Latency (ms)	비고
t2.medium×2	CPU : 40%	db.t2.small	CPU : 11%	200	35	(※)
c4.large×2	CPU : 100%	db.m4.large	–	1,029	97	
c4.xlarge×2	CPU : 100%	db.m4.large	CPU : 20%	2,000	99	
c4.2xlarge×2	CPU : 100%	db.m4.large	CPU : 56%	3,600	83	

(※) t2 인스턴스 CPU 크레딧을 12시간으로 전부 소진하지 않도록 조정했을 때의 값

스케일 아웃 테스트 결과

웹 서버 인스턴스 타입	웹 서버 부하 상황	DB 서버 인스턴스 타입	DB 서버 부하 상황	Throughput (rps)	Latency (ms)	비고
c4.large×1	CPU : 100%	db.m4.large	CPU : 14%	522	96	
c4.large×2	CPU : 100%	db.m4.large	–	1,029	97	
c4.large×4	CPU : 100%	db.m4.large	CPU : 40%	2,050	97	
c4.2xlarge×2	CPU : 100%	db.m4.large	CPU : 56%	3,600	83	
c4.2xlarge×4	CPU : 45%	db.m4.large	CPU : 90%	5,000	60	DB 병목
c4.2xlarge×4	CPU : 100%	db.m4.xlarge	CPU : 60%	6,717	59	

시스템 성능 평가

- 시스템이 충분한 확장 성능을 보유한 것을 확인했다.

- 목표인 200rps, 200ms를 만족하기 위해서는 아래 구성으로 충분하며, 이 때 약 1,000rps가 되어 5배의 여유가 생긴다.

> 웹 서버: c4.large×2
> DB 서버: db.m4.large

t2 계열 인스턴스 주의 사항

- t2 계열 인스턴스는 CPU 크레딧이 소진되면 급격하게 성능이 저하된다.

- 예상을 넘는 부하가 장시간 지속되면 CPU 크레딧이 전부 소진될 가능성이 있다.

- 따라서 t2 계열 인스턴스에서 운용할 경우 CPU 크레딧을 모니터링해야 한다.

- 부족할 경우 스케일 업으로 해결할 수 있다.

시스템 설정 시 주의 사항

- DB Max Connection 수와 Web Application의 커넥션 풀링 수 관계에 주의하여 설정해야 한다.

- 외부 API를 실제로 이용하지 않았지만, 외부 API 시스템을 이용함에 따라 결과가 크게 달라질 수 있다.

S: 이렇게 정리했습니다. 저로서 추천은 t2 계열을 사용하지 않는 구성으로 했습니다. 운용에 있어 사고 발생 위험이 있어 L 씨와 협의해 보겠습니다.

T: 그렇죠. 시간이 지나면 부하가 늘어날 것이고 담당자도 변경되어 아무리 주의를 한다고 해도 장애는 발생할 수 있습니다.

S: 네. 저도 그렇게 생각했습니다.

T: 이 보고서로 진행하죠. 수고하셨습니다.

S: 감사합니다.

CHAPTER 11

부록 I(용어 설명 외)

CHAPTER 11

부록 I(용어 설명 외)

11.1 용어 설명

11.1.1 일반 용어

■ 클라우드

이 책에서는 데이터 센터 등에서 제공하고 있는 각종 IT계 서비스를 물리적 서버를 의식하지 않고 시간 과금으로 사용할 수 있는 것을 의미하고 온프레미스나 호스팅 서버에 대응되는 용어로 사용한다. 특히 서버를 말할 때 AWS의 인스턴스를 이야기 하며, 다른 사업자에 대해서도 기본적으로 같은 개념으로 사용된다.

■ 온프레미스

IT 서비스 운용에 있어서 필요한 리소스를 자사 내에 물리적으로 보유하거나 서버 호스팅 사업자 데이터 센터 내에 인프라를 설치하는 형태를 말한다. 전자라면 네트 워크 기기도 보유하며, 후자의 경우 네트워크 기기를 보유하는 형태와 사업자의 기 기를 임대하는 형태가 있다.

■ IaaS/PaaS/SaaS

클라우드 서비스 제공 형태를 가리키는 단어로 클라우드 서비스 제공 사업자별로 정 의가 조금 다를 수 있지만, 사용자는 크게 의식할 필요 없다.

IaaS

Infrastructure as a Service의 약자로 가상 서버와 가상 인터넷 등 온프레미스에서는 실제 인프라를 가지고 있어야 하지만, 그 대신에 사용 가능한 서비스이다. 온프레미스 때와 같은 구성을 가질 수 있으며, 온프레미스와 비교하여 구축이 빠르고 교체 작업이 편한 장점이 있다.

AWS에서는 EC2나 EBS(Elastic Block Store), S3, VPC, ELB 등을 IaaS로 구분하고 있다.

PaaS

Platform as a Service의 약자로 OS나 미들웨어 설정이 완료된 환경을 사용하는 서비스이다. 애플리케이션 배포만으로 IT 서비스를 제공할 수 있다. OS에 접속하지는 못하나 OS나 미들웨어 점검은 모두 클라우드 사업자가 하는 관리형 서비스이다.

SaaS

Software as a Service의 약자로 소프트웨어를 네트워크 통해 사용 가능한 서비스이다. PaaS와 같이 사용자는 OS에 접속하지는 못하나 OS나 미들웨어 점검은 모두 클라우드 사업자가 하는 관리형 서비스이다.

AWS에서의 대표적인 서비스는 CloudWatch, SNS(Simple Notification Service), SQS(Simple Queue Service), SES(Simple Email Service), CloudSearch, CloudFront 등이 있다.

■ 관리형 서비스

백업과 장애 대응, OS, 미들웨어, 소프트웨어 버전 업그레이드 등을 클라우드 사업자가 책임지고 운용하는 서비스이다.

■ 기능 요건

주로 시스템에서 가능한 것과 불가능한 것, 동작 등을 정의한 요구 사항이다. 이외에도 시스템 외부와의 데이터 연동 형식과 단계별 처리 내용 등을 정리한 경우도 있다.

■ 비기능 요건

시스템 기능 요건에 포함되지 않는, 주로 운용에 대한 요건을 말한다. 보안, 시스템이 정상적으로 가동되고 있는 시간의 비율, 시스템 성능에 대한 요건 등이 있다. 예를 들어 '99.999% 가동률에서 초당 1,000 요청 처리가 0.1초 이내에 가능할 것' 등이 있다. 프로그램 유지 보수 등을 포함하는 경우도 있다.

11.1.2 AWS 용어, 아이콘 설명

이 책에서는 다음 AWS 용어 및 아이콘을 별도 설명 없이 사용하고 있다.

※ 이 아이콘은 AWS가 공개하고 있다. 'AWS 심플 아이콘(https://aws.amazon.com/ko/architecture/icons/)'에서 다운로드할 수 있다.

■ 일반 용어

AWS

AWS가 제공하는 클라우드 전체를 말한다.

AWS 리전(AWS Region), AWS 가용 영역(AWS Availability Zone)

AWS 리전이란 AWS가 정의한 서비스 거점의 단위이다. 다음과 같이 전 세계 18개 리전을 가지고 있다(2018년 4월 현재).

- 미국 동부(버지니아 북부)
- 미국 서부(오리건)
- 유럽(아일랜드)
- 유럽(프랑크푸르트)
- 아시아 태평양(도쿄)
- 아시아 태평양(싱가포르)
- 아시아 태평양(서울)

하나의 리전은 복수 개의 지리적으로 독립된 데이터 센터로 구성되어 있고 그 데이터 센터를 '가용 영역'이라고 한다.

🔲 컴퓨트 & 네트워크

EC2

대표적인 IaaS의 하나로 가상 서버를 제공하는 서비스다. 정식 명칭은 Amazon Elastic Compute Cloud지만, EC2라는 약자가 널리 알려져 있다.

여러 인스턴스 타입과 OS가 있어 선택할 수 있으며, 가상 서버를 1시간 단위의 종량과금으로 사용할 수 있다. OS 계정도 발행되어 OS 상의 미들웨어나 애플리케이션을 자유롭게 설치할 수 있다.

인스턴스 타입에 따라 가상 서버 성능이 달라지고 메모리 타입이나 CPU 타입 등 용도에 맞게 선택할 수 있다. 예를 들어 OS로 윈도우 서버를 선택했을 때는 원격 데스크톱에 접속하여 사용할 수 있다.

EC2 instance

EC2에서 실제 가상 서버를 EC2 인스턴스라고 부른다. 인스턴스 타입을 변경하면 각 인스턴스 성능을 변경할 수 있다. 인스턴스 타입을 변경하기 위해서는 인스턴스를 한 번은 정지시켜야 한다.

Route 53

AWS에서 제공하는 관리형 DNS 서비스이다.

Elastic Load Balancing

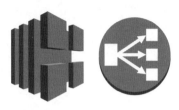

AWS에서 제공하는 관리형 로드 밸런서 서비스이다. 이 책에서는 ELB라고 표기한다. 웹 서비스를 제공할 때, 여러 애플리케이션 서버를 사용할 때 하나의 엔드포인트로 접속하기 위해 이용한다.

ELB는 부하 상황에 따라 자동으로 스케일 아웃 하는 서비스이다. 부하를 감지하고 스케일 아웃이 완료될 때까지 수분 정도 걸리며 그 중간에 많은 요청이 발생하게 되면 성능 저하가 생길 수 있다. 그래서 사전에 많은 요청이 예상될 때는 프리워밍을 신청하여 미리 스케일 아웃하는 것을 권장한다.

ELB에서 SSL 터미네이션 처리를 할 수 있어 애플리케이션 서버에 부하를 주지 않고 SSL을 사용할 수 있다.

Auto Scaling

ELB 아래 애플리케이션 서버를 구축한 EC2 인스턴스 대수를 사용자 상황에 따라 자동으로 변경할 수 있는 서비스이다. 변경을 위한 트리거로 백엔드 애플리케이션 서버의 CPU 사용률이나 응답 시간 등을 사용할 수 있다. 이 책에서는 오토 스케일링이라고 표기한다.

■ 스토리지 & 콘텐츠 배포

S3

Simple Storage Service의 약자로 1년간 99.999999999%의 견고성(데이터 손실이 발생하지 않음)과 99.99% 가용성을 제공할 수 있도록 설계된 관리형 파일 스토리지이다.

CloudFront

AWS에서 제공하는 관리형 CDN(Contents Delivery Network)이다. AWS에서는 전 세계 각지에 리전과 함께 에지 로케일(Edge Locale)이라고 부르는 CloudFront 데이터 센터를 가지고 있다.

CloudFront 위에 저장된 콘텐츠의 캐시를 사용하면 오리진 서버 부하를 줄이고 사용자에게 빠르게 응답을 줄 수 있다. 또 에지 로케일과 오리진 서버 사이는 고속의 전용 회선으로 연결되어 있어 캐시를 사용할 수 없는 경우에도 AWS 상에서 리소스에 빠르게 접속할 수 있다.

■ 데이터베이스

ElastiCache

AWS에서 제공하는 관리형 캐시 서비스이다. 실제 서비스로는 Redis과 memcached를 선택할 수 있다.

RDS

RDB 기능을 제공하는 관리형 서비스이다. MySQL, PostgreSQL, Oracle, Aurora 등의 데이터베이스가 제공되고 있다. MySQL이나 PostgreSQL의 경우에는 구축과 운용이 어려운 마스터 DB의 이중화를 Multi-AZ 옵션으로 제공하고 있다.

사용자는 사용하고 있는 RDS에 로그인할 수 없고 미들웨어 등의 파라미터 수정은 안 되지만, 그 대신 파라미터 그룹을 수정하여 AWS 관리 콘솔에서 변경할 수 있다.

RDS Instance

RDS에서 제공하고 있는 실제 엔드포인트이다. EC2 인스턴스와 같이 RDS 인스턴스도 인스턴스 타입 선택이 가능하다.

RDS Multi-AZ 구성

 Multi-AZ 구성은 마스터 서버와 물리적으로 떨어져 있는 가용 구역에 스탠바이 서버를 둠으로써 데이터 센터 레벨의 장애가 발생해도 큰 어려움 없이 서비스를 제공할 수 있다. 이 스탠바이 서버는 일반적으로 사용되지는 않지만, 마스터 서버에 장애가 발생했을 때 자동으로 마스터로 승격된다.

또 이 구성을 하게 되면 AWS에서 수행하는 점검 시간이나 인스턴스 타입 변경에 있어 다운타임을 최소화할 수 있다.

■ 버스트 기능

AWS의 몇 가지 서비스에는 일시적으로 부하에 따라 높은 CPU 파워를 사용할 수 있는 기능이 있다. 바로 스토리지 Read/Write 성능을 올릴 수 있는 버스트 기능이다. 버스트 기능은 CPU 크레딧이나 IOPS 크레딧이 남아 있을 때 사용할 수 있고 이 크레딧을 전부 사용하게 되면 기본 수준의 성능으로 떨어진다.

부하 테스트 때는 이 버스트 기능을 사용하는 상황인지를 확인해야 한다.

CPU 버스트

t2 계열 EC2 인스턴스나 db.t2 계열의 RDS 서비스에서는 CPU 부하가 늘어날 경우 CPU 사용률을 버스트 한다. 이 CPU 크레딧의 남은 양은 관리 콘솔 CloudWatch에서 확인할 수 있다.

IOPS 버스트

스토리지에 대해 Read/Write 성능을 일시적으로 높이는 기능이다. 스토리지 I/O가 다소 많은 시스템에서 IOPS 크레딧이 부족할 때는 인스턴스 타입을 변경하는 것이 아니라 PIOPS(Provisioned IOPS) 서비스를 이용하여 미리 스토리지 I/O 성능을 확보해둘 수 있다.

11.2 | JMeter 시나리오 설명

10장에서 사용한 JMeter 시나리오를 사용하여 시나리오 작성 방법을 설명한다.[1] 다음 2가지의 시나리오(그림 11-1, 그림 11-2)는 같은 내용이다.

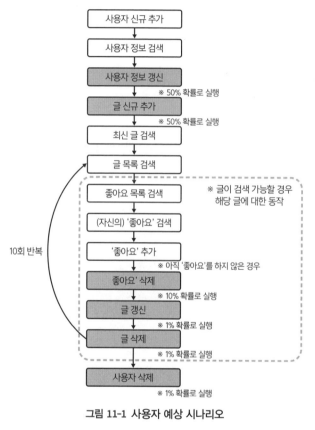

그림 11-1 사용자 예상 시나리오

그림 11-2 사용자 예상 시나리오
(JMeter 트리 표시)

---

1 여기서는 영어 버전 메뉴로 설명한다.

JMeter 시나리오는 계층적 구조를 가진 트리 구조로 표현되어 있고 해당 부분에 마우스 오른쪽 클릭을 하면 나오는 메뉴에서 항목들을 추가할 수 있다.

JMeter는 매우 다양한 기능을 가지고 있으며, 이 시나리오는 일부 기능만으로 구성되어 있다. 대부분 자신이 사용하는 기능만 기억해 두고 시나리오를 작성하여 사용한다.

11.2.1 Thread Group 생성

먼저 시나리오 전체를 포함하는 Thread Group[2]을 추가한다.

■ 추가 방법

최상위 메뉴에 마우스 오른쪽을 클릭하고 **[Add]** ➡ **[Threads(Users)]** ➡ **[Thread Group]**을 선택한다.

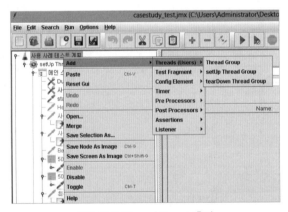

그림 11-3 Thread Group 추가

---

2   이 시나리오에서는 setup Thread Group을 사용하지만, 기능적으로는 대부분 비슷하다.

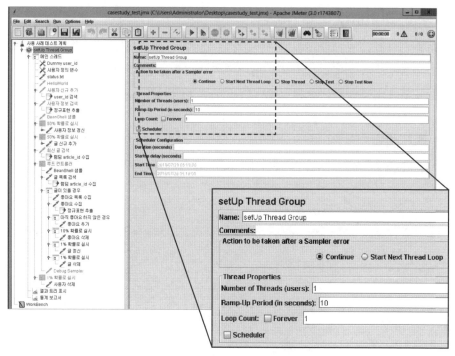

그림 11-4 setup Thread Group

11.2.2 Simple Controller를 사용한 그룹화

방금 추가한 **Thread Group** 부분을 마우스 오른쪽을 클릭하여 **[Add]** → **[Logic Controller]** → **[Simple Controller]**를 선택하고 Simple Controller를 추가한다. 이 Simple Controller 아래에 적당한 로직을 정리하면 해당 부분의 테스트를 일시적으로 건너뛰거나 시나리오를 변경하는 작업을 간단히 할 수 있다.

여기에서는 모든 로직을 '메인 스레드'라는 이름으로 Simple Controller 아래에 두고 있다.

11.2.3 Dummy user_id 생성

최초에 사용자를 추가하고 그 이후 추가한 사용자로 테스트를 할 경우에 user_id 수집은 API에서 가지고 오면 되지만, 참조계 테스트만을 할 때는 더미 user_id를 JMeter 위에서 생성해야 한다. 그래서 Counter를 이용하여 user_id를 생성한다.

■ 추가 방법

메인 스레드에서 마우스 오른쪽 클릭하여 **[Add]➡[Config Element]➡[Counter]**를 선택한다.

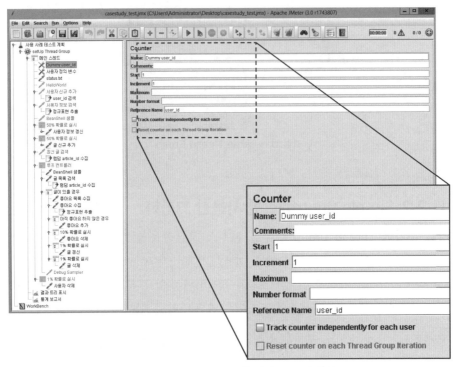

그림 11-5 Counter를 이용한 더미 user_id 생성

- Start: 1
- Increment: 1
- Reference Name: user_id
- Track counter independently for each user: 체크하지 않음

위와 같이 시나리오를 실행하면 JMeter 서버별로 1, 2, 3…이라고 카운트 업되는 user_id를 발행하게 된다. 이후 이 시나리오 안에는 ${user_id}로 user_id를 참고할 수 있다.

[Track counter independently for each user]를 체크한 경우에는 이 카운터가 사용자별로 별도 카운터가 되고 각 Thread에서 user_id=1부터 카운트 업하는 상태로 사용될 수 있다.[3]

11.2.4 사용자 정의 변수 사용

부하 테스트 대상 서버 정보 등을 시나리오 안에 파라미터로 정의하면 대상 호스트나 전체 설정을 간단히 바꿀 수 있다.

■ 추가 방법

메인 스레드에서 오른쪽 마우스 클릭하여 **[Add]**➡**[Config Element]**➡**[User Defined Variables]**을 선택한다.

3　[Track counter independently for each user]를 체크하지 않은 경우에도 여러 JMeter 서버를 연동하여 사용할 때 부하 테스트 서버간에 카운터가 서로 다르게 카운트 업 되어 중복될 수 있으므로 주의해야 한다.

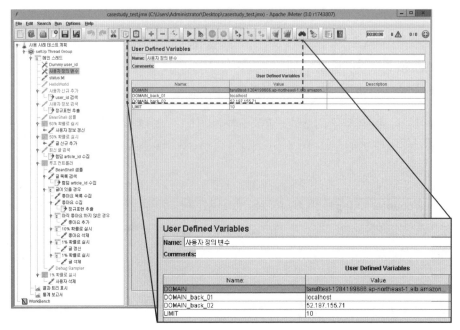

그림 11-6 사용자 정의 변수 추가

이 시나리오에서는 DOMAIN 부분을 로컬 호스트, 사설 IP 주소, ELB에서 제공하는 엔드포인트 간에 전환해서 사용하기 위해 'DOMAIN_back_**'이라는 이름으로 백업하면서 이용하고 있다.

11.2.5 HTTP Request 실행

실제 서버에 HTTP Request을 실행하는 부분이다. 시나리오 실행 순서에 따라 HTTP Request Sampler를 추가한다.

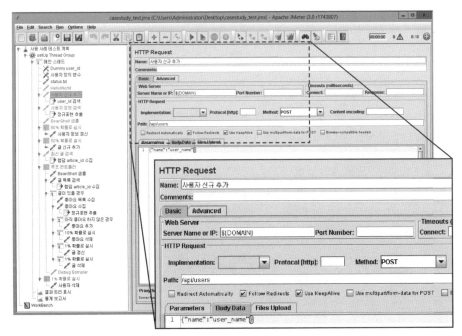

그림 11-7 HTTP Request Sampler 추가

조금 전 사용자 정의 변수를 추가했기 때문에 [Server Name or IP] 부분에 '$ {DOMAIN}'이라고 지정할 수 있다.

HTTP Request Sampler에서는 각종 method나 POST 할 때 Body Data 지정도 가능하다. 부하 테스트 시에는 **[Use Keep-Alive]**를 활성화한 상태에서 더 많은 부하를 줄 수 있다.

■ 추가 방법

메인 스레드에서 오른쪽 마우스 클릭하여 **[Add]**➡**[Sampler]**➡**[HTTP Request]**를 선택한다.

11.2.6 HTTP 응답으로부터 user_id 수집

이 시나리오에서는 사용자 신규 추가 API를 호출했을 때 응답되는 user_id를 다음 시나리오 안에서 사용한다. 그래서 정규 표현 식을 활용하여 추출 작업을 한다.

먼저 사용자 신규 등록까지 하고 그 결과를 확인한다.

■ [결과 트리 표시]를 이용하는 경우

메인 스레드에서 오른쪽 마우스 클릭하고 [Add]➡[Listener]➡[View Results Tree]를
추가한다. [결과 트리 표시]를 활성화한 상태에서 시나리오를 실행하면 시나리오 실행
시의 HTTP 요청과 응답 등을 볼 수 있다.

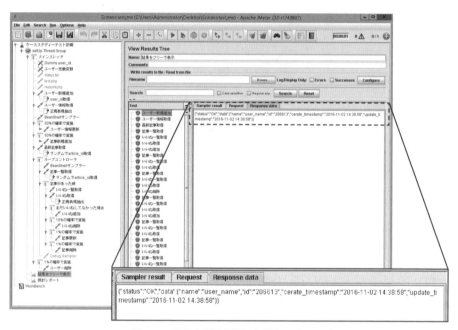

그림 11-8 사용자 신규 등록 결과를 트리로 표시

■ curl을 이용하는 경우

JMeter 기능을 이용하지 않고 curl을 직접 사용해도 된다.

```
$     export BASE_URL=http://taru8test-1284199666.ap-northeast-1.elb.
amazonaws.com
$     curl -i -X POST -d '{"name":"user1"}' ${BASE_URL}/api/users
HTTP/1.1 201 Created:
Content-Type: application/json; charset=UTF-8
```

```
Date: Wed, 02 Nov 2016 05:18:56 GMT
Server: Apache/2.4.23 (Amazon) PHP/5.6.25
Status: 201 Created
X-Powered-By: PHP/5.6.25
Content-Length: 135
Connection: keep-alive

{"status":"OK","data":{"name":"user1","id":"206608","cerate_
timestamp":"2016-11-02 14:18:56","update_timestamp":"2016-11-02 14:18:56"}}
```

이 API에서는 사용자 신규 추가 시에 user_id를 "id":"숫자" 형태로 응답하는 것을 확인할 수 있다. 그래서 이 부분을 추출하여 user_id를 새롭게 수집하기 위해 정규 표현 추출 처리를 추가한다.

■ 추가 방법

추출하고 싶은 request에서 오른쪽 마우스 클릭하여 **[Add]**➡**[Post Processors]**➡**[Regular Expression Extractor]**를 선택한다.

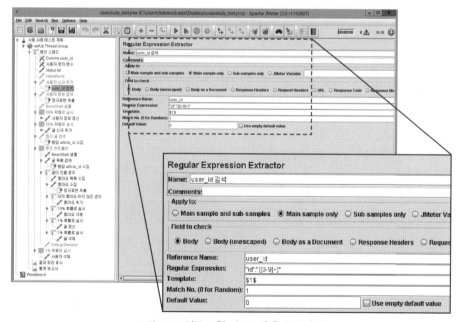

그림 11-9 정규 표현 식으로 추출 처리 추가

여기에서 다음과 같이 지정하면 응답 Body 안에 처음에 보이는 id 이후 수치 부분을 ${user_id}로 이용할 수 있다.

- Apply to: Main sample only[4]
- Field to check: Body
- Reference Name: user_id
- Regular Expression: "id":"([0-9]+)"
- Template: 1
- Match No: 1
- Default Value: 0

11.2.7 시나리오 일부를 ○% 확률로 실행

사용자 정보 갱신 등 일정 확률로 API를 실행하는 경우에는 If Controller를 사용한다.

If Controller에서는 Condition 부분에 JavaScript로 bool 형식으로 기입하면 true일 때에만 컨트롤러 아래에 있는 시나리오가 실행된다.

■ 추가 방법

해당 부분에 마우스 오른쪽 클릭하여 **[Add]➡[Logic Controller]➡[If Controller]**를 선택한다.

---

4 이 시나리오에서는 BeanShell 샘플을 사용해서 변수의 범위를 넓혀가도록 하고 있지만, [Apply to:]를 [Main sample and sub-samples]로 하게 되면 변수 범위를 전체로 설정할 수 있다.

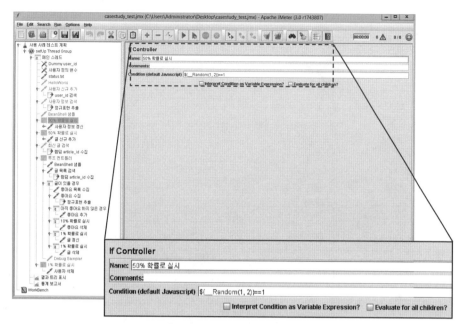

그림 11-10 '50% 확률로 실행'을 If Controller로 설정

여기에서는 50% 확률로 실행할 수 있도록 Condition 부분을 '${__Random(1, 2)}==1'
로 했다.

11.2.8 시나리오 일부를 ○회 반복

Loop Controller를 이용하여 시나리오를 반복 실행할 수 있다.

■ 추가 방법

해당 부분을 오른쪽 마우스 클릭하여 **[Add]➡[Logic Controller]➡[Loop Controller]**
를 선택한다.

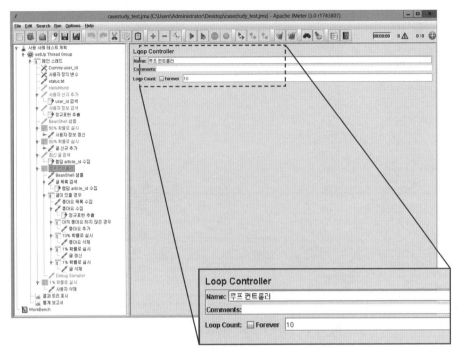

그림 11-11 시나리오 반복을 Loop Controller로 설정

여기에서는 10회 반복한다.

11.2.9 통계 보고서 표시

JMeter에서는 테스트 결과를 상세하게 확인할 수 있도록 Listener가 준비되어 있지만, 많은 경우에 로컬에 데이터가 쌓이고 부하 테스트가 정상적으로 이루어지지 않는다.

통계 보고서는 오래 부하를 발생시켜도 부하 정도가 저하되지 않고 사용하기 좋은 리스너이다.

■ 추가 방법

메인 스레드에서 오른쪽 마우스 클릭하여 **[Add]**➡**[Listener]**➡**[Aggregate Report]** 를 선택한다.

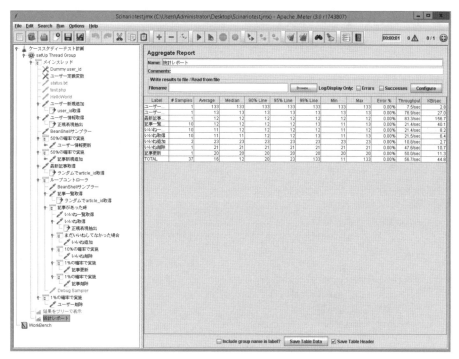

그림 11-12 통계 보고서

11.3 Locust 시나리오 설명

Locust의 기본적인 사용법과 10장에서 사용한 시나리오에 관해 설명한다.

11.3.1 Locust 기본

Locust 시나리오 정의 작성 방법은 몇 가지가 있지만, TaskSet 클래스를 상속한 클래스를 사용하는 것이 좋다. 이 TaskSet 서브 클래스가 하나의 클라이언트(사용자)를 가리키며 이전 접속 시에 사용된 정보 등을 저장할 수 있어 편리하기 때문이다.

■ 최고로 간단한 시나리오

하나의 파일에 요청하는 시나리오는 다음과 같이 작성한다.

```
# coding: utf8
from locust import HttpLocust, TaskSet, task

MIN_WAIT = 1
MAX_WAIT = 1


class NginxFileTask(TaskSet):
    @task
    def static_file(self):
        self.client.get("/status.txt", name="status.txt")


class NginxFileOnly(HttpLocust):
    task_set = NginxFileTask
    min_wait = MIN_WAIT
    max_wait = MAX_WAIT
```

TaskSet 클래스 @task 데코레이터[5]가 있는 메서드가 Locust로 실행된다. 메서드 명은 부모 클래스에서 사용되었던 메서드를 제외하고 무엇이든 사용할 수 있다.

위 시나리오에서는 /status.txt를 GET 하는 내용이다. 하나의 메서드 안에 여러 요청을 쓴 경우에도 WebUI에서는 별도 요청으로 표시된다. 또 그 표시 명을 'name='으로 지정할 수 있다(생략도 가능). 몇 가지 포인트가 있다.

- TaskSet#client는 Locust의 HttpSession 인스턴스, 각종 HTTP 요청이 실행 가능하며, Cookie의 송수신, 리다이렉트 추종, 타임아웃 처리 등을 한다.
- 부하 테스트 대상 호스트 명을 쓰지 않는 것으로 기동 시의 --host로 호스트를 변경할 수 있다.
- HttpSession에서는 SSL 요청도 처리할 수 있지만, CPU 파워를 소비하거나 테스트 부하 강도가 저하된다.

---

5 파이썬에서는 함수를 Wrap 하여 대체하는 함수를 데코레이터라고 한다.

- HttpLocust 자식 클래스 min_wait, max_wait는 클라이언트별 접속 간격(밀리초) 범위를 표시한다. 그리고 부하를 줄 경우에는 0, 1 등의 작은 수를 지정한다.

■ 여러 시나리오를 하나의 파일로 작성

부하 테스트를 할 때는 정적 파일뿐인 시나리오, DB 참고뿐인 시나리오, 테스트용 시나리오 등 복수의 시나리오가 필요하다. 테스트용 시나리오 이외의 시나리오는 매우 단순하여 시나리오들을 하나의 파일로 작성하고 Locust 기동 시에 변수로 변경하면 편리하다. 물론 파일을 나누어도 되지만, 공통 정의 부분 등도 있고 크기가 커지는 경우가 없으므로 하나의 파일로 작성하는 것을 추천한다.

```python
class NginxFileTask(TaskSet):
    @task
    def static_file(self):
        self.client.get("/status.txt", name="status.txt")

class NginxFileOnly(HttpLocust):
    task_set = NginxFileTask
    min_wait = MIN_WAIT
    max_wait = MAX_WAIT

class StatusTask(TaskSet):
    @task
    def status(self):
        self.client.get("/api/status", name="/status")

class StatusOnly(HttpLocust):
    task_set = StatusTask
    min_wait = MIN_WAIT
    max_wait = MAX_WAIT
```

예를 들어 위의 NginxFileOnly, StatusOnly라는 2가지 시나리오가 작성되어 있다. 다음과 같이 실행 시에 변경할 수 있다.

```
locust -f src/locustfile.py --host=http://example.com NginxFileOnly

or
```

```
locust -f src/locustfile.py --host=http://example.com StatusOnly
```

처음 기동 시에 실행하는 처리는 on_start()에 쓴다

예를 들어 테스트용 시나리오로 '최초 로그인한 ID를 수집하여 그 이후에 그 사용자
ID로 몇 번이고 접속한다.'라는 조건이 있다고 하자. 이 경우 다음과 같이 on_start()
로 작성하여 구현한다.

```python
class ScenarioTask(TaskSet):
    def on_start(self):
        name, password = self.select_user()
        self.user_id = self.login(name, password)

    def select_user():
        # 어떠한 방법으로 등록된 유저명과 패스워드를 확인
        return name, password

    def login(name, password):
        ... # Login처리 후에 user_id 수집
        return user_id
```

HTTP 응답을 처리

테스트 내용에 따라서는 HTTP 요청 내용을 처리해야만 한다. 이 경우 다음과 같
이 HttpSession 메서드에서 catch_response=True 파라미터를 지정하고 with를 붙
여 호출한다. 이때 response 오브젝트가 반환되어, 예를 들어 JSON을 디코더해서
resnponse.json()이라면 응답받아 올 수 있고 HTTP 상태나 Header도 가능하다.

```python
class ScenarioTask(TaskSet):
    def on_start(self):
        self.user_id = self.create_user('user_name')

    def create_user(self, name):
        data = dict(name=name)
        with self.client.post("/api/users/", data=data, catch_response=True)
        as response:
```

```
        res = response.json()
        return res['id']
```

11.3.2 10장에서의 시나리오

10장 Node.js 애플리케이션 테스트에서 사용한 Locust 시나리오 정의 파일은 다음과
같다.

'단일 접속으로 구성된 시나리오'가 여러 개, '테스트용 시나리오' 하나가 있다. 전자에
대한 설명은 필요없다고 보고 후자에 대해 설명한다.

```python
# coding: utf8
from random import random, randint, sample
from locust import HttpLocust, TaskSet, task

MIN_WAIT = 1
MAX_WAIT = 1
MAX_USER_ID = 10000


class NginxFileTask(TaskSet):
    @task
    def static_file(self):
        self.client.get("/status.txt", name="status.txt")


class NginxFileOnly(HttpLocust):
    task_set = NginxFileTask
    min_wait = MIN_WAIT
    max_wait = MAX_WAIT


class StaticFileTask(TaskSet):
    @task
    def static_file(self):
        self.client.get("/api/", name="/")


class StaticFileOnly(HttpLocust):
    task_set = StaticFileTask
    min_wait = MIN_WAIT
```

```python
    max_wait = MAX_WAIT


class StatusTask(TaskSet):
    @task
    def status(self):
        self.client.get("/api/status", name="/status")


class StatusOnly(HttpLocust):
    task_set = StatusTask
    min_wait = MIN_WAIT
    max_wait = MAX_WAIT


class ReadTask(TaskSet):
    @task
    def get_user(self):
        user_id = randint(1, MAX_USER_ID)
        self.client.get("/api/users/%s" % user_id, name='/users/${user_id}')


class ReadOnly(HttpLocust):
    task_set = ReadTask
    min_wait = MIN_WAIT
    max_wait = MAX_WAIT


class WriteTask(TaskSet):
    @task
    def post_user(self):
        data = dict(name='mokemoke')
        self.client.post("/api/users/", data=data, name='/users/${user_id}')


class WriteOnly(HttpLocust):
    task_set = WriteTask
    min_wait = MIN_WAIT
    max_wait = MAX_WAIT


class ScenarioTask(TaskSet):
    BASE_PATH = "/api"
    user_id = None
    article_id_set = set()
```

```
def on_start(self):
    self.user_id = None

def create_user(self, name=None):
    name = name or "name-%s" % randint(1, 1000000000)
    data = dict(name=name)
    with self.client.post("%s/users/" % self.BASE_PATH, data=data,
    name='/users/', catch_response=True) as response:
        res = response.json()
        self.user_id = res['id']

def get_user(self, user_id=None):
    user_id = user_id or self.user_id
    self.client.get("%s/users/%s" % (self.BASE_PATH, user_id), name='/
    users/[ID]')

def update_user(self, name, user_id=None):
    user_id = user_id or self.user_id
    data = dict(name=name)
    self.client.patch("%s/users/%s" % (self.BASE_PATH, user_id),
    data=data, name='/users/[ID]')

def delete_user(self, user_id=None):
    user_id = user_id or self.user_id
    self.client.delete("%s/users/%s" % (self.BASE_PATH, user_id),
    name='/users/[ID]')

def create_article(self, author_id=None, title=None, content=None):
    author_id = author_id or self.user_id
    data = dict(author_id=author_id, title=title, content=content)
    self.client.post("%s/articles/" % (self.BASE_PATH,), data=data,
    name='/articles/')

def get_article(self, article_id):
    with self.client.get("%s/articles/%s" % (self.BASE_PATH, article_
    id), name="/articles/[ID]", catch_response=True) as response:
        if response.status_code == 200:
            return response.json()
        else:
            return None

def get_latest_article(self):
    with self.client.get("%s/articles/" % (self.BASE_PATH,), name='/
    articles/', catch_response=True) as response:
        return response.json()
```

```python
    def get_latest_articles(self, limit=10, from_article_id=""):
        params = dict(limit=limit)
        with self.client.get("%s/articles/%s" % (self.BASE_PATH, from_
        article_id), params=params,
                             name='/articles/?limit=X', catch_response=True)
                             as response:
            return response.json()

    def update_article(self, article_id, author_id=None, title=None,
    content=None):
        author_id = author_id or self.user_id
        data = dict(author_id=author_id, title=title, content=content)
        self.client.patch("%s/articles/%s" % (self.BASE_PATH, article_id),
        data=data, name='/articles/[ID]')

    def delete_article(self, article_id):
        self.client.delete("%s/articles/%s" % (self.BASE_PATH, article_id),
        name='/articles/[ID]')

    def get_likes(self, article_id):
        self.client.get("%s/articles/%s/likes/" % (self.BASE_PATH, article_
        id), name='/articles/[ID]/likes/')

    def get_like_of_mine(self, article_id, user_id=None):
        user_id = user_id or self.user_id
        with self.client.get("%s/articles/%s/likes/%s" % (self.BASE_PATH,
        article_id, user_id),
                             name='/articles/[ID]/likes/[ID]', catch_
                             response=True) as response:
            if response.status_code == 404:
                return None
            else:
                return response.status_code == 200

    def put_like(self, article_id, user_id=None):
        user_id = user_id or self.user_id
        self.client.put("%s/articles/%s/likes/%s" % (self.BASE_PATH,
        article_id, user_id),
                        name='/articles/[ID]/likes/[ID]')

    def delete_like(self, article_id, user_id=None):
        user_id = user_id or self.user_id
        self.client.delete("%s/articles/%s/likes/%s" % (self.BASE_PATH,
        user_id = user_id or self.user_id
        article_id, user_id),
                        name='/articles/[ID]/likes/[ID]')
```

```python
    @staticmethod
    def probability(p):
        return random() <= p

    def remember_articles(self, articles):
        for article in articles:
            self.article_id_set.add(article['id'])
        if len(self.article_id_set) > 1000:
            self.article_id_set = set(sample(self.article_id_set, 1000))

    @task(1)
    def scenario(self):
        self.create_user()
        self.get_user()
        if self.probability(0.5):
            self.update_user(str("name-%s" % random()))
        if self.probability(0.5):
            self.create_article(self.user_id, "title-%s" % self.user_id,
            "content!" * 200)
        self.remember_articles(self.get_latest_article())

        for i in range(10):
            article_id = sample(self.article_id_set, 1)[0]
            self.remember_articles(self.get_latest_articles(limit=10, from_
            article_id=article_id))
            article_id = sample(self.article_id_set, 1)[0]
            if self.get_article(article_id):
                self.get_likes(article_id)
                liked = self.get_like_of_mine(article_id, self.user_id)
                if not liked:
                    self.put_like(article_id, self.user_id)
                    if self.probability(0.1):
                        self.delete_like(article_id, self.user_id)
            else:
                self.article_id_set.remove(article_id)

            if self.probability(0.01):
                article_id = sample(self.article_id_set, 1)[0]
                article = self.get_article(article_id)
                if article:
                    self.update_article(article_id, article['author_id'],
                    "update-title:" + article['title'],
                                        "update-content:" +
                                        article['content'])
                else:
```

```
                self.article_id_set.remove(article_id)

            if self.probability(0.01):
                article_id = sample(self.article_id_set, 1)[0]
                if self.get_article(article_id):
                    self.delete_article(article_id)
                self.article_id_set.remove(article_id)

        if self.probability(0.01):
            self.delete_user(self.user_id)


class Scenario(HttpLocust):
    task_set = ScenarioTask
    min_wait = MIN_WAIT
    max_wait = MAX_WAIT
```

테스트용 시나리오는 ScenarioTask 클래스로 작성되어 있다.

개별 API 접속은 하나씩 메서드로 정의하고 그것을 scenario()라는 하나의 @task 데 코레이트 된 메서드에서 호출하고 있다. scenario() 메서드에는 이번 테스트 시나리 오 내용이 작성되어 있다.

이번 테스트 시나리오는 조금 길지만 단순하여 파이썬을 잘 다루지 못해도 금방 의 미를 파악할 수 있다.

이번에는 테스트용 시나리오를 실행하기 위해 이처럼 하나의 scenario() 메서드를 Locust로부터 호출하도록 하고 있지만, Locust 구조를 활용하여 다른 시나리오를 만 드는 것도 가능하다. 다음과 같이 클라이언트 생성 시에 on_start()로 로그인과 사 용자 등록을 하고 그 후 랜덤으로 여러 페이지에 접속하는 시나리오다. 그리고 일정 확률로 상태를 초기화하고 다른 사용자로 로그인과 사용자 등록을 하도록 한다.

```
class RandomScenarioTask(TaskSet):
    def on_start(self):
        self.init_user()

    @task(2)
    def init_user(self):
        self.login()
```

```
        self.article_list = []

    @task(100)
    def view_article(self):
        if not self.article_list:
            self.view_article_list()
        self.get_article(sample(self.article_list)[0])

    @task(20)
    def view_article_list(self):
        self.article_list = self.get_article_list()

    @task(10):
    def set_like(self):
        self.put_like(sample(self.article_list)[0])
```

Locust는 파이썬으로 작성할 수 있고 아주 유연하게 시나리오를 설계할 수 있으며 테스트 시나리오를 Git 등의 버전 관리 도구에서 소스 코드로 관리할 수 있는 강점이 있다.

11.4 부하 테스트의 문제 설명

이 장에서는 1장에서 소개한 '잘못된 부하 테스트' 사례에 대해 무엇이 틀렸는지 설명한다. 이 내용은 자주 발생하는 잘못된 방법이다.

■ 1. 개발 일정으로 계산해보면 부하 테스트를 실행할 수 없다

부하 테스트를 하지 않는 것은 시스템 오픈 후에 시스템이 잘 동작하지 않아도 된다는 것을 의미한다. 꼭 실시해야 하는 것으로 인식하고 최초 일정에 넣어야 한다.

■ 2. 부하 테스트를 하는 것이 심적으로 편하다

부하 테스트는 다른 테스트와 마찬가지로 심적으로 그냥 편하자고 하는 것은 아니다. 시스템 동작 확인의 일부로 하는 것이다.

🔲 3. 클라우드라면 리소스 추가가 가능하여 부하 테스트를 하지 않아도 된다

2가지 문제가 있다.

하나는 부하 테스트를 하기 전까지는 실제 시스템이 확장성을 가졌는지 모르는 상태에서 부하 테스트에서 확장성을 준비하는 문제를 수정하는 경우가 많다.

또 하나는 클라우드에서도 '어느 정도 리소스를 사용하면 어느 정도 성능이 나올지' 확장 성능을 파악해야 한다.

🔲 4. 서비스 정지가 어려운 콘텐츠는 처음부터 가장 좋은 리소스를 사용하면 된다

부하 테스트를 하지 않고 가장 좋은 리소스를 사용하더라도 그 리소스가 병목이 아닌 경우도 있다. 또 일정 수준 이상의 리소스는 전체 시스템 성능에 영향을 미치지 않는 경우도 있다.

🔲 5. 고객사의 요청으로 부하 테스트를 하지 않는다

이런 경우도 있지만, 큰 문제가 된다. 부하 테스트를 하지 않는다는 것은 시스템 오픈 후에 시스템이 정상적으로 동작하지 않아도 된다는 의미로 고객을 설득해야 한다.

🔲 6. 클라우드를 사용하면 장애 없는 시스템을 만들 수 있다

'주의하면 버그가 없는 시스템을 만들 수 있다.'와 같은 말이다.

🔲 7. 부하 테스트는 서비스 오픈 전 인수 테스트 시에 실시한다

부하 테스트는 일반적으로 한 번에 끝나지 않으며, 테스트 결과에 따라 조치를 하는 것을 전제로 일정을 짜야 한다. 그래서 서비스 오픈 직전에 하는 것은 좋지 않다.

🔲 8. 만약을 대비해 부하 테스트를 한다

'심적으로 만족하기 위해'와 같은 말이지만 부하 테스트는 다른 테스트와 같이 만약을 대비해서 하는 것이 아니다. 시스템 동작 확인의 일부라고 생각해야 한다.

■ 9. 부하 테스트는 인수 테스트 환경과 같이 실제 서비스가 이용하는 환경에서 시행한다

온프레미스에서는 가능하겠지만, 클라우드에서는 문제가 된다. 실제 서비스에서 이용하는 환경과 똑같은 환경을 만들 수 없다면 인수 테스트는 별도의 작은 규모의 환경에서 시행해야 한다.

부하 테스트에서는 그 과정에서 더미 데이터를 대량으로 생성할 수 있다. 시스템에 부하를 주는 것이 목적이므로 많은 인수 테스트는 악영향을 줄 수 있다.

필자의 경우도 인수 테스트에 영향이 없는 타이밍에 부하 테스트를 조정하는 것만으로 예정된 부하 테스트 기간을 전부 써버린 경우도 있다.

■ 10. 부하 테스트 목표가 정확하지 않다

어느 정도 테스트 목표를 정하지 않으면 아무리 확장을 한다고 해도 어느 정도의 시스템을 구축해야 할지, 어떤 테스트를 해야 할지 계획을 잡을 수 없다.

■ 11. 웹 서버의 MaxClients가 동시 사용 가능한 사용자 수로 되어 있다

일반적으로 고객사가 생각하는 '동시 참가가 가능한 사용자'는 엔지니어가 생각하는 동시 접속 수와는 다르다. 먼저 동시 사용 가능한 사용자 수를 정의해야 하며 예를 들어 '1시간 동안 참가 가능한 인원 수' 등을 정의해야 한다.

■ 12. 개발 환경과 연동하여 부하 테스트를 시행한다

개발 환경과 연결하는 것은 자주 있는 일이지만, 여기에서의 문제는 해당 환경의 스펙과 네트워크 구성을 확인하지 않은 것이다. 개발 환경이 부하 테스트를 견딜 수 없는 환경일 가능성이 높아 그런 경우 별도 스터브를 준비해야만 한다.

13. 부하 테스트 시행은 내일부터 한다

테스트를 바로 한다는 것은 기간적으로 너무 빠르다. 테스트 준비도 필요하고 부하 테스트를 위한 각종 제약 해제 요청에도 시간이 필요하다. 여유를 가진 테스트 계획을 잡아야 한다.

14. 높은 사양의 PC라면 작업용 PC에서도 부하 테스트가 가능하다

아무리 높은 사양의 PC라고 해도 부하 테스트 실행 시에는 네트워크 회선(네트워크 Latency와 대역)에 따른 문제가 생길 가능성이 높다.

15. 부하 테스트 도구는 무엇을 사용해도 같다

어떤 부하 테스트 도구도 대부분 개념은 같지만, 각 도구가 가지고 있는 전문 분야가 있다. 부하 테스트 규모나 대상에 따라 사용 가능한 도구가 달라진다.

16. 처음부터 오토 스케일링을 설정한 시스템에 대해 부하 테스트를 시행한다

최종적으로는 이 테스트도 필요하겠지만, 오토 스케일링을 설정한 시스템에서는 서버 단위 동작 검증이나 인스턴스 타입 변경이 어려우므로 처음부터 오토 스케일링 설정 전에 테스트하는 것을 추천한다. 또 부하 테스트 중에는 프로그램 수정이 많고 프로그램이 각 서버에 반영되는 사이클은 빠르면 빠를수록 좋지만, 그 점에서도 오토 스케일링은 기동 시에 이전 소스 코드가 노출되는 문제가 있어 대책이 필요하다.

오토 스케일링이 꼭 필요한 경우에는 오토 스케일링 대수 변경 제한을 한 상태에서 최소 대수를 변경해 가며 시행한다.

17. 미리 준비한 하드웨어에 대한 부하 테스트를 시행한다

온프레미스라면 어쩔 수 없지만, 클라우드에서 하드웨어 미리 준비된 것을 사용하게 되고 인스턴스 타입이나 인스턴스 대수 변경 제한을 가진 상태에서 직접 변경하면서 테스트를 시행해야 한다. 이 테스트를 통해 시스템 확장 성능을 파악해 둔다.

18. 가동 중인 인프라에 주의하면서 부하 테스트를 시행한다

부하 테스트는 대상 시스템을 다운시킬 정도로 부하를 주며 시행하는 것이다. 대상 시스템 병목이 발생하지 않는 부하 테스트에서는 시스템 개선 포인트도 알 수 없으며 확장 성능도 파악할 수 없다.

가동 중인 인프라가 테스트를 완료한 상태가 아니라면 가동 중인 인프라를 공유한 상태에서의 테스트는 피해야 한다.

19. 부하 테스트에 개발팀이 참여하지 않는다

부하 테스트에서는 현재 부하가 발생하는 부분을 추측하기 위해서 부하 테스트 대상 시스템이 어떤 구성으로 되어 있는지를 알아야 한다. 또 조건을 바꿔가면서 부하를 발생시키는 위치를 변경하여 시스템 전체에 테스트해야 하므로 개발팀과 같이해야 한다.

20. 더미 사용자 1명으로 부하 테스트 시나리오를 반복한다

DB 안에 더미 데이터가 등록되고 데이터 크기가 서비스 환경과 같다고 해도 그 테스트에는 문제가 있다. 그것은 DB에 대한 접속이 특정 레코드에 집중되어 레코드락이 발생하는 것이다. 이런 상태에서는 정확한 부하 테스트가 불가능하다.

21. 부하 테스트 도구의 분석 기능을 활성화한 상태에서 테스트를 시행한다

부하 테스트 시나리오 타당성을 확인하기까지라면 괜찮겠지만, 실제 부하 테스트를 할 때 부하를 저하시키는 원인을 전부 제거해야 한다. 예를 들어 JMeter에서의 [결과 트리 표시] 기능은 편리하지만, 이 기능을 사용한 상태에서는 충분한 부하를 줄 수 없다.

22. 부하 테스트를 한 번에 끝낼 예정이다

효율적으로 부하 테스트를 하려면 여러 단계로 나누어서 테스트해야 하며 그 방법이 결과적으로 빠르게 테스트를 끝낼 수 있다. 그렇게 하기 위해 미리 여러 가지 시나리오를 사용할 수 있도록 준비해야 한다.

📱 23. 시나리오 테스트 한 번만으로 타당성을 검토한다

시나리오가 맞는지를 검증하기 위해 스레드 수와 루프 횟수는 최소한 2로 하고 많은 스레드, 많은 횟수의 루프에서도 예상했던 동작을 확인해야 한다.

📱 24. 시나리오 총 실행 횟수는 HTTP 요청 수와 일치한다고 생각한다

실제 발생하는 HTTP 요청 수는 '시나리오 총 실행 횟수×시나리오 안의 HTTP 요청 횟수'이므로 시나리오에 따라서는 예상 밖의 부하를 발생시킬 가능성이 있다.

📱 25. 단기적으로 부하 테스트 결과를 CloudWatch로 확인하고 있다

CloudWatch는 정말 편리하지만, 최소 1분 간격으로만 모니터링이 가능하다. 그래서 CloudWatch로 모니터링하기 위해 최소 3분 정도는 부하를 발생시켜야 한다.[6]

📱 26. 부하 테스트 도구 스레드 수를 시스템 동시 사용자 수로 하고 있다

11과 같은 상황이지만, 일반적으로 고객사가 생각하는 '동시 참가 가능한 사용자'는 엔지니어가 생각하는 동시 접속 수와는 다르다. 그리고 부하 테스트 도구의 스레드 수와 동시 접속 수와도 엄밀히 말하면 다르다.

📱 27. 시나리오에 있어 Throughput 합계값과 응모 가능한 Throughput 을 혼동하고 있다

Throughput 합계는 HTTP 요청 합계와 거의 비슷하지만(JMeter에서 사용하는 매트릭에 따라서는 Throughput에 포함되는 경우가 있어 주의해야 한다), 응모 행동에 대한 Throughput은 시나리오 합계가 아닌 실제 응모 행동으로 발생한 요청에서 측정해야

---

6 2017년 7월 26일 EC2 인스턴스의 커스텀 매트릭을 사용하여 CloudWatch 상에서 10초 단위로 그래프를 볼 수 있다.

한다. 이번 사례에서는 실제 응모 가능 Throughput보다 더 큰 숫자를 예상했을 가능성이 있다.

28. 단기적인 테스트로 1일 후의 수치를 예상한다

이 사례에서는 적어도 DB에 1일 후 등록된 데이터와 같은 주문 수의 더미 데이터를 생성한 후, 부하 테스트를 하고 전체 Throughput 저하가 발생하는지를 확인해야 한다.

29. 시스템 Latency를 부하 테스트 도구에서 확인하고 있다

최종적으로 시스템 Latency는 네트워크를 통해 확인하는 것이 아니라 더욱 시스템과 가까운 곳에서 확인하는 것이 더 정확한 숫자를 파악할 수 있다.

AWS의 경우 ELB Latency를 CloudWatch로 확인하면 편리하다.

30. Latency를 반으로 줄이기 위해 웹 서버를 2배로 늘린다

병목이 확인되지 않은 상태에서 스케일 아웃 특성을 사용하는 것은 무의미하다. 또 시스템 최대 Throughput은 Latency와 밀접한 관계가 있지만, 스케일 아웃을 하여 시스템 최대 Throughput을 2배로 늘리면 Latency는 반이 된다는 단순한 내용이 아니다.

실제 테스트를 통해 두 값의 변화를 확인해야 한다.

31. 병목이 확인되지 않는 상태를 정상적인 상태로 보고 있다

부하 테스트에서는 대상 시스템에 어딘가가 과부하 될 때까지 부하를 발생시킨다. 최종적으로 어떤 부하를 줘도 어디에도 병목이 발생하지 않으면 보이지 않는 부분에 병목이 있거나 처음부터 부하 테스트가 정상적으로 실행되지 않은 것이다. 또 시스템은 어떻게 해도 그 이상은 확장이 어려운 시스템으로 봐야 한다.

32. 웹 서버가 병목이 아닌 상태에서 스케일 아웃을 의식하고 있다

웹 서버가 병목이 아닌 상태에서는 웹 서버를 스케일 아웃 해도 성능이 개선되지 않는다. 반대로 대수를 늘려서 다른 리소스에 부하가 집중되어 전체 성능이 저하된다.

33. 잘못된 테스트를 알지 못하고 테스트를 끝내버렸다

PDCA의 Check가 이루어지지 않아 시스템의 문제를 파악하지 못하고 테스트가 끝났다. 당연히 테스트 보고서에 쓰인 모든 내용에 대해 신빙성은 떨어진다.

## CHAPTER 12

부록 II(로드 테스팅)

■ 특별 기고

김필중(AWS 솔루션즈 아키텍트)

모바일/웹 애플리케이션 및 모바일 게임을 개발하고 운영하며 현지화를 하던 중 아마존 웹 서비스 솔루션즈 아키텍트로 입사하여 클라우드의 이점과 활용 방법들을 전파하고 있다. 프로그래밍 언어 학습을 좋아하고, 다양한 프로그래밍 언어를 활용한 서비스 및 도구 개발을 즐긴다.

■ AWS에서의 웹 애플리케이션 부하 테스트

사용자가 이용하고 있는 온라인 서비스에서 예상치 못했던 느려짐을 경험하거나 접속 불가로 서비스 이용조차 할 수 없다면, 서비스 운영자에겐 큰 문제가 된다. 대개 서비스 사용성이 증가하면서 발생하는 서비스의 느려짐과 접속 관련 문제로 사용자는 좋지 않은 사용자 경험(user experience)을 겪고 부정적인 피드백으로 경쟁사의 서비스로 옮겨간다. 이는 서비스에 있어 중요한 재방문율(retention rate)과 유료 전환율(conversation rate)을 하락시켜 비즈니스에 큰 손실을 준다.

이런 이유로 서비스의 사용성이 증가할 때 발생할 수 있는 성능 관련 문제를 예방하기 위한 성능 테스트는 더 이상 선택사항이 아니며, 특히나 부하 테스트의 중요성은 나날이 증가하고 있다. 이와 더불어 관련 도구와 서비스의 다양성 또한 증가하고 있으므로 각각의 특징을 고려하여 효율적으로 활용해야 한다.

여기서는 부하 테스트의 목적, 고려해야 할 점, AWS 클라우드에서의 부하 테스트의 특징, 나아가 활용할 수 있는 도구, 서비스와 특징을 소개한다.

■ 부하 테스트와 그 목적

일반적으로 부하 테스트는 서비스 개발 이후 운영을 하기 직전 수행하는 테스트 중 하나로서 실제 요구 및 예상되는 부하를 서비스가 수용할 수 있는지 확인하기 위한 사전 작업이다. 더불어, 이 작업을 위해 사용자 활동을 시뮬레이션하고 인프라 및 서버의 동작을 모니터링함으로써 많은 부분의 병목 현상(bottleneck)을 제거할 수 있다.

즉, 부하 테스트의 목적은 다음 세 가지로 정리할 수 있다.

- 현재 서비스에서 기대되는 부하를 수용할 수 있게끔 구성되었는지 확인
- 현재 서비스 구성의 한계(limit)를 찾음
- 병목 지점을 찾고 병목 현상 제거

■ 부하 테스트 시 고려해야 할 점

웹 애플리케이션에 대한 성능 테스트 시 부하 테스트를 비중 있게 여기지 않고 ApacheBench나 JMeter와 같은 도구를 사용하여 간단한 시나리오 기반으로 한 도구 실행만으로도 충분하다고 생각하는 경우가 있다. 하지만 실제 워크로드(work load)는 다양한 변수와 시나리오를 가지고 있고 부하 테스트에 이를 충분히 반영해야지만 실제 서비스에서 발생할 수 있는 문제를 예방할 수 있다.

그럼 실용적인 부하 테스트를 위해서 어떤 부분들을 고려해야 할까?

충분한 서버 자원 확보

실제 프로덕션에서 발생할 수 있는 최대의 트래픽을 생성하여 테스트하기 위해서는 충분한 서버 자원이 요구된다. 서버 자원이 부족할 경우에는 가용한 규모로 테스트 진행 후 최대 부하 발생 시의 서비스 상태를 예측할 수밖에 없으므로 실용적으로 테스트했다고 볼 수 없다.

블랙박스 및 격리된 환경

보통 부하 테스트는 많은 요청과 패킷을 생성하기 때문에 네트워크를 포함 인프라의 많은 부분을 포화 상태로 만들기 쉽다. 또 부하 테스트를 통해 더미 데이터, 로그 데이터 등의 불필요한 데이터가 파일 시스템 또는 데이터베이스 등에 생길 수 있다. 이를 방지하기 위해 제한된 자원만 할당된 블랙박스나 격리된 환경에서 테스트하는 경우가 많다.

글로벌 기반의 부하 생성

부하 테스트는 실제 사용 패턴에 가까운 시나리오로 진행하는 것이 더 효율적이다. 글로벌 서비스 운영 시 전 세계 각 지역에서 부하를 생성하여 테스트해야 실제 사용 패턴에 가까운 시나리오가 될 수 있다. 이를 통해 글로벌 커버리지(global coverage)를 확인할 수 있으며, 실제 워크로드를 통해 각종 성능 관련 지표도 얻을 수 있다.

높은 비용과 불규칙적인 사용성

격리되고 글로벌 커버리지를 위한 환경은 높은 비용을 요구한다. 특히 구성된 환경은 짧은 기간만 집중적으로 사용되고, 안정적인 서비스가 유지될 땐 드물게 사용되어 유휴 자원이 될 수 있어 불필요한 비용이 발생한다.

높은 아키텍처 복잡성

위 언급된 부분을 고려하여 부하 테스트 환경을 구성하면 매우 높은 복잡성이 요구된다. 격리된 환경을 준비하여 아웃바운드와 같은 네트워크 및 인프라 관련 요소에 제한을 걸어야 하며, 글로벌 커버리지를 위해 지리적으로 떨어져 있는 곳에도 같은 환경을 구성해야 한다. 또한, 비용의 효율성을 위해 부하 테스트용 자원을 다른 용도로 활용할 수 있는 방안도 생각해야 하며, 나아가 가상의 더미 데이터 등에 의해 지저분해진 환경을 초기화할 방법 구상도 필요하다.

■ AWS 클라우드 기반의 부하 테스트

AWS 클라우드가 제공하는 많은 장점 중 하나는 사용한 만큼만 비용이 발생하는 것이다. 요구되는 부하에 맞추어 자동으로 인스턴스 크기가 달라지고, 개수가 늘어나는 오토 스케일링을 활용할 수 있다. 또한, AWS가 제공하는 다양한 관리형 서비스는 종량제 형태로 서비스되며 유연하게 확장되도록 설계되어 있다.

AWS 클라우드에서의 부하 테스트 특징을 좀 더 자세히 알아보자.

비용 효율성

Amazon EC2 인스턴스는 사용한 만큼만 비용이 발생하며, 다양한 인스턴스 유형을 제공함으로써 테스트 조건에 가장 적합한 인스턴스 유형을 선택해 비용 효율성을 높일 수 있다. 예를 들어, 정식 부하 테스트를 수행하기 전 서버 워밍업을 저렴한 비용으로 하기 위해 마이크로 인스턴스(소량의 CPU 리소스를 일정하게 제공하며 추가 프로세스 사이클을 사용할 수 있을 때 단기간에 CPU 용량을 확장할 수 있는 인스턴스 유형) 수십~수백 대를 활용할 수 있다. 또한, 인스턴스 사용이 끝나면 즉시 종료할 수 있어 불필요한 비용 발생을 방지한다.

충분하고 유연한 자원 제공

AWS가 제공하는 충분한 자원을 활용한다면 필요한 규모의 부하에 대해 자유롭게 테스트할 수 있다. 또한, 오토 스케일링을 통해 부하 테스트 시 자원을 자동으로 늘리거나 줄일 수 있다.

글로벌 부하 생성

AWS가 제공하는 글로벌 인프라를 통해 전 세계 각 지역으로부터의 부하를 쉽게 생성할 수 있다.

아키텍처의 낮은 복잡성

AWS CloudFormation을 비롯한 다양한 배포 자동화 서비스의 기능을 통해 프로덕션과 테스트용 환경을 같은 방법으로 쉽게 구성할 수 있다. 또한, 관리형 서비스를 활용하여 운영 측면에서의 부담도 줄일 수 있어 테스트 환경 구축과 관련된 복잡성을 줄일 수 있다.

🟦 부하 테스트 단계

부하 테스트는 서비스 전체 스택을 대상으로 진행하는 게 일반적이다. 하지만 최근에는 마이크로서비스(Microservices)나 서비스 지향 구조(Service-Oriented Architecture) 등과 같이 작은 컴포넌트들의 조합으로 하나의 서비스를 디자인하는 경우가 많다. 따라서 전체 스택을 구성하고 있는 작은 컴포넌트 테스트를 시작으로 연관된 컴포넌트들, 그리고 전체 스택으로 적용 범위를 확대하는 방법이 더 효율적이다. 또 빠른 병목 현상을 발견하고 수정하기 위해 애플리케이션 로직이 적용되기 전 순수한 인프라에 대한 테스트 및 내/외 서비스나 솔루션에 대한 독립적인 테스트도 중요하다.

아래는 일반적으로 수행할 수 있는 부하 테스트 단계이다.

비결합(Loosely Coupled)된 개별 컴포넌트들에 대한 부하 테스트

이를 통해 컴포넌트별 병목 현상을 더욱 빠르게 발견하고 수정할 수 있다.

내부 서비스 연동 부하 테스트

로그 기록 서비스처럼 높은 처리량이 요구되는 서비스나 결제 서비스처럼 전체 서비스 품질에 있어 중요한 내부 서비스와 연동된 부분에 대해 테스트를 시행한다.

외부 서비스 연동 부하 테스트

페이스북, 트위터 등의 소셜 미디어 서비스나 구글, 아마존 등의 플랫폼에 대한 서비스, 또는 푸시 알림 등의 외부 서비스와 연동된 부분에 대해 테스트를 시행한다.

전체 스택에 대해 부하 테스트

개별 컴포넌트들에 대한 테스트 후, 처음부터 끝까지 전체 스택에 대해서 테스트를
시행한다.

■ 단계별 부하 테스트 수행

앞서 언급한 것처럼 부하 테스트는 전체 스택에 대해서도 수행할 수 있지만, 작은 비
결합된 컴포넌트나 기능 단위로도 수행할 수 있다. 그리고 작은 단위로 수행할수록
더 분명하고 수월하게 병목 지점을 파악할 수 있다. 그렇기에 가능한 작은 단위부터
단계별로 진행해야 원하는 결과를 얻어낼 수 있다.

다음은 AWS 클라우드에서 전형적인 3계층(3-tier) 웹 애플리케이션에 대해 단계별 부
하 테스트를 진행하는 방법이다.

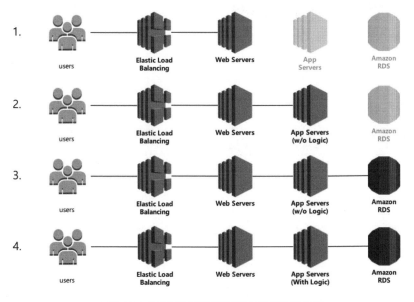

그림 12-1 3계층 웹 애플리케이션 부하 테스트 단계

1. 최초 WEB을 출력하는 웹 페이지를 대상으로 동시 연결성에 대해 테스트 시
   행 ➡ 결과 평가 ➡ 최적화 진행(Client ➡ Web Server)

2. 웹 서버를 통해 애플리케이션 서버에서 넘겨받은 APPLICATION을 출력하는 웹 페이지를 대상으로 동시 연결성에 대한 테스트 시행 ➡ 결과 평가 ➡ 최적화 진행(Client ➡ Web Server ➡ App Server-w/o Logic)

3. 데이터베이스에서 최소한의 쿼리 결과를 전달받아 출력하는 웹 페이지를 대상으로 동시 연결성에 대한 테스트 수행 ➡ 결과 평가 ➡ 최적화 진행(Client ➡ Web Server ➡ App Server-w/o Logic ➡ Database)

4. 3계층 스택 전체를 대상으로 애플리케이션 로직이 적용된 페이지에 동시 연결성에 대한 테스트 수행 ➡ 결과 평가 ➡ 최적화 진행(Client ➡ Web Server ➡ App Server-with Logic ➡ Database)

5. 다양한 시나리오를 기반으로 테스트 수행 ➡ (얻고자 하는 지표 기준에 대해서) 결과 평가 ➡ 최적화 진행

■ 각 계층별로 고려해야 할 사항

다음은 부하 테스트를 수행한 뒤 각 계층별로 발생할 수 있는 상황과 고려하여야 할 부분이다.

네트워크 성능

테스트 환경이 구성된 인프라와 관련해 여러 가지 지표를 확인할 수 있지만, 우선 아웃바운드 연결이 예상되는 최대 부하를 처리할 수 있는지 확인해야 한다. Amazon EC2의 경우 인스턴스 유형마다 서로 다른 네트워킹 성능을 제공하므로 부하에 따른 적절한 인스턴스 유형 선택이 중요하다. 또 사내 인프라와 개인적으로 연결되어 있다면, VPN 관련 네트워킹 성능에 관해서도 확인해야 하고, 필요하다면 아마존 다이렉트 커넥트(Amazon Direct Connect)와 같은 전용 네트워크에 연결하여 안전한 네트워크 성능을 확보하는 것도 필요하다.

부하 생성 클라이언트

앞서 부하 테스트의 고려 사항 중 하나로써 필요한 만큼의 부하를 생성할 수 있는 충분한 서버 자원 확보가 있었다. 하지만 설정 및 구현 방식에 의해 하나의 부하 생

성 클라이언트가 처리할 수 있는 동시성에 큰 제한이 있다면 필요 이상의 복수 개의 서버 자원이 요구되어 불필요한 비용이 증가할 수 있다. 이럴 때는 Thread 기반의 도구보다는 높은 동시성을 제공하는 Async IO 기반의 도구를 사용하여 테스트하는 게 좋다.

로드 밸런싱

ELB는 서비스 전체 부하를 백 엔드에 등록된 복수 개의 인스턴스로 분산하는 기능을 제공한다. 부하 테스트를 수행할 때 다양한 이유로 기대치보다 낮은 결과나 '5xx' 에러가 발생하는 것을 볼 수 있다. 이때 ELB가 제공하는 다양한 모니터링 지표들을 확인하면 어느 곳에서 병목 현상이나 에러가 발생하는지 확인할 수 있다.

가장 많이 발생하는 문제는 '503 Server Unavailable' 또는 '504 Gateway Timeout' 에러 발생과 동시에 ELB 모니터링 지표에 SurgeQueueLength가 1024로 기록되고 SpiloverCount가 0보다 높을 경우이다. SurgeQueueLength는 ELB에 등록된 백 엔드 인스턴스가 요청을 처리하지 못하여 ELB의 라우팅 큐에서 대기 중인 요청의 총수를 나타내며, 앞서 언급한 것처럼 1024가 최대 크기이다. 이 최대 크기를 넘어서면 ELB는 요청한 클라이언트에 503 에러 응답을 보내게 되고, 동시에 SpiloverCount를 기록한다. 이 문제를 해결하기 위해서는 적시에 오토 스케일링이 될 수 있도록 적절한 지표를 기준으로 알람이 발생하도록 해야 한다. 백 엔드 인스턴스에서 동작하는 시스템이 어떤 자원을 더 많이 사용하는지 확인하고, 그 자원의 지표를 기준으로 오토 스케일링을 설정하는 것이 좋다. SurgeQueueLength를 기준으로 알람이 발생하게 하는 것도 한 가지 방법이다. ELB가 제공하는 지표들의 상세한 설명은 다음 문서에서 확인할 수 있다.

https://docs.aws.amazon.com/ko_kr/AmazonCloudWatch/latest/monitoring/elb-metricscollected.html

추가적으로 ELB에 등록된 백 엔드 인스턴스에서 Keep-Alive를 활성화하여 ELB와 백 엔드 인스턴스 간에 불필요한 연결이 수립되는 것을 방지한다면 더 높은 성능을 기대할 수 있다.

서버 인스턴스

서버 인스턴스의 설정값에 따라 웹/애플리케이션 서버의 자원 사용 효율성이 달라진다. 대표적으로 모든 것이 파일로 관리되는 Linux 서버의 경우, 파일에 대한 접근을 제한하는 파일 디스크립터를 기본값인 1024개로 두면 동시 접속 등에 제한이 생겨 서버 인스턴스를 효과적으로 사용할 수 없다.

애플리케이션 서버

애플리케이션 서버는 종류마다 다르지만, 일반적으로 Tomcat 등의 Thread 기반의 애플리케이션 서버일 경우 Thread Pool의 크기가 너무 작다면 처리되어야 할 요청의 대기(waiting) 상태가 길어져 전체 부하 테스트의 효율성이 떨어진다. 최근에는 Thread 기반의 애플리케이션 서버가 가지고 있는 제약으로 인해 이벤트 기반 비동기 형태의 애플리케이션 서버가 자주 사용된다.

애플리케이션

의도치 않게 애플리케이션 코드 내에서 잘못된 방식으로 프레임워크나 API를 사용할 수 있으며, 블로킹(blocking) 코드가 포함되어 있거나 불필요한 연산을 진행하거나 테스트 코드를 삭제하지 않는 등의 문제가 있을 수 있다. 이때는 적절한 Unit Test와 Lint 등을 통해 조기에 문제를 발견할 수 있어야 한다. 사용하는 웹 프레임워크나 ORM과 같은 라이브러리가 가지고 있는 버그로 인하여 문제가 발생할 수도 있다. 애플리케이션 관련 다양한 문제를 해결하기 위해서는 APM(Application Performance Monitoring)을 활용하여 성능을 모니터링하는 것도 한 가지 방법이다.

데이터베이스

CPU 사용률과 응답 시간(response time) 등을 확인할 필요가 있다. 특히 데이터베이스를 설정한 방법에 따라 더 요구되는 자원을 눈여겨 볼 필요가 있다. 최근에는 성능 향상을 위해 메모리를 적극적으로 활용하도록 설정하는 경우가 많으며, 이때는 메모리 사용률이 특정 수치 이상으로 넘어갈 경우 알람이 발생하도록 설정하여 병목이 시작되는 시점을 빠르게 확인할 수 있다.

■ 부하 테스트 관련 도구 및 서비스

부하 테스트를 위해 활용할 수 있는 다양한 도구와 서비스가 존재한다. 간단히 소개
하고 특징을 살펴보자.

ApacheBench(http://httpd.apache.org/docs/2.2/en/programs/ab.html)

일반적으로 HTTP 웹 서버의 성능을 간단하게 측정하기 위해서 자주 사용되는 도구
다. 기본적인 HTTP 연결에 대해서 테스트할 때 자주 사용되는 도구지만, HTTP/1.1
을 지원하지 않고, 한 번에 하나의 대상 URL로 테스트가 가능한 것 등의 제한이
있다.

Siege(https://www.joedog.org/siege-home/)

HTTP 부하 테스트와 벤치마킹 유틸리티이다. 한 번에 복수 개의 URL로 테스트할
수 있고, Basic 인증을 지원하며 HTTP와 HTTPS 프로토콜로 테스트할 수 있어서
ApacheBench의 제한을 어느 정도 해소해준다. 또 ApacheBench와 비슷한 인터페이
스를 가지고 있어 다른 도구와의 연계가 자유로운 편이다. 하지만 Thread 기반으로
구현되어 있어 동시성에 제한이 있으며, 미미할 수 있지만 Context Switching 등으로
인해 성능에도 영향이 있다.

JMeter(http://jmeter.apache.org/)

1998년부터 시작된 프로젝트로서 오랫동안 기능을 강화해오고 있는 Java 기반의 부
하 테스트 도구이다. HTTP뿐만 아니라 다양한 프로토콜을 지원하며, 많은 기능
을 가진 GUI(Graphic User Interface)를 제공한다. 실제 워크로드를 시뮬레이션하기 위
한 다양한 방법으로 사용자와의 대화가 가능하다. 하지만 앞서 언급한 도구와 같이
Thread 기반으로 구현되어 있어 성능과 동시성에 대해서 제한이 있다. 이를 해결하
기 위해 복수 개의 인스턴스에서 실행시켜 테스트할 수 있는 리모트 테스팅(remote
testing) 기능을 지원한다. 여러 Amazon EC2 인스턴스를 활용하거나 BlazeMeter나
Flood.io와 같은 JMeter를 활용한 부하 테스트 서비스를 사용할 수도 있다.

The Grinder(http://grinder.sourceforge.net/)

자바 기반의 부하 테스트 프레임워크이다. 에이전트(agent)가 지정한 값을 기반으로 부하를 생성하며, IDE 형태의 콘솔에서 에이전트들을 제어하고 결과 모니터링이 가능하다. 마찬가지로 Thread 기반으로 구현되어 있어 성능과 동시성에 대해 제한이 있다.

Gatling(http://gatling.io/)

Akka와 Netty 기반의 스칼라(scala)로 개발된 부하 테스트 프레임워크이다. Thread 기반이 아닌 Event와 Async IO 기반으로 구현되어 높은 성능을 제공하며, HTML 보고서 생성 기능은 물론 시나리오를 DSL(Domain Specific Language)로 작성하여 부하 테스트에 사용할 수 있는 기능을 제공한다.

Tsung(http://tsung.erlang-projects.org/)

Erlang으로 개발된 부하 테스트 도구로 HTTP는 물론 웹 소켓(web socket)이나 인증 시스템, 데이터베이스, MQTT와 같은 TCP 기반의 다양한 프로토콜을 지원한다. 동시성 지향 프로그래밍 언어(concurrency-oriented programming language)인 Erlang은 성능과 확장성, 내결함성(fault tolerance)에서 큰 이점을 제공한다. GUI를 제공하지 않아 CLI 또는 Script를 활용하여야 한다.

Bees(https://github.com/newsapps/beeswithmachineguns)

AWS 클라우드의 장점을 적극적으로 활용한 오픈 소스 부하 테스트 도구로써 부하를 분산 생성하기 위해 사용자의 AWS 계정에서 EC2 인스턴스를 지정한 개수만큼 생성한다. 비용을 줄이기 위해 스팟 인스턴스를 활용할 수 있는 옵션을 제공한다. 부하 테스트를 위해 ApacheBench를 사용하므로 ApacheBench와 가진 제한이 같다.

Vegeta(https://github.com/tsenart/vegeta)

Go 언어로 개발된 오픈소스 HTTP 부하 테스트 도구이며 CLI로 사용하거나 라이브러리로 사용할 수 있다. 다른 도구와 달리 초당 일정한 속도로 특정 수치의 요청을 지속해서 생성하는 데 초점을 맞추고 있어 예상되는 최대 트래픽이 지속적으로 발생하였을 때 서비스와 인프라의 상태가 어떻게 변화하는지 확인하는 데 적합하다.

RedLine13(https://www.redline13.com/)

AWS의 Advanced APN Technology partners 중 하나로서 AWS 기반의 부하 테스트를 수행한다. 사용자의 AWS 계정에서 IAM을 생성하여 RedLine13과 연동하면 사용자의 AWS 계정에서 에이전트가 포함된 인스턴스가 실행되어 테스트가 진행된다. 또한, 스팟 인스턴스를 활용할 수 있어 비용을 줄일 수 있다. 다음 영상에서 RedLine13과 Apache JMeter를 활용하여 모바일 애플리케이션을 테스트하는 데모를 볼 수 있다.

https://www.youtube.com/watch?v=5oLlun-G0Uk

Loader.io(https://loader.io/)

클라우드 기반의 부하 테스트 서비스로서 웹 페이지에서 대상 서버를 선택하고 원하는 동시성 등을 지정할 수 있으며, 그 결과를 보기 좋게 표시해준다. 또한, 진행한 테스트를 추후에 리플레이 할 수 있다.

Goad(https://goad.io/)

AWS 람다 기반의 부하 분산 생성을 통해 부하 테스트를 수행하는 오픈 소스 도구로 Go 언어로 개발되었다. 실제 AWS 클라우드의 장점과 서버리스 아키텍처(Serverless Architecture)의 핵심 서비스인 AWS 람다의 강력함을 잘 활용했다. 실행하면 AWS 람다 함수를 생성(혹은 갱신)하여 대상 URL에 동시에 부하 테스트를 시작한다. 그리고 각 결과는 Amazon SQS로 보내고 최종적으로 최초 실행한 CLI 도구에서 결과를 취합하여 보여준다.

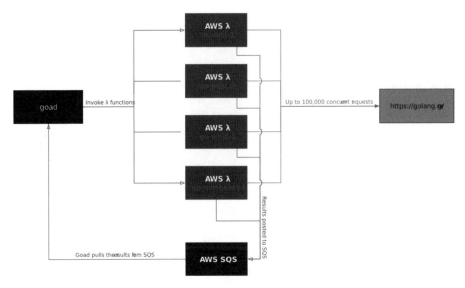

그림 12-2 goad 작동 방식

AWS Marketplace(https://aws.amazon.com/marketplace/search/results?searchTerms=load+testing)

AWS Marketplace를 통해 다양한 파트너들이 제공하는 부하 테스트 관련 솔루션을 찾을 수 있다.

■ Goad를 사용한 부하 테스트

앞서 설명한 Goad는 클라우드의 이점을 최대한 활용한 부하 테스트 도구로서 테스트 시 고려해야 할 많은 걱정을 해소해준다. Goad에서 활용하는 AWS 람다 서비스는 서버리스 아키텍처의 핵심 중 하나이며, 사용자는 로직이 포함된 코드만 AWS 람다 서비스에 배포하는 것만으로도 특별히 서버 등의 인프라 자원을 직접 구성하거나 유지할 필요 없이 지정한 이벤트가 발생하였을 때 해당 로직이 실행되어 결과가 반환된다. AWS 람다는 컨테이너 기반으로 동작하고 들어오는 요청에 맞추어 자동으로 확장되어 실행하므로 부하 테스트를 위한 별다른 노력 없이 충분한 서버 자원을 확보할 수 있다. 또 컨테이너 기반답게 격리된 환경을 제공함으로써 깨끗한 환경에서 부하 테스트를 할 수 있다. 또 AWS 람다 서비스는 전 세계 다양한 지역에서 서비스되고 있으므로 원하는 지역으로부터의 부하 생성도 쉽게 할 수 있다. 부하 테스트를 위해 사용한 자원은 100ms 시간 단위로 비용이 발생하여 합리적이고 낮은 비용으로 수행할 수 있다. 마지막으로 AWS 람다 서비스 그 자체가 이벤트 기반의 아키텍처로 구성되어 있어 아키텍처의 간결함도 얻을 수 있다.

다음은 Goad를 사용하여 간단한 웹 애플리케이션을 테스트하는 방법이다.

Goad 설치

두 가지 방법으로 Goad를 사용할 수 있다.

a) 미리 컴파일된 바이너리 다운로드

https://goad.io/#install을 방문하면 아래와 같은 페이지를 볼 수 있다.

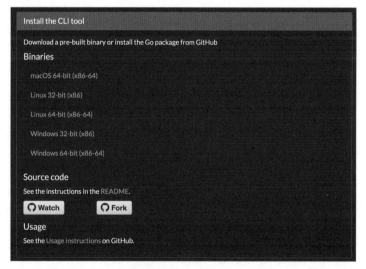

그림 12-3 Goad 설치 페이지

테스트를 수행하여 운영체제에 맞는 바이너리를 적절한 위치에 다운로드한다.

b) Goad는 오픈 소스인 만큼 소스 코드로부터 직접 바이너리를 제작하여 사용할 수 있다. 아래와 같은 방법으로 소스 코드를 다운로드받고 컴파일하여 바이너리를 생성할 수 있다(이를 위해 Go를 설치해야 한다. https://golang.org/).

```
# Goad 프로젝트 다운로드 및 관련 의존성/패키지 설치
go get github.com/goadapp/goad
# Go 바이너리 설치
go get -u github.com/jteeuwen/go-bindata/...
# 바이너리 제작
Make
```

테스트 시작

부하 테스트와 관련해서 설정을 쉽게 하기 위해 ini 파일을 생성한다.

```
goad --create-ini-template
```

현재의 디렉토리에 goad.ini 파일이 생성되면 아래와 같이 수정한다.

```
[general]
url = http://piljoong.com
concurrency = 10
requests = 1000
[regions]
us-east-2 ;Ohio
us-west-2 ;Oregon
```

그림 12-4 부하 테스트 설정을 위한 goad.ini 파일

아래의 명령으로 부하 테스트를 시작한다.

```
goad
```

명령을 실행하면 아래와 같은 화면을 볼 수 있다. AWS 람다 함수 및 Amazon SQS
와 같은 부하 테스트에 필요한 서비스를 준비하는 중이다.

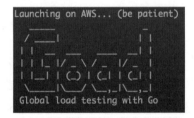

그림 12-5 부하 테스트에 필요한 리소스 준비

필요한 서비스가 준비되면 아래와 같이 부하 테스트를 진행하며, 실시간으로 진행사항을 확인할 수 있다.

```
43.7%
[####################                                        ]

Region: us-east-2
   TotReqs      TotBytes      AvgTime      AvgReq/s     (post)unzip
       196        1.4 kB       0.201s         24.16        169 B/s
   Slowest      Fastest      Timeouts     TotErrors
    0.425s       0.189s °          0             0

Region: us-west-2
   TotReqs      TotBytes      AvgTime      AvgReq/s     (post)unzip
       241        1.7 kB       0.204s         22.91        160 B/s
   Slowest      Fastest      Timeouts     TotErrors
    0.824s       0.189s           0             0
```

그림 12-6 부하 테스트 진행 상황

결과 분석

테스트가 완료되면 다음과 같은 결과를 볼 수 있다.

```
Regional results

Region: us-east-2
   TotReqs      TotBytes      AvgTime      AvgReq/s     (post)unzip
       500        3.5 kB       0.197s         24.10        168 B/s
   Slowest      Fastest      Timeouts     TotErrors
    0.425s       0.189s           0             0
Region: us-west-2
   TotReqs      TotBytes      AvgTime      AvgReq/s     (post)unzip
       549        3.8 kB       0.201s         23.30        163 B/s
   Slowest      Fastest      Timeouts     TotErrors
    0.857s       0.189s           0             0

Overall

   TotReqs      TotBytes      AvgTime      AvgReq/s     (post)unzip
      1049        7.3 kB       0.199s         47.40        331 B/s
   Slowest      Fastest      Timeouts     TotErrors
    0.857s       0.189s           0             0
HTTPStatus     Requests
       200         1049
```

그림 12-7 부하 테스트 결과

447

지역별 부하를 생성할 수 있는 특징을 가지고 있는 만큼 지역별로 결과를 확인할 수 있으며, 전체의 결과도 확인할 수 있다. 요청한 횟수와 바이트 크기, 평균 시간은 물론 가장 늦은 응답 속도와 가장 빠른 응답 속도 등도 확인할 수 있다.

추가로 아래와 같이 부하 테스트를 수행한 AWS 람다 함수의 호출 횟수 및 테스트 수행 기간 등도 AWS 람다에서 제공하는 모니터링 기능을 통해 쉽게 확인할 수 있다.

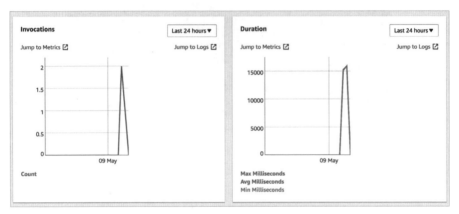

그림 12-8 부하 테스트에 사용된 AWS 람다 활용 기록

이렇게 AWS 람다를 기반으로 한 Goad를 사용한다면 다양한 고려사항들에 대해 고민 없이 글로벌 수준의 부하 테스트를 할 수 있다. Goad는 진행 상황 및 결과를 Amazon SQS를 통해 부하 테스트를 수행한 곳으로 전달해 주는데 이를 Amazon Dynamo DB와 같은 NoSQL 데이터베이스나 Amazon Elasticsearch 서비스 같은 검색 전용 서비스로 전달하도록 구성한다면 여러 개의 서비스와 스테이지를 대상으로 다양한 팀들이 쉽게 부하 테스트를 하고 그 결과를 한 곳에서 시각화하여 보여주는 형태로도 활용할 수 있다.

▬ 부하 테스트 시 유용한 팁

다음은 AWS 클라우드 기반으로 부하 테스트를 하는 데 있어서 도움이 되는 팁이다.

로그 기록과 확인

부하 테스트를 진행할 때, 로그 작성은 File IO를 요구하는 작업이기에 미미하게 테스트 수행 능력에 영향을 미칠 수 있다. 특히나 테스트 환경에서는 로그 수준을 낮추어(verbose 또는 debug) 더 많은 로그가 기록되도록 하는 경우가 많아 실제 프로덕션보다 성능에 미치는 영향이 더 클 수 있다. 물론 가능한 많은 로그를 기록하는 게 추후 발생하는 문제 파악에 도움을 줄 수 있으므로 권장한다. 이런 로그 기록에 의한 영향을 줄이기 위해 최초의 워밍업을 진행할 때 로그를 활성화하여 진행하고 이후의 테스트에 대해서는 로그를 비활성화하여 진행하는 것도 한 방법이다. 만약 그 결과가 기대에 미치지 않는다면, 다시 로그를 활성화한 뒤 테스트를 진행하고 생성되는 로그를 통해 문제를 파악할 수 있다.

적절한 인스턴스의 선택

Amazon EC2 인스턴스는 요구되는 워크로드에 맞추어 선택하여 사용할 수 있도록 다양한 유형이 준비되어 있다. 사용하는 웹/애플리케이션/데이터베이스에 따라 상대적으로 더 요구되는 자원은 다를 수 있으며, 그에 맞추어 인스턴스 유형을 선택하는 것이 비용도 절약하며 더 나은 성능을 발휘하도록 하는 방법이다. 예를 들어, 특별한 연산이 수행되지 않고 다른 서비스와의 통신이 주목적이라면, 적은 CPU 자원과 적절한 Memory 자원, 그리고 높은 대역폭(Bandwidth)와 인핸스드 네트워킹(Enhanced Networking)을 제공하는 인스턴스 유형이 비용과 성능 관점에서 좋은 선택일 수 있다.

응답 시간과 동시성

사용자 경험의 품질을 유지하는 데 필요한 평균 요청 응답 시간과 관련하여 널리 알려진 '8초 규칙', '4초 규칙' 등은 이제 새로운 내용이 아니다. 이와 더불어 요즘은 마케팅 전략이 발달하고 서비스 접근성도 좋아짐에 따라 손쉽게 이용자 수가 늘어날 수 있다. 이때 일부분의 사용자가 아닌 전체 사용자가 같고 일관된 응답 시간을 경험할 수 있도록, 즉 동시성을 고려하는 것이 중요하다. 페이지 로드 시간이 100ms씩 느려질 때마다 매출도 1%씩 줄어드는 아마존닷컴의 테스트 결과에서 응답 시간과 매출의 상관관계를 알 수 있다. 즉 블랙프라이데이와 사이버 먼데이 등의 동시 접속 사용자가 급격히 늘어나는 경우에도 일관된 응답 시간을 주는 것이 매출의 중요 요소 중 하나이다. 다만, 같은 자원 내에서의 동시성과 응답 시간은 서로 긴밀하게 연관되어 있으며, 한쪽에서의 향상을 위해선 다른 쪽에서의 손실을 감안해야 하는 것을 유의해야 한다. 즉 자원 추가 없이 동시성을 늘리기 위해선 응답 시간이 늘어날 수 있으며, 응답 시간을 줄이기 위해선 동시성을 줄여야 할 수도 있다.

비용 최소화

실용적인 결과를 얻기 위해 부하 테스트 대상 환경을 가능한 실제 환경과 비슷하게 구성할 필요가 있다. 물론 실제 프로덕션 환경에서 테스트를 수행할 수도 있지만, 생성되는 가상의 더미 데이터로 인해 프로덕션 환경이 어지럽혀지고 라이브 서비스의 안정성을 해치므로 적극적으로 피해야 한다. 가장 먼저 고려하여야 할 사항은 비용이다. 일반적으로 최대 부하에 대해 테스트하기 위해 수십에서 수백 대의 인스턴스가 필요할 수 있으며, 큰 규모의 부하를 생성하기 위해서도 많은 인스턴스가 요구되기 때문이다. 이때 비용을 최소화하기 위해 스팟 인스턴스(Spot Instance)를 활용할 수 있다. 스팟 인스턴스는 EC2 컴퓨팅 예비 용량에 입찰을 통해 온디맨드 요금과 비교하여 할인된 요금으로 사용할 수 있는 방법을 제공하며, 방법에 따라 최대 90% 할인된 비용으로 사용할 수 있다. 자세한 내용은 다음 웹 페이지를 참고한다. https://aws.amazon.com/ko/ec2/spot/

다양한 도구와 서비스의 복합적 활용

앞서 부하 테스트를 위한 다양한 도구와 서비스에 대해서 알아보았다. 부하 테스트를 진행할 때 어떤 특정 도구 또는 서비스 하나만 선택해서 사용할 필요는 없다. 각 도구와 서비스별로 목적과 고유의 특징이 있기에 용도에 맞게 복합해서 사용하는 것이 더 효율적이다. 예를 들어, GUI의 완성도가 높고 다양한 시나리오를 설정할 수 있는 JMeter는 웹 애플리케이션 내에서 사용자의 행동 흐름에 대해 부하 테스트를 하는 데 적합하다. 그 이외의 도구와 서비스도 특징이 있으며 다음과 같이 활용할 수 있다.

표 12-1 다양한 도구와 서비스의 활용 방법

도구 및 서비스	활용 방법
JMeter	웹 애플리케이션 내에서 사용자의 행동 흐름에 대해 부하 테스트를 하고 싶을 때
Tsung	API가 수용할 수 있는 최대치의 부하를 알고 싶을 때
Vegeta	어떤 API에 대해 초당 특정 수치의 요청이 지속될 경우 발생하는 상황을 파악하고 싶을 때
Goad	부하 생성 클라이언트 구성을 포함한 부하 테스트 관련 인프라 구성을 피하고 사용한 만큼만 비용을 내고 싶을 때
RedLine13	JMeter로 테스트 플랜을 작성하여 활용을 원하지만, 비용은 최소화하고 싶고 사용한 만큼만 비용이 발생하길 원할 때
Blazemeter	높은 동시성을 위해 JMeter의 리모트 테스팅 기능을 활용하고 싶지만, 테스트 플랜 작성에 집중하고 부하 테스트 관련 인프라 구성은 하고 싶지 않을 때
Loader.io	부하 테스트 관련 인프라 구성은 하고 싶지 않고 Tsung과 비슷한 목적으로 사용하고 싶을 때

■ 정리

부하 테스트에는 보통의 시나리오 기반의 가상의 워크로드에 대한 부하 테스트뿐만 아니라 실제 워크로드에 대한 부하 테스트를 위해 프로덕션에서 발생하는 트래픽을 활용하는 방법도 있다. 프로덕션 환경의 실제 트래픽을 활용하기 위해서는 트래픽을 재사용하기 위해 기록하거나 곧바로 테스트 환경으로 리플레이 해주는 gor(https://goreplay.org/)와 같은 도구를 사용할 수 있다. 프로덕션 환경의 실제 트래픽을 반복하여 활용할 수 있다는 이점 외에도 서비스 및 애플리케이션 업데이트 예정 버전에 실제 트래픽을 흘려보내 사용성에 대해서 테스트 할 수 있는 장점이 있다.

추가로 부하 테스트는 개발 주기 마지막에 진행되는 경우가 많다. 애자일 방법론과 지속적인 통합(CI/CD)을 활용하는 경우 조금 더 일찍, 자주 부하 테스트를 진행할 수 있으며, 이를 통해 추후 발생할 수 있는 비용이 많이 들고 매출에 영향을 줄 수 있는 성능 문제를 방지할 수 있다. 따라서, 가능한 개발 주기에 부하 테스트를 자주 하는 것이 바람직하다. 이와 관련해서는 AWS에서의 데브옵스 소개 페이지를 참고하기 바란다. https://aws.amazon.com/devops/

성능 테스트, 특히 부하 테스트의 중요성을 인지하고, AWS에서 제공하는 방대한 인프라와 이미 부하에 대해 고려하여 설계된 관리형 서비스, 그리고 규모를 쉽고 유연하게 조정할 수 있는 관련 기능들을 적극적으로 활용한다면 예상치 못한 부하에도 문제없이 서비스를 제공할 수 있다.

찾아보기

A

Apache Bench	78
Apache JMeter	81
API Gateway	43
Auto Scaling	398
Auto Scaling Group	38
Availability	20
AWS	396
AWS Availability Zone	396
AWS Region	396
AWS 가용 영역	396
AWS 리전	396

C

cardinality	218
CloudFront	40, 399
CloudWatch	106
cold standby	31
CPU 버스트	400
curl	408

D

DAU(Daily Access User)	132

E

EC2	397
EC2 instance	397
EC2 인스턴스	37
ElastiCache	399
Elastic Load Balancing	398

ELB	38, 398
EXPLAIN	218

F

Fail Over	25

H

Hello World	165

I

IaaS	394
If 컨트롤러	319
IOPS 버스트	400

J

JMeter HEAP 크기	197
JMeter 시나리오	401

K

Keep-Alive	201

L

Lambda	42
Laravel	206, 213
Latency	53
Locust	90
Locust 시나리오	413

M

MAU(Monthly Access User)	132
Max Connection	312
Multi-AZ	23

N

netstat 명령어	103
New Relic	100
Nginx	236

O

OPcache	211
O/RM	220

P

PaaS	394
PDCA	124
PHP 7	212

R

Ramp-up	66
RDS	44, 399
RDS Instance	399
RDS Multi-AZ	400
ReadReplica	44
Read-through	216
Route 5	340, 397
RPS(Request Per Second)	54

S

S3	39, 398
SaaS	394
SHOW CREATE INDEX	218
show full processlis	t226
Slow query log	227
SPOF: Single Point Of Failure	23

T

TCP 포트 부족	196, 204, 232
Thread Group	402
Throughput	54
TIME_WAIT	104
top 명령어	101
Tsung	94

X

Xhprof	112

ㄱ

가용성	20
갱신	170
갱신 락	221
관리형 서비스	395
기능 요건	395

ㄴ

내구성	20
네트워크 대역	54

ㄷ

단일 장애점	23
동시 ○○ 수	75
디버그 모드	208

ㄹ

람다	42
랙	34
레플리케이션	229
로컬 프록시 서버	236
리던던시	24
리드 레플리카	44

ㅁ

마스터-슬레이브 구성	229
멀티 오리진	42
모니터링 도구	64
목푯값	129

ㅂ

배치 작업	50
버스트 기능	400
병목 구간	56
부하 테스트 계획	126
부하 테스트 도구	65
부하 테스트 목적	48
부하 테스트 보고서	240
부하 테스트 서버	65
부하 테스트 시나리오	138
비기능 요건	396

ㅅ

사례	48
상세 모니터링	107
서버리스 아키텍처	37
수동 예비 방식	31
스케일 다운	25
스케일 아웃	25
스케일 업	25
스케일 인	25
스터브	138
스토리지 엔진	220
스티키 세션	207
시스템 성능 지표	53

ㅇ

온프레미스	xvi, 394
웹 가속기	204
웹 프레임워크	165, 205
이중화	23

ㅇ

인덱스	218
인스턴스 타입	397
임대 서버	35

ㅈ

정적 콘텐츠	37
제한 사항과 해제 요청	150
조회	167

ㅋ

카디널리티	218
커넥션 풀링	169
크로스 리전 레플리케이션	230
클라우드	35, 394
클라우드 디자인 패턴	36
클라이언트	66
클라이언트 동시 가동 수	66

ㅌ

테이블에 락	220

ㅍ

파일 디스크립터 부족	196
파일 세션	207
페일오버	25
프로파일링 도구	64, 99

ㅎ

하위 시스템	55
행의 락	220
확장성	51
회귀 테스트	181